모든 교재 정보와 다양한 이벤트가 가득!
EBS 교재사이트 book.ebs.co.kr

본 교재는 EBS 교재사이트에서
eBook으로도 구입하실 수 있습니다.

기획 및 개발

허진희 김현영 정자경 신채영(개발총괄위원)

집필 및 검토

박기문(대표집필, 전 둔촌고)
김대성(보성고)
박선하(보성고)
윤진호(동덕여고)
최문영(신목고)
한희정(고척고)

검토

김경환
김윤자
송성덕
이창수
함순근

편집 검토

김진경 서주희 이현경 정은정

원어민 검토

Colleen Chapco
Sarah Hansen

정답과 해설은 EBS*i* 사이트(www.ebs*i*.co.kr)에서 다운로드 받으실 수 있습니다.
EBS*i* 사이트에서 본 교재의 문항별 해설 강의 검색 서비스를 제공하고 있습니다.

교재 내용 문의 교재 및 강의 내용 문의는 EBS*i* 사이트 (www.ebs*i*.co.kr)의 학습 Q&A 서비스를 활용하시기 바랍니다.

교재 정오표 공지 발행 이후 발견된 정오 사항을 EBS*i* 사이트 정오표 코너에서 알려 드립니다.
교재 ▶ 교재 자료실 ▶ 교재 정오표

교재 정정 신청 공지된 정오 내용 외에 발견된 정오 사항이 있다면 EBS*i* 사이트를 통해 알려 주세요.
교재 ▶ 교재 정정 신청

Reading
POWER
유형편
완성

PREFACE

절대평가 수능 영어독해의 완성은 EBS Reading Power 유형편 완성과 함께!

01 고교 영어독해의 유형은 어떻게 완성할 수 있을까요? 본격적인 수능 대비로 들어갈 준비가 되어 있는지 궁금해요!

쉬운 수능이라고 모두가 만점을 받는 것은 아닙니다. 쉽다는 것은 1등급을 받을 수 있는 학생 수가 늘어난다는 것이지, 공부를 하지 않아도 된다는 뜻은 아니겠지요. 쉬운 만큼 과잉 학습을 할 필요는 없겠지만 기본기를 꾸준히 다지며 다양한 지문을 많이 읽고 독해력을 쌓아가야 영어에서 실수 없이 실력 발휘를 할 수 있습니다.

02 이제는 어떤 독해 유형이라도 두렵지 않다!

수능 문제의 유형은 아래와 같이 다양한 독해 능력을 측정하고 있습니다. 개요를 파악하는 것부터 세부 정보를 파악하는 것까지 다양한 유형에 미리 친숙해지는 것이 중요합니다.

대의 파악	주제 • 제목, 요지 • 주장, 글의 목적, 심경 • 분위기
사실적 이해	지칭 대상 파악, 세부 내용 파악, 실용문 • 도표의 이해
추론적 이해	빈칸 추론, 연결어 찾기
간접 글쓰기	무관한 문장 찾기, 문장 삽입, 글의 순서, 문단 요약
어법 • 어휘	어법, 어휘
통합적 이해	장문 독해

03 유형별 독해 원리와 직독직해로 영어독해의 유형 완성

먼저 수능 대비로 발돋움하고자 하는 학생들을 위한 고2 모의고사 수준의, 도전할 만하고 유형 완성에 가장 적절한 기출 예제로 유형별 독해 전략을 발전시킵시다. 그리고 직독직해로 문장의 내용과 흐름을 단숨에 이해할 수 있도록 연습문제로 훈련하세요. Reading Power 유형편 완성과 함께 본격 수능 대비로 나아갑시다!

직독직해로 막힘없는 영어독해

우리말로 된 글을 읽을 때는 처음 보는 낱말이나 표현을 만나는 경우에도, 앞뒤의 흐름이 우리 머릿속에 들어 있으므로 멈추지 않고 계속 읽어 가면서 내용을 바로 이해할 수 있습니다. 영어로 된 글을 읽을 때도 이와 비슷한 단계에 도달할 수 있다면 얼마나 좋을까요? 우리가 함께 공부할 이 책은 여러분이 이런 직독직해의 단계에 도달할 수 있게 이끌어 가고자 합니다. 우리 책을 공부할 때는 다음을 유념하기 바랍니다.

전략	파워 적용
의미를 잘 모르는 단어에서 멈추지 말고 글의 흐름에 따라 뜻을 파악하려고 애써야 합니다.	우리 책에서는 문맥으로 파악하기 어려운 단어의 의미를 지문의 옆에 제시하여 직독직해에 도움이 되게 하였습니다.
문장의 뜻을 우리말의 순서로 파악하려고 애쓰지 말고, 영어의 순서로 받아들이는 습관을 길러야 합니다.	일정한 의미를 형성하는 구나 절 단위로 문장을 끊으면서 의미를 파악하여 연결하는 연습을 계속하면, 자신도 모르는 사이에 직독직해의 능력치가 높아집니다. 우리 책의 해설편에는 지문별로 긴 문장을 끊어 읽는 요령을 제시하고 있으므로 복습할 때 좋은 자료가 됩니다.
지문의 내용을 완벽하게 파악하지 않아도 해결할 수 있는 경우가 있으나, 그런 다음에는 지문을 몇 번 더 정독하여 의미를 정확하게 파악하는 마무리 과정이 반드시 필요합니다.	절대평가 수능 영어는 꾸준히 독해 지문을 읽기만 해도 등급을 높일 수 있습니다. 요령보다는 꾸준한 정독이 필요합니다.

* 단, 직독직해는 끊어읽기를 위한 의미 단위의 해석이므로 전체 해석과는 맥락에 따라 조금씩 다를 수 있습니다.

동영상 강의 • 독해 지문 음성 MP3 파일 제공

1. 본 교재의 모든 지문과 문항은 동영상 해설 강의와 독해 지문 음성 MP3 파일이 제공됩니다.
2. 아래와 같이 교재 안에 안내된 강의 코드와 MP3 코드를 EBS*i* 검색창에 입력하시면 해설 강의 영상 또는 독해 지문 음원을 바로 학습할 수 있습니다.

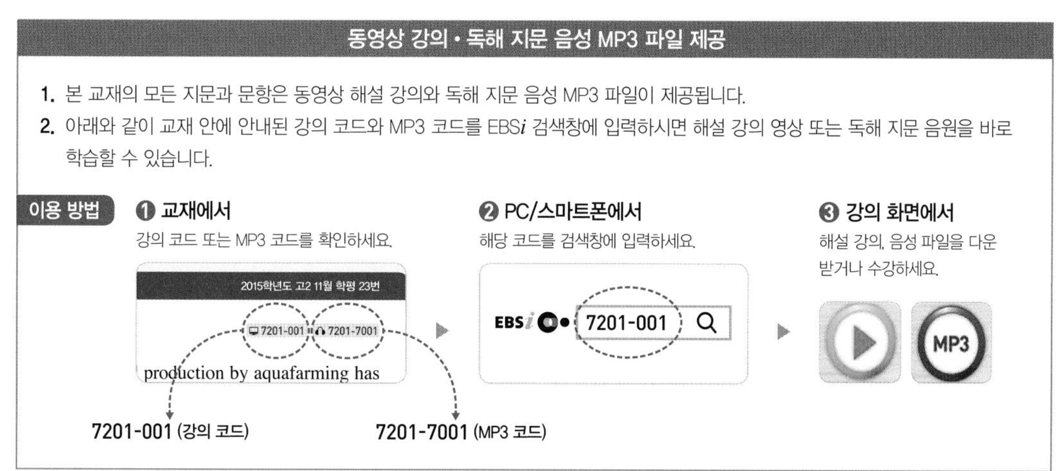

이용 방법
❶ 교재에서
강의 코드 또는 MP3 코드를 확인하세요.
2015학년도 고2 11월 학평 23번
7201-001
7201-7001
production by aquafarming has
7201-001 (강의 코드)
7201-7001 (MP3 코드)
❷ PC/스마트폰에서
해당 코드를 검색창에 입력하세요.
EBSi
7201-001
❸ 강의 화면에서
해설 강의, 음성 파일을 다운 받거나 수강하세요.
MP3

CONTENTS

EBS Reading Power 유형편 완성

READING
POWER

CHAPTER 01

대의 파악

지문에는 없으니 논리적으로 추론하라!

UNIT 01

주제 · 제목

1 필자가 말하고자 하는 핵심 내용을 찾는다.

- 글의 도입부에서 글의 소재를 파악한다.
- 글의 소재와 관련하여 필자가 말하고자 하는 핵심 내용이 무엇인지를 추론한다.
- 핵심 내용을 뒷받침하는 근거로 제시되어 있는 부분이 전체 글의 내용에 부합하는지를 확인한다.

EXAMPLE 01

2015학년도 고2 11월 학평 23번

■ 다음 글의 주제로 가장 적절한 것은? 7201-001 7201-7001

❶❷ The extraordinary expansion of food production by aquafarming has come with high costs to the environment and human health. As with industrialized agriculture, most commercial aquafarming relies on high energy and chemical inputs, including antibiotics and artificial feeds made from the wastes of poultry processing. ❸Such production practices tend to concentrate toxins in farmed fish, creating a potential health threat to consumers. The discharge from fish farms, which can be equivalent to the sewage from a small city, can ❸pollute nearby natural aquatic ecosystems. Around the tropics, especially tropical Asia, the expansion of commercial shrimp farms is contributing to the loss of highly biodiverse coastal mangrove forests.

* sewage 오물, 하수

① necessities of ocean-based economic activities
② discoveries of profitable species for aquafarming
③ alternatives to protect endangered marine species
④ consequences of expanding commercial aquafarming
⑤ difficulties in reducing the levels of marine pollutants

정답확인 상업적 수산 양식의 확대는 환경과 인간의 건강에 높은 대가를 수반해 왔다는 내용의 글로, 소비자에 대한 잠재적인 건강 위협과 자연 수중 생태계 오염을 그 결과로 제시하고 있으므로, 글의 주제로는 ④ '상업적 수산 양식을 확대하는 것의 결과'가 가장 적절하다.

① 해양에 기반한 경제 활동의 필요성
② 수산 양식에 이득이 되는 종의 발견
③ 멸종 위기의 해양 종들을 보호하기 위한 대안
⑤ 해양 오염 물질의 수준을 낮추는 일의 어려움

KEY CLUE

❶ 글의 소재
수산 양식에 의한 식량 생산의 확대

❷ 필자가 말하고자 하는 핵심 내용
수산 양식에 의한 식량 생산의 확대는 환경과 인간의 건강에 높은 대가를 수반해 왔다.

❸ 뒷받침하는 근거
- 양식 물고기의 내부에 독소가 농축되어, 양식 물고기를 먹는 소비자들의 건강을 위협한다.
- 물고기 양식장에서 나오는 배출물이 인근의 자연 수중 생태계를 오염시킨다.

오답주의
물고기 양식장에서 나오는 배출물이 인근의 자연 수중 생태계를 오염시킨다는 내용은 있지만, 해양 오염 물질의 수준을 낮추는 일이 어렵다는 것까지는 내용이 확장되지 않았으므로, ⑤는 본문의 내용이 확장된 오답 선택지이다.

2 글의 소재에 대한 필자의 견해가 무엇인지를 찾는다.

- 글의 도입부에서 글의 소재를 파악한다.
- 글의 소재에 대해서 필자가 어떤 생각을 가지고 있고 어떤 판단을 내리고 있는지를 확인한다.
- 제목은 대체적으로 명사구로 표현되지만, 글의 핵심 내용을 절로 표현하거나 명령문과 의문문으로 제시되는 경우도 있으므로, 필자의 견해가 가장 잘 드러난 선택지를 정답으로 고른다.

EXAMPLE 02

2016학년도 고2 3월 학평 23번

■ 다음 글의 제목으로 가장 적절한 것은?

7201-002 7201-7002

Anne Mangen at the University of Oslo studied the performance of ❶readers of a computer screen compared to readers of paper. Her investigation indicated that reading on a computer screen involves various strategies from browsing to simple word detection. Those different strategies together lead to ❷poorer reading comprehension in contrast to reading the same texts on paper. Moreover, there is an additional feature of the screen: hypertext. Above all, a hypertext connection is not one that you have made yourself, and it will not necessarily have a place in your own unique conceptual framework. ❷ Therefore, it may not help you understand and digest what you're reading at your own appropriate pace, and it may even distract you.

❸
① E-books Increase Your Reading Speed
② Importance of Teaching Reading Skills
③ Reading on the Screen Is Not That Effective
④ Children's Reading Habits and Technology Use
⑤ E-books: An Economic Alternative to Paper Books

KEY CLUE

❶ 글의 소재
컴퓨터 스크린으로 텍스트 읽기

❷ 소재에 대한 필자의 견해
컴퓨터 스크린으로 텍스트를 읽는 것은 독해력을 떨어뜨리고, 읽고 있는 것을 이해하고 소화하는 데 도움이 되지 않으며, 주의를 산만하게 할 수 있다.

❸ 정답 고르기
글의 소재에 대한 필자의 견해를 가장 잘 집약한 선택지를 정답으로 고른다.

정답확인 Anne Mangen의 연구는, 종이로 읽는 것과 반대로 컴퓨터 스크린으로 읽는 것은, 독해력을 떨어뜨리고 읽은 것을 이해하고 소화하는 데 도움이 되지 않을 수도 있고, 심지어 산만하게 만들 수 있다는 것을 보여 주었으므로, 글의 제목으로는 ③ '스크린으로 읽는 것은 그다지 효과적이지 않다'가 가장 적절하다.
① 전자책은 여러분의 읽기 속도를 향상시킨다 ② 읽기 기술을 가르치는 것의 중요성
④ 어린이들의 읽기 습관과 과학 기술의 사용 ⑤ 전자책: 종이 책에 대한 경제적인 대안

오답주의
필자는 컴퓨터 스크린으로 텍스트를 읽는 것에 대해 부정적인 생각을 가지고 있는데, ①은 전자책이 읽기 속도를 향상시킨다는 정반대의 내용을 제시하고 있으므로, 정답이 될 수 없다.

정답과 해설 3쪽

01

7201-003 7201-7003

다음 글의 주제로 가장 적절한 것은?

Water availability is a major agricultural concern in India, especially for cultivation of rice. Since only 44 percent of the country's agricultural land is irrigated, millions of rice growers must rely on annual monsoons. Over the past 30 years, though, India's farmers have faced challenges as extreme weather events during the monsoon season—including droughts—have become more frequent. Water-use plans are one tool being used to help thirsty regions. In 2009, the Indian government began a national watershed management program to promote more efficient water use through education and technical support. Another innovation: Substantial progress has been made in developing hybrid rice varieties that grow faster while using less water. A new drought-resistant basmati rice variety matures about 30 days earlier than previous crossbred varieties. Farmers across India are already praising the high-yielding variety.

* watershed (하천의) 유역 ** basmati 바스마티 (벼의 한 품종)

① potential impacts of climate change on agriculture
② solutions to India's water shortage for rice growing
③ how to develop a water management plan successfully
④ necessity of education and awareness in Indian farmers
⑤ current status and future prospects for hybrid rice in India

▶ **since**
~ 때문에, ~이므로
We thought that, since we were in the area, we'd stop by and see them.
(우리는 그 지역에 가 있었으므로 그들에게 들러서 만나 봐야겠다고 생각했다.)

▶ **rely on**
의존하다
He's the one you can rely on in an emergency.
(그는 위급할 때 의지할 수 있는 그런 사람이다.)

Words & Phrases

- □ availability 이용 가능성
- □ agricultural 농업의
- □ concern 관심사
- □ cultivation 경작
- □ irrigate 관개하다, 물을 대다
- □ annual 연례적인
- □ monsoon 우기, 장마
- □ extreme 극단적인
- □ drought 가뭄
- □ thirsty 물이 부족한
- □ promote 증진하다
- □ innovation 혁신
- □ substantial 상당한
- □ variety 품종
- □ mature 익다
- □ crossbred 교배종(의), 이종(의)
- □ high-yielding 다수확의, 수확량이 많은

02

7201-004 7201-7004

다음 글의 제목으로 가장 적절한 것은?

Without appropriate emotions—including some caring by each side for the welfare of the other—it may be impossible for people to resolve important conflicts. If your spouse is feeling ignored and unappreciated, an affable, "Do whatever you want, dear," may only make things worse. An exclusive reliance on cold rationality as a means of understanding the world denies us access to important realms of human experience, without which we may be unable to deal with a difference effectively. Emotions give us clues about how we are being treated and what we need. An ignored and unappreciated husband may be less in need of an explanation of why he feels that way than of a weekend with his wife away from work and children.

* affable 상냥한

① Smiling Is What Brings Us Together
② Love: The Well That Never Dries Up
③ There Is Something Special in Support
④ Emotional Sensitivity Is Effective in Problem-Solving
⑤ Harmony: The Combination of the Brain and the Heart

▶ **deal with**
~을 다루다[처리하다]
Her novels mainly deal with the subject of happiness.
(그녀의 소설들은 대체로 행복이라는 주제를 다룬다.)

He's good at dealing with stressful situations.
(그는 스트레스를 주는 상황을 처리하는 것을 잘한다.)

Words & Phrases

- □ appropriate 적절한
- □ welfare 행복, 안녕
- □ resolve 해결하다
- □ conflict 갈등
- □ spouse 배우자
- □ unappreciated 인정받지 못하는
- □ exclusive 유일한, 독점적인
- □ reliance 의존
- □ cold 냉담한
- □ rationality 합리성
- □ means 수단
- □ deny *A B* A에게 B를 허락하지 않다
- □ realm 영역
- □ clue 단서

정답과 해설 4쪽

03

7201-005 7201-7005

다음 글의 주제로 가장 적절한 것은?

Art therapy provides individuals with the opportunity to focus on their strengths in a creative manner. They create their own environment and personal world in their artwork. The artist is the master of his universe, often choosing his own themes, colors, shapes, materials, and images. The art therapist encourages individuals not to judge themselves and to let their work flow. Participants learn that self-expression becomes the most important aspect of creative work. The art doesn't have to be perfect; each person's designs are unique. The concept, that we are allowed to experiment and make mistakes, is crucial in the development of self-esteem. When individuals acknowledge that they don't have to be perfect, they are better able to accept their perceived flaws and "themselves as a whole." They are often able to identify and focus on strengths instead of weaknesses.

▸ **therapy**
the treatment of mental or psychological disorders by psychological means
(심리적 수단에 의한 정신적이거나 심리적인 장애에 대한 치료)

She began therapy to overcome her fear of crowds.
(군중에 대한 자신의 공포를 극복하기 위해 그녀는 치료를 시작했다.)

① common mistakes made by art therapists
② positive effects of art therapy on self-esteem
③ limits of art therapy in healing the broken heart
④ changing roles of therapists in counseling children
⑤ differences between being selfish and practicing self-care

Words & Phrases

- □ provide *A* with *B* A에게 B를 제공하다
- □ manner 방식
- □ artwork 미술 작품
- □ universe 우주
- □ theme 주제
- □ material 소재
- □ therapist 치료사
- □ judge 판단하다
- □ aspect 측면
- □ unique 독특한
- □ concept 개념
- □ experiment 실험하다
- □ crucial 중요한
- □ self-esteem 자기 존중감
- □ acknowledge 인정하다
- □ perceive 인지하다
- □ flaw 결점, 결함
- □ identify 확인하다

04

7201-006 7201-7006

다음 글의 제목으로 가장 적절한 것은?

A professor had students craft poetry-generating programs. The children would feed the program verbs, adjectives, and nouns, and the computer would combine them into lines of poetry: "MAD WOLF HATES BECAUSE INSANE WOLF SKIPS" or "UGLY MAN LOVES BECAUSE UGLY DOG HATES." The process of trying to get the program to work lent students startling insights into language. Jenny, a thirteen-year-old girl who had previously earned only mediocre grades, came in one day and announced, "Now I know why we have nouns and verbs." She'd been taught grammar and the parts of speech for years without understanding them. But as Jenny struggled to get the program to work, she realized she had to classify words into categories—all the verbs in one bucket, all the nouns in another—or else the sentences the computer spat out wouldn't make sense. Grammar suddenly became deeply meaningful. This produced another effect: Jenny began getting A's in her language classes.

* bucket (컴퓨터) 버킷 (직접 접근 기억 장치(DASD)에서의 기억 단위)

▸ **craft**

1. to make something with skill (기술을 갖고 어떤 것을 만들다)
   He crafts fine furniture by hand.
   (그는 손으로 좋은 가구를 만든다.)
2. skill in making things by hand (손으로 물건을 만드는 기술, 수공예)
   the craft of making pottery
   (도자기 만드는 공예)

① Computers in Education? It's Just an Illusion!
② Computers: Strong in Math, Weak in Language
③ Why English Grammar Is So Difficult to Learn
④ Writing a Poem: Something Only Human Beings Can Do
⑤ Programming a Poetry-Generator Improves Grammar Skills

Words & Phrases

□ verb 동사	□ adjective 형용사	□ noun 명사
□ process 과정	□ lend (사람 · 상황에 어떤 특질을) 주다[부여하다]	
□ startling 놀라운	□ insight 통찰력	□ previously 이전에
□ mediocre 평범한	□ part of speech 품사	□ classify 분류하다
□ category 범주	□ sentence 문장	□ spit out 내뱉다

UNIT 02 요지·주장

1 글의 흐름이 결국 어떤 요지를 완성해 가고 있는지를 파악한다.

- 먼저 글의 도입부를 통해 글의 소재 및 주제를 파악할 필요가 있다.
- 글의 전반부에 역접의 접속사 However나 But 등이 나오면 그 접속사가 속한 문장은 글의 방향을 결정하는 역할을 한다는 것에 유의한다.
- 글의 중반부를 통해 윤곽이 잡힌 글의 요지를 후반부 독해를 통해 정밀하게 완성한다.

EXAMPLE 01

2016학년도 고2 3월 학평 21번

■ 다음 글의 요지로 가장 적절한 것은? 7201-007 7201-7007

Curiosity is the essence of life. ❶Animals including humans cannot live without knowing what is useful to them and what is needed for their survival: where to find food, how to avoid predators, where to find mates, etc. ❷However, the human species differs from other animals because we thirst for knowledge that reaches far beyond our personal needs. We look around us and we wonder. We wonder about our surroundings and about what we observe both near and far and we want to understand it all. Indeed, we fear the unknown. ❸This sense of wonder and desire for understanding not only makes us human, but is also one of the foundation stones of civilization.

① 인간과 동물의 호기심은 본질적으로 같다.
② 인간의 호기심은 오랜 진화 과정의 산물이다.
③ 사물과 현상에 대한 이해는 사람마다 다를 수 있다.
④ 호기심과 앎에 대한 욕구가 인간다움과 문명의 바탕이다.
⑤ 미지의 것에 대한 두려움은 비합리적인 사고로 이어진다.

KEY CLUE

❶ 도입부를 통한 글의 소재 파악
생존과 관련된 정보를 알려는 모습을 가진 인간과 동물

❷ However가 속한 문장을 통한 글의 방향 확인
인간은 동물과는 달리 개인적인 욕구를 훨씬 뛰어 넘는 지식을 갈망한다는 내용 전개가 예상됨

❸ 글의 요지 확인
동물의 호기심과는 다른 인간의 호기심은 인간을 인간답게 만들 뿐 아니라 문명의 초석을 이루는 것 중 하나이다.

정답확인 인간은 동물처럼 호기심이 있을 뿐 아니라 가깝거나 먼 곳에 대해 이해하고 싶어 하는데, 이것이 인간을 인간답게 하고 문명의 초석을 이루는 것 중 하나라는 내용의 글이다. 그러므로 글의 요지로 가장 적절한 것은 ④이다.

2 점점 더 심화되면서 제시되는 필자의 주장에 대한 단서들을 찾는다.

- 필자는 글의 도입부에 희미하게나마 자신이 주장하고자 하는 바를 밝히는 경우가 종종 있음을 파악한다.
- 글의 중반부에서 필자가 도입부에 넌지시 제시한 주장에 대한 부연 설명을 확인하고 필자의 주장에 대한 윤곽을 잡도록 한다.
- 글의 후반부에서 필자의 주장에 대한 심화된 부연 설명을 통해 필자가 주장하는 바를 분명하게 파악한다.
- 필자의 주장이 들어간 문장은 should, must, have to, need to, important, natural 등의 표현을 가지고 있거나 명령문의 형식을 갖추고 있을 때가 흔히 있다.

EXAMPLE 02

2016학년도 고2 3월 학평 20번

다음 글에서 필자가 주장하는 바로 가장 적절한 것은? 7201-008 7201-7008

Think back to when you were a kid. How did you play? How did using your imagination make you feel? Being imaginative gives us feelings of happiness and adds excitement to our lives. ❶It's time to get back to those emotions. If you can return to the joyful feelings that you had through play, you'll find that you feel happier about yourself. ❷You can use your imagination to write books or invent something. There is no end to how creative you can be when you move into your imagination. It will also keep you focused on completing the tasks at hand because ❸imagination makes everyday tasks more interesting.

① 다양한 취미 활동을 통해 경험의 폭을 넓히라.
② 어린 시절처럼 생활 속에서 상상력을 발휘하라.
③ 생활 속에서 즐거움을 찾는 방법을 이웃과 나누라.
④ 아이들의 눈높이에 맞추어 아이들의 행동을 이해하라.
⑤ 아이들이 상상력을 통해 스스로 문제를 해결하게 하라.

KEY CLUE

❶ 넌지시 제시된 필자의 주장 확인
그러한 감정들로 되돌아 갈 때라는 내용을 통해 상상력을 가져야 됨을 넌지시 말하고 있다.

❷ 제시한 주장을 부연 설명하는 예 제시
책을 쓰거나 어떤 것을 발명하기 위해 상상력을 이용할 수 있다.

❸ 제시한 주장을 더 확고하게 뒷받침하는 설명
상상력은 일상적인 과업을 더욱 흥미롭게 만든다는 내용을 통해 상상력을 이용할 것을 주장하는 필자의 의도를 파악할 수 있다.

정답확인 우리가 현재 무엇을 하든지, 어린 시절에 가졌던 상상력을 이용하면 창의적으로 일들을 할 수 있고 과업을 완수하는 데 집중력을 발휘할 수 있다는 내용의 글이다. 그러므로 필자가 주장하는 바로 가장 적절한 것은 ②이다.

PRACTICE

정답과 해설 7쪽

01

7201-009 7201-7009

다음 글의 요지로 가장 적절한 것은?

A major psychological challenge for scheduling is to make use of proper skepticism, without deflating the passion and motivation of the team. Unlike the creation of a vision document, where spirit and optimism about the future must reign, a schedule has to come from the opposite perspective. The numbers that are written down to estimate how long things should take require a brutal and honest respect for ▸Murphy's Law ("What can go wrong will go wrong"). Schedules should not reflect what might happen or could happen under optimal conditions. Instead, a good schedule declares what will happen—despite several important things not going as expected. It's important to have the test/QA team involved in scheduling because they lend a naturally skeptical and critical eye to engineering work.

① 업무 계획 수립 시 팀별로 균등하게 업무를 배분해야 한다.
② 일정에 맞춰 작업하려면 팀 간의 원활한 협조가 있어야 한다.
③ 업무 진행에 차질을 가져올 수 있는 요인을 우선 처리해야 한다.
④ 일이 매끄럽게 진행되지 않을 경우를 감안하여 팀의 일정을 관리해야 한다.
⑤ 조직의 구성원은 조직 전체의 일정을 고려하여 자기 업무를 진행해야 한다.

▸ **Murphy's Law**
a tendency for bad things to happen whenever it is possible for them to do so (머피의 법칙: 나쁜 일이 일어날 가능성이 있을 때마다 그렇게 되는 경향)

The bus is always late but today when I was late it came on time—that's Murphy's Law!
(그 버스는 늘 늦다가 오늘 내가 늦었을 때는 정각에[운행 시간을 어기지 않고] 왔어, 그게 머피의 법칙이야!)

Words & Phrases

- □ challenge 과제, 난제
- □ scheduling 일정 관리
- □ skepticism 회의적 태도
- □ deflate 위축시키다
- □ vision 미래상 (예측), 비전
- □ document 문서
- □ spirit 활기
- □ optimism 낙관주의
- □ reign 지배하다, 가득하다
- □ opposite 정반대의
- □ perspective 관점
- □ estimate 추정하다
- □ brutal 가차 없는
- □ reflect 반영하다
- □ optimal 최적의
- □ declare 분명히 언급하다
- □ test/QA team 검사 및 품질 보증 팀
- □ critical 비판적인
- □ engineer 설계하다

02

7201-010 7201-7010

다음 글에서 필자가 주장하는 바로 가장 적절한 것은?

Children's librarians frequently do not get involved in the budget process. In many smaller libraries, they are just informed of the amount they have to spend in the coming year. However, it is the responsibility of the children's librarian to inform the administration early in the budget process of needs for the next year, including a justification of why the funds are needed. If the budget for the previous year was inadequate, explain why additional funds are needed. Being specific about areas of the collection which are dated and worn is more likely to bring results than a general statement that more money is needed. Put the materials budget request in writing so the director or principal has it available for budget preparation.

▶ **specific**

1. 구체적인
Can you be more specific?
(더 구체적으로 말씀해 줄 수 있나요?)

2. 특정한
This program aims at a specific age group.
(이 프로그램은 특정한 연령 집단을 목표로 한다.)

① 아동도서관 사서 채용을 위한 예산을 늘려야 한다.
② 아동도서관 사서는 독서 지도의 전문가가 되어야 한다.
③ 아동도서관은 아동의 눈높이에 맞는 도서를 확보해야 한다.
④ 아동도서관에는 다양한 주제의 도서가 구비되어 있어야 한다.
⑤ 아동도서관 사서는 예산 확보를 위해 적극적으로 노력해야 한다.

Words & Phrases

- □ children's librarian 아동도서관의 사서
- □ frequently 자주
- □ budget 예산
- □ process 과정
- □ administration 집행부
- □ justification 타당한 이유, 정당화
- □ fund 자금
- □ previous 이전의
- □ inadequate 불충분한, 부적절한
- □ additional 추가적인
- □ collection 소장품, 수집품
- □ dated 구식의, 케케묵은
- □ worn 낡은
- □ director 관리자
- □ principal 교장

정답과 해설 8쪽

03

7201-011 7201-7011

다음 글의 요지로 가장 적절한 것은?

The average person's belief about themselves is, in general, flattering. A large majority of the public believe that they are more intelligent and fair-minded, better describers and less prejudiced than the average person. This is as true of the general public as it is of university students and their professors. This set of beliefs is known as the 'Lake Wobegon' effect, after a fictional community in the stories by Garrison Keillor, where all the children are above average. Again, a survey of high school seniors in the USA found that 70 percent thought they had above-average leadership ▸qualities and only 2 percent believed they were below the average. And of university professors, 94 percent thought they were better at their jobs than their average colleague.

① 일반 대중은 자신이 속한 집단의 가치관을 쉽게 받아들인다.
② 보편적인 가치는 연령이나 직업에 상관없이 적용될 수 있다.
③ 개인에 대한 주변 동료의 평가는 정확성이 그다지 높지 않다.
④ 사회 구성원들이 공유하는 가치는 상호 신뢰를 바탕으로 한다.
⑤ 대부분의 사람들은 자신을 실제 이상으로 평가하는 경향이 있다.

▸ **quality**

1. 자질
He has leadership qualities.
(그는 지도력 자질을 가지고 있다.)

2. 고급의, 양질의
This store specializes in quality furniture.
(이 가게는 고급 가구만 전문적으로 취급한다.)

Words & Phrases

- □ flattering 실제보다 돋보이는, 아첨하는
- □ majority 대다수
- □ public 일반 사람들, 대중
- □ intelligent 지적인
- □ fair-minded 공정한
- □ describer 설명하는 사람
- □ prejudiced 편파적인, 편견을 가진
- □ effect 효과, 영향
- □ fictional 가공의, 허구의
- □ community 공동체, 지역 사회
- □ again 그리고 또
- □ survey 조사; 조사하다
- □ colleague 동료

04

7201-012 7201-7012

다음 글에서 필자가 주장하는 바로 가장 적절한 것은?

A lot of nonsense has been written about speed reading. I have seen advertisements that say they can teach you how to read fast by running your finger down the page. That may be the best way to look someone up in the telephone book, but you are not going to learn very much at that speed. Some even say that they can show you how to read the Bible in a couple of hours using their methods. Forget about all of these devices. Most of the people who emphasize speed are just turning a lot of pages so they can tell their friends how many books they have read, rather than what they have learned from them.

▸ **look up**
~을 찾아보다
If you look up information in a book, on a computer etc, you try to find it there.
(책이나 컴퓨터 등으로 정보를 찾아본다면, 거기서 정보를 찾아보려고 하는 것이다.)

Look the word up in your dictionary.
(네 사전에서 그 단어를 찾아봐라.)

① 자신에게 적합한 속도로 책을 읽으라.
② 속독법이라고 광고되는 것에 현혹되지 말라.
③ 독서 습관을 들일 때 전문가의 도움을 받으라.
④ 독서할 때 촉각을 비롯한 오감을 모두 동원하라.
⑤ 정해진 시간 안에 일정한 분량을 읽는 연습을 하라.

Words & Phrases

□ nonsense 터무니없는[말도 안 되는] 생각[말]
□ speed reading 속독
□ advertisement 광고
□ device 방법, 장치
□ emphasize 강조하다

UNIT 03 목적

1 글에 제시되고 있는 화제를 파악한다.

- 편지글, 이메일, 광고문 등이 제시되므로, 누가 누구에게 쓰는 글인지를 파악한다.
- 글에서 제시되고 있는 상황이나 문제점이 무엇인가를 이해한다.
- 문제가 되는 상황에 대해 필자가 어떤 해결책을 원하는지를 글의 후반부에서 찾는다.

EXAMPLE 01

2016학년도 고2 3월 학평 18번

■ 다음 글의 목적으로 가장 적절한 것은? 7201-013 7201-7013

❶ To the Student Council,

We are the members of the 11th grade band. Currently, since we have no practice room of our own, we have to practice twice a week in the multipurpose room. For the past two weeks, ❷ band practice has been canceled because other groups needed to use the room. ❸ Since the band tournament is only one month away, we are asking to be the only group to use the multipurpose room after school for this entire month. Principal Cooper has said that the entire student council must vote on our proposal. We hope that you will understand our situation and vote in our favor.

Sincerely,

❶ The 11th Grade Band

① 다목적실 사용 규정에 대해 문의하려고
② 밴드 경연 대회 참가 승인을 요청하려고
③ 밴드부 연습실 장비의 추가 구입을 건의하려고
④ 밴드 연습 시간 연장에 대한 반대 의사를 밝히려고
⑤ 다목적실 단독 사용에 대한 학생회의 협조를 구하려고

KEY CLUE

❶ 필자와 독자의 관계 파악
- 필자: 11학년 밴드부
- 독자: 학생회

❷ 글의 화제
다른 그룹들이 다목적실을 써야 해서 지난 2주 동안 밴드 연습이 취소되었다.

❸ 글의 목적
밴드부는 다목적실을 단독으로 사용하고 싶어 하는데, 교장 선생님의 지시에 따라 학생회 전체가 투표를 해야 한다. 그래서 자신들에게 투표해 주기를 부탁하고 있다.

정답확인 글을 쓰고 있는 11학년 밴드부원들은 밴드 경연 대회가 한 달밖에 남지 않아 이번 달 내내 다목적실을 단독으로 쓰고 싶어 하지만, 교장 선생님의 지시에 따라 그 문제에 대해 학생회 전체가 투표를 해야 하는 상황이기 때문에, 학생회 구성원들에게 자신들을 지지해 줄 것을 부탁하고 있다. 그러므로 글의 목적으로는 ⑤가 가장 적절하다.

2 필자의 의도나 목적이 구체적으로 드러나 있는 부분을 찾는다.

- 글을 쓴 목적이 있으므로, 글을 쓰는 사람과 글을 읽는 사람의 관계를 파악한다.
- 필자가 글을 쓴 의도나 목적을 직접적으로 드러내는 부분을 찾는다.
- 의도나 목적이 다른 식으로 표현된 곳을 찾아 글의 목적과 부합하는지를 파악한다.

EXAMPLE 02

2016학년도 고2 6월 학평 18번

■ 다음 글의 목적으로 가장 적절한 것은? 7201-014 7201-7014

❶ As a recent college graduate, I am very excited to move forward with my career in marketing and gain additional experience in a food sales environment specifically. I have heard wonderful things about your company and ❷ would love to join your team. While my prior experience has been in retail, ❷ I have always wanted to move in the direction of food sales. My volunteer experience has allowed me to work with people from all walks of life, and I know how much they ❸ appreciate your company's contributions to the local charity. If hired as a member of your Marketing Department, my goal would be to get new clients and to ensure that current customers continue to feel excited about their purchases.

① 식품 회사의 자원봉사 활동에 감사하려고
② 식품 회사의 신입 사원 모집에 지원하려고
③ 식품을 통한 구호 사업에 대해 설명하려고
④ 자선 단체에 대한 식품 지원을 요청하려고
⑤ 새로운 고객에게 회사의 식품을 홍보하려고

KEY CLUE

❶ 필자와 독자의 관계 파악
- 필자: 구직자
- 독자: 식품 회사의 채용 담당자

❷ 글의 목적
식품 판매 부서에 합류하기를 바란다.

❸ 목적의 반복 표현
마케팅 부서의 일원이 된다면, 새 고객을 창출하고 현재 고객들이 계속해서 즐겁게 구매할 수 있도록 하겠다.

정답확인 최근에 대학을 졸업한 사람으로서 필자는 이전에 소매업에서 일했지만 식품 판매 회사에서 일하고 싶다고 밝히면서, 지원하는 회사가 지역 자선 단체에 공헌하고 있음을 알고 있다는 것과 회사에 고용되었을 때의 자신의 목표를 언급하고 있으므로, 필자가 글을 쓴 목적으로는 ②가 가장 적절하다.

PRACTICE

정답과 해설 10쪽

01

7201-015 7201-7015

다음 글의 목적으로 가장 적절한 것은?

Dear Sir:

Our records show that you have not complied with the legal obligation to file your report for the Survey of Specialized Agriculture. I must remind you that this report is required by law (Title 13, United States Code). We mailed you our first request for cooperation (with form enclosed) early in January. A second copy of the form was sent to you with my letter dated March 14. Please complete one of these forms and mail it to us right away. If you fail to do so, we will not be able to complete the survey tabulations on schedule. Thank you for your cooperation.

Sincerely,

J. Thomas Breen

* tabulation 도표 (작성)

▶ **comply with**
~에 따르다, ~을 지키다
I hope you decide to comply with our rules.
(당신이 우리의 규칙에 따르기로 결정하기를 희망합니다.)

cf. obey ~에 따르다
Soldiers obey their commander's order.
(군인들은 그들의 지휘관의 명령에 따른다.)

① 조사 결과를 통지하려고
② 보고서 제출을 독촉하려고
③ 서류의 재작성을 요청하려고
④ 업무 관련 법규를 설명하려고
⑤ 서류 양식 작성법을 안내하려고

Words & Phrases

- □ legal 법적인
- □ survey 조사
- □ remind 상기시키다
- □ enclose 동봉하다
- □ obligation 의무
- □ specialized 특성화된
- □ code 법전
- □ complete 작성하다, 완료하다
- □ file 제출하다
- □ agriculture 농업
- □ form 서류 양식

02

7201-016 7201-7016

다음 글의 목적으로 가장 적절한 것은?

Dear Monica,

It was good to see you at the funeral service for my mother last week; it was comforting to be surrounded by family and friends. At the end of the day you told me that my mother had promised you her pearl ring. It was not the appropriate time for me to discuss your request, but I did want to let you know my thoughts now. That lovely ring is of special meaning in my family. My father bought it when he was stationed in the Pacific in World War II. My mother proudly wore it for more than forty years. After my daughter Tina was born, we ▸used to say that someday when she married someone it would be hers. My mother never said otherwise, and there is no mention of giving it to you in her will. I am sure you will understand that we want this remembrance of my mother to remain in the family.

Sincerely,
Chris Walker

▸ **used to *do***
~하곤 했다, (예전에는) ~이었다[했다]
We used to go sailing on the lake in summer.
(우리는 여름이면 호수로 배를 타러 가곤 했다.)

① 어머니와 함께 한 특별한 추억을 알려 달라고
② 어머니의 유언 내용을 증언해 줄 것을 부탁하려고
③ 어머니에게서 빌려 간 물건을 돌려줄 것을 요청하려고
④ 어머니의 유품을 넘겨줄 수 없는 데 대한 양해를 구하려고
⑤ 어머니의 장례식에 참석해 준 데 대한 고마움을 표시하려고

Words & Phrases

- □ funeral service 장례식
- □ comforting 위로가 되는
- □ surround 둘러싸다
- □ pearl 진주
- □ appropriate 적절한
- □ station 주둔시키다
- □ the Pacific 태평양
- □ otherwise 다르게
- □ mention 언급
- □ will 유언장
- □ remembrance 추억거리

정답과 해설 11쪽

03

7201-017 7201-7017

다음 글의 목적으로 가장 적절한 것은?

Dear Homeowner/Resident:

Beginning around mid-April, 2017, contractors for the City of Southfield will perform water main and pavement replacement in your area. Consumers Energy will also perform selective gas service renewal as part of the work. A map is attached to this letter which shows areas of water main replacement and road replacement. The proposed road improvements are made possible thanks to the City's $99 million Street Improvements ▸Bond which was approved by voters in 2016. The water main will be replaced under the water fund. Work is scheduled to begin during April 2017. The majority of work will be completed by November 15, 2017. Some minor restoration of lawn areas that is not completed in the 2017 growing season will be completed in early spring of 2018.

▸ **bond**

1. 채권
Companies sell bonds to raise money.
(기업들은 자금을 모으려고 채권을 판다.)

2. 유대 관계
The agreement strengthened the bonds between the two countries.
(그 협정은 그 두 나라 사이의 유대 관계를 강화했다.)

① 주민 불편 사항을 조사하려고
② 공사 예산 내역을 설명하려고
③ 공사로 인한 불편을 사과하려고
④ 예정된 공사 일정을 공지하려고
⑤ 공사비 분담의 필요성을 알리려고

Words & Phrases

- □ homeowner 주택 소유주
- □ contractor 도급업자
- □ water main 수도 본관
- □ pavement 보도
- □ replacement 교체
- □ selective 선택적인
- □ renewal 개선
- □ attach 첨부하다
- □ approve 승인하다
- □ voter 유권자
- □ fund 기금
- □ restoration 복구공사

04

7201-018 7201-7018

다음 글의 목적으로 가장 적절한 것은?

I am writing to draw your attention to a matter of great importance. Mayor Doe pledged to address the traffic problems that have plagued our community. He has failed, however, to take even the first steps toward reducing the dangerous conditions of many of the intersections surrounding our children's schools. I hope you will join me in voicing your concern over this immediate peril. Write Mayor Doe and tell him, in no uncertain terms, that it is his responsibility to protect the children by installing crosswalks and traffic lights at dangerous intersections. Let him understand that your support depends on his fulfillment of his promises to keep our streets efficient and our children safe!

▸ **take a step**
조치를 취하다
We need to take a step to solve that matter.
(우리는 그 문제를 해결하기 위한 조치를 취할 필요가 있다.)
All humans should take a step to stop global warming.
(모든 인간들은 지구 온난화를 막기 위한 조치를 취해야 한다.)

① 학교 주변의 교차로 증설을 시장에게 요청하려고
② 시장이 제시한 교통 관련 공약의 허점을 지적하려고
③ 학교 주변의 교통사고 발생이 늘고 있음을 경고하려고
④ 학교 주변 안전을 위한 자치 기구의 창설을 제안하려고
⑤ 교통안전과 관련된 시장의 약속 이행 촉구에 동참을 호소하려고

Words & Phrases

- □ pledge 약속하다
- □ address 처리하다, 다루다
- □ plague 괴롭히다
- □ reduce 줄이다
- □ intersection 교차로
- □ voice 표명하다, 표현하다
- □ concern 우려, 걱정, 관심
- □ immediate 당면한, 즉각적인
- □ peril 위험
- □ term 말, 용어
- □ install 설치하다
- □ fulfillment 이행, 실행
- □ efficient 효율적인

UNIT 04 심경·분위기

1 주인공이 처한 상황을 파악하고 심경을 넌지시 알려 주는 단서에 주목한다.

- 글의 도입부를 통해 주인공이 처한 상황이 어떠한지를 우선 파악한다.
- 글의 중반부를 통해 주인공의 심경을 넌지시 알려 주는 표현을 찾아서 주인공이 느끼고 있을 심경을 추론한다.
- 주인공의 심경에 대해 추론해 본 후, 글의 후반부를 통해 심경을 직접적으로 보여 주는 표현을 찾아 추론이 정확히 이루어졌는지를 확인한다.

EXAMPLE 01

2016학년도 고2 3월 학평 19번

■ 다음 글에 드러난 Joni의 심경으로 가장 적절한 것은? 7201-019 7201-7019

❶Joni went horseback riding with her older sisters. She had a hard time keeping up with them because ❶her pony was half the size of their horses. Her sisters, on their big horses, thought it was exciting to cross the river at the deepest part. They never seemed to notice that ❷Joni's little pony sank a bit deeper. It had rained earlier that week and ❷the river was brown and swollen. As her pony walked into the middle of the river, ❸Joni turned pale, staring at the swirling waters rushing around the legs of her pony. ❸Her heart started to race and her mouth became dry.

① happy
② bored
③ guilty
④ frightened
⑤ grateful

KEY CLUE

❶ 도입부의 상황 파악
Joni가 언니들 말의 절반 크기의 말을 타고 언니들과 말을 타러 간 상황임을 확인한다.

❷ 상황의 전개 파악
Joni의 조랑말이 약간 더 깊이 빠지고 주초에 비가 와서 하천의 물이 불어난 상황을 통해 Joni의 심경을 추론한다.

❸ 심경 파악
여러 단서를 통해 Joni가 겁이 나 있다는 것을 짐작할 수 있으며, 이어서 심장이 빨리 뛰고 입이 마르게 되었다는 것을 통해 확실한 심경을 파악할 수 있다.

정답확인 Joni는 언니들의 말보다 작은 말을 타고 하천을 건너게 되는데, 이때 불어난 물 때문에 얼굴이 창백해지고 심장이 빨리 뛰기 시작했다는 내용이므로 Joni의 심경으로 가장 적절한 것은 ④ '겁이 난'이다.
① 행복한 ② 지루한 ③ 죄책감이 드는 ⑤ 고마워하는

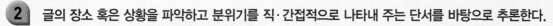

2 글의 장소 혹은 상황을 파악하고 분위기를 직·간접적으로 나타내 주는 단서를 바탕으로 추론한다.

- 글의 전반부를 통해 사건이 벌어지고 있는 장소 혹은 상황을 파악해서 어떠한 분위기가 전개될지를 추론한다.
- 상황을 간접적으로 설명해 주는 표현을 찾아서 앞서 했던 사건 전개에 대한 추론이 맞는지 확인한다.
- 상황의 분위기를 직접적으로 설명해 주는 어휘 혹은 표현을 찾아서 선택지에서 그와 어울리는 어구를 정답으로 고른다.

EXAMPLE 02

2016학년도 고3 9월 모평 19번

■ 다음 글의 상황에 나타난 분위기로 가장 적절한 것은? 7201-020 7201-7020

On my first day in ❶the Emergency Center, I was about to drink my coffee when the first call came. I quickly picked up the line, ❶"9-1-1." My voice was trembling and my heart was racing. A woman cried, ❷"My husband's not breathing!" I instructed her to begin CPR. I was trying to be as steady as I could, but I was shaking. ❸The situation was absolutely critical. While she was performing CPR, I immediately notified the nearby hospital. After ❸a few tense moments, she came back on the line and shouted, "Where's the ambulance?" I replied, "It's getting there as quickly as it can."

① festive
② urgent
③ romantic
④ mysterious
⑤ monotonous

KEY CLUE

❶ 도입부를 통한 장소 혹은 상황 파악

the Emergency Center와 9-1-1을 통해 필자는 응급 센터에서 근무하고 있음을 파악한다.

❷ 분위기 단서 확인

걸려온 전화로 들리는 '내 남편이 숨을 쉬고 있지 않아요!'를 통해 매우 위급한 상황이 벌어지고 있음을 확인한다.

❸ 추가적인 분위기 단서 확인

상황이 매우 위급하다는 표현과 상황을 직접적으로 설명해 주는 a few tense moments를 통해 글의 분위기가 '긴급한' 것임을 파악한다.

정답확인 필자가 응급 센터에서 근무하는 첫날 한 여자가 전화를 걸어 그녀의 남편이 숨을 쉬고 있지 않다고 말하자 필자가 떨면서 이에 대응하는 상황이다. 그러므로 글의 상황에 나타난 분위기로 가장 적절한 것은 ② '긴급한'이다.

① 축제의, 흥겨운 ③ 낭만적인 ④ 신비한 ⑤ 단조로운

PRACTICE

정답과 해설 13쪽

01

7201-021 7201-7021

다음 글의 상황에 나타난 분위기로 가장 적절한 것은?

As often as he could, after his classes were over and his work at the Footes' was done, he returned to the university. Sometimes, in the evenings, he wandered in the long open quadrangle, among couples who strolled together and murmured softly; though he did not know any of them, and though he did not speak to them, he felt a kinship with them. Sometimes he stood in the center of the quadrangle, looking at the five huge ▸columns in front of Jesse Hall that thrust upward into the night out of the cool grass; he had learned that these columns were the remains of the original main building of the university, destroyed many years ago by fire. Grayish silver in the moonlight, bare and pure, they seemed to him to represent the way of life he had embraced, as a temple represents a god.

* quadrangle (건물로 둘러싸인 사각형의) 안뜰

▸ **column**

1. 기둥
Those stone <u>columns</u> hold up the roof.
(저 돌기둥들이 지붕을 떠받치고 있다.)
2. (신문 · 잡지의) 정기 기고란[칼럼]
She writes a weekly <u>column</u> about politics for *The New York Times*.
(그녀는 '뉴욕타임즈'에 정치에 관한 주간 칼럼을 쓴다.)

① lively and festive
② quiet and peaceful
③ mysterious and scary
④ dangerous and urgent
⑤ exciting and suspenseful

Words & Phrases

□ wander 거닐다	□ stroll 산책하다	□ murmur 속삭이다
□ kinship 친밀감	□ thrust 뻗다, 내밀다	□ remains 잔해, 유적
□ grayish 회색조의	□ bare 헐벗은	□ pure 순수한
□ represent 나타내다	□ embrace 받아들이다, 수용하다	□ temple 사원

02

7201-022 7201-7022

다음 글에 드러난 'I'의 심경 변화로 가장 적절한 것은?

Last summer I went to get groceries and unconsciously bought much more than I could easily carry. I couldn't afford a taxi, so I was shuffling along, stopping every few feet because the bags were heavy. At one point the bottom fell out of one of them and some of my groceries were ruined. I managed to save what I could and kept going. When I was about ten minutes from my apartment, an elderly lady pulled over to put a letter in a mailbox. She offered to give me a drive. At first, I politely refused, as it was not that far away, but she insisted. I offered her some money for the lift but she refused, and said she was just happy that she could help. The lady showed me there are still people willing to help those in need.

* shuffle 발을 (질질) 끌며 걷다

① bored → excited
② curious → satisfied
③ relieved → nervous
④ pleased → disappointed
⑤ embarrassed → grateful

▸ **cannot afford**
~할 형편[여력]이 안 되다
She was fully aware that she couldn't afford an expensive car.
(그녀는 자신이 비싼 차를 몰 형편이 되지 않는다는 것을 온전히 알고 있었다.)

▸ **pull over**
차를 길 한쪽으로 대다
Police pulled over to ask Mr. Baker a few questions.
(경찰은 Baker 씨에게 몇 가지 질문을 하기 위해서 차를 길 한쪽으로 댔다.)

Words & Phrases

- □ grocery 식료품, 식료품점
- □ unconsciously 무의식적으로
- □ bottom 밑, 바닥
- □ ruin 망가뜨리다, 못쓰게 하다
- □ give ~ a drive ~를 차로 태워 주다
- □ politely 정중하게
- □ insist 고집하다, 주장하다
- □ lift (차 등을) 태워 주기
- □ in need 어려움에 처한

정답과 해설 14쪽

03

7201-023 7201-7023

다음 글의 상황에 나타난 분위기로 가장 적절한 것은?

The windows were open in the big bedroom and fading orange sunlight cast long shadows across the walls. The statue of Emily stood in the corner of the room, frozen and helpless. Corey sat beside her, his jaw set tightly and his tense face made him look a bit like a statue himself. Grue was here too, sitting in a corner, watching Grandma silently and it looked like he might have been crying. Grandma lay on a big bed in the center of the room. Her white hair was lit by the golden light of the setting sun. Her skin was a sickly grey and her breathing was shallow. I had always thought of Grandma as nearly invincible, but now she looked heartbreakingly fragile and weak. Grandpa sat in a chair beside the bed. When he saw us, he embraced Elayne and me and didn't ▸let go for a long time. I finally began crying and the three of us sobbed quietly holding each other tightly.

* invincible 무적의

▸ **let go**
놓아주다, 풀어 주다
He grabbed hold of me and wouldn't let go.
(그가 나를 단단히 붙잡고는 놔주려고 하지 않았다.)

① sad and gloomy
② calm and peaceful
③ lively and amusing
④ dangerous and urgent
⑤ boring and monotonous

Words & Phrases

- □ fade 점점 희미해지다
- □ frozen 얼어붙은
- □ tense 긴장한
- □ heartbreakingly 가슴이 아플 정도로
- □ sob 흐느끼다
- □ cast 드리우다, 던지다
- □ helpless 무력한
- □ sickly 창백한, 병약한
- □ fragile 가냘픈
- □ statue 조각상
- □ jaw 턱
- □ shallow 약한, 얕은
- □ embrace 부둥켜안다

04

7201-024 7201-7024

다음 글에 드러난 'I'의 심경으로 가장 적절한 것은?

We took the floor for warm-ups and we were all flying high. The Knights were already warming up and they looked pretty confident. During the national anthem I felt like I was going to throw up. I could feel my heart pounding in my chest. I was at this point more than a little worried about this game. Would we be able to match them on their home court? Was Tony going to keep his cool? Was I going to play well? So many questions. So many things to worry about. I tried to take some advice Coach Doug had given me once: when it comes time to play the game, leave all your problems off the court and play ball. Finally the game began with the whistle blown by the referee.

▸ **throw up**
토하다
The smell was so terrible that we wanted to throw up.
(냄새가 너무 역겨워서 우리는 토하고 싶었다.)

① bored
② relieved
③ nervous
④ satisfied
⑤ disappointed

Words & Phrases

□ warm-up 준비 운동　□ confident 자신 있는　□ national anthem 국가
□ pound 두근거리다　□ chest 가슴　□ match 상대하다, 적수가 되다
□ keep one's cool 냉정을 유지하다　□ take (one's) advice (~의) 조언에 따라 행동하다
□ play ball 행동을 개시하다　□ whistle 호각　□ blow 불다
□ referee 심판

정답과 해설 15쪽

01

7201-025
7201-7025

다음 글의 주제로 가장 적절한 것은?

The rise of international organizations should be attributed first and foremost to increasing interdependence among nations, particularly since the 19th century. This interdependence, which is particularly evident in the economic sphere, has led to awareness among policy-makers that international cooperation is essential for achieving national objectives and carrying out functions beyond the reach of their national resources. Thus, for instance, space programs are too costly to be borne by almost any single country, and states are compelled to join forces, through international organizations, in order to conduct such operations.

① effects of space exploration on economy
② specialized areas of international organizations
③ the reason international organizations are required
④ roles of communication in making the world cooperate
⑤ scientific advances that require international cooperation

02

7201-026
7201-7026

다음 글의 요지로 가장 적절한 것은?

In a remote part of Sweden surrounded by mountains, valleys and thick forests, the community of Älvdalen is desperately attempting to preserve its unique heritage. Up until the mid-20th century, the town of some 1,800 inhabitants spoke a language called Elfdalian, believed to be the closest descendant of Old Norse, the language of the Vikings. The beautiful and complex tongue remained preserved throughout the centuries because of the area's natural isolation. Like other isolated regions of the world, however, the arrival of greater mobility and mass media began to overcome the natural barriers that had guarded Älvdalen from change for centuries. The ancient language of Elfdalian began to give way to modern Swedish. According to the most recent estimates, fewer than 2,500 people speak Elfdalian, and less than 60 children under the age of 15 are fluent in it.

① 문화적 장벽을 극복하려면 자연적 장벽을 무너뜨리는 노력이 요구된다.
② 스웨덴의 오지 어린이들은 지역어보다는 현대 스웨덴어를 많이 사용한다.
③ 교통과 통신의 발달로 인해 고대 언어인 Elfdalian어가 사라져 가고 있다.
④ 소설에서 사용되는 언어와 유사한 Elfdalian어에 대한 관심이 커지고 있다.
⑤ Älvdalen 지역 주민들은 훼손되어 가는 자연을 보호하기 위해 노력하고 있다.

03

7201-027
7201-7027

다음 글의 목적으로 가장 적절한 것은?

Dear Mr. Ralph,

As you know, my son David is a stomach ulcer patient of yours and he is in treatment under your supervision. In the previous checkup last week, you strictly ordered that no matter what the situation is, we are not allowed to take him outside the hospital. I am here to talk about that. Yesterday my mother passed away. She was a lovely person and David was very close to her. She lives in Australia and we have to go there for the funeral and David is insisting on going with us. I told him that you have told us not to take him anywhere but he is a tough little kid and he won't listen to you. We simply don't have enough potential to deal with his stubbornness in this difficult time. So, I want to see if you can allow him to travel with us for three days. I hope you will understand the situation and will think of some way to allow David to go with us. I am waiting for your reply.

Yours sincerely,
George Kinsley

① 어머니의 장례식 일정을 알리려고
② 아들의 병원 외출 허락을 구하려고
③ 아들의 병원 진료 기록 열람을 요청하려고
④ 어머니 장례식 참석으로 인한 부재를 알리려고
⑤ 아들의 여행에 동반해 줄 수 있는지 문의하려고

04

7201-028
7201-7028

다음 글에 드러난 'I'의 심경으로 가장 적절한 것은?

My grandpa finished his own breakfast, picked a quick basket of raspberries, and took off for the lower place to check on the livestock and then for town. He said he'd be back for dinner. Grandma and I put our bowls in the sink and I asked, "What do we do this morning?" That was every morning's question after breakfast at the farm. Work came first and began right after breakfast. But today when I asked, Grandma's response was one I'd never heard. She sat down, put both hands flat on the kitchen table, smiled big, and said, "Whatever we want." I looked at her and knew she meant it! She explained that she'd already gathered the eggs and fed the hogs. "We'll have to milk this evening, of course. But till then," she said, "you and I'll have ourselves a gentle day."

① bored ② nervous ③ irritated ④ delighted ⑤ jealous

POWER

CHAPTER 02

사실적 이해

지문 안에 답이 있다, 지문에 집중하라!

UNIT 05

지칭 대상 파악

1 주요 등장인물을 파악하고 글의 전체적인 흐름을 파악한다.

- 등장인물이 누구인지를 파악한다.
- 밑줄이 있는 문장에서 누가 누구에게 어떤 행위를 하는지 파악한다.

EXAMPLE 01

2016학년도 고2 3월 학평 30번

■ 밑줄 친 부분이 가리키는 대상이 나머지 넷과 다른 것은? 7201-029 7201-7029

❶ Jake's own flying dream began at a village festival. He was four ❷ years old. His uncle, a tall silent pilot, had bought ① him a red party balloon from a charity stall, and tied it to the top button of Jake's shirt. The balloon seemed to have a mind of its own. It was filled with helium, a gas four times lighter than air, though Jake did not understand this at the time. It pulled mysteriously at ② his button. "Maybe you will fly," Jake's uncle remarked. He led ③ his nephew up a grassy bank so they could look over the whole festival. Below Jake stretched the little tents and the stalls. Above ④ him bobbed the big red balloon, shiny and beautiful. It kept pulling him towards the sky, and ⑤ he began to feel unsteady on his feet. Then his uncle let go of his hand, and Jake's dream began.

* stall 가판대 ** bob 까닥까닥 움직이다

KEY CLUE

❶ 주요 등장인물 파악

주요 등장인물은 Jake와 그의 삼촌이다.

❷ 밑줄 친 부분에서 누가 누구에게 어떻게 한 것인지 파악한다.

① 삼촌이 Jake에게 풍선을 사 줌
② Jake의 셔츠 단추에 매달아 놓은 풍선이 단추를 끌어당김
③ 삼촌이 그의 조카 Jake를 강둑으로 데려감
④ Jake의 머리 위에 풍선이 까닥거림
⑤ Jake는 자기 발이 불안정하다고 느낌

정답확인 ③은 Jake의 삼촌을 가리키고 나머지는 Jake를 가리킨다.

2 밑줄 친 부분이 대명사뿐만 아니라 명사구일 수도 있다.

- 대명사를 포함한 명사구가 누구를 가리키는지 파악한다.
- 글의 흐름을 따라가면서 누가 누구에게 어떻게 한 것인지 맥락을 파악한다.

EXAMPLE 02

2016학년도 고2 9월 학평 19번

■ 밑줄 친 부분이 가리키는 대상이 나머지 넷과 다른 것은? 7201-030 7201-7030

❶ ❷ In the film *The Karate Kid*, the teenaged Daniel asks the wise Mr. Miyagi to teach him karate. ① <u>The old man</u> agrees and orders Daniel first to wax his car in precisely opposed circular motions. Then he tells Daniel to paint ② <u>his</u> wooden fence in precise up and down motions. Finally, ③ <u>he</u> makes Daniel hammer nails to repair a wall. Daniel is puzzled at first, then angry. He wants to learn the martial arts so he can defend himself. Instead he is limited to household chores. When Daniel is finished restoring Miyagi's car, fence, and walls, he explodes with rage at ④ <u>his "mentor</u>." Miyagi physically attacks Daniel, who without thought or hesitation defends ⑤ <u>himself</u> with the core thrusts and parries of karate. Through Miyagi's deceptively simple chores, Daniel has absorbed the basics of karate—without knowing it.

* thrust and parry 찌르기와 막기

KEY CLUE

❶ 주요 등장인물 파악

주요 등장인물은 Daniel과 그의 멘토인 Miyagi 씨이다.

❷ 밑줄 친 부분에서 누가 누구에게 어떻게 한 것인지 파악한다.

① 그 노인(Miyagi 씨)이 Daniel에게 가라테를 가르쳐 주는 데 동의함
② 그가 Daniel에게 그의 울타리를 칠하라고 말함
③ 그는 Daniel에게 벽에 못을 박도록 시킴
④ Daniel이 그의 '멘토'에게 격분하여 폭발함
⑤ Miyagi 씨가 Daniel을 공격하자 생각이나 망설임 없이 자기를 방어함

정답확인 ⑤는 Daniel을 가리키고 나머지는 Miyagi 씨를 가리킨다.

PRACTICE

정답과 해설 20쪽

01

7201-031 7201-7031

밑줄 친 부분이 가리키는 대상이 나머지 넷과 다른 것은?

I once had an interview with a man for a position with a client of mine. I came away from the interview thinking that ① he was probably the worst interviewee I had seen in months. The next day the executive search agent who had ▸set up the interview called for my response, and I told ② him that I wasn't interested in pursuing the matter further. He expressed great surprise, "When I talked with the applicant he was jubilant. He felt that ③ he had come across well and that you had been very favorably impressed!" All that applicant did was to delude himself and build himself up for a great letdown. ④ He had apparently made some very basic erroneous assumptions about me and my reaction. And he had walked away from the interview thinking that ⑤ he was very close to receiving a job offer.

* jubilant 기뻐하는

▸ **set up**

1. (어떤 일이 있도록) 마련하다
I've set up a meeting for Friday.
(나는 금요일로 회의를 마련해 놓았다.)

2. (기계 · 장비를) 설치하다
She set up her stereo in her bedroom.
(그녀는 자기 침실에 스테레오를 설치했다.)

Words & Phrases

- □ client 고객
- □ come away from ~을 떠나다
- □ interviewee 면접 대상자
- □ executive search 고급 인재 찾기(속칭 '헤드헌팅')
- □ agent 직원, 에이전트
- □ pursue 계속 진행하다
- □ matter 문제
- □ applicant 지원자
- □ come across well 좋은 인상을 주다
- □ favorably 호의적으로
- □ delude 속이다, 현혹시키다
- □ build ~ up ~을 과대포장하다
- □ letdown 실망
- □ apparently 분명히
- □ erroneous 잘못된
- □ assumption 가정
- □ close to ~에 근접한

02

7201-032 7201-7032

밑줄 친 부분이 가리키는 대상이 나머지 넷과 다른 것은?

An oilman, Calouste Gulbenkian, accumulated a fabulous art collection and called ① the works 'my children.' Mostly ignoring ② his flesh-and-blood son and daughter, he lived to serve his art. Claiming that 'my children must have privacy' and 'a home fit for ③ Gulbenkians to live in,' he built a mansion in Paris with barricades, watchdogs and a private secret service. He routinely refused requests to loan his art to museums, and did not allow visitors, since ④ 'my children mustn't be disturbed.' But even this extreme of a collector who prefers art to people shows the importance of the social role of collecting, since Gulbenkian simply treated artworks as if they were people. And, when Gulbenkian left ⑤ his collection to found a museum in Lisbon upon his death in 1955, he showed that he cared about people after all—just not the ones he happened to know.

▶ **prefer의 쓰임**

I prefer jazz to rock music.
(나는 록 음악보다 재즈를 더 좋아한다.)

She prefers to go there alone.
(그녀는 거기에 혼자 가기를 원한다.)

Would you prefer me to come again?
(제가 다시 오면 좋겠어요?)

I prefer playing in defence.
(나는 수비로 뛰는 것이 더 좋다.)

He preferred to stay at home rather than go with us.
(그는 우리와 함께 가는 것보다 집에 있기를 택했다.)

Words & Phrases

- □ accumulate 축적하다, 모으다
- □ fabulous 엄청난
- □ ignore 모른 체하다, 무시하다
- □ flesh-and-blood 혈육의
- □ claim 주장하다; 주장
- □ privacy 사생활
- □ mansion 대저택
- □ barricade 바리케이드, 통행 차단물
- □ routinely 통상적으로, 일상적으로
- □ request 요청
- □ loan 빌려주다
- □ disturb 방해하다
- □ simply 정말, 아주(= very)
- □ found 설립하다

정답과 해설 21쪽

03

7201-033 7201-7033

밑줄 친 부분이 가리키는 대상이 나머지 넷과 다른 것은?

It was lunchtime, and a group of us were picnicking with our kids. Three-year-old Jack was having a tantrum in front of ① his father. His dad picked him up, held his arms pressed against his body so ② he couldn't wiggle around, put his face close to the toddler's, and said, "Now tell me what you want. Don't whine or hit, just tell me, and then I can help you." Jack was pouty for another moment; then ③ he said, "I'm very hungry, Daddy, and I don't want any of those things for lunch." Having witnessed this episode, Marsha later asked Jack's dad if ④ he knew what the youngster had wanted. "Of course," he said. "But I wanted him to tell me. I say all the time to ⑤ him, 'Use your words.' So does my wife, but she ▸means, 'Don't whine.' I mean, 'Explain what you want.'"

*tantrum 성질을 부리기, 짜증내기 **pouty 뿌루퉁한

▸ **mean**

1. 의미하다
   What does his smile mean in this situation?
   (그의 미소는 이 상황에서 무엇을 의미합니까?)
2. 의도하다
   I'm sorry I lied to you. I didn't mean to.
   (당신에게 거짓말해서 미안합니다. 그럴 의도는 아니었습니다.)
3. 못된, 심술궂은
   Don't be so mean to him.
   (그에게 너무 못되게 굴지 마라.)

Words & Phrases

- □ picnic 소풍 가다
- □ press 누르다
- □ wiggle 꿈틀거리다
- □ toddler 아장아장 걷는 아기
- □ whine 징징거리다
- □ witness 지켜보다, 목격하다
- □ episode (일어난) 일, 사건

04

7201-034 7201-7034

밑줄 친 부분이 가리키는 대상이 나머지 넷과 다른 것은?

Renowned baritone Sherrill Milnes is a good example of someone who puts in long, hard hours in an attempt to become better at ① his chosen profession. His wife, Nancy Stokes Milan, told the New York Opera Newsletter that when she and her husband had dinner with a famous voice coach, they played ② him a recording Sherrill had made when he was in college. Then they asked ③ him, "What do you think about this voice?" The voice coach shook ④ his head sadly. "Not a chance," he said. "Don't encourage this person. Tell him to get a day job." When Sherrill said, "Why, that's me," the voice coach's jaw dropped. "I'll never discourage another singer again," ⑤ he said.

▶ **renowned의 유의어**

1. famous
   She is a famous Hollywood actress.
   (그녀는 유명한 할리우드 여배우이다.)
2. celebrated
   He was soon one of the most celebrated young painters in England.
   (그는 곧 영국에서 가장 유명한 젊은 화가 중 한 명이 되었다.)

Words & Phrases

- □ renowned 유명한
- □ voice coach 발성 코치
- □ recording 녹음한 것
- □ chance 가망, 가능성
- □ encourage 부추기다
- □ day job 본업
- □ discourage 기를 꺾다

UNIT 06 세부 내용 파악

1 글의 내용과 선택지의 일치 여부를 판단한다.

- 먼저 무엇에 관한 글인지, 즉 글의 소재를 파악한다.
- 선택지의 핵심 정보를 파악하여 글의 내용을 추측한다.
- 선택지와 지문을 비교하면서 일치하거나 일치하지 않는 선택지를 지워 나간다.

EXAMPLE 01

2016학년도 고2 3월 학평 25번

teak에 관한 다음 글의 내용과 일치하지 않는 것은? 7201-035 7201-7035

❶Teak is among the most prized of the tropical hardwoods. It is ❷native to India, Thailand, and Vietnam. It is ❸a leaf-losing species that requires an annual dry season, so it is not found in the true rainforests. The wood of teak is particularly attractive, ❹having a golden or reddish brown color. Teak is strong, making it ❺a valued wood in shipbuilding and for high-quality furniture. One problem with harvesting teak is that the wood is very dense, so that when it is first felled and has not been dried it sinks in water. ❻It cannot be moved out of forests by floating down rivers unless the wood has been dried first.

① 인도, 태국, 베트남이 원산지이다.
② 건기가 매년 있는 기후를 필요로 한다.
③ 목재는 금색이나 붉은색이 도는 갈색이다.
④ 선박과 고급 가구를 만드는 데 쓰인다.
⑤ 목재는 건조되기 전에 강에 띄워 운반된다.

KEY CLUE

❶ 글의 소재
열대 지방의 목재 중 하나인 티크(teak)에 관한 글이다.

〈선택지의 핵심 정보〉
❷ 티크의 원산지 정보
❸ 티크의 성장을 위한 조건
❹ 티크의 색상
❺ 티크의 용도
❻ 티크 운반 시 전제 조건

정답확인 마지막 문장(티크는 목재가 먼저 건조되지 않으면 강에 띄워 보내 숲 밖으로 운반될 수 없다.)에서 목재가 먼저 건조된 후에 강에 띄워 운반된다는 것을 알 수 있다. 따라서 ⑤가 글의 내용과 일치하지 않는다.

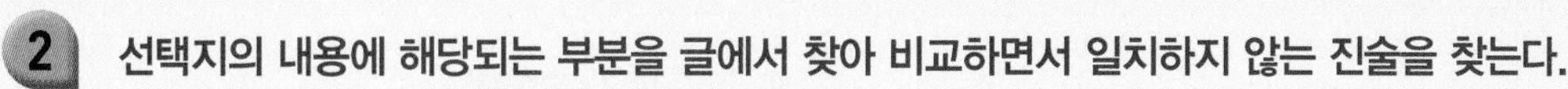

2 선택지의 내용에 해당되는 부분을 글에서 찾아 비교하면서 일치하지 않는 진술을 찾는다.

- 지시문과 글의 도입부를 통해 소재를 확인한다.
- 글과 선택지의 내용 일치 여부를 비교한다.
- 배경지식에 기대어 유추하지 말고 주어진 글의 내용에 의거해 판단한다.

EXAMPLE 02

2016학년도 고2 9월 학평 25번

Paul Klee에 관한 다음 글의 내용과 일치하지 않는 것은? 7201-036 7201-7036

Paul Klee was born in Bern, Switzerland, on December 18, 1879. His father was a music teacher and ❶his mother was a singer and an amateur painter. ❷As a child, Paul drew constantly. His favorite subject was cats. Then at the age of seven, he learned to play the violin, which he continued throughout his adult life. In fact, ❸he even played with the Berlin Municipal Orchestra for a while. Although music was important to Paul, he became an artist. ❹In 1898, he began his art career by studying at the Munich Academy. After, from January 1921 to April 1931, he taught painting at the Bauhaus. Paul also kept a notebook of his artistic insights and ideas and ❺published a number of books about art. By his death in 1940, he had created an impressive amount of work: over ten thousand drawings and nearly five thousand paintings during his lifetime.

① 어머니가 가수이자 아마추어 화가였다.
② 어렸을 때 고양이를 그리는 것을 좋아했다.
③ Berlin Municipal Orchestra와 함께 연주한 적이 있다.
④ 1898년에 Munich Academy에서 회화를 가르쳤다.
⑤ 미술에 관한 많은 책을 출판했다.

KEY CLUE

〈선택지의 핵심 정보〉

❶ 어머니의 직업

❷ 어렸을 때의 취미 활동

❸ Berlin Municipal Orchestra와의 인연

❹ Munich Academy에서 한 일

❺ 미술에 관한 서적 출판 여부

정답확인 Paul Klee는 1898년 Munich Academy에서 공부하며 자신의 화가 경력을 시작했고, 1921년 1월부터 1931년 4월까지 Bauhaus에서 회화를 가르쳤으므로, Paul Klee가 회화를 가르친 곳은 Munich Academy가 아니라 Bauhaus이다. 따라서 ④가 글의 내용과 일치하지 않는다.

PRACTICE

정답과 해설 23쪽

01

7201-037 7201-7037

Mary Kingsley에 관한 다음 글의 내용과 일치하는 것은?

At a time when respectable women didn't walk the streets of London unaccompanied, Mary Kingsley (1862—1900) was exploring remote parts of west Africa alone. After the death of family members she had been obliged to look after, Kingsley was free to travel at the age of 30. In Africa, she canoed up the Ogooué River and pioneered a route to the summit of Mount Cameroon, which had never been attempted by a European. She became the first European to enter remote parts of Gabon and made extensive collections of freshwater fish on behalf of the British Museum. In her controversial book, *Travels in West Africa*, Mary expressed her opposition to European imperialism and championed the rights of indigenous people. The moleskin hat she wore throughout her travels is often on display at the Royal Geographical Society.

* indigenous 토착의

① 아프리카 서부 오지를 가족과 함께 탐험했다.
② 30세가 되기 전부터 자유롭게 여행을 즐겼다.
③ 가봉의 오지에 들어가는 일을 포기했다.
④ 저서에서 유럽 제국주의를 옹호하기도 했다.
⑤ 여행에서 썼던 모자가 자주 전시된다.

▶ **free**

1. 자유로운
Students have a free choice of courses.
(학생들은 교과목을 자유로이 선택할 수 있다.)
2. 무료의
Admission is free.
(입장료는 무료이다.)
3. 한가한
What do you like to do in your free time?
(한가한 시간에는 어떤 일을 즐겨 하세요?)

▶ **Royal Geographical Society**

왕립지리학회: 영국 런던에 본부를 둔 지리학회로 1830년 런던지리학회로 설립되었으나 1859년 빅토리아 여왕에 의해 왕립지리학회로 명칭이 바뀌었다. 100여개 나라 14,000여명의 회원으로 구성되어 지리학 연구와 교육 등의 활동을 활발히 펼치고 있다.

Words & Phrases

- □ respectable 신분이 높은, 존경할 만한
- □ unaccompanied (하인이) 따르지 않는
- □ be obliged to *do* ~하지 않을 수 없다
- □ pioneer 개척하다
- □ summit 정상
- □ extensive 방대한, 광대한
- □ collection 채집, 소장품
- □ freshwater 민물의
- □ on behalf of ~을 위해, ~을 대신하여
- □ controversial 논란이 되는, 물의를 일으키는
- □ opposition 반대
- □ champion 옹호하다
- □ right 권리
- □ moleskin 몰스킨(표면이 부드럽고 질긴 면직물)
- □ on display 전시된

02

7201-038 7201-7038

qat에 관한 다음 글의 내용과 일치하지 않는 것은?

Qat is an evergreen shrub that grows over a very large area of Africa extending from South Africa to Ethiopia. Qat is used as a mild stimulant, similar to tea or coffee. Qat is an integral part of culture in contemporary Yemen, where qat houses abound. In these establishments, men ▸consume coffee, tobacco, and qat, and they are one of the most important social forums for Yemenis. Although the market for qat is currently limited to East Africa and parts of Arabia, on a local scale its cultivation and production is big business, and provides employment for hundreds of thousands in Somalia and elsewhere. The use of qat first came to the attention of Europeans toward the end of the 17th century, but unlike other exotic stimulants known at the time (such as tea, coffee, and chocolate), it never became popular. This may have been partly because the stimulating effects of the leaves begin to fade within 48 hours.

① 아프리카의 넓은 지역에 걸쳐 자라는 상록 관목이다.
② 예멘에는 남자들이 qat을 먹는 가게들이 많다.
③ qat은 일부 지역에서 수십만 개의 일자리를 제공한다.
④ 유럽에서는 17세기 말에 관심을 받아 인기를 끌었다.
⑤ 잎의 자극 효과가 48시간 이내에 없어지기 시작한다.

▸consume

1. (특히 연료 · 에너지 · 시간을) 소모하다
   Many nations consume large amounts of fossil fuels.
   (많은 나라가 많은 양의 화석 연료를 소모한다.)
2. 먹다, 마시다
   Do not consume too much caffeine.
   (너무 많은 카페인을 섭취하지 마세요.)
3. (강렬한 감정이) 사로잡다[휩싸다]
   Judy was consumed with guilt.
   (Judy는 죄책감에 사로잡혔다.)
4. (불이) 전소시키다, 휩싸다
   The hotel was quickly consumed by fire.
   (호텔은 금방 불길에 휩싸였다.)

Words & Phrases

□ evergreen 상록의
□ shrub 관목, 키 작은 나무
□ extend 뻗다, 미치다, 연장하다
□ mild 순한, 온화한
□ stimulant 자극(제); 자극성의
□ integral 필수의, 빠뜨릴 수 없는, 완전한
□ contemporary 현대의, 동시대의
□ abound 많이 있다, 풍부하다
□ establishment 시설, 집, 설립
□ forum (토론의) 장, 토론회
□ scale 규모, 척도, 저울
□ cultivation 재배
□ exotic 이국적인
□ stimulating 자극적인, 격려하는
□ fade 사라져가다, 흐릿해지다

정답과 해설 24쪽

03

7201-039 7201-7039

Guatemala에 관한 다음 글의 내용과 일치하는 것은?

Guatemala lies in Central America, or Mesoamerica, between Mexico to the north, Honduras and El Salvador to the south. It is a mountainous country with only small coastal plains along the Pacific Ocean and the Gulf of Mexico. With a tropical climate in the lowlands and cooler temperatures in the highlands, Guatemala is a perfect place to raise bananas. In pre-Hispanic times, Guatemala was within the Mayan culture zone. Today, some of the world's most famous Mayan archaeological sites are found in the northern parts of the country. When that civilization collapsed in the 9th and 10th centuries AD, the people did not disappear. Instead, they remained in villages scattered across the country. Mayan speakers are still there, mainly in the highlands, and ▸represent about 40 percent of the population. Most of the rest are mestizos, or people of mixed European and indigenous heritage.

① 북쪽에 온두라스와 엘살바도르가 위치한다.
② 국토의 대부분이 평야이고 태평양과 떨어져 있다.
③ 세계적인 마야 문명 유적이 국토의 북부에 있다.
④ 과테말라의 마야 문명은 9~10세기경에 시작되었다.
⑤ 마야어를 사용하는 사람들은 주로 저지대에 산다.

▸represent

1. ~에 상당[해당]하다
Those figures represent a decrease of 20%.
(그 수치들은 20퍼센트 감소에 해당한다.)
2. 대표하다
He represented Korea at the conference.
(그는 그 회의에서 한국을 대표했다.)
3. 나타내다, 표시하다
The color red commonly represents danger.
(빨간색은 일반적으로 위험을 나타낸다.)

Words & Phrases

□ mountainous 산이 많은 □ coastal 해안의 □ plain 평야
□ gulf 만 □ tropical 열대의 □ temperature 기온
□ pre-Hispanic times 스페인 정복 이전 시대 □ zone 지역, 지대
□ archaeological 고고학적인 □ site 유적, 장소 □ collapse 붕괴되다
□ scatter 산재시키다, 흩뜨려 놓다

04

7201-040 7201-7040

Slavoj Žižek에 관한 다음 글의 내용과 일치하지 않는 것은?

Slavoj Žižek was born in 1949 in Ljubljana, Slovenia (then part of communist Yugoslavia). His father was a civil servant economist, his mother an accountant in a state-owned firm. He received a doctor's degree in philosophy from the University of Ljubljana, before going to Paris to study psychoanalysis. Back in Slovenia, Žižek was unable to get a university position, spent several years in national service, and was then unemployed. In the late 1970s he was part of a group of Slovenian intellectuals focused on the work of psychoanalytical philosopher Jacques Lacan, and in the 1980s translated Freud, Lacan, and Althusser into Slovene. In the late 1980s he published a book on film theory, wrote for the alternative magazine *Mladina*, and was an activist ▸pushing for democracy in Yugoslavia. When Slovenia gained independence in 1990, he became an unsuccessful presidential candidate.

▸ **push for**
~을 계속 요구하다
Campaigners have pushed for a ban on plastic bags for many years.
(운동가들은 여러 해 동안 비닐 봉지에 대한 금지를 계속 요구해 왔다.)

① 아버지는 경제 관료였고 어머니는 국유 기업의 회계사였다.
② 파리로 유학가기 전에 Ljubljana 대학교에서 철학 박사 학위를 받았다.
③ 슬로베니아에 돌아와서 대학교에서 일자리를 얻었다.
④ 1980년대에 Freud, Lacan, Althusser의 글을 슬로베니아어로 번역했다.
⑤ 슬로베니아가 독립했을 때 대통령 후보가 되었으나 낙선했다.

Words & Phrases

- □ communist 공산주의(자)의; 공산주의자
- □ civil servant 공무원
- □ economist 경제학자
- □ accountant 회계사
- □ state-owned 국유의, 국영의
- □ doctor's degree 박사 학위
- □ philosophy 철학
- □ psychoanalysis 정신분석
- □ national service 병역
- □ unemployed 실업자의
- □ intellectual 지식인; 지적인
- □ translate 번역하다
- □ theory 이론
- □ alternative 대안의
- □ activist (정치 · 사회 운동의) 활동가, 운동가
- □ independence 독립
- □ unsuccessful 성공하지 못한
- □ presidential candidate 대통령 후보

UNIT 07 실용문

1 **구체적인 사실을 정확하게 이해해야 하므로 선택지와 본문을 꼼꼼히 비교한다.**

- 제목과 도입부를 통해 어떤 종류의 실용문인지 파악한다.
- 선택지의 내용을 본문에 제시된 순서대로 파악한다.
- 시간, 요금, 연령, 장소 등 실용문의 핵심적인 정보를 중점적으로 파악한다.

EXAMPLE 01

2016학년도 고2 3월 학평 27번

■ Zookeeper Experience at Dudley Zoo에 관한 다음 안내문의 내용과 일치하지 않는 것은?

7201-041 7201-7041

Zookeeper Experience at Dudley Zoo

During Zookeeper Experience, you will learn what it takes to work in an animal care career, participating in the following activities:

- ❶Preparing animal diets
- Helping to weigh and care for animals
- Taking part in animal training

WHO: ❷Animal lovers aged 9–18

TIME: 9:30 a.m.–11:30 a.m.

– ❸We schedule one Zookeeper Experience per day.

COST: $50

– ❹Zoo admission is included.

WHAT TO BRING: A water bottle and your camera

– ❺Photo opportunities are provided.

Please visit our website at www.dudleyzoo.com to make a reservation.

① 동물의 먹이를 준비하는 활동을 포함한다.
② 9세부터 18세까지의 동물 애호가를 대상으로 한다.
③ 하루에 한 번 운영된다.
④ 동물원 입장료는 참가비와 별도이다.
⑤ 사진 촬영 기회가 제공된다.

KEY CLUE

〈선택지 내용을 본문에 제시된 순서대로 파악〉

❶ 참여하는 활동에 '동물 먹이 준비하기'가 포함되어 있다.

❷ 동물을 사랑하는 9세에서 18세까지의 이들을 대상으로 한다.

❸ 동물원 사육사 체험 활동은 하루에 한 번 운영된다.

❹ 참가비 50달러에 동물원 입장료가 포함되어 있다.

❺ 사진을 찍을 수 있는 기회가 제공된다.

정답확인 "Zoo admission is included."에서 참가비 50달러에 동물원 입장료가 포함되어 있음을 알 수 있다. 따라서 안내문의 내용과 일치하지 않는 것은 ④이다.

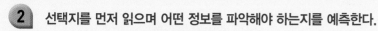

2 선택지를 먼저 읽으며 어떤 정보를 파악해야 하는지를 예측한다.

- 선택지를 빠르게 훑어본 후 본문에서 그와 관련된 내용을 찾는다.
- 선택지와 본문의 내용이 일치하는지 확인한다.
- 평소 안내문과 광고문에 자주 등장하는 어휘와 표현을 정확하게 익혀 두도록 한다.

EXAMPLE 02

2016학년도 고2 3월 학평 26번

■ Off the Chain Bike Bus Tour에 관한 다음 안내문의 내용과 일치하는 것은?

7201-042 7201-7042

Off the Chain Bike Bus Tour

Off the Chain Bike Bus Tour, the eco-friendly way to see Sycamore City, is here. Experience a pedal-powered adventure ❶ with up to 11 of your friends!

- **Time:** ❷ 9 a.m.–5 p.m.
- **Place of Departure:** ❸ Sycamore City Hall
- ❹ **Fee:** A bike bus for an hour is $100, and additional time is charged at $10 per 10 minutes after the first hour.

Special Feature

- ❺ You can sing and dance to your favorite tunes and play interactive games, while enjoying all of what Sycamore City has to offer.

For further information, please visit our website at www.syctownbikebus.com.

① 최대 참가 인원은 한 번에 10명이다.
② 오전 9시부터 12시간 동안 운영된다.
③ Sycamore 기차역에서 출발한다.
④ 1시간 이용 요금은 110달러이다.
⑤ 관광 도중 노래와 게임을 할 수 있다.

KEY CLUE

〈선택지 내용을 본문에 제시된 순서대로 파악〉

❶ 최대 참가 인원

❷ 운영 시간

❸ 출발 장소

❹ 1시간 이용 요금과 추가 요금

❺ 관광 도중 할 수 있는 활동

Special Feature의 "You can sing and dance ~."에서 관광 도중 노래와 춤, 게임을 할 수 있다는 것을 알 수 있다. 따라서 안내문의 내용과 일치하는 것은 ⑤이다.

PRACTICE

정답과 해설 26쪽

01

7201-043 7201-7043

Hunter Safety Certification에 관한 다음 안내문의 내용과 일치하는 것은?

Hunter Safety Certification

This course consists of a minimum of ten hours of classroom, homework, and field instruction in the following areas: firearms safety and handling, sportsmanship and ethics, wildlife management and conservation, and first aid. Upon successful completion of this course, students will receive a Certificate of Completion, which is required to purchase a hunting license.

Days: Tuesdays & Wednesdays

Dates (choose from 4 options): March 7 & 8 / August 8 & 9 / September 12 & 13 / September 26 & 27

Time: 5 p.m. to 10 p.m. (All course times must be attended.)

Location: Conzelmann Community Center, Howe Park

Fees: $15 pre-registration(Please register in advance to avoid class cancellation.)

Registration: – Online at www.fecrepark.com / – By phone 916-927-3802
– In person at the District Office in Howe Park

Refunds: Students who are unsafe or fail to demonstrate good sportsmanship will not be issued the certification, and refunds will not be granted under these circumstances.

Questions? Contact Teri at tderosier@fecrepark.com, or call at 916-927-3802.

① 강좌는 최대 10시간의 교실 수업, 과제, 현장 지도로 구성되어 있다.
② 주말을 제외한 주중 5일 동안 수업을 들어야 한다.
③ 사전 등록을 하면 등록비 15달러에서 10%가 할인된다.
④ 온라인, 전화, 직접 방문 등의 방법으로 등록할 수 있다.
⑤ 스포츠맨 정신을 발휘하지 못하는 학생에게도 환불이 가능하다.

▶ **consist of**
~로 구성되다
Our body consists of a very complex yet sensitive nervous system.
(우리 몸은 매우 복잡하지만 민감한 신경 체계로 구성되어 있다.)

▶ **in advance**
미리
My friend paid a month's rent in advance before he left.
(내 친구는 떠나기 전에 미리 한 달치 월세를 지불했다.)

Words & Phrases

- □ certification 증명(서)
- □ a minimum of 최소한의
- □ instruction 지도
- □ firearm 총기
- □ sportsmanship 스포츠맨 정신
- □ ethics 윤리(학)
- □ wildlife 야생 동물
- □ management 관리
- □ conservation 보호, 보존
- □ first aid 응급 처치
- □ completion 완료
- □ hunting license 사냥 면허
- □ option 선택(권)
- □ pre-registration 사전 등록
- □ cancellation 취소
- □ district office 구청, 군청
- □ refund 환불
- □ demonstrate 발휘하다, 보여 주다
- □ issue 발급하다
- □ grant 승인하다
- □ circumstance 상황

02

7201-044 7201-7044

Texas Honors Leadership Program에 관한 다음 안내문의 내용과 일치하지 않는 것은?

Texas Honors Leadership Program

Contact: Dr. Dorothy Sisk

Phone: 409-880-5484

Email: siskda@my.lamar.edu

The Texas Honors Leadership Program is a summer program at Lamar University in Beaumont that provides innovative academics for gifted adolescents. This program is open to students in grades 11 and up.

- The 3-week (June 30–July 21) program offers courses not usually provided in high school that emphasize hands-on activities designed to help students develop their leadership and ethical decision-making skills.
- Students actively participate in cognitively challenging tasks that build on their ability to think, reflect, and experience success.
- Evening seminars are provided with individuals who have demonstrated leadership at the state, national, and international levels.
- Students host these sessions and engage in lively Q&A with famous leaders in business, sciences, and the arts.

---

① 11학년 이상의 학생들이 참가할 수 있다.
② 고등학교에서 보통 제공되지 않는 강좌를 3주 동안 제공한다.
③ 생각하고 반성하고 성공을 경험하는 능력을 기반으로 하는 과제가 주어진다.
④ 저녁에는 세미나 없이 동료들과 토론하는 시간이 주어진다.
⑤ 실업계, 과학계 및 예술계의 유명한 리더들과 질의응답 시간이 있다.

▶ **engage in**
~에 참여하다, ~에 종사하다
They engaged in the class on a daily basis.
(그들은 매일 그 수업에 참여했다.)

Words & Phrases

- innovative 혁신적인
- academics 학습 활동
- gifted 재능 있는
- emphasize 강조하다
- hands-on (말만 하지 않고) 직접 해 보는
- ethical 윤리적인
- cognitively 인지적으로
- challenging 힘든, 어려운
- build on ~을 기반으로 하다
- reflect 반성하다
- demonstrate 입증하다
- host 주관하다
- session 수업 (시간)

정답과 해설 28쪽

03

7201-045 7201-7045

Private Horse and Carriage Ride in Central Park에 관한 다음 안내문의 내용과 일치하는 것은?

Private Horse and Carriage Ride in Central Park

One of the best ways to see Central Park. Sit back and enjoy a ride in the beautiful green heart of Manhattan. Our friendly tour guides are knowledgeable and prepared to take you on an entertaining tour of all of Central Park's fascinating sights.

Departure Point • Central Park

Departure Time • 11:00 a.m.–8:00 p.m.

Price • Price shown is per carriage (up to 4 passengers max).
- 15–20 minute ride: $64.00
- 45–50 minute ride: $140.00

Additional Info • If canceled due to poor weather, you will be given the option of an alternative date or full refund.
- Children must be accompanied by an adult.

Cancellation Policy • If you cancel between 3 and 6 days in advance of the scheduled departure, there is a 50 percent cancellation fee.
- If you cancel within 2 days of the scheduled departure, there is a 100 percent cancellation fee.

① Central Park를 마차와 도보로 관광하는 여행 상품이다.
② 운행 시간은 오전 8시부터 자정까지이다.
③ 마차 1대당 최대 탑승 인원은 6명이다.
④ 날씨가 좋지 않을 경우 운행이 취소될 수 있다.
⑤ 고객이 출발 3일 전에 취소하면 해약금이 없다.

▸ **due to**
~ 때문에
Rail services were shut down due to cold winter weather.
(추운 겨울 날씨 때문에 철도 운행이 중단되었다.)

▸ **in advance of**
~보다 전에
Course fees are payable in advance of the class.
(수업료는 수업 전에 지불해야 합니다.)

Words & Phrases

- □ carriage 마차
- □ fascinating 매력적인
- □ max 최대(= maximum)
- □ accompany 동행하다
- □ knowledgeable 지식이 많은
- □ sight 경치
- □ alternative 대체의, 대안의
- □ cancellation policy 해약 규정
- □ entertaining 즐거운, 재미있는
- □ departure 출발
- □ full refund 전액 환불
- □ cancellation fee 해약금

04

7201-046 7201-7046

Mount Holly St. Patrick's Parade & 5K Run and 1-Mile Family Fun Walk에 관한 다음 안내문의 내용과 일치하지 <u>않는</u> 것은?

Mount Holly St. Patrick's Parade & 5K Run and 1-Mile Family Fun Walk

100% of the proceeds benefit Mount Holly Recreation Programs.

Run the 5K or participate in the Fun Walk for a great cause, have a cold beverage and then stay to see the only St. Patrick's Parade in Burlington County.

- SATURDAY, MARCH 4, 2017
- Race at 11 a.m. (Parade starts at 1 p.m.)
- Place: High Street & Washington Street, Mount Holly, New Jersey
- $35 Registration through February 27th and $40 after February 27th (New this year, family / team entry with ▸up to 5 members for $125 per team.)
- **Event Details**
  - All registrants receive a long-sleeve race shirt and a free post-race beverage at the Beer Garden.
  - Prizes awarded for top 3 finishers in each age group.
  - Strollers welcome at the Fun Walk
- **REGISTRATION**
  - www.mtholly5k.com or download the registration form and mail to: Attention: 5KRun, P.O. Box 411, Mount Holly, NJ 08060
  - Race Day registration opens at 9:30 a.m. — High Street, Washington Street

---

① 달리기와 걷기가 끝난 후에 퍼레이드가 진행된다.

② 5인 이내 가족이나 팀은 팀별 참가비를 적용받는다.

③ 등록자에게는 경주 전에 셔츠와 음료수가 제공된다.

④ 연령대별로 3위까지의 완주자에게 상을 수여한다.

⑤ 등록은 행사 당일에 현장에서도 가능하다.

▸ **up to**
~까지
I can take <u>up to</u> four people in my car.
(내 차에는 네 사람까지 태울 수 있다.)

Words & Phrases

- □ proceeds 이익금
- □ benefit ~을 (재정적으로) 후원하다
- □ participate in ~에 참가하다
- □ great cause 훌륭한 목적, 대의
- □ beverage 음료
- □ registration 등록
- □ entry 참가자
- □ registrant 등록자
- □ post-race 경주 후의
- □ award 수여하다
- □ stroller 유모차

UNIT 08 도표 읽기

1 도표의 주제를 파악하고 도표에 주로 사용되는 어구 및 표현을 익혀 둔다.

- 도표의 제목 혹은 첫 문장을 통해 도표가 전달하고자 하는 주제가 무엇인지를 파악한다.
- 도표에서 특이한 정보라고 판단되는 부분을 빠르게 확인하면서 읽고, 잘못 진술된 부분을 확인한다.
- 도표에서 빈번하게 사용되는 최대/최소, 최고/최저, 증가/감소 및 비교 구문 등의 표현 등을 평소에 익혀 둔다.

EXAMPLE 01

2016학년도 고2 3월 학평 24번

■ 다음 도표의 내용과 일치하지 않는 것은?

7201-047 7201-7047

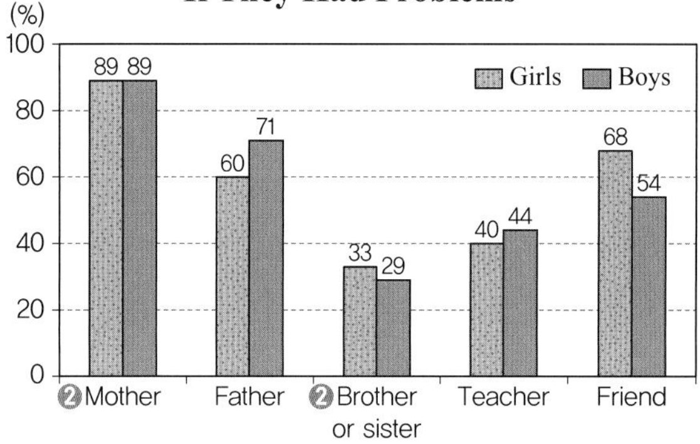

The above graph shows who Australian girls and boys aged eleven consulted if they had problems. ① Mothers were the most consulted source if girls and boys had problems. ② For boys, fathers were the second most consulted source, followed by friends. ③ The percentage of girls who consulted teachers was 20 percentage points higher than that of girls who consulted fathers. ④ The percentage of boys who consulted teachers was higher than that of girls who consulted teachers by 4 percentage points. ⑤ More girls went to their friends than to their brothers or sisters if they had problems.

정답확인 도표에는 문제가 생겼을 때 여자아이들이 아버지에게 조언을 구하는 비율(60%)이 선생님에게 조언을 구하는 비율(40%)보다 높게 나타나고 있지만 내용에는 그 반대로 진술되어 있으므로 ③은 일치하지 않는다.

KEY CLUE

❶ 도표의 주제 확인
제목 혹은 첫 문장을 통해 호주의 11살 아이들이 문제가 생겼을 때 누구에게 조언을 구하는지에 대한 내용을 담고 있음을 파악한다.

❷ 도표의 두드러진 점 파악
도표에서 두드러진 정보를 담고 있는 항목, 예를 들어 아이들이 엄마에게 가장 많은 조언을 구하지만 형제자매에게는 가장 적은 조언을 구한다는 점을 파악해 둔다.

❸ 항목과 항목의 비교
다섯 가지의 항목에 대해 서로 비교하면서 일치하지 않는 부분을 확인한다.

2 도표의 주제, 도표의 항목, 그리고 도표의 항목 간 비교 진술에 주목한다.

- 도표의 형식, 즉 도표가 막대그래프인지 혹은 선 그래프인지에 따라 표현 방식에 차이가 있음을 인식하고 평소에 각 도표의 표현 방식을 익혀 둔다.
- 도표를 구성하고 있는 구체적인 항목을 파악한 뒤, 각 항목별 정보에 유념하면서 진술 내용을 읽는다.
- 도표에 제시된 수치 간 비교가 잘못되었거나, 두 가지 항목의 내용을 반대로 진술하고 있는 부분을 골라낸다.

EXAMPLE 02

2014학년도 고2 9월 학평 26번

■ 다음 도표의 내용과 일치하지 않는 것은?

7201-048 7201-7048

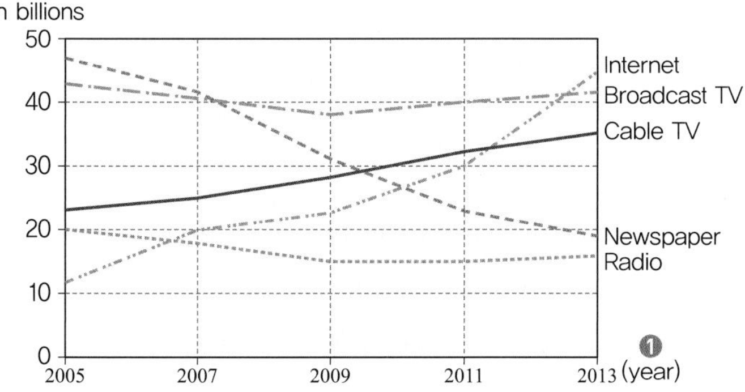

❶ The graph above shows trends in advertising revenue by media ❷ type from 2005 to 2013. ① Between 2005 and 2007, the amount of advertising revenue earned by newspapers was the largest among the five media types. ② However, the newspaper ad revenue had continuously dropped since 2005 and ranked the second from the bottom in 2013, next to the ad revenue of radio. ③ Since 2005, the Internet ad revenue had noticeably increased, and in 2013 it surpassed the previously leading ad revenue source, broadcast TV. ④ The ad revenue of cable TV had increased steadily since 2005 and became ❸ ❷ more than twice that of radio in 2009. ⑤ Between 2009 and 2013, unlike the other four media types, the radio ad revenue changed little, remaining around 15 billion dollars.

정답확인 도표에서는 2009년에 케이블 TV의 광고 수입이 라디오의 광고 수입의 두 배가 되지 못했지만, 본문에서는 두 배를 넘어섰다고 진술하고 있으므로 ④는 일치하지 않는다.

KEY CLUE

❶ 도표의 구성 확인

도표의 제목 및 첫 문장을 통해 '매체별 광고 수입'에 관한 내용을, X축을 통해 연도별 정보를, 그리고 Y축을 통해 금액 단위가 10억 달러라는 것을 파악한다.

❷ 항목별 진술 확인

매체별 수입에 대한 단순한 진술 및 각 매체 수입을 비교하는 진술과 그래프를 오가면서 읽어 간다.

❸ 도표와 불일치하는 진술 확인

2009년에 케이블 TV의 광고 수입이 라디오 수입의 두 배를 넘어섰다는 진술은 도표의 내용과 일치하지 않는다.

정답과 해설 30쪽

01

7201-049 7201-7049

다음 도표의 내용과 일치하지 않는 것은?

Education Levels by Trade (Canada, 2006)

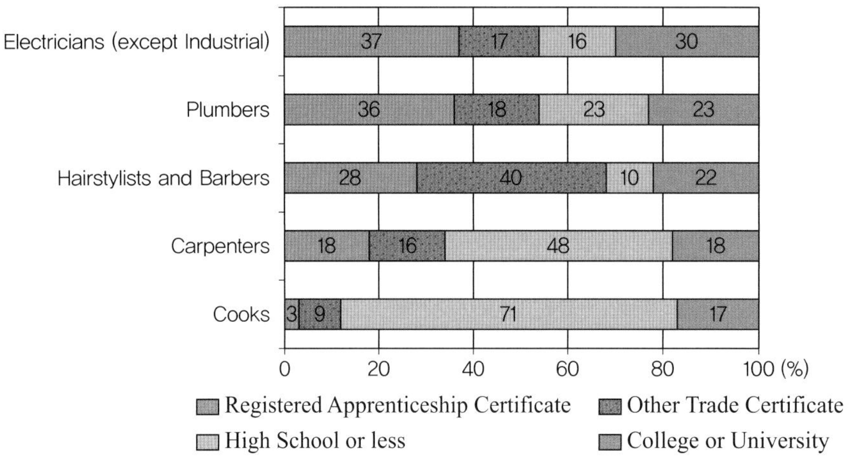

The above graph shows the different education levels by trade occupations in Canada in 2006. ① Electricians had the highest proportion of registered apprenticeship ▸certificates among the given five trades. ② The highest proportion of certificates was held by hairstylists and barbers, with their combined proportion of registered apprenticeship certificates and other trade certificates reaching 68 percent. ③ The combined proportion of registered apprenticeship certificates and other trade certificates of electricians was the same as that of plumbers. ④ Hairstylists and barbers had the smallest proportion in the category of high school or less. ⑤ The proportion of cooks with college or university as their highest education level was higher than that of carpenters.

* trade occupation 기술 직업

▸ **certificate**
an official paper stating that you have completed a course of study or passed an examination
(자격증: 어떤 교육 과정을 이수했고 시험을 통과했음을 보여 주는 공식적인 문서)

Students who complete the program receive a skills certificate along with their high school diploma.
(그 프로그램을 이수한 학생들은 고등학교 졸업장과 더불어 기술 자격증을 받는다.)

Words & Phrases

- □ electrician 전기 기술자
- □ proportion 비율
- □ registered 등록된
- □ apprenticeship 견습 (기간)
- □ barber 이발사
- □ plumber 배관공
- □ carpenter 목수

02

7201-050 7201-7050

다음 도표의 내용과 일치하지 않는 것은?

Consumer Expenditures – Camping Fees and Camping Equipment (2014)

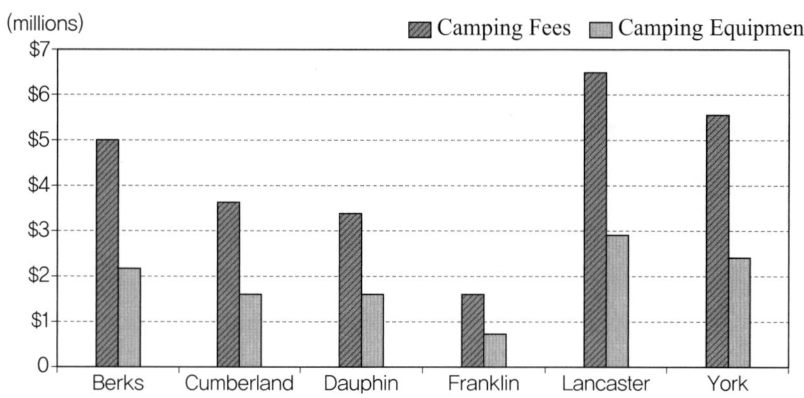

The graph above displays total consumer expenditures for camping fees and camping equipment in the six Pennsylvania counties in 2014. ① The Lancaster County population spent the largest amount of money on camping fees and camping equipment. ② York County spent the second largest amount on camping fees, followed by Berks County. ③ Franklin County spent the smallest amount on camping fees and camping equipment respectively. ④ Only two of the six counties spent more than two million dollars on camping equipment. ⑤ Cumberland spent more on camping fees than Dauphin, but, as for camping equipment, they spent almost the same amount on it.

▶ **followed by**
~이 뒤를 잇다
Singapore was second, followed by Paris.
(싱가포르가 두 번째였고, 파리가 그 뒤를 이었다.)
The speech was followed by a break time.
(연설 다음에는 휴식 시간이 이어졌다.)

Words & Phrases

- □ display 보여 주다
- □ expenditure 지출액
- □ fee 요금
- □ equipment 장비
- □ respectively 각각

정답과 해설 31쪽

03

7201-051 7201-7051

다음 도표의 내용과 일치하지 않는 것은?

Global Oil Production and Consumption in 2015

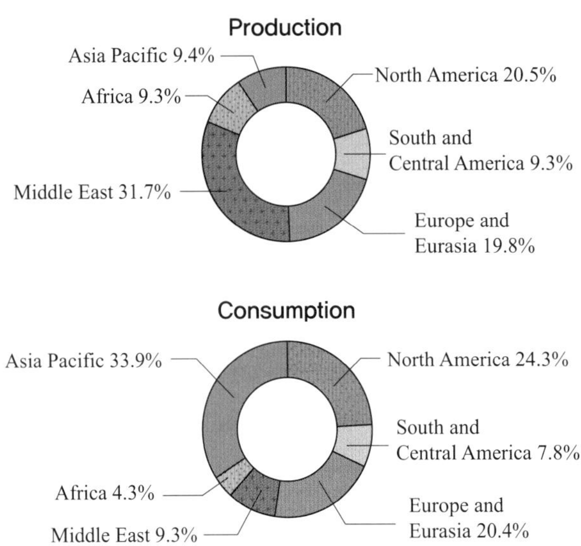

The graph above shows the percentages of global oil production and consumption in 2015. ① The Middle East produced the largest percentage of oil, while Asia Pacific consumed the largest percentage of oil. ② The region that produced the second largest percentage of oil was North America, closely followed by Europe and Eurasia. ③ Africa and South and Central America produced the same percentage of oil, which was under 10%. ④ The percentage of oil consumed by the Middle East was more than twice as large as that consumed by Africa. ⑤ The smallest percentage point gap between oil production and consumption was found in North America.

▶ **형태가 비슷한 어휘들**

1. consume 소비하다
   People tend to consume more than needed.
   (사람들은 필요로 하는 것보다 더 많은 것을 소비하는 경향이 있다.)
2. resume 재개하다
   Upon arrival in New York he resumed his career in the financial business.
   (뉴욕에 도착하자마자 그는 금융업에서 직장 생활을 재개했다.)
3. assume 추정하다
   It is generally assumed that people prefer to directly control their environment.
   (사람들은 자신들의 환경을 직접 통제하는 것을 선호한다고 보통 추정된다.)

Words & Phrases

- □ production 생산
- □ consumption 소비
- □ produce 생산하다
- □ consume 소비하다
- □ region 지역
- □ closely 바짝
- □ gap 차이

04

7201-052 7201-7052

다음 도표의 내용과 일치하지 않는 것은?

Internet Activities of Adults by Year, 2007, 2015 and 2016, Great Britain

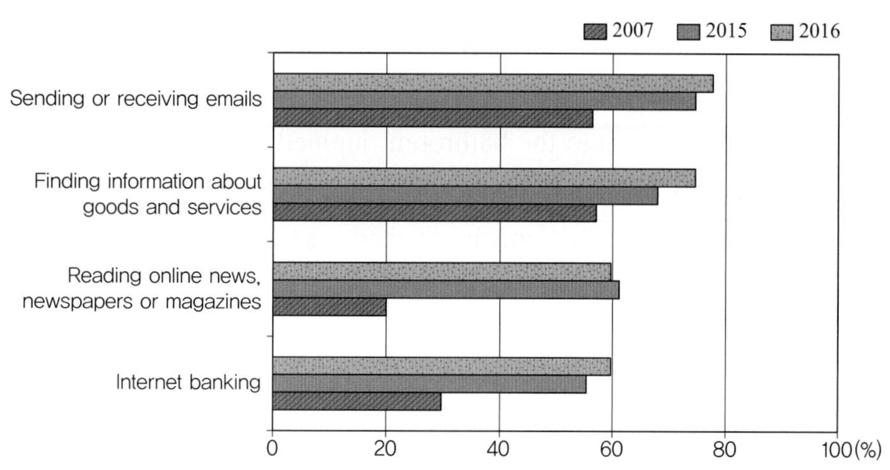

The above graph shows Internet activities of adults by year, 2007, 2015 and 2016 in Great Britain. ① Of the Internet activities surveyed in 2016, the most popular activity completed online by adults was sending or receiving emails. ② The second most common Internet activity in 2016 was finding information about goods and services, undertaken by more than 70% of adults, the largest percentage-point increase from 2015. ③ All Internet activities that were surveyed in 2007 and again in 2016 have seen an increase. ④ Reading online news, newspapers or magazines showed the largest percentage-point increase, 60% of adults in 2016, 4 times the proportion doing so in 2007. ⑤ Internet banking has also seen large increases from 2007, rising about 30 percentage points.

▸ **~ times**
~배(倍)가 되는
The Sun is 109 times the diameter of the Earth.
(태양은 지구의 지름의 109배이다.)

Words & Phrases

- □ survey 조사하다
- □ complete 완수하다, 수행하다
- □ goods 상품, 물건
- □ undertake 수행하다, 손대다

정답과 해설 32쪽

01

밑줄 친 부분이 가리키는 대상이 나머지 넷과 다른 것은?

7201-053
7201-7053

One day, when I was a young certified public accountant (CPA), I visited a client at ① his farm near Higley, Arizona. While we were talking, we ▶heard something scratching on the screen door, and ② he said, "Watch this." He went to the door and opened it to let in a rather large bobcat. ③ He had found this bobcat in an alfalfa field just after it was born, and the animal had been part of the family ever since. When ④ he opened the door, the cat ran into the bathroom, jumped up onto the toilet, and squatted over it to "do his job." When the bobcat had finished, ⑤ he leaped down to the floor, stood on his hind legs, reached up, and flushed the toilet.

* alfalfa 자주개자리

▶ **지각동사 + 목적어 + 동사원형/현재분사/과거분사**

She heard her husband talk on the phone. (그녀는 남편이 전화로 이야기하는 것을 들었다.)
I saw a girl crossing the street with her mother. (나는 어느 소녀가 엄마와 함께 길을 건너고 있는 것을 보았다.)
He heard his name called in the corridor. (그는 자기 이름이 복도에서 불리는 것을 들었다.)

02

7201-054
7201-7054

Daniel Kahneman에 관한 다음 글의 내용과 일치하지 않는 것은?

Daniel Kahneman was born in 1934 in Tel Aviv while his mother was visiting Israel. His parents were from Lithuania and his early years were spent in France, ▸where the family managed to avoid Nazi persecution. They moved to British Palestine in 1948 and Kahneman went to the Hebrew University of Jerusalem, where he took a degree in psychology. After graduating he worked as a psychologist in the Israeli army, developing tests for evaluating officers. In his mid-20s he went to the United States to do a Ph.D in psychology at the University of California, Berkeley, and in 1961 returned to Israel to take up a lecturing position, staying for several years. Later research and teaching posts included the Universities of Michigan, Harvard, and Stanford. He is currently an honorary professor in the psychology department at Woodrow Wilson School of International Affairs at Princeton.

① 어머니가 이스라엘을 방문하던 중에 태어났다.
② 프랑스에서 유년 시절을 보냈다.
③ Hebrew 대학교에서 심리학 학위를 취득했다.
④ 이스라엘 군대에서 사병을 평가하는 시험을 개발했다.
⑤ 1961년에 이스라엘로 돌아와 강의하는 일을 맡았다.

▶ **관계부사** The man moved to Paris, where he worked as a foreign correspondent.
(그 남자는 파리로 이사를 가서 거기서 해외 특파원으로 일했다.)
There will be times when you have to rely on others.
(여러분이 다른 사람들에게 의지해야만 할 때가 있을 것이다.)

정답과 해설 33쪽

03

7201-055
7201-7055

SUPERHEROES: A HIGHTECH ADVENTURE에 관한 다음 안내문의 내용과 일치하지 않는 것은?

SUPERHEROES: A HIGHTECH ADVENTURE

This is an exhibit at Liberty Science Center that is all about increasing your powers and joining forces with superheroes.

Solve a kidnapping mystery with Batman; tap into heightened mental abilities using biofeedback techniques; or wear Wonder Woman's wristbands to ward off a rain of ping pong balls.

- For ages 5 and up
- Regular hours: Daily 9:30 a.m.–5:30 p.m. 6/24 through ▸Labor Day.
  Open until 8:30 p.m. on Fridays and Saturdays.
- State Park, Jersey City, NJ
- General admission: $6; adults $9
- NY Waterway's weekend ferries leave during the summer from Brookfield Place. Round-trip tickets are $5. A free bus shuttles visitors from the ferry to the Science Center. For ferry information call 908-463-3719.

---

① 납치 사건을 해결하는 프로그램이 있다.
② 5세 이상이 입장할 수 있다.
③ 개장 기간에 매일 오후 8시 30분까지 연다.
④ 성인의 입장료는 9달러이다.
⑤ 여객선에서 과학 센터까지 무료 버스가 운행된다.

▸ **Labor Day** 노동절
In the United States, Labor Day is a public holiday in honor of working people. It is the first Monday in September.
(미국에서 노동절은 근로자들을 위한 공휴일이다. 그날은 9월 첫 번째 월요일이다.)

04

7201-056
7201-7056

다음 도표의 내용과 일치하지 <u>않는</u> 것은?

Feeling safe walking alone at night in local area (2011/12)
by *people in their neighbourhood can be trusted*

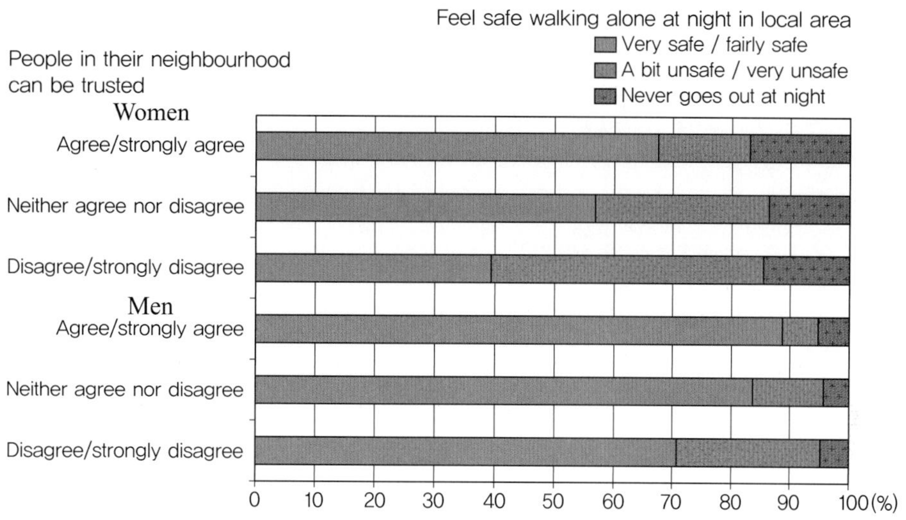

The above graph shows people's perception of safety when walking alone at night in their local area by how much they trust the people in their neighbourhood in the United Kingdom in 2011 and 2012. ① People reporting trusting others in their local area were more likely to feel very or fairly safe walking alone after dark in their local area, than those who did not. ② Around 7 out of 10 women who reported trusting others in their local area felt very or fairly safe walking alone in their local areas after dark. ③ More than 20% of women who reported not trusting others in their local area never went out alone at night. ④ About 40% of women and about 70% of men who reported not trusting others in their local area nevertheless felt very or fairly safe walking alone in their local area. ⑤ The proportion of men who perceived walking alone at night to be safe was higher than that of women in all the levels of trust.

▸ **be likely to *do*** ~할 것 같다, ~할 가능성이 있다
Service quality and innovation <u>are likely to be</u> improved.
(서비스 품질과 혁신이 개선될 것 같다.)

CHAPTER 03

추론적 이해

앞뒤가 모두 단서,
빈칸 문장부터 확인하라!

UNIT 09 빈칸 추론 (1)

1 글의 내용을 포괄하는 핵심적인 말을 추론한다.

- 무엇에 관한 글인지 소재와 주제를 파악한다.
- 글에서 반복적으로 나오는 표현이 있는지 확인한다.
- 글의 내용을 가장 잘 요약하는 단어를 선택지에서 찾는다.

EXAMPLE 01

2016학년도 고2 3월 학평 31번

■ 다음 빈칸에 들어갈 말로 가장 적절한 것은?　7201-057　7201-7057

❶You can actually become your own cheerleader by talking to yourself positively and then acting as if you were already the person that you wanted to be. Act as though you were trying out for the role of a positive, cheerful, happy, and likable person. Walk, talk, and act as if you were already that person. Treat everyone you meet as though you had just won an award for being the very best person in your industry or as though you had just won the lottery. You will be amazed at how much better you feel about yourself after just a few minutes of ________.

❷ (반복되는 표현)

❸
① pretending
② competing
③ purchasing
④ complaining
⑤ apologizing

KEY CLUE

❶ 글의 소재와 주제 파악
자신이 되고 싶어 하는 사람이 될 수 있도록 자신을 격려하는 방법에 관한 글이다.

❷ 반복되는 표현 확인
글에서 act as if, act as though(마치 ~인 것처럼 행동하다)와 같은 표현이 계속 나온다.

❸ 글의 내용을 요약하는 단어 찾기
이미 자신이 되고 싶은 사람이 된 것처럼 행동하는 것이 자신에 대해 더 좋게 느끼는 방법이라는 내용이다.

정답확인 긍정적인 태도로 자신이 되고 싶은 사람이 이미 된 것처럼 행동하면 자신에 대해 더 좋게 느낄 수 있다는 내용이므로, 빈칸에는 선택지 중에서 글의 내용을 가장 잘 포괄하면서 요약하는 표현인 ① '역할 흉내 내기'가 가장 적절하다.
② 경쟁하기　③ 구매하기　④ 불평하기　⑤ 사과하기

2 글의 흐름 중 어떤 내용에 빈칸이 있는지 확인한다.

- 글 전체를 읽고 글의 전개 방향을 파악한다.
- 빈칸이 있는 문장을 보고 어떤 내용을 추론해야 하는지 파악한다.
- 각각의 선택지를 빈칸에 넣어 논리적으로 가장 자연스러운 표현을 찾는다.

EXAMPLE 02

2016학년도 고2 9월 학평 32번

■ 다음 빈칸에 들어갈 말로 가장 적절한 것은?

7201-058 7201-7058

Life is a balancing act, and so is our sense of morality. Research ❶ suggests that when we view ourselves as morally deficient in one part of our lives, we search for moral actions that will balance out the scale. Maybe you know you should be recycling but just never get around to gathering up your glass, paper, and plastics in time for the recycling truck. One day you happen to be walking through a hardware store and notice a rack of energy-efficient light bulbs, and you instantly decide to buy twenty of them and change out every bulb in your house. The moral deficiency (not recycling) is, in your view, balanced by a moral action (installing energy-efficient bulbs). The problem is that the ❷ seesaw can also tip the other way: If we believe we are doing enough, morally speaking, then there's little reason to do more. The scale ________________________.

❸
① is already level
② demands sacrifice
③ is energy-efficient
④ cannot be measured
⑤ will read the true weight

KEY CLUE

❶ 글의 전개 방향 파악
도덕적으로 부족하다고 느낄 때 그것의 균형을 맞추는 행위를 찾아 보충한다는 것을 사례를 들어 설명한다.

❷ 빈칸 내용 추론
도덕적으로 이미 충분히 하고 있다면 그 이상으로 더 할 이유가 없는데 그 이유에 해당하는 말이 빈칸에 들어가야 한다.

❸ 선택지에서 빈칸 내용 찾기
선택지 중에서 빈칸에 넣어 논리적으로 자연스러운 말은 저울이 이미 균형을 이루고 있다는 취지의 말이다.

정답확인 자신이 도덕적으로 부족하다고 생각하면 그것의 균형을 맞출 수 있는 행동을 추가적으로 하지만 이미 도덕적으로 충분히 하고 있다고 느낀다면 더 이상 뭔가 할 필요가 없는데 저울이 이미 균형을 이루고 있기 때문이므로 ① '이미 수평 상태인 것이다'가 가장 적절하다.
② 희생을 요구하는 것이다 ③ 에너지 효율적인 것이다
④ 측정될 수 없는 것이다 ⑤ 진짜 무게를 나타낼 것이다

정답과 해설 35쪽

01

7201-059 7201-7059

다음 빈칸에 들어갈 말로 가장 적절한 것은?

Technology has made it possible to manipulate foods' sensory properties to make them sweeter or saltier or richer tasting or more colorful at will. Thus, technology has fully separated the tastiness of foods from their nutritional worth. In addition, current technology creates notorious hazards for energy ____________. The fat content of many processed foods is not clearly evident from either the appearance of the food, its feel and taste, or from the packaging and shape of the item. The energy content of a variety of similar-tasting foods can vary considerably. And the array of such processed food products, made tasty by the addition of fat, sugar, and salt, is vast. This means that by following their food preferences—eating a variety of tasty foods—people are ▸no longer assured that they will get a nutritionally adequate diet.

① exchange
② efficiency
③ generation
④ perception
⑤ consumption

▸ **no longer**
더 이상 ~아닌[하지 않는]
(=not ~ any longer)
He no longer lives here.
(그는 이제 더 이상 이곳에 살지 않는다.)

I cannot wait any longer.
(난 더 이상 기다릴 수 없다.)

Words & Phrases

- □ manipulate 조작하다
- □ at will 마음대로
- □ notorious 악명 높은
- □ process 가공하다
- □ considerably 상당히
- □ preference 선호, 기호
- □ sensory 감각의
- □ nutritional 영양의
- □ hazard 위험
- □ clearly 분명히
- □ array 집합체
- □ adequate 적절한
- □ property 속성, 특성
- □ current 현재의
- □ content 함량, 내용물
- □ evident 알 수 있는, 명백한
- □ vast 엄청난

02

7201-060 7201-7060

다음 빈칸에 들어갈 말로 가장 적절한 것은?

If you do have an opinion, do not be afraid to voice it, both in tutorials and written work. Undergraduate tutorials all over the country each week are full of students, many of whom have great ideas, but who feel hesitant about speaking out or including them in essays. Working at degree level is all about reading, understanding and forming educated opinions based upon what you have read, but it is also, at its best, about having your own viewpoint. You will not get it right all the time, of course. There will be occasions when your tutor will point you in another direction, but if you offer an opinion, you will be impressing the lecturers, stimulating debate and, as importantly, saving yourself a lot of time. By ____________ an opinion in a tutorial, you will get instant feedback, relevant guidance as to where to go next and a highly gratified tutor who will remember your original contribution to the course—always a good thing.

① echoing
② accepting
③ venturing
④ modifying
⑤ requesting

▸ **tutorial**
a period of instruction given by a university or college tutor to an individual or very small group (대학이나 전문대의 개별 지도 교수가 개인이나 아주 작은 집단에게 해주는 수업 시간)

There is some opportunity to conduct tutorials with undergraduates.
(학부생들에게 개별 지도를 할 기회가 있다.)

Words & Phrases

□ voice 말로 나타내다[표하다]
□ undergraduate 학부의; 학부
□ form 형성하다
□ tutor (개별 지도를 하는) 지도 교수
□ impress 인상을 남기다
□ instant 즉각적인
□ as to ~에 관한
□ tutorial 개별 지도 시간
□ hesitant 주저하는
□ educated 교양 있는
□ point 길을 알려 주다
□ stimulate 자극하다
□ feedback 조언
□ gratified 기뻐하는
□ written work 쓰기 과제
□ degree level 학부 수준
□ get ~ right ~을 올바르게 이해하다
□ direction 방향
□ debate 논쟁
□ relevant 적절한
□ contribution 기여

정답과 해설 36쪽

03

7201-061 7201-7061

다음 빈칸에 들어갈 말로 가장 적절한 것은?

According to Henry Petroski, real knowledge from real failure is the most powerful source of progress we have, provided we have the courage to carefully examine what happened. Perhaps this is why the Boeing Company, one of the largest airplane design and engineering firms in the world, keeps a black book of lessons it has learned from design and engineering failures! Boeing has kept this document since the company was formed, and it uses it to help modern designers learn from ______________. Any organization that manages to do this not only increases its chances for successful projects, but also helps create an environment that can discuss and confront failure openly, instead of denying and hiding from it. It seems that software developers need to keep black books of their own.

▶ **provided**
(만약) ~하다면
He can come with us, provided he pays for his own meals.
(그가 자기 식대를 낸다면 우리와 함께 갈 수 있다.)

① new tools
② other firms
③ past attempts
④ their customers
⑤ global standards

Words & Phrases

□ examine 검토하다
□ firm 회사
□ document 문서
□ manage to *do* ~해내다
□ chance 가능성
□ confront 대면하다
□ deny 부인하다

04

7201-062 7201-7062

다음 빈칸에 들어갈 말로 가장 적절한 것은?

It is sometimes said, these days, that while “global warming” is a threat to most peoples and societies on this planet, there will be winners as well as losers. The winners might include those living in high, cold regions where warmth will shorten winters and brighten summers. Russia, in particular, might see gains from global warming: the decline of Arctic ice would open submarine energy reserves to exploitation, would free ice-bound ports for navigation, and would soften the harsh environments of Siberia. But Russia’s hopes were damaged by what happened in 2010, when forest fires during searing summer heat destroyed whole villages, killed more than 50 people, left thousands homeless and enveloped the capital, Moscow, in a poisonous smog. Climate change, short- or long-range, rarely comes without _______________.

* searing 타는 듯한

① a price tag
② some small gain
③ any previous notice
④ the greenhouse effect
⑤ the human contribution

▶ **in particular**
특히, 특별히
South Korea in particular already has a very low birth rate.
(특히 한국은 이미 매우 낮은 출산율을 갖고 있다.)

Words & Phrases

- □ threat 위협
- □ planet 지구, 행성
- □ brighten 활기를 주다
- □ gain 이익
- □ decline 감소
- □ Arctic 북극의
- □ submarine 바다 속의
- □ energy reserve 비축 에너지, 에너지 매장량
- □ open ~ to exploitation ~을 채굴할 수 있게 하다
- □ ice-bound 얼음에 갇힌
- □ port 항구
- □ navigation 항해
- □ harsh 혹독한, 가혹한
- □ envelop 뒤덮다, 감싸다
- □ poisonous 유독한

UNIT 10 빈칸 추론 (2)

1 필자가 말하고자 하는 주제나 요지를 찾는다.

- 글의 전반부에서 소재를 찾는다.
- 필자가 말하고자 하는 핵심 내용에 빈칸이 있는 경우가 많으므로, 빈칸 앞이나 뒤에서 빈칸의 내용을 추론할 수 있는 근거를 찾는다.

EXAMPLE 01

2016학년도 고2 6월 학평 33번

다음 빈칸에 들어갈 말로 가장 적절한 것은? 7201-063 7201-7063

❶ In science, we can never really prove that a theory is true. ❷ All we can do in science is use evidence to reject a hypothesis. Experiments never directly prove that a theory is right; all they can do is provide indirect support by rejecting all the other theories until ____________________. For example, sometimes you hear people say things like 'evolution is only a theory: science has never proved it.' Well, that's true, but only in the sense that science never ❸ proves that any theory is positively true. But the theory of evolution has assembled an enormous amount of convincing data proving that other competing theories are false. So though it hasn't been proved, overwhelmingly, evolution is the best theory that we have to explain the data we have.

① scientists admit to using false data
② researchers document their methods
③ people go back to their original hypothesis
④ the theories can be explained in words
⑤ only one likely theory remains

KEY CLUE

❶ 글의 소재 파악
과학이 이론을 증명하는 방법

❷ 핵심 내용 파악
핵심 내용에 해당하는 빈칸이 문단의 중간 부분에 위치해 있으므로, 빈칸 다음부터 빈칸의 추론 근거가 나온다.

❸ 단서 찾기
빈칸의 근거로 진화론을 예시로 들고 있는데, 진화론은 다른 경쟁 이론들이 틀렸다는 것을 입증하는 자료가 많이 있기 때문에 최선의 이론으로 인정받는 것이다.

정답확인 과학에서 어떤 이론을 진리로 받아들이는 것은 그 이론이 진리라는 것을 증명해서가 아니라, 다른 이론들이 틀렸다는 것을 증명해서 끝까지 살아남아 있는 이론을 받아들이는 것을 의미한다는 내용의 글이므로, 빈칸에 들어갈 말로는 ⑤ '오직 하나의 가능성 있는 이론이 남을'이 가장 적절하다.
① 과학자가 틀린 자료를 이용하는 것을 인정할 ② 연구자가 자신들의 방법을 문서로 기록할
③ 사람들이 자신들의 원래 가설로 되돌아갈 ④ 이론이 말로 설명될 수 있을

오답주의
other competing theories are false에 있는 false를 이용하여 false data라는 오답 선택지를 구성했지만, 과학자들이 잘못된 자료를 이용하는 것을 인정한다는 내용이 나오지 않았으므로, ①을 정답으로 골라서는 안 된다.

2 글의 주제를 뒷받침하면서 글의 완결성에 부합하는 표현을 찾는다.

- 글의 전반부에서 소재와 주제를 찾고, 주제를 드러내기 위해 어떤 글의 전개 방식이 쓰였는지를 확인한다.
- 전반부에서 제시된 주제를 뒷받침하는 문장에서 글의 주제와 논리적으로 타당하게 연결될 수 있는 내용을 빈칸의 정답으로 고른다.

EXAMPLE 02

2015학년도 고2 9월 학평 33번

■ 다음 빈칸에 들어갈 말로 가장 적절한 것은? 7201-064 7201-7064

❶ What distinguishes recycling is not its importance, but rather the ease with which individuals can participate, and the visibility of actions taken to promote the common good. ❷ You may care passionately about the threat of global warming or the destruction of the rain forests— but you can't have an immediate effect on these problems that is perceptible to yourself or others. The rain forest salvation truck doesn't make weekly pickups, let alone the clean air truck. When a public opinion poll in 1990 asked people what they had done in connection with environmental problems, 80 to 85% answered that they or their households had participated in various aspects of recycling; no other significant steps had been taken by a majority of respondents. ❸ Like the drunk looking for his wallet under the lamppost, we may focus on recycling because it ____________________.

* salvation 보호, 구제

① reveals concealed profitable resources
② is the last resort for garbage disposal
③ is where the immediate tasks are best illuminated
④ sheds light on the dark side of the energy industry
⑤ brings practical economic benefits to people in need

KEY CLUE

❶ 글의 소재 및 주제 파악
- 소재: 재활용의 특징
- 주제: 재활용은 개개인들이 쉽게 참여할 수 있고, 눈에 쉽게 띄는 공익 증진 행위이다.

❷ 글의 전개 방식
환경 문제에 대한 참여 방식
재활용 vs. 지구 온난화나 열대 우림 파괴에 대한 조치
→ 지구 온난화나 열대 우림 파괴에 대해 다수의 응답자가 의미 있는 조치를 취하지 않는 것은 그것이 환경 문제에 즉각적인 영향을 끼치지 않기 때문이다.

❸ 빈칸 채우기
재활용의 특징과 사람들이 지구 온난화나 열대 우림 파괴에 대해 조치를 취하지 않는 이유를 종합하여, 사람들이 재활용에 집중하는 이유로 타당한 내용을 정답으로 고른다.

정답확인 지구 온난화나 열대 우림의 파괴에 대해서는 즉각적인 영향을 끼치지 못하는 반면에, 재활용은 개개인이 쉽게 참여할 수 있고 눈에 잘 보이는 공익을 증진시키는 행동이라는 특징을 가지고 있기 때문에 사람들이 재활용에 집중한다는 내용의 글이므로, 빈칸에 들어갈 말로는 ③ '즉각적인 과업이 가장 잘 드러나는 경우이기'가 가장 적절하다.
① 이득이 되는 감춰진 자원을 밝혀내기 ② 쓰레기 처리의 최후의 수단이기
④ 에너지 산업의 어두운 측면을 해명하기 ⑤ 실제적인 경제적 혜택을 곤궁한 사람들에게 가져다주기

오답주의
①의 profitable resources, ②의 garbage disposal, ④의 the energy industry, ⑤의 practical economic benefits는 본문에서 직접 언급되거나 그와 연관된 내용이 아니므로, 정답으로 고르지 않도록 주의한다.

정답과 해설 39쪽

01

7201-065 7201-7065

다음 빈칸에 들어갈 말로 가장 적절한 것은?

Christopher Wakling's *What I Did* is narrated by a six-year-old boy. The story opens with the boy sitting on the stairs at home, shoes in his hands, while his father shouts at him for taking so long to come down because they are on their way out to the park. What we discover, by being ▸immersed inside the boy's head, is that he is taking his time not to annoy his father but because he is in the process of conducting an intricate scientific experiment about how friction operates to prevent his backside from sliding down the stairs. It made me laugh, but it also gave me an insight into my own four-year-old son. I suddenly understood that many of his infuriating habits—such as pouring his drinks from one glass into another and back again, often making a huge mess—could well be similar experiments that I should probably encourage rather than quash. The novel helped me recognize that I was not making enough effort to ______________________.

* infuriating 화나게 만드는　　** quash 억누르다, 진압하다

① attract his attention to books
② encourage him to express his ideas
③ discover what was going on in his mind
④ adopt a good method of teaching him to write
⑤ teach him proper etiquette and good manners

▸**immerse**

1. (액체에) 넣다, 담그다
   He immersed his hand in water.
   (그는 자기 손을 물에 넣었다.)
2. be immersed in/immerse oneself in(~에 몰입하다)
   She was far too immersed in her studies.
   (그녀는 자기 공부에 아주 몰입했다.)

Words & Phrases

- □ narrate 이야기를 하다
- □ intricate 복잡한
- □ operate 작동하다
- □ insight 통찰력
- □ shout 소리를 지르다
- □ experiment 실험
- □ backside 엉덩이
- □ mess 어지르는 것, 엉망진창
- □ annoy 짜증나게 하다
- □ friction 마찰력
- □ slide 미끄러지다

02

7201-066 7201-7066

다음 빈칸에 들어갈 말로 가장 적절한 것은?

The inescapable conclusion from analyzing thousands of personal-best leadership experiences is that everyone has a story to tell. And these stories are much more similar in terms of actions, behaviors, and processes than they are different. The data clearly challenge the myths that leadership is something reserved for only a handful of charismatic men and women. The notion that there are only a few great people who can lead others to greatness is just plain wrong. The truth is, leadership is an identifiable set of skills and abilities that ____________________. It is because there are so many leaders—not so few—that extraordinary things get done on a regular basis in organizations, especially in times of great uncertainty.

① are available to anyone
② have to do with greatness
③ can be given by some luck
④ require sacrifice from people
⑤ will be found at large organizations

▶ **in terms of**
~의 관점에서
One may think of job satisfaction in terms of salary.
(직업에 대한 만족도를 월급의 관점에서 생각하는 사람도 있다.)

▶ **on a regular basis**
정기적으로(=regularly)
We're going to be meeting there on a regular basis.
(우리는 그곳에서 정기적으로 만날 것이다.)

Words & Phrases

- □ inescapable 필연적인, 피할 수 없는
- □ analyze 분석하다
- □ similar 유사한
- □ challenge 의문을 제기하다
- □ myth 근거 없는 통념
- □ reserved for ~에게 (운명적으로) 주어진
- □ only a handful of 극소수의
- □ charismatic 카리스마가 있는
- □ notion 개념
- □ plain 완전히(= plainly)
- □ identifiable 인식 가능한
- □ extraordinary 비범한
- □ uncertainty 불확실성
- □ available to ~가 손에 넣을 수 있는

정답과 해설 40쪽

03

7201-067 7201-7067

다음 빈칸에 들어갈 말로 가장 적절한 것은?

Children are the greatest agents of cultural change. They are still actively learning, whereas adults tend to be less receptive to new ideas. Peter and Iona Opie, who devoted a lifetime to studying the culture of schoolchildren, showed that rhymes, sayings, and career objectives tend to be transmitted more from child to child than from parent to child. The pool of children can be ▸thought of as the engine room of cultural evolution. Once adults leave the pool, they ▸adhere to the values they learned in childhood. Groups with a high proportion of children are therefore likely to ______________________. A young population is particularly skillful at solving its problems and seizing the initiative in an ever-changing world.

① have a shorter attention span
② display more problematic behavior
③ undergo more rapid cultural change
④ build closer relationships with peers
⑤ be more unaware of cultural values

▸ **think of *A* as *B***
A를 B로 여기다
Humans tend to think of themselves as the only wholly unique creations in nature, but it is not so.
(인간은 스스로를 자연에서 유일하게 전적으로 독특한 창조물이라고 여기는 경향이 있지만, 그것은 그렇지 않다.)

▸ **adhere to**
~을 고수하다, ~을 충실히 지키다
We've adhered to these principles for more than 15 years.
(우리는 15년이 넘는 기간 동안 이 원칙들을 고수해왔다.)

Words & Phrases

- □ agent 행위자
- □ receptive 수용적인
- □ devote *A* to *doing* ~하는 데 A를 바치다
- □ rhyme (압운이 있으며 구전되는) 노래, 시
- □ saying 속담
- □ objective 목표
- □ transmit 전달하다
- □ pool 공동체, 모임
- □ engine room 기관실
- □ evolution 진화
- □ proportion 비율
- □ population (특정 계층 · 민족에 속하는) 사람들
- □ skillful 능숙한
- □ initiative 주도권
- □ attention 주의력
- □ problematic 문제가 있는
- □ undergo 겪다
- □ rapid 빠른
- □ peer 또래
- □ be unaware of ~을 알지 못하다

04

7201-068 7201-7068

다음 빈칸에 들어갈 말로 가장 적절한 것은?

Too often we notice that a sister, brother, parent, or child is particularly good at showing empathy, is exceedingly honest, is extremely fair, or shows a great deal of integrity, but we don't mention what we are ▸observing out loud. You may have noticed that your children seem far more comfortable with being sarcastic or insulting one another. Giving compliments often feels more awkward than offering "constructive criticism." However, when we ____________________, we let our children or our partner know that we have recognized their strengths. Also, by acknowledging that each person brings different strengths to the family unit, we can learn from one another and work as a team.

① accept them as they are
② share the good that we see
③ respect what they want to do
④ ask them to express their feelings
⑤ encourage them to give more compliments

▸ **observe**

1. (법률 · 규칙 등을) 준수하다
You should observe your school rules.
(너는 교칙을 준수해야 해.)

2. (축제 · 생일 등을) 축하[기념]하다, (의식 · 관습 등을) 지키다
Do they observe Christmas?
(그들은 크리스마스를 기념하나요?)

3. 관찰[관측, 주시]하다
The child observed the plant for several months.
(그 어린아이는 그 식물을 몇 달 동안 관찰했다.)

4. 보다, 목격하다
The police observed a man enter the bank.
(경찰은 한 남자가 그 은행에 들어가는 것을 목격했다.)

5. (소견을) 진술하다, 말하다
She observed that the plan would work well.
(그 계획은 잘되어 갈 것이라고 그녀가 말했다.)

Words & Phrases

□ empathy 공감
□ exceedingly 대단히, 몹시
□ integrity 성실, 진실성, 완전한 상태
□ out loud 소리를 내어
□ sarcastic 비꼬는, 신랄한
□ insult 모욕하다
□ compliment 칭찬
□ awkward 어색한, 서투른
□ constructive 건설적인
□ recognize 인정하다, 알아보다
□ acknowledge 인정하다

UNIT 11 빈칸 추론 (3)

1 글의 전체적인 내용에 비추어 빈칸을 추론한다.

- 빈칸이 글의 앞부분에 제시된 경우 주제문에 해당하므로 글을 전체적으로 읽고 주제나 요지를 파악한다.
- 글의 마지막 부분에 중심 내용이 결론으로 제시되는 경우가 많으므로 이를 잘 활용한다.
- 주제를 반영하는 선택지를 고른 후, 앞뒤 문장 간의 연결 고리(연결사, 지시어, 대명사 등)에 유의하여 그 선택지가 흐름에 맞는 내용인지 확인한다.

EXAMPLE 01

2016학년도 고2 3월 학평 33번

■ 다음 빈칸에 들어갈 말로 가장 적절한 것은? 7201-069 7201-7069

❶ Patients should be aware that ____________________ about who should be treated for various conditions. ❷ For example, expert committees in Europe and the United States set different guidelines about when to treat high blood pressure. The group of American experts believed that for mild elevation of blood pressure the benefits exceeded the risks from treatment. They wrote guidelines suggesting that patients with mild blood pressure elevation take medicine. But in Europe, an expert committee with access to the same scientific data set different guidelines that don't advise treatment for mild elevation of blood pressure. In Europe, people with the same symptoms would not be encouraged to take medicine. ❸ Different groups of experts can disagree significantly about what is "best practice."

* elevation 상승

① there is a universal guideline
② there can be moral considerations
③ their family is responsible for the decision
④ there can be differing views among specialists
⑤ they benefit from following their doctors' advice

정답확인 마지막 문장에서 결론적으로 서로 다른 전문가 집단은 무엇이 '최선의 (의료) 행위'인가에 대해 의견이 상당히 다를 수 있다고 말하므로, 이와 맥락이 같은 ④ '전문의들 사이에서 다른 의견이 있을 수 있다'가 빈칸에 들어갈 말로 가장 적절하다.

KEY CLUE

❶ 빈칸이 있는 문장의 내용 이해
여러 질환에서 누가 치료를 받아야 하는지에 대해 ~라는 것을 환자들이 알고 있어야 한다.

❷ 연결어에 근거하여 문장 간의 논리적 흐름 파악
For example(예를 들어)로 보아 '유럽과 미국의 전문가 위원회는 고혈압을 언제 치료할지에 대해 서로 다른 지침을 마련했다.'가 예시에 해당함을 알 수 있다.

❸ 글의 중심 내용 파악
다른 전문가 집단은 '최선의 (의료) 행위'에 대한 의견이 상당히 다를 수 있다.

오답주의
① '보편적 지침이 있다'와 ② '도덕적 고려 사항이 있을 수 있다'는 일반적으로 타당한 내용이므로 매력도가 높은 선택지이지만, 글의 전체적인 내용을 파악하지 않고 일반적인 지식이나 상식에 근거하여 답을 선택하지 않도록 한다.
③ 가족이 의사 결정에 책임이 있다
⑤ 주치의의 충고를 따르는 데에서 이득을 얻는다

2 빈칸이 있는 문장을 중심으로 앞뒤 문맥의 흐름을 파악한다.

- 빈칸이 글의 중반부나 후반부에 있을 때는 우선 글의 첫 부분을 읽고 무엇에 관한 글인지 소재를 파악한다.
- 빈칸이 포함된 문장의 의미를 앞뒤 문장의 내용과 연결하여 파악한다. 특히 문장 간 연결 어구에 유의하여 빈칸에 들어갈 내용을 유추한다.

EXAMPLE 02

2016학년도 고2 6월 학평 34번

■ 다음 빈칸에 들어갈 말로 가장 적절한 것은? 7201-070 7201-7070

There is no known cure for ❶the ills of ownership. As Adam Smith said, ownership is woven into our lives. But being aware of it might help. Everywhere around us we see the temptation to improve the quality of our lives by buying a larger home, a second car, a new dishwasher, a lawn mower, and so on. ❷But, once we upgrade our possessions we have a very hard time going back down. Ownership simply changes our perspective. Suddenly, moving backward to our ❸pre-ownership state is a loss, one that we cannot accept. And so, while moving up in life, we fall into the fantasy that ________________, but in reality, it's unlikely. Downgrading to a smaller home, ❹for instance, is experienced as a loss, it is psychologically painful, and we are willing to make all kinds of sacrifices in order to avoid such losses.

① purchasing a house is always profitable
② everyone can improve their quality of life
③ we are able to deal with the loss of faith
④ we can always return to the previous state
⑤ we are willing to sacrifice our pleasure for honor

KEY CLUE

❶ 글의 소재 파악
소유권의 병폐

❷ 중요 내용 파악
소유를 업그레이드하면 되돌아가는 것은 어렵다는 내용이다.

❸ 빈칸이 있는 문장의 내용 추론
연결어 so(그러므로)를 통해 이어질 내용은, 위로 올라가면서 되돌아갈 수 있을 것이라는 환상에 빠지지만 실제로는 그렇지 않다는 것임을 추론할 수 있다.

❹ 이어지는 문장과의 논리적 관계를 통해 재확인
for instance(예를 들어)로 보아 뒤에 이어지는 내용이 예시에 해당한다.

정답확인 앞의 내용에서 소유를 업그레이드하면 다시 되돌아가는 것은 굉장히 힘들고 이전 소유권의 상태로 되돌아가는 것은 우리가 받아들일 수 없는 상실이라고 했으므로, 우리가 이전의 상태로 되돌아갈 수 있다는 환상에 빠질 수 있지만 실제로는 그렇지 않다는 것이 문맥상 자연스럽다. 따라서 빈칸에 들어갈 말로 가장 적절한 것은 ④ '우리는 언제나 이전의 상태로 되돌아갈 수 있다'이다.

오답주의
moving up in life를 근거로 ② '모든 사람이 자신의 삶의 질을 높일 수 있다'를 정답으로 고르지 않도록 유의한다.
① 집을 구입하는 것은 항상 수익성이 있다
③ 우리는 신념의 상실에 대처할 수 있다
⑤ 우리는 명예를 위해 우리의 즐거움을 기꺼이 희생한다

정답과 해설 43쪽

01

7201-071 7201-7071

다음 빈칸에 들어갈 말로 가장 적절한 것은?

Western involvement in Africa should go far beyond the purchase of oil and minerals, and requires sacrifices from all wealthy countries, Western and non-Western. The matter of agricultural subsidies ranks high in this category. ▸The majority of Africans today ▸make their living as commercial farmers, and for them, ______________________. African farmers earn very low per-hour wages, and they are able to market their tea, cotton, cacao, and bananas at very low prices. But they cannot compete with farmers who receive state subsidies to plant, harvest, export, and market their produce. It is up to the rich countries to gradually stop these subsidies—if they really believe their own words about free trade—and to give African farmers their chance.

* agricultural subsidy 농업 보조금

① what once was Africa's problem is now a global problem
② social instability in Africa seriously prevents further progress
③ any unfair competition on free markets has devastating results
④ there is more involved than the policies of the richer countries
⑤ world-market prices for agricultural commodities keep fluctuating

▸ **the majority of**
대부분의, 대다수의
The majority of the people were against the bill.
(대부분의 사람들은 그 법안에 반대했다.)

▸ **make one's living**
생계를 유지하다
They both like to fish, and that's how they make their living.
(그들은 둘 다 낚시하는 것을 좋아하고 그게 그들이 생계를 유지하는 방법이다.)

Words & Phrases

- □ involvement 참여, 관여
- □ purchase 구매
- □ mineral 광물
- □ sacrifice 희생
- □ category 범주
- □ commercial 상업의
- □ wage 임금
- □ compete 경쟁하다
- □ export 수출하다
- □ produce 농산물
- □ devastating 파멸적인

02

7201-072 7201-7072

다음 빈칸에 들어갈 말로 가장 적절한 것은?

A number of species can ______________________________. The primatologist Duane Rumbaugh and his colleagues showed chimpanzees two trays of chocolate chips, of which they could choose only one. Each tray contained two piles of chocolate chips. For example, one tray might contain a three-chip pile and a four-chip pile, while the other tray might contain a seven-chip pile and a two-chip pile. Chimpanzees like chocolate chips, and thus they were faced with the problem of determining which tray had more chips on it. In order to solve this problem, the chimpanzees needed to first sum the two piles that appeared on each tray, and then ▸work out which of the two trays had the larger number of chips. Although chimpanzees hesitated for a moment when the overall number of chips on each tray were very similar, they were generally highly accurate at choosing the tray which had the larger number of chips.

* primatologist 영장류 동물학자

① accomplish any repetitive tasks with little thought
② give up what they have for the sake of their community
③ collaborate with others in order to earn maximum profits
④ compare numerical quantities with some degree of accuracy
⑤ assign symbolic meaning to concrete things in real-life situations

▸ **work out**

1. ~을 계산하다
You can work out the amount of salt in foods by multiplying the amount of sodium by 2.5.
(여러분은 나트륨의 양에 2.5를 곱해서 음식에 들어간 소금의 양을 계산할 수 있다.)

2. ~을 해결하다
The philosopher tried to work out the problem of human existence.
(그 철학자는 인간 존재의 문제를 해결하려고 노력했다.)

Words & Phrases

- □ a number of 많은
- □ sum 합(산)하다
- □ similar 비슷한
- □ for the sake of ~을 위해
- □ compare 비교하다
- □ accuracy 정확성
- □ colleague 동료
- □ hesitate 망설이다
- □ highly 매우
- □ collaborate with ~와 협력하다
- □ numerical quantity 수로 표시된 양
- □ assign (의미 등을) 부여하다
- □ tray 쟁반
- □ overall 전체적인, 전반적인
- □ accurate 정확한
- □ profit 이익
- □ degree 정도
- □ concrete 구체적인

정답과 해설 44쪽

03

7201-073 7201-7073

다음 빈칸에 들어갈 말로 가장 적절한 것은?

In 1991, the Flemish cultural entrepreneur Gerard Mortier became artistic director of the traditional *Salzburger Festspiele* in Austria with its mainly conservative content and background. Mozart has always been the most important artist of this world-famous festival. Mortier has been trying to innovate the festival by introducing modern artists like the stage producer and theatre maker Peter Sellars, singer David Bowie and film-maker Peter Greenaway. Mortier bases his programme on four categories: 1. Mozart's music, 2. classical music of the 20th century, 3. new music theatre events by modern artists, 4. a mixture of film and pop music culture. This programme is motivated by the need for a young audience and critical discussion about societal phenomena such as pop music and spirituality. The risky character of his artistic strategy is constantly being criticized by the Viennese elite and local Salzburg shopkeepers. However, fundamentally Mortier knows exactly __________________________, which guarantees the continuity of this festival.

① how to attract more young people to the festival
② what to innovate in his festival programme to avoid criticism
③ how to retain the balance between tradition and innovation
④ why he should collaborate with modern artists from various fields
⑤ why they dislike Mozart being the most important artist of the festival

▶ **Salzburger Festspiele**
잘츠부르크 축제: 오스트리아의 잘츠부르크에서 1920년에 시작된 매년 7월 말부터 8월 말까지 5주간 열리는 여름 축제로 클래식 음악, 오페라, 연극 등이 공연된다.

▶ **music theatre**
음악극: 19세기 바그너가 기존의 오페라의 형식에 반대하여 음악뿐 아니라 의상, 무대 장치까지 합쳐진 복합 예술을 선보이면서 '뮤직 드라마(음악극)'라고 이름을 붙였다. 오페라와는 달리 줄거리의 중요성이 강조되어 줄거리와 음악적 요소가 균형 있게 조합된 장르이다.

Words & Phrases

- □ entrepreneur 기업가, 사업가
- □ content 내용
- □ critical 비판적인, 결정적인, 중대한
- □ spirituality 영성(靈性)
- □ exactly 정확하게
- □ retain 유지하다, 보유하다
- □ mainly 대체로, 주로
- □ innovate 혁신하다
- □ societal 사회의
- □ risky 위험한
- □ guarantee 보증하다
- □ conservative 보수적인
- □ base *A* on *B* A의 기초를 B에 두다
- □ phenomenon 현상 (*pl.* phenomena)
- □ fundamentally 본질적으로
- □ continuity 연속성, 계속

04

7201-074 7201-7074

다음 빈칸에 들어갈 말로 가장 적절한 것은?

Think of the people who left Europe in the nineteenth century or Asia in the twentieth century to start a new life in the United States. At the outset of their journeys, few immigrants could have foretold exactly when and how they would achieve economic success in the new world, yet they ▸set out for the "land of opportunity" nevertheless. More than that, many of them willingly accepted great hardship during the journey itself. The important point is that ______________________________. A company that waits around for the numbers to "add up" will be left flat-footed in the race to the future. Without a clear-eyed view of the ultimate prize, a company is all too likely to abandon the race when unexpected hazards are encountered en route.

* flat-footed 무방비 상태의

① being worried about what will happen in the future is not useful
② we should make efforts so that the end will not justify the means
③ changing the living environment may lead to the discovery of new possibilities
④ there is nothing in life that does not have either advantages or disadvantages
⑤ the commitment to be a pioneer precedes an exact calculation of financial gain

▸ **set out for**
~을 향해 나서다
They set out for California in search of gold.
(그들은 금을 찾아 캘리포니아를 향해 나섰다.)

He set out for a long journey to the South Pole.
(그는 남극으로 가는 긴 여행을 향해 나섰다.)

Words & Phrases

- □ outset 시작
- □ economic 경제적인
- □ accept 받아들이다
- □ numbers 재무 지표
- □ ultimate 궁극적인
- □ hazard 위험
- □ justify 정당화하다
- □ calculation 계산
- □ immigrant 이민자
- □ nevertheless 그럼에도 불구하고
- □ hardship 난관, 곤란
- □ add up 늘다
- □ prize 목적물, 상
- □ encounter 우연히 만나다
- □ commitment 굳은 결심, 맹세, 약속
- □ financial 재정적인
- □ foretell 예측하다, 예언하다
- □ more than that 그뿐만 아니라
- □ wait around for ~을 빈둥거리며 기다리다
- □ clear-eyed 현실적인
- □ abandon 포기하다
- □ en route 도중에
- □ precede 앞서다
- □ gain 이득, 이익

UNIT 12 연결어(구)

1 앞뒤 문장의 논리를 자연스럽게 연결하고 글의 응집성을 높이는 연결사를 찾는다.

- 글의 주제와 요지를 포함한 전반적인 내용을 파악한다.
- 빈칸이 글의 전체 맥락에서 어디에 위치하고 있는지 확인한다.
- 선택한 연결사를 빈칸에 넣고 글의 흐름이 매끄러운지 확인한다.

EXAMPLE 01

2016학년도 고2 9월 학평 34번

■ 다음 글의 빈칸 (A), (B)에 들어갈 말로 가장 적절한 것은? 7201-075 7201-7075

One line of research suggests that ❶how *often* you go over material is less critical than the *depth* of processing that you engage in. ___(A)___, ❷if you expect to remember what you read, you have to wrestle fully with its meaning. Many students could probably benefit if they spent less time on rote repetition and more on actually paying attention to and analyzing the meaning of their reading assignments. ❸In particular, it is useful to make material *personally* meaningful. When you read your textbooks, try to relate information to your own life and experience. ❹___(B)___, if you're reading in your psychology text about the personality trait of confidence, you can think about which people you know who are particularly confident and why you would characterize them as being that way.

* rote 기계적으로 암기하는

	(A)		(B)		(A)		(B)
①	Thus	……	In contrast	②	Thus	……	For example
③	Similarly	……	In contrast	④	However	……	For example
⑤	However	……	Therefore				

정답확인 (A) '자료 처리의 깊이가 중요하므로 이를 위해 자료의 의미와 충분히 씨름해야 한다'라는 흐름이 되어야 한다. 따라서 Thus(그러므로)가 적절하다.
(B) 심리학 교재의 내용을 자신의 지인에게 적용해 보는 것은 자료를 개인적으로 유의미하게 만드는 것의 사례이다. 따라서 For example(예를 들어)이 적절하다.
① 그러므로 – 대조적으로 ③ 마찬가지로 – 대조적으로
④ 하지만 – 예를 들어 ⑤ 하지만 – 그러므로

KEY CLUE

❶ **주제문**
자료를 되풀이해 읽는 것보다 자료 처리의 깊이가 더 중요하다.

❷ **주제의 전개**
깊이 있는 자료 처리를 위해 해야 할 일과 그것의 이점에 대해 언급하고 있다.

❸ **주제의 심화**
특히, 자료를 '개인적으로' 유의미하게 만드는 것이 유용하다.

❹ **예시**
심리학 교재의 내용을 주변 사람들에게 적용해 보는 예를 제시하고 있다.

2 빈칸 (A), (B)의 앞뒤 문장을 살펴보고, 두 문장의 논리적 관계를 파악한다.

- 빈칸 앞뒤 문장의 의미를 정확하게 파악한다.
- 빈칸 앞뒤 문장의 관계(예시, 역접, 대조, 인과, 재진술, 요약 등)을 파악한다.
- 선택지로 자주 사용되는 연결사들의 성격을 잘 정리해 둔다.

EXAMPLE 02

2016학년도 고2 3월 학평 34번

■ 다음 글의 빈칸 (A), (B)에 들어갈 말로 가장 적절한 것은? 7201-076 7201-7076

If you ask someone to name three sports, most likely he or she will be able to answer with ease. After all, nearly everyone has an idea about what types of activities are regarded as sports and which are not. ❶❷ Most of us think we know what sports are. ______(A)______, the line drawn between examples of sports, leisure, and play is not always clear. In fact, devising a definition that establishes clear and clean parameters around what types of activities should be included and excluded is relatively difficult to do. ❸❹ Activities that are regarded as play today may gain the status of sport in the future. ______(B)______, many people once played badminton in their backyards but this activity was hardly considered a sport. Since 1992, however, badminton has been an Olympic sport!

* parameter 규정 요소

(A)		(B)	(A)		(B)
① However	……	For example	② However	……	In conclusion
③ Moreover	……	In conclusion	④ Similarly	……	For example
⑤ Similarly	……	In other words			

KEY CLUE

❶ ❷ 빈칸 앞뒤 문장의 관계
사람들이 스포츠가 무엇인지 안다고 생각함 ↔ 스포츠, 여가, 놀이의 분명한 구별이 어려움

❸ ❹ 빈칸 앞뒤 문장의 관계
오늘날 놀이가 미래에는 스포츠가 될 수 있는 가능성 – 예시 (배드민턴은 과거에 놀이였지만 현재는 올림픽 스포츠가 됨)

정답확인

(A) 사람들이 스포츠가 무엇인지 안다고 생각하는 것과 스포츠, 여가, 놀이에 대한 분명한 선을 긋는 것이 어렵다는 것은 서로 상반되는 내용이다. 따라서 However(하지만)가 적절하다.

(B) 배드민턴이 과거에는 놀이였지만 현재 스포츠가 되었다는 것은 오늘날의 놀이가 미래의 스포츠가 될 수 있다는 것의 사례이다. 따라서 For example(예를 들어)이 적절하다.

② 하지만 – 결론적으로 ③ 게다가 – 결론적으로
④ 마찬가지로 – 예를 들어 ⑤ 마찬가지로 – 다시 말해

정답과 해설 47쪽

01

7201-077 7201-7077

다음 글의 빈칸 (A), (B)에 들어갈 말로 가장 적절한 것은?

Mental rehearsal is a technique used by professionals in all fields and can be beneficial for social workers to practice as well. Mental rehearsal is the skill of picturing oneself in a situation, without actually being there. E. Scott Geller notes that "the more vividly individuals can imagine themselves performing desired behaviors, the greater the beneficial impact of this technique on actual performance." It is wise for workers to utilize mental rehearsal to visualize themselves in undesirable situations. ___(A)___, a worker could picture herself being locked in a home with an angry client and how she would escape from that situation. By mentally ▸taking oneself through that circumstance and imagining what one would do in that situation, the body and mind are more likely to respond favorably, rather than to freeze, if that situation were to ever occur. ___(B)___, the worker would be more prepared to respond to that unsafe scenario by having practiced the response during the mental rehearsal.

	(A)		(B)
①	However	⋯⋯	Likewise
②	However	⋯⋯	Consequently
③	In other words	⋯⋯	In contrast
④	For example	⋯⋯	In contrast
⑤	For example	⋯⋯	Consequently

▸ **take *A* through *B***
A가 B를 익히게 하다
The director took us through the play scene by scene.
(그 감독은 우리가 그 연극을 한 장면씩 익히게 했다.)

Words & Phrases

- □ mental rehearsal 심리적 연습
- □ professional 전문가
- □ field 분야
- □ beneficial 유용한
- □ social worker 사회 복지사
- □ vividly 생생하게
- □ utilize 이용하다
- □ visualize 마음속에 그려 보다
- □ undesirable 원하지 않는
- □ locked in ~에 갇힌
- □ client 복지 수혜자
- □ circumstance 상황
- □ favorably 적절하게
- □ freeze 얼어붙다

02

7201-078 7201-7078

다음 글의 빈칸 (A), (B)에 들어갈 말로 가장 적절한 것은?

Although the development of smiling and laughter is similar across cultures, the behaviors that parents use to elicit smiling do vary. ___(A)___, American mothers rely largely on toys and objects to elicit smiling from their infants, whereas Japanese mothers are likely to engage infants in social stimulation. Mothers in both cultures are equally effective in eliciting these smiles, but they do it in different ways (using toys versus using touch or physical contact) because of different culture-based parenting goals. In the United States, mothers place high value on promoting autonomy and independent exploration of the object world. Japanese mothers, ___(B)___, place high value on strengthening mutual dependency and making the infant an extension of themselves. Thus, they engage their infants differently.

* elicit 이끌어 내다

▶ **강조의 조동사 do**
정말로, 진짜로
We do remember what he said.
(우리는 그가 한 말을 정말로 기억한다.)

▶ **place (a) high value on**
~을 중시하다, ~을 높이 평가하다
Spaniards place a high value on what others think of them.
(스페인 사람들은 다른 사람들이 자신을 어떻게 생각하는지를 중시한다.)

	(A)		(B)
①	In addition	……	that is
②	For example	……	as a result
③	In addition	……	as a result
④	For example	……	in contrast
⑤	Nevertheless	……	in contrast

Words & Phrases

- □ laughter 웃음
- □ vary 다르다
- □ infant 아기, 유아
- □ engage *A* in *B* A를 B에 끌어들이다
- □ social stimulation 사회적 자극(다른 사람을 자극하기 위한 언어적 · 신체적 행동)
- □ equally 똑같이
- □ versus ~ 대, ~와 대조되어
- □ physical 신체의
- □ contact 접촉
- □ parenting 양육, 육아
- □ promote 증진하다, 장려하다
- □ autonomy 자율성
- □ independent 독립적인
- □ exploration 탐구
- □ object world 대상 세계(대상을 통하여 인지되는, 자신을 제외한 세계)
- □ mutual 상호의
- □ dependency 의존
- □ extension 연장 부분, 연장

정답과 해설 48쪽

03

7201-079 7201-7079

다음 글의 빈칸 (A), (B)에 들어갈 말로 가장 적절한 것은?

The well-known problem of *test anxiety* illustrates how emotional arousal can hurt performance. Often students who score poorly on an exam will nonetheless insist that they know the material. Many of them are probably telling the truth. Researchers have found a negative correlation between test-related anxiety and exam performance. ___(A)___, students who display high test anxiety tend to score low on exams. Test anxiety can interfere with test taking in several ways, but one critical consideration appears to be the disruption of attention to the test. Many test-anxious students waste too much time worrying about how they're doing and wondering whether others are having similar problems. ___(B)___, there is evidence that test anxiety may deplete one's capacity for self-control, increasing the likelihood of poor performance. In other words, once distracted, test-anxious students might not have the self-control to get themselves back on course.

	(A)		(B)
①	That is	……	However
②	That is	……	In addition
③	For example	……	However
④	Nevertheless	……	In addition
⑤	Nevertheless	……	Instead

▸ **interfere**

1. ~을 방해하다 (with)
Prolonged fatigue interfered with her work productivity.
(장기화된 피로가 그녀의 작업 생산성을 방해했다.)
2. ~에 개입[간섭]하다 (in)
Generally, the government does not interfere in family matters.
(보통, 정부는 가족 문제에 개입하지 않는다.)

Words & Phrases

- □ test anxiety 시험 불안감
- □ arousal 자극
- □ nonetheless 그럼에도 불구하고
- □ correlation 상관관계
- □ disruption 혼란, 붕괴
- □ deplete 고갈시키다
- □ distracted 주의가 산만해진
- □ illustrate (실례 · 도해 등을 이용하여) 분명히 보여 주다
- □ performance 성적, 실적, 성과
- □ material 내용, 자료
- □ critical 매우 중요한
- □ similar 비슷한
- □ capacity 능력
- □ score 점수를 받다
- □ negative 음의, 마이너스의
- □ consideration 고려 사항
- □ evidence 증거
- □ likelihood 가능성

04

7201-080 7201-7080

다음 글의 빈칸 (A), (B)에 들어갈 말로 가장 적절한 것은?

Until a few decades ago, most of the world's coffee and cocoa were shade-grown under a canopy of large forest trees. Recently, ___(A)___, new varieties of both crops have been developed that can be grown in full sun. Because more coffee or cocoa trees can be crowded into these fields, and they get more solar energy than in a shaded plantation, yields for sun-grown crops are higher. There are costs, however, in this new technology. Sun-grown trees die earlier from the stress and diseases common in these fields. ___(B)___, scientists have found that the number of bird species can be cut in half in full-sun plantations, and the number of individual birds may be reduced by 90 percent. Shade-grown coffee and cocoa generally require fewer pesticides because the birds and insects residing in the forest canopy eat many of the pests.

* canopy (숲의 나뭇가지들이) 지붕처럼 우거진 것

▶ **the number of**
~의 수(숫자)
The number of cars in Seoul is increasing rapidly.
(서울시의 자동차 수가 급속히 증가하고 있다.)

▶ **cut ~ in half**
~을 반으로 줄이다[자르다]
Almost overnight, travel times were cut in half.
(거의 하룻밤 사이에 여행 시간이 반으로 줄었다.)

	(A)		(B)
①	for example	……	Furthermore
②	however	……	Furthermore
③	as a result	……	That is
④	as a result	……	Instead
⑤	however	……	That is

Words & Phrases

- □ variety 품종
- □ crowd ~을 가득 채우다
- □ plantation 농장, 농원
- □ yield 수확(량), 산출(량)
- □ species 종
- □ require 필요로 하다
- □ pesticide 농약, 살충제
- □ insect 곤충
- □ reside 살다, 거주하다
- □ pest 해충

정답과 해설 49쪽

01

다음 빈칸에 들어갈 말로 가장 적절한 것은?

7201-081
7201-7081

Humans had been working together long before we took an interest in finding out how to perfect our methods. We've always hunted and scavenged together, made fire together, built villages together. There is power in numbers—not only safety, but also collective ________. One of the first formal observations of this came from Sir Francis Galton while at the 1906 West of England Fat Stock and Poultry Exhibition. It had a contest to guess an ox's weight; entrants paid sixpence to submit their guess, and a prize was promised to the closest guesser. While none of the 787 entrants of the contest guessed the ox's weight correctly (1,198 lb), the average of their guesses was fairly spot-on: 1,197 lb. 'This result is, I think, more creditable to the trustworthiness of a democratic judgment than might have been expected,' wrote Galton in a letter to *Nature*.

① wisdom ② honesty ③ satisfaction ④ anxiety ⑤ compassion

02

다음 빈칸에 들어갈 말로 가장 적절한 것은?

7201-082
7201-7082

Sharon R. Kaufman used an interactionist theory to guide her study of stroke patients because she thought the voices of individual old people were less emphasized or lost in the conduct of scientific research. She wanted to explore the meaning older people gave to their lives. She found that stroke patients experience a sharp break with past life patterns. She also found that people try to maintain continuity in their lives. They interpret the past and link it to the present. Kaufman determined that stroke patients worked hard to build links from their past to their future. People who completed this task recovered, even if they still had physical disability. Stroke patients needed to show that they ____________________.

* stroke 뇌졸중

① could be a great help to scientific research
② wanted to express concern about their family
③ let go of the past and got prepared for the future
④ were the same people after their illness as before
⑤ interacted with others about their health condition

03

다음 빈칸에 들어갈 말로 가장 적절한 것은?

7201-083
7201-7083

By ______________________ before a negotiation, we can improve the way we deal with them once they occur. This means that we need to think broadly about different problems that might come up. Good preparation for a negotiation does not consist of laying out a single path through the woods but of learning the terrain. When a thoughtful negotiator prepares for a meeting with a neighbor, a business contact, or a representative of another government, he will try to expect the proposals each will make and logical responses to them. But even the best negotiators all too often fail to expect what their own emotional reactions or those of their counterparts might be for issues at the meeting, which is one of the most important factors to make a negotiation successful.

* terrain 지형

① anticipating possible feelings
② putting efforts into persuasion
③ taking disagreements for granted
④ expecting major issues of the meeting
⑤ giving impressions of being considerate

04

다음 글의 빈칸 (A), (B)에 들어갈 말로 가장 적절한 것은?

7201-084
7201-7084

A child who is used to seeing scenes shift on the average of every 4 seconds, as they do on television, is sure to be bored in a classroom, and ___(A)___, his eyes bounce around the room, in an attempt to reestablish the level of stimulation he's grown used to. His attention span, then, is extremely short. Watching television trains one's eyes to stare, rather than to scan. Scanning is an important skill needed in learning to read. With pupils fixed, hands limp in his lap, a child is simply a spectator in front of the television. Watching television requires no learning; you just do it—or more to the point, you just don't do anything else. Play, ___(B)___, involves exploration, activity, and fantasy. Reading, too, requires involvement; it is an active, problem-solving exercise.

	(A)		(B)
①	for example	……	on the other hand
②	as a result	……	on the other hand
③	however	……	in other words
④	as a result	……	in addition
⑤	for example	……	in addition

CHAPTER 04

간접 글쓰기

흐름과 논리로 퍼즐을 맞추라!

UNIT 13 무관한 문장 찾기

1 글 전체의 중심 내용이나 주제를 파악한다.

- 글의 도입부에서 글의 소재나 주제를 파악한다.
- 문장들에서 공통적으로 언급되는 내용이 있는지 파악한다.
- 다른 문장들에는 공통적으로 있는 내용이 언급되어 있지 않은 문장을 찾아본다.

EXAMPLE 01

2016학년도 고2 3월 학평 39번

■ 다음 글에서 전체 흐름과 관계 없는 문장은? 7201-085 7201-7085

❶ Both mammals and birds are noisy creatures. They commonly make
their presence felt, and communicate, by sound, but birds are far better
❷ at it. ① Many mammals produce different sounds for different objects,
but few can match the range of meaningful sounds that birds may give
voice to. ② Apart from human beings, mammals on the whole are not
melodious and there is little evidence that they intend to be. ③ Some
mammals bellow, but few sing, apart from human beings and perhaps
whales. ④ Some mammals are different in where they live, how they
❸ move around and what they eat. ⑤ Yet many birds are famed for
their songs and some of the most glorious songsters are the ones we
encounter most often.

* bellow 큰 소리로 울부짖다

KEY CLUE

❶ 글의 주제 파악
글의 도입부를 보면, 포유류와 조류 둘 다 소리를 통해 자기 존재를 알리는데, 조류가 포유류보다 더 능숙하다는 것이 글의 주제이다.

❷ 공통적으로 언급되는 내용 파악
①, ②, ③, ⑤에서는 모두 포유류나 조류가 소리를 내거나 노래를 부르는 것에 대한 언급이 있다.

❸ 글의 흐름과 무관한 문장 찾기
④에서는 포유류나 조류의 소리 내기에 대한 언급이 없다.

정답확인 소리를 내거나 노래를 부르는 것에 있어서 포유류와 조류의 차이점을 언급하는 내용이 이어지고 있으므로, 포유류가 사는 장소, 돌아다니는 방식, 먹는 것에 있어서 서로 다르다고 말하는 ④는 글의 흐름과 무관하다.

반복적인 어구 또는 특정 개념과 관련된 어구가 있는지 확인한다.

- 글의 도입부에서 무엇에 관한 글인지 파악한다.
- 선택지로 주어진 문장에 반복되는 어구나 글의 핵심 개념과 관련된 어구가 있는지 확인한다.

EXAMPLE 02

2016학년도 고2 9월 학평 35번

■ 다음 글에서 전체 흐름과 관계 없는 문장은?   7201-086 7201-7086

Tourism is one of many contributors to changes in the climate system. As with other human activities, there are many ways and spatial scales at which tourism contributes to climate change. ① For example, changes in land cover and use, such as replacing forest with resort buildings and other structures, can modify the local climate. ② Local climate changes may also be caused when air pollutants are emitted by the structures' incinerators, by stationary and mobile engines, and during land-clearing activities. ③ Tourism and tourists can generate job and business opportunities in both the formal and informal sector. ④ Gradually, over space and time, even these locally focused human activities are known to change the climate, regionally and globally. ⑤ They work together with more global scale forces such as those related to emissions from aircraft carrying tourists to and from their destinations.

* incinerator 소각로

KEY CLUE

❶ 글의 주제 파악

글의 도입부를 보면 관광업이 기후 변화를 일으키는 요인일 수 있다는 것이 언급된다.

❷ 핵심 어구 파악

①, ②, ④에는 climate라는 단어가 명시적으로 있고, ⑤에는 비행기에서의 배기가스 배출에 관한 언급이 있다.

❸ 글의 흐름과 무관한 문장 찾기

③은 관광업의 일자리와 사업 기회 창출에 관한 내용으로 관광업과 기후 변화에 관한 언급이 없다.

정답확인 글의 도입부에서 관광업이 기후 변화의 요인일 수 있다고 언급한 다음에 ③을 제외한 다른 문장들은 모두 기후와 관련된 내용이지만 ③은 관광업이 일자리와 사업 기회를 창출한다는 내용이므로 글의 흐름과 관계가 없다.

PRACTICE

정답과 해설 53쪽

01

7201-087 7201-7087

다음 글에서 전체 흐름과 관계 없는 문장은?

In the second half of the nineteenth century, Europe turned its eyes toward Africa. Colonial expansion in Africa is one example (China was another) of European imperialism in the nineteenth century. ① These European imperialists needed colonies for trade and raw materials for their new factories built during the Industrial Revolution. ② They also needed new markets in which to sell their manufactured goods. ③ Their crowded populations needed new territory to overflow into. ④ On the other hand, some Europeans hoped to help Africa and brought many gifts to them: written languages, new technology, trade, and Western learning. ⑤ Africa, with its untouched mineral and agricultural resources, presented a valuable source of materials, offered opportunities for new markets, and provided new frontiers for adventurous colonists.

▶ **판매용으로 생산된 물품을 나타내는 어휘**

1. goods 상품, 제품
   leather goods (가죽 제품)
2. product 생산물, 상품, 제품
   to launch a new product
   (신상품을 출시하다)
3. commodity 상품, 물품
   rice, flour and other basic commodities
   (쌀과 밀가루와 다른 기본 물품들)
4. merchandise [U] (매매용) 물품[상품]; (특정 행사·단체와 관련되거나 홍보용) 상품[제품]
   official Olympic merchandise
   (올림픽 공식 상품)
5. produce [U] 생산물[품], (특히) 농작물[농산물]
   fresh local produce
   (신선한 지역 농산물)
6. wares (특히 길거리나 시장에서 파는) 물건[상품]
   street traders displaying their wares
   (물건들을 펼쳐 놓고 있는 길거리 상인들)

Words & Phrases

□ colonial 식민지의
□ expansion 확장, 팽창
□ imperialism 제국주의 정책, 영토 확장 정책
□ Industrial Revolution 산업 혁명
□ manufacture 제조하다
□ territory 영토, 영지
□ agricultural 농업의
□ frontier 미개척지, 변경
□ adventurous 모험적인

02

7201-088 7201-7088

다음 글에서 전체 흐름과 관계 없는 문장은?

Children in traditional African societies are constantly surrounded by instrumental music, song, and dance. Their musical training is a lifelong process that begins at birth with cradle songs and prepares them for participation in all aspects of adult life. ① On the backs of their relatives, they experience the rhythms associated with work. ② At festivals and other social events, their relatives dance with them on their backs until they are old enough to join the activities for themselves. ③ Rhythmical facility is built into their everyday lives, so that, for example, the children experience the sounding of three beats against two beats and are thereby aided in the development of a "two-dimensional attitude to rhythm." ④ Children who learn how to play a musical instrument are actually more likely to become fluent in a second language. ⑤ Children are encouraged to begin tapping out rhythms as soon as an adequate degree of arm control is developed, and at the age of three or four they begin making their own instruments.

▸ **be associated with**
~과 관련되다
Avocado consumption is associated with better diet quality and nutrient intake.
(아보카도 소비는 더 나은 식단의 질과 영양분 섭취와 관련이 있다.)

▸ **as soon as**
~하는 즉시, ~하자마자
They stopped talking as soon as I came into the classroom.
(내가 교실에 들어서자마자 그들은 이야기를 멈추었다.)

Words & Phrases

- □ constantly 끊임없이
- □ surround 둘러싸다
- □ instrumental music 기악
- □ lifelong 평생의
- □ process 과정
- □ cradle 요람
- □ participation 참여
- □ aspect 측면, 면
- □ relative 친척
- □ rhythmical 리듬의
- □ facility 재능, 솜씨
- □ thereby 그렇게 함으로써
- □ aid 돕다
- □ two-dimensional 이차원의
- □ attitude 태도
- □ musical instrument 악기
- □ fluent 유창한
- □ tap out (리듬에 맞춰) ~을 두드리다
- □ adequate 적절한, 적당한
- □ arm control 팔 제어

정답과 해설 55쪽

03

7201-089 7201-7089

다음 글에서 전체 흐름과 관계 없는 문장은?

When you are creating your presentation, always ask yourself how technical you really need to be. ① An oral presentation is not going to be as effective or efficient as a written report in conveying technical facts. ② So if you want to convey raw data or lots of detailed information, consider pushing that material out of your presentation and into a handout or a document you can email out to your audience. ③ Alternatively, offer to meet personally afterwards with those who are interested in the important details. ④ Use your presentation to draw out the key conclusions or ▸take-home messages, and invite the audience to find the extra detail elsewhere. ⑤ If you want your audience to hear what you say, take it in and respond in the way you want them to, make them feel that you care about them and their needs.

▸ **take-home message**
the main message or piece of information that you learn from something (어떤 것에서 알게 되는 주요 메시지나 정보)

The take-home message of this research is that even small amounts of regular exercise make a huge difference to health.
(이 연구에서 알게 되는 주요한 정보는 규칙적인 운동은 비록 적은 양이더라도 건강에 큰 차이를 가져온다는 것이다.)

cf. take-home 관련 표현
- take-home pay[income]
(세금 따위를 뺀) 실제 손에 들어오는 급료[수입]
- take-home test
집에 가져가서 보는 시험(재택평가)

Words & Phrases

- □ oral 구두의
- □ efficient 효율적인
- □ convey 전달하다
- □ raw 가공하지 않은, 날것의
- □ detailed 세세한, 상세한
- □ handout 배포 인쇄물, 유인물
- □ alternatively 대신으로, 양자택일로
- □ offer to *do* ~하겠다고 말하다
- □ afterwards 나중에, 그 뒤에
- □ draw out 이끌어 내다
- □ key 중요한

04

7201-090 7201-7090

다음 글에서 전체 흐름과 관계 없는 문장은?

Perhaps the most widespread stress from technology that most people experience is the perpetual distraction of email and the replacement of face-to-face conversation with digital communications. ① In one of a series of articles in 2010 for the *New York Times*, technology investigative reporter Matt Richtel noted that people check email up to 37 times an hour on average. ② Furthermore, some people feel an urge to respond to emails immediately and feel guilty if they don't. ③ Incoming emails can be filtered depending on their importance to you and your work. ④ How many emails can push one over the edge, past the threshold of exhaustion? ⑤ According to a Harris Interactive poll, respondents said that more than 50 emails per day caused stress, many using the phrase "email stress" to explain their frustrations.

* threshold 경계, 한계

▶ **a series of**
일련의
A series of accidents happened in a single day.
(일련의 사고들이 단 하루 동안 발생했다.)

You have to endure a series of hardships to succeed.
(여러분은 성공하기 위해서 일련의 곤경을 견뎌야 한다.)

Words & Phrases

- □ widespread 널리 퍼진
- □ perpetual 끊임없는, 영속적인
- □ replacement 대체, 교체
- □ a series of articles 연재 기사
- □ investigative reporter (특정 분야의) 취재 기자
- □ note 언급하다, 주목하다
- □ respond 답장을 보내다, 대답하다
- □ Harris Interactive 미국 뉴욕에 있는 여론 조사 회사의 이름
- □ frustration 좌절감

UNIT 14 문장 삽입

1 문장과 문장 사이의 글의 흐름이 부자연스럽거나 단절되는 곳을 파악한다.

- 글의 주제와 요지를 포함한 전반적인 내용을 개략적으로 파악한다.
- 글을 읽으면서 내용이 전환되거나 논리적인 비약이 있는 곳을 찾는다.
- 주어진 문장을 넣어서 문단의 흐름이 자연스러운지 다시 읽어 본다.

EXAMPLE 01

2016학년도 고2 3월 학평 37번

7201-091 7201-7091

■ 글의 흐름으로 보아, 주어진 문장이 들어가기에 가장 적절한 곳은?

> I once worked with a group of students in the final year of senior school, who listened out for the slang used in their school.

❶Slang is actually quite difficult for linguists to find out about. You will have your local slang that you use in your school or in your town, and there's no way I would ever know about it unless you told me what it was. ❷(①) Indeed, in your area you'll probably have several different kinds of slang. (②) The slang that kids use in primary school is likely to be different from what is used in secondary school. (③) If your town has several schools, there are often differences in the kind of slang heard in each school. (④) ❸And there may even be words that are used differently within a single school. (⑤) ❹They found that the slang used by first-year students was very different from their own.

* slang 은어, 속어

KEY CLUE

❶ 주제의 도입
언어학자들에게 있어서 은어 파악의 어려움

❷ 주제의 전개
지역 내 혹은 학교 간의 은어 사용 실태

❸ 주제의 심화
학교 내에 존재하는 상이한 은어

❹ 글의 흐름상의 단절
'They'가 지칭하는 대상을 찾을 수 없음

정답확인 1학년 학생들이 사용하는 은어가 자신들의 것과 매우 다르다는 것을 발견한 'They(그들)'는 자신의 학교에서 사용되는 은어를 들은 주어진 문장의 '고등학교 졸업반 학생 집단(a group of students in the final year of senior school)'이다. 따라서 주어진 문장의 적절한 위치는 ⑤이다.

2 주어진 문장의 의미를 파악하고 글의 전개 방향을 예측한다.

- 주어진 문장이나 본문 속의 명사와 대명사의 관계를 따져서, 대명사가 가리키는 내용이 무엇인지 파악한다.
- 주어진 문장 속에 있는 연결어인, however, on the other hand, for example 등에 유의한다.
- 주어진 문장 앞부분과 문장 속 단서를 활용하여 주어진 문장이 들어가기에 가장 적절한 곳을 고른다.

EXAMPLE 02

2016학년도 고2 3월 학평 38번

7201-092 7201-7092

■ 글의 흐름으로 보아, 주어진 문장이 들어가기에 가장 적절한 곳은?

> ❶By contrast, the Flipped Learning model shifts instruction to a learner-centered approach, where in-class time is spent exploring topics in greater depth.

❷Flipped Learning allows for a variety of learning modes. (①) Educators often physically rearrange their learning spaces to support either group work or independent study. (②) They create flexible spaces in which students choose when and where they learn. (③) ❸Furthermore, educators who flip their classes are flexible in their expectations of student timelines for learning and in their assessments of student learning. (④) ❹In the traditional teacher-centered model, the teacher is the primary source of information. (⑤) ❺As a result, students are actively involved in knowledge construction as they participate in and evaluate their learning in a personally meaningful manner.

* Flipped Learning 역진행 수업 방식, 거꾸로 교실

KEY CLUE

❶ 주어진 문장 속의 연결어
'역접'의 연결사로 주어진 문장과 상반되는 내용이 앞에 올 것임을 추론할 수 있다.

❷ 글의 주제
역진행 수업 방식의 특징

❸ 본문 속의 연결어
앞에서 언급한 다양한 학습 양식과 융통성 있는 학습 공간 이외의 역진행 수업 방식의 또 다른 특징을 추가하는 기능을 한다.

❹ 글의 주제와 상반된 화제의 제시
전통적인 교사 중심 모형의 특징

❺ 본문 속의 연결어
학생들이 적극적으로 지식의 구성에 관여하게 되는 것이 어떤 수업 방식의 결과인지 생각해 본다.

정답확인 역진행 수업 방식이 심층적으로 주제를 탐구하는 학습자 중심의 접근법을 사용한다는 주어진 문장은 교사가 정보의 주요한 원천이 된다는 전통적인 교사 중심 모형에 대한 설명과 상반된다. 또한 학습자 중심의 접근법의 결과로 학생들이 학습과 평가에 참여하며 적극적으로 지식의 구성에 관여하게 될 것이다. 따라서 주어진 문장의 위치로 가장 적절한 곳은 ⑤이다.

PRACTICE

정답과 해설 57쪽

01

7201-093 7201-7093

글의 흐름으로 보아, 주어진 문장이 들어가기에 가장 적절한 곳은?

> However, no one is really interested in taking a trip to see wildlife which is seen as boring or ugly.

▸ Ecotourists, when it comes to animals, prefer the 'good' and the funny, are in awe of the big, fascinated by the bad, but are not interested in the ugly or the dull. (①) Creatures like dolphins and monkeys are seen as good perhaps because they are the nearest creatures to us in terms of intelligence. (②) We also find them aesthetically attractive in the case of dolphins and funny in the case of monkeys, while elephants impress us with their size. (③) We see creatures like snakes and lions as bad and evil killers, but they are still fascinating. (④) No one goes tuna watching; we just want our supermarkets to ensure that when fishermen go hunting tuna, no 'nice' dolphins get caught in their nets! (⑤) Ecotourists do not seem to want to spend good money to go and see pygmy shrews, anteaters or antelopes.

▸ 접두어 eco-('환경', '생태'의 의미)가 붙는 단어들

ecotourist (생태 관광객)
ecosystem (생태계)
ecology (생태학)
ecologist (생태학자)
eco-friendly (친환경적인)

Words & Phrases

- □ wildlife 야생 동물
- □ intelligence 지능
- □ tuna 참치
- □ pygmy shrew 난쟁이땃쥐
- □ when it comes to ~에 관한 한
- □ aesthetically 미학적으로
- □ watching 관찰 여행
- □ anteater 개미핥기
- □ in awe of ~을 경외하여
- □ evil 사악한
- □ ensure 반드시 ~이게 하다
- □ antelope 영양

02

7201-094 7201-7094

글의 흐름으로 보아, 주어진 문장이 들어가기에 가장 적절한 곳은?

> Later, as the dog learns, the spoken word can be eliminated.

Obedience training involves teaching a dog to perform certain behaviors at a given signal from the handler. (①) These behaviors may be as simple as sitting at the owner's side or as complex as retrieving a selected object after dealing with a series of obstacles or barriers. (②) The signals may be verbal or non-verbal or a combination of the two. (③) Novice obedience instruction involves teaching the dog to respond to a verbal command and an accompanying hand signal. (④) Some handlers have so expertly trained their animals that the dog responds to the slightest non-verbal signal, a roll of the eye or the slight flex of a finger. (⑤) These signals may be imperceptible to the human audience, but are easily ▸picked up by the trained dog whose full attention is focused on his owner.

* flex 구부리기, 굽히기

▸ **pick up**

1. ~를 (차에) 태우러 가다
   I'll pick him up at six.
   (여섯 시에 그를 태우러 갈게.)
2. 알아차리다
   Scientists can now pick up early signs of the disease.
   (과학자들이 이제는 그 질병의 초기 증상을 알아차릴 수 있다.)

Words & Phrases

- □ eliminate 제거하다
- □ perform 수행하다
- □ complex 복잡한
- □ deal with ~을 처리하다, ~을 다루다
- □ verbal 언어적인
- □ command 명령; 명령하다
- □ slight 사소한, 경미한
- □ obedience 복종
- □ signal 신호
- □ retrieve 가지고 오다, 회수하다
- □ obstacle 방해물
- □ combination 조합
- □ accompanying 수반되는
- □ imperceptible 감지할 수 없는
- □ involve 포함하다
- □ handler 조련사
- □ object 물체
- □ barrier 장애물
- □ novice 초보자
- □ expertly 전문적으로

정답과 해설 58쪽

03

7201-095 7201-7095

글의 흐름으로 보아, 주어진 문장이 들어가기에 가장 적절한 곳은?

> Another aspect of the same problem, however, is where one member chooses to do more work than the others.

One of the most frequent problems in groupwork is that not everyone puts the same amount of effort into the task. (①) Group members may have a different work ethic or standards for the quality of their work, and this will probably result in different levels of ▸commitment to the group work. (②) While different levels of commitment to the task could be partly influenced by individual workloads, there are wider factors such as individual attitudes to study. (③) An overeager member can be irritating to the other members who then reduce their commitment to the work leaving the overeager member to get on with most of the work. (④) By taking on more than her fair share, the overeager member may eventually come to feel resentful with her increased workload, even if she volunteered for extra tasks. (⑤) This will change the group dynamics and perhaps cause conflicts within the group.

▸ **commitment**

1. 책임, 의무, 공약, 약속
Our company has a commitment to quality and customer service.
(저희 회사는 품질과 고객 서비스에 책임을 지겠습니다.)

2. [U] 관련, 연루, 개입, 참여
an all-out commitment to the campaign
(그 운동에의 전면적 참여)

3. 헌신, 전념, 열심
Her commitment to religion is beyond question.
(그녀의 종교에 대한 헌신은 확실하다.)

Words & Phrases

□ aspect 측면, 양상
□ ethic 윤리, 도덕
□ overeager 지나치게 열성적인
□ resentful 분개하고 있는
□ conflict 갈등, 다툼, 논쟁
□ frequent 빈번한
□ partly 부분적으로
□ irritate 짜증나게 하다
□ dynamics 역학, 역동성, 원동력
□ task 과업, 일
□ attitude 태도
□ reduce 줄이다, 낮추다
□ cause 일으키다

04

7201-096 7201-7096

글의 흐름으로 보아, 주어진 문장이 들어가기에 가장 적절한 곳은?

> If the company did well and made a lot of profits, the shares would become worth lots of money, because they would pay the investors lots of money each year.

Whenever a business wants to grow, it has to find investors, who are people that are willing to give the business the money that it needs. (①) In return, the investors get a part of the business' profits (if there are any). (②) Somewhere along the way, someone got the bright idea to divide up a company into "shares" or "stocks". (③) Each share would represent a certain percentage of the profits. (④) Men (called "brokers") would gather in downtown New York City and sell these shares to interested investors. (⑤) Eventually, the brokers for these large companies moved their business into a building, and the New York Stock Exchange on Wall Street was born.

▶ **in return**
대가로, 보답으로
In return, they gave gifts to their customers.
(대가로 그들은 자신들의 고객들에게 선물을 주었다.)

Can I buy you lunch in return for your help?
(당신이 도와준 데 대한 보답으로 내가 점심을 살까요?)

Words & Phrases

- □ profit 이익
- □ share 몫, 주식
- □ investor 투자자
- □ broker 주식 중개인
- □ downtown 시내
- □ New York Stock Exchange 뉴욕 증권 거래소

UNIT 15 글의 순서 배열

주어진 글을 통해 글의 주제나 성격을 파악하여 논리적 연계성을 추론한다.

- 주어진 글에서 언급된 사건, 사람, 주제 등을 파악하여 이어질 글의 내용을 예측한다.
- 내용상의 논리적 연결 관계를 나타내는 연결어, 지시어, 시간 흐름을 나타내는 표현 등에 근거하여 글의 순서를 추론하고, 각 글의 마지막 부분과 이어질 내용을 파악하여 글의 순서를 배열한다.

EXAMPLE 01

2016학년도 고2 3월 학평 36번

■ 주어진 글 다음에 이어질 글의 순서로 가장 적절한 것은? 7201-097 7201-7097

❶ Every day in each of my classes I randomly select two students who are given the title of "official questioners." These students are assigned the responsibility to ask at least one question during that class.

(A) ❹In a serious tone, she answered that she'd been extremely nervous when I appointed her at the beginning of class. But then, during that class, she felt differently from ❺how she'd felt during other lectures.

(B) ❷After being the day's official questioner, one of my students, Carrie, visited me in my office. Just to break the ice, ❸I asked in a lighthearted way, "Did you feel honored to be named one of the first 'official questioners' of the semester?"

(C) ❻It was a lecture just like the others, but this time, she said, she was forced to have a higher level of consciousness; she was more aware of the content of the lecture and discussion. She also admitted that as a result she got more out of that class.

① (A)－(C)－(B) ② (B)－(A)－(C) ③ (B)－(C)－(A)
④ (C)－(A)－(B) ⑤ (C)－(B)－(A)

KEY CLUE

❶ 주어진 글의 내용
무작위로 '공식 질문자'의 칭호를 부여받는 두 명의 학생을 정함

<글의 순서 추론>

❷ 그 날의 '공식 질문자'가 된 학생 중 한 명이 나를 찾아 옴

❸ 내가 질문을 함

❹ 그녀가 대답함

❺ 다른 강의들(other lectures)과 다른 점을 말함

❻ 다른 강의들(just like the others)과 비슷하지만 더욱 높은 의식 수준을 가졌어야 했음을 말함

정답확인 필자가 수업 시간마다 무작위로 '공식 질문자'의 칭호를 부여받는 두 명의 학생을 정해, 최소 하나의 질문을 하게 한다는 주어진 글 뒤에 그 날의 공식 질문자가 된 Carrie가 사무실로 필자를 찾아왔다는 내용의 (B)가 이어지고, (B)에서 필자가 한 질문에 대한 Carrie의 응답의 내용이 (A)에서 시작되어 (C)에서 계속 이어지는 것이 자연스럽다.

2 글의 연결 고리를 통해 글의 순서를 추론한다.

- 세부적으로 글의 연결 고리가 되는 연결사, 지시어, 대명사 등에 유의하면서 글의 순서를 추론한다.
- 글의 순서를 정한 후 글 전체를 다시 한 번 읽으면서 논리적 흐름이 자연스러운지 확인한다.

EXAMPLE 02

2015학년도 고2 3월 학평 37번

■ 주어진 글 다음에 이어질 글의 순서로 가장 적절한 것은? 7201-098 7201-7098

❶ When you purchase an item, you are paying not just for the item, but the costs to get that item to you.

(A) ❸When you buy that tomato at a supermarket, however, there are a number of costs that result in you paying much more than you would pay the farmer.

(B) ❷Let's say you visit a farm and buy a tomato. It might cost the farmer very little to grow a tomato, so the farmer might be able to sell you a tomato for much less than it would cost in the supermarket and still make a nice profit.

(C) ❹That tomato has to be transported to the store; the store must pay rent, electric bills, and employee wages; and the store advertises tomatoes in its weekly newspaper ad.

① (A)-(C)-(B) ② (B)-(A)-(C) ③ (B)-(C)-(A)
④ (C)-(A)-(B) ⑤ (C)-(B)-(A)

KEY CLUE

❶ 주어진 문장의 내용 파악
물품 구입에는 물품이 도달하기까지 드는 비용도 지불하는 것임

〈글의 순서 추론〉
❷ 농장을 방문하여 토마토를 하나 산다는 가정

❸ 그 토마토를 슈퍼마켓에서 사는 경우

❹ 그 토마토가 상점으로 운송되어야 함

정답확인 물품을 구입할 때 그 물품이 도달할 때까지 드는 비용도 지불한다는 주어진 문장에 이어 농장에서 토마토를 사게 되면 농부가 슈퍼마켓에서보다 더 싸게 팔면서도 괜찮은 수익을 올릴 수 있다는 (B)가 오고, 이와는 반대로 슈퍼마켓에서는 비용이 더 많이 든다는 (A)가 (B)에 이어진 다음, 마지막으로 왜 비용이 많이 드는지 설명하는 (C)가 오는 것이 자연스럽다.

정답과 해설 61쪽

01

7201-099 7201-7099

주어진 글 다음에 이어질 글의 순서로 가장 적절한 것은?

> A soldier in one of the Prussian regiments had a watch chain of which he was very proud. Because he could not afford a watch, he used to wear a bullet attached to the chain's free end.

(A) Frederick was so pleased with this response that he handed his own watch over to the man, saying, "Take this so you may be able to tell the hour also."

(B) "My watch tells me that it is five o'clock," he said. "What time does yours tell?" Replied the soldier: "My watch does not tell me the hour, but tells me every minute that it is my duty to die for Your Majesty."

(C) One day Frederick the Great noticed this curious ornament and, deciding to have some fun with the man, took out his own diamond-studded watch.

① (A)–(C)–(B) ② (B)–(A)–(C) ③ (B)–(C)–(A)
④ (C)–(A)–(B) ⑤ (C)–(B)–(A)

▶ **cannot afford (to *do*) ~**
~을 할[마련할] 형편이 되지 않다
Plenty of people cannot afford a house, so they rent.
(많은 사람들이 집을 마련할 형편이 되지 않아서 집을 빌린다.)

The man couldn't afford to buy his girlfriend a present, so he wrote her a beautiful song.
(그 남자는 자기 여자 친구에게 선물을 사줄 형편이 되지 못해서, 그녀에게 아름다운 노래 한 곡을 써 주었다.)

Words & Phrases

- □ regiment (군대의) 연대
- □ bullet 총알
- □ Your Majesty 폐하
- □ watch chain (회중시계의) 시곗줄
- □ attach 붙이다, 부착하다
- □ ornament 장신구
- □ used to *do* ~하곤 했다
- □ response 대답, 반응
- □ diamond-studded 다이아몬드가 박힌

02

7201-100 7201-7100

주어진 글 다음에 이어질 글의 순서로 가장 적절한 것은?

For most of the history of our species, in most parts of the world, bathing has been a collective act.

(A) But communal bathing is rare in the modern world. While there are places where it remains an important part of social life—in Japan, Sweden and Turkey, for example—for those living in major cities, particularly in the Anglosphere, the practice is virtually extinct.

(B) In ancient Asia, the practice was a religious ritual believed to have medical benefits related to the purification of the soul and body. For the Greeks, the baths were associated with self-expression, song, dance and sport, while in Rome they served as community centres, places to eat, exercise, read and debate politics.

(C) The eclipse of communal bathing is one symptom of a wider global transformation, away from small ritualistic societies to vast urban metropolises populated by loose networks of private individuals.

* Anglosphere 관습법과 시민권의 원칙을 옹호하는 영어권 국가들

① (A)–(C)–(B) ② (B)–(A)–(C) ③ (B)–(C)–(A)
④ (C)–(A)–(B) ⑤ (C)–(B)–(A)

▶ **도시 관련 어휘**

- town (city보다 작은) (소)도시, 읍
- city 도시
- metropolis 대도시(흔히 한 국가나 행정 지역의 수도)
  New York is a metropolis in North America.
  (뉴욕은 북미의 대도시이다.)
- outskirt 변두리, 교외
  outskirt area (변두리 지역)
- suburb 교외(도심지를 벗어난 주택 지역)
  a suburb of London
  (런던 교외)
- urban 도시의 (↔ rural)
  urban life (도시 생활)

Words & Phrases

□ communal bathing 공중 목욕	□ rare 드문	□ practice 관습
□ virtually 실질적으로	□ extinct 없어진, 끝난	□ ritual 의식; 의식의
□ benefit 혜택, 이득	□ purification 정화	□ eclipse 소실, 빛을 잃음
□ transformation 변화, 변형	□ vast 거대한, 방대한	
□ populate (~에) 살게 하다, (~에) 거주하게 하다		□ loose 느슨한

정답과 해설 62쪽

03

7201-101 7201-7101

주어진 글 다음에 이어질 글의 순서로 가장 적절한 것은?

Semiotics is the theory of signs. Simply put, a sign is something that represents something else. Here's an example: look out of the window and find a tree.

(A) A little plastic toy tree is also a sign for 'tree'. Yet another sign is gestural: if you were playing charades and stood straight with your legs together and your arms spread out in a V-shape over your head, your team might guess that you were representing a tree.

(B) So signs take the form of words, images, sounds, gestures, ▸objects, even ideas—the thought "tree" generated in your head by looking out of the window is also a sign. But although almost anything has the potential to be a sign, it can only function as a sign if it is interpreted as a sign.

(C) There are all sorts of signs for that thing you're looking at. One of them is the word tree itself, four letters spelled out on the page: t-r-e-e. A different sign is the spoken word, "tree." Another sign is a drawing of a tree.

* semiotics 기호학

** charade 몸짓 놀이(한 사람이 하는 몸짓을 보고 그것이 나타내는 말을 알아맞히는 놀이)

① (A)–(C)–(B) ② (B)–(A)–(C) ③ (B)–(C)–(A)
④ (C)–(A)–(B) ⑤ (C)–(B)–(A)

▸ **object**

1. 물체, 대상
Andy Warhol transformed everyday objects into art.
(Andy Warhol은 일상적인 물체들을 예술로 변화시켰다.)

2. 목표, 목적
The object of this course is to introduce you to a systematic study of society.
(이 강좌의 목표는 여러분에게 사회에 대한 체계적인 연구를 소개하는 것이다.)

3. 반대하다
Most residents objected to the Art Gallery being torn down.
(대부분의 주민들은 미술관을 허무는 것에 반대했다.)

Words & Phrases

- □ theory 이론
- □ simply put 간단히 말해서
- □ represent 나타내다, 대표하다
- □ yet another 또 다른 하나의(= still another)
- □ gestural 몸짓으로 표현되는
- □ generate 생성하다
- □ potential 잠재력, 가능성
- □ function 구실을 하다
- □ interpret 해석하다
- □ drawing (색칠을 하지 않은) 그림, 소묘

04

7201-102 7201-7102

주어진 글 다음에 이어질 글의 순서로 가장 적절한 것은?

People often think that they can accomplish more than they actually end up accomplishing, and that any costs incurred will be as expected.

(A) Should he fail, a significant amount of time and money will have been wasted. And, because of disappointment, he might be hesitant in the future to strive for other goals that are truly within his grasp.

(B) In reality, many of us fall short of our work goal. And, budget overruns are a common feature of large public projects. The Sydney Opera House, for instance, was supposed to be completed in 1963 at a cost of $7 million. Instead, it was finished 10 years later at a cost of $102 million. Such lack of realism is not without cost.

(C) The inability to meet one's goals can lead to disappointment, loss of self-esteem, and reduced social regard. Also, time and money can be wasted pursuing unrealistic goals. Think of someone enrolling in a program of study that to neutral observers is beyond his capability.

* incur 발생시키다

① (A)−(C)−(B) ② (B)−(A)−(C) ③ (B)−(C)−(A)
④ (C)−(A)−(B) ⑤ (C)−(B)−(A)

▸ **within one's grasp**
손이 미치는 곳에
Don't put dangerous things like knives within children's grasp.
(아이들의 손이 미치는 곳에 칼 같은 위험한 물건을 두지 마세요.)

▸ **fall short of**
~에 미치지 못하다
The hotel fell far short of their expectations.
(그 호텔은 그들의 기대에 한참 못 미쳤다.)

Words & Phrases

- □ significant 상당한, 중요한
- □ disappointment 실망(감)
- □ hesitant 주저하는
- □ strive 노력하다, 애쓰다
- □ overrun 초과
- □ feature 특징
- □ self-esteem 자존감
- □ pursue 추구하다
- □ enroll 등록하다
- □ neutral 중립적인
- □ observer 관찰자
- □ capability 능력

UNIT 16 문단 요약

1 요약문을 읽고 글의 내용을 추론한다.

- 먼저 요약문을 읽으면서 글의 주제나 중심 내용을 예측하고, 초점을 두고 읽어야 할 부분을 파악한다.
- 글의 핵심어와 비슷한 의미를 지닌 말이 빈칸에 들어갈 말일 가능성이 높으므로 글에서 반복되는 중요 표현이나 중심 내용과 관련된 선택지를 파악한다.

EXAMPLE 01

2015학년도 고2 6월 학평 40번

■ 다음 글의 내용을 한 문장으로 요약하고자 한다. 빈칸 (A), (B)에 들어갈 말로 가장 적절한 것은?

7201-103 7201-7103

In today's marketing and advertising-soaked world, people cannot escape brands. The younger they are when they start using a brand or product, the more likely they are to keep using it for years to come. But that's not the only reason ❶ companies are aiming their marketing and advertising at younger consumers. As James U. McNeal, a professor at Texas A&M University, puts it, "Seventy-five percent of spontaneous food purchases can be traced to a nagging child. And one out of two mothers will buy a food simply because her child requests it. To trigger desire in a child is to trigger desire in the whole family." In other words, kids have power over spending in their households, they have power over their grandparents and they have power over their babysitters. That's why companies use tricks to manipulate their minds.

↓

Children can be ___(A)___ in marketing in and of themselves due to their ability to ___(B)___ their parents' purchases.

	(A)		(B)
①	influential	……	predict
②	influential	……	direct
③	analyzed	……	calculate
④	analyzed	……	overestimate
⑤	worthless	……	underestimate

정답확인 아이들은 부모들의 구매를 통제하는 능력이 있기 때문에 마케팅에서 영향력이 있다는 내용이므로, 요약문의 (A)와 (B)에 가장 적절한 것은 ② '영향력이 있을 – 통제하는'이다.

KEY CLUE

〈글의 중심 내용 파악〉

❶ 회사들이 그들의 마케팅과 광고를 어린 소비자들에게 향하게 하는 이유

❷ 즉흥적인 음식 구매의 75퍼센트는 부모에게 조르는 아이 때문일 수 있음

❸ 아이들이 소비에 있어 가정, 조부모님, 돌보는 사람에게 영향력을 행사함

오답주의

① 영향력이 있을 – 예측하는
③ 분석될 – 계산하는
④ 분석될 – 과대평가하는
⑤ 가치 없을 – 과소평가하는

2 글의 중심 내용을 포괄하는 어휘를 선택한다.

- 읽은 내용을 토대로 요약문과 관련된 핵심 내용을 정리한다.
- 선택지를 요약문에 넣어 보아 글의 중심 내용을 모두 포괄하는지 확인하고, 지나치게 지엽적이거나 광범위한 선택지는 피한다.

EXAMPLE 02

2016학년도 고2 6월 학평 40번

다음 글의 내용을 한 문장으로 요약하고자 한다. 빈칸 (A), (B)에 들어갈 말로 가장 적절한 것은?

7201-104 7201-7104

You'd think that whenever more than one person makes a decision, they'd draw on ❶collective wisdom. ❷Surely, a group of minds can do better than an individual. Unfortunately, that's not always the case. The wisdom of a crowd partly relies on the fact that all judgments are independent. If people guess the weight of a cow and put it on a slip of paper, or estimate the likelihood of a revolution in Pakistan and enter it into a website, the average of their views is highly accurate. But, surprisingly, ❸if those people talk about these questions in a group, the answers that they come to are increasingly incorrect. More specifically, researchers have found an effect of group polarization. ❹Whatever bias people may have as individuals gets multiplied when they discuss things as a group. If individuals lean slightly toward taking a risk, the group leaps toward it.

* polarization 극단화

↓

When people ___(A)___ work with others, the wisdom of the crowd often turns into the ___(B)___ of the group.

	(A)		(B)
①	dependently	……	stupidity
②	dependently	……	superiority
③	independently	……	selfishness
④	independently	……	morality
⑤	accidentally	……	prejudice

정답확인 사람들이 집단으로 문제를 논하면 이끌어 내는 답이 더 부정확해지고 어떤 편견이든지 배가 된다는 내용이므로, 요약문의 (A)와 (B)에 가장 적절한 것은 ① '의존적으로 – 우매함'이다.

KEY CLUE

❶ 글의 중심 소재 파악

집단적 지혜

〈글의 요지 파악〉

❷ 다수가 개인보다는 더 잘할 수 있지만 항상 그런 것은 아님 → 집단적 지혜의 부정적인 측면에 중점

❸ 사람들이 단체로 이끌어 내는 답은 점점 더 부정확해짐

❹ 개인으로서 가지는 어떤 편견이든지 집단에서 토론하게 되면 그것이 배가됨

오답주의

글의 마지막 부분에 쓰인 bias와 유사한 표현인 prejudice만 보고 ⑤를 정답으로 선택하지 않도록 한다. 두 단어를 모두 넣은 요약문이 전체적인 글의 내용을 포괄해야 한다.

② 의존적으로 – 우월함
③ 독립적으로 – 이기적임
④ 독립적으로 – 도덕성
⑤ 우연히 – 편견

PRACTICE

정답과 해설 64쪽

01

7201-105 7201-7105

다음 글의 내용을 한 문장으로 요약하고자 한다. 빈칸 (A), (B)에 들어갈 말로 가장 적절한 것은?

In the late 1970s, Douglas Adams wrote his ▸science fiction novel, subsequently a movie, *The Hitchhiker's Guide to the Galaxy*. In it, he identifies one problem facing space travelers: the inability to communicate clearly with one another because of the wide variety of languages spoken. Yet a little creature that came to be called Babel Fish evolved that, when placed in the ear, would automatically and clearly translate what a person was saying into the listener's own language. Surprisingly, rather than helping relationships among different races by promoting clear understanding, the end results of using Babel Fish were some of the bloodiest wars known to the universe. Once people clearly understood one another and assigned similar meanings to words, this clarity sharply defined their differences and led to war.

▸ **science fiction**
stories about events in the future which are affected by imaginary developments in science, for example about travelling in time or to other planets with life on them
(미래에 과학에서의 상상의 발달에 의해 영향을 받는 사건들, 예를 들면 시간 여행이나 생명체가 살고 있는 다른 행성으로의 여행에 관한 소설)

↓

The Hitchhiker's Guide to the Galaxy shows that the ___(A)___ of the language barrier by using Babel Fish helped ___(B)___ conflict.

	(A)		(B)
①	construction	......	cope with
②	construction	......	contribute to
③	removal	......	cope with
④	removal	......	oppose
⑤	removal	......	contribute to

Words & Phrases

- □ subsequently 나중에
- □ evolve 진화하다
- □ promote 증진하다
- □ clarity 분명함
- □ identify 밝히다
- □ translate 통역하다
- □ universe 우주
- □ define 규정하다
- □ face 직면하다
- □ race 인종
- □ assign 부여[부과]하다

02

7201-106 7201-7106

다음 글의 내용을 한 문장으로 요약하고자 한다. 빈칸 (A), (B)에 들어갈 말로 가장 적절한 것은?

Imagine two students examining their grades on a math test. One student tries hard but rarely gets a grade higher than a "C." The other is the top math student in the school; she always gets an "A." On this particular test, however, both students receive a "B." These students might use the same words in discussing their grades, but with a remarkably different tone. The first student would likely deliver the sentence "I got a 'B' on the math test" with some surprise and happiness in her voice. She would sound excited and hopeful. The second student's tone would indicate that she was not happy and suggest disappointment or worry. Both students used the same words, but they did not mean the same thing. The different tones mark the differences in the students' feelings.

↓

People may use the same sentence but convey different ___(A)___ due to their tone of voice ___(B)___ their emotional status.

	(A)		(B)		(A)		(B)
①	meanings	……	concealing	②	meanings	……	displaying
③	demands	……	distorting	④	demands	……	concealing
⑤	gestures	……	displaying				

▸ **rarely**
드물게, 좀처럼 ~하지 않는
Englishmen rarely talk to strangers in trains.
(영국인들은 기차에서 낯선 사람에게 좀처럼 말을 걸지 않는다.)

▸ **sound**
~인 것 같다, ~처럼 들리다[보이다]
It may not sound so sweet, but apparently it works.
(그것은 그리 멋지게 들리지는 않을 수 있지만, 분명 효과가 있다.)

Words & Phrases

- □ particular 특정한
- □ deliver 말하다, 밝히다
- □ convey 전달하다
- □ remarkably 현저하게
- □ indicate 나타내다
- □ due to ~ 때문에
- □ tone 어조
- □ mark 나타내다, 표시하다
- □ status 상태

정답과 해설 65쪽

03

7201-107 7201-7107

다음 글의 내용을 한 문장으로 요약하고자 한다. 빈칸 (A), (B)에 들어갈 말로 가장 적절한 것은?

One study brought in a large group of students to do "market research on high-tech headphones." The students were told that the researchers wanted to test how well the headphones worked while they were in motion. Following the songs, the researchers played an argument about how the university's tuition should be raised from $587 per semester to $750 per semester. One group of students had been told to move their heads up and down throughout the music and the speaking. Another group was told to move their heads from side to side. A last group was told to make no movements at all. After "testing the headsets," the students were asked to fill out a questionnaire about not only the headsets, but also the university's tuition. Those nodding their heads up and down (yes motion) overall rated a jump in tuition as favorable. Those shaking their heads side to side (no motion) overall wanted the tuition to be lowered. Those who had not moved their heads didn't really seem to be persuaded one way or the other.

↓

According to the study above, the type of ___(A)___ the students were asked to do influenced how ___(B)___ they found an argument.

	(A)		(B)
①	social interaction	…	productive
②	social interaction	…	convincing
③	physical movement	…	original
④	physical movement	…	convincing
⑤	intellectual reasoning	…	original

▶ **bring in**
~를 참여[관여]하게 하다
Experts were brought in to identify the direction of prevailing winds.
(우세한 바람의 방향을 식별하기 위해 전문가들이 참여했다.)

▶ **fill out**
~을 작성하다
He filled out the application form and pressed the submit button.
(그는 신청서를 작성하고 제출 버튼을 눌렀다.)

Words & Phrases

- □ market research 시장 연구
- □ high-tech 최첨단의
- □ in motion 움직이고 있는
- □ argument 주장, 논쟁
- □ tuition 수업료
- □ questionnaire 설문지
- □ nod (고개를) 끄덕이다
- □ overall 전부; 전체적인
- □ rate 평가하다

04

7201-108 7201-7108

다음 글의 내용을 한 문장으로 요약하고자 한다. 빈칸 (A), (B)에 들어갈 말로 가장 적절한 것은?

People have a need to maintain an image of self-integrity. In an early demonstration of this, Steele (1975) threatened women's self-images by telling them that, as members of their community, it was common knowledge that they either were cooperative with community projects, uncooperative with community projects, or not concerned about driving safely. (A fourth, control group received no information ▸relevant to their self-images.) Two days later, a fellow researcher called each woman, asking her to list every food item in her kitchen to help a food cooperative. Women who had been told they were uncooperative people or careless drivers two days earlier helped the researcher almost twice as much as women in the other groups. Steele explains this effect in terms of the women's motive to restore their self-concepts as cooperative people.

* integrity 완전, 무결

↓

According to the above study, threats to people's self-images ____(A)____ a desire to ____(B)____ their self-integrity.

	(A)		(B)
①	induce	……	reestablish
②	induce	……	underestimate
③	suppress	……	maintain
④	suppress	……	reestablish
⑤	reinforce	……	underestimate

▸ **relevant to**
~와 관련된
I don't think his remarks are relevant to our subject.
(나는 그의 발언이 우리의 주제와 관련이 있다고 생각하지 않는다.)

Words & Phrases

- □ maintain 유지하다
- □ demonstration 입증하려는 연구, 입증
- □ threaten 위협하다
- □ cooperative 협조적인; 협동조합
- □ control group 통제 집단
- □ fellow 동료
- □ in terms of ~의 관점에서
- □ motive 동기
- □ restore 복구하다
- □ self-concept 자아 개념

정답과 해설 67쪽

01

다음 글에서 전체 흐름과 관계 없는 문장은?

7201-109
7201-7109

Labour Day has been celebrated on the first Monday in September in Canada since the 1880s. ① The September date has remained unchanged, even though the government was encouraged to adopt May 1 as Labour Day, the date celebrated by the majority of the world. ② Moving the holiday, in addition to breaking with tradition, could have been viewed as aligning the Canadian labour movements with internationalist sympathies. ③ Another major reason for keeping the current September date is that the United States celebrates its Labor Day on the same day. ④ It was originally intended that the day would be filled with a street parade to appreciate the work of labour organizations. ⑤ Synchronizing the holiday reduces possible inconvenience for businesses with major operations on both sides of the border.

* align 맞추다

02

주어진 글 다음에 이어질 글의 순서로 가장 적절한 것은?

7201-110
7201-7110

> The more we learn about whales, the better able we will be to protect them. This argument undoubtedly has merit.

(A) Sidney Holt has given one such example in which the results of benign research involving wolves are now being used against them. Who can have confidence that this will not be the case with the whales as well?

(B) But history provides reason for skepticism. Sad though it is to say, science has been more often used against animals than for them.

(C) We would not be in a position today to argue for the rights of whales were it not for the scientific research that has been done. And if we could be certain that additional benign research would affect the benefit of the whales, who could oppose it?

* benign 호의적인, 무해한

① (A)－(C)－(B) ② (B)－(A)－(C) ③ (B)－(C)－(A)
④ (C)－(A)－(B) ⑤ (C)－(B)－(A)

03

글의 흐름으로 보아, 주어진 문장이 들어가기에 가장 적절한 곳은?

7201-111
7201-7111

We are also clients and customers of organizations.

Most of us spend at least a third of each 24-hour day as members of organizations. (①) More of our waking hours are spent in organizations with our colleagues than at home with family and friends. (②) Particularly in the United States, a substantial portion of our identities is connected with the organizational memberships we claim. (③) For example, we see glimpses of organizations as we stand in line at the grocery store waiting for a clerk to conduct a price check, visit the doctor's office expecting to see the doctor but spending more time with a nurse, and negotiate with a salesperson when purchasing a new car. (④) Organizations are central to our society—in creating a viable economy and in structuring our system of government. (⑤) As a result, our contact with organizations is nearly constant.

*viable 존립이 가능한

04

다음 글의 내용을 한 문장으로 요약하고자 한다. 빈칸 (A), (B)에 들어갈 말로 가장 적절한 것은?

7201-112
7201-7112

The next time you review résumés, try ignoring all of the perfectly qualified applicants. Do what Southwest Airlines does: Don't hire people with experience at another airline unless you're sure that they can unlearn what they've learned there. "Competence" is too often another word for "bad attitude." Instead, find the serial incompetents—the folks who are quick enough to master a task and restless enough to try something new. It's not very surprising that so many new companies that are creating wealth today are run and staffed by very young people. Because they have very little work history, these people haven't fallen prey to becoming competent. They don't have to unlearn bad habits.

→ It might be better for your company if you hired people who were ___(A)___ but ready to adapt to ___(B)___ fields.

	(A)		(B)
①	inexperienced	……	conventional
②	inexperienced	……	unknown
③	unprejudiced	……	opposing
④	unprejudiced	……	conventional
⑤	impolite	……	unknown

CHAPTER 05

어법 • 어휘

맥락을 따라가서 세부 내용을 이해하라!

UNIT 17 어법 (1)

1 먼저 문장의 구조를 파악하고 그 구조 속에서 어법 항목의 쓰임새를 확인한다.

- 밑줄 그어져 있는 문법 항목이 들어가 있는 문장의 구조를 보면서 주어와 술어동사를 우선적으로 파악한다.
- 술어동사 및 to부정사의 병렬 구조를 확인하고 형용사에 밑줄이 그어져 있는 경우 혹시 부사가 올 자리가 아닌지 확인한다.
- 개별 동사의 쓰임새를 숙지하고, 빈출 항목인 관계대명사 what의 뒤에 나오는 문장에 추가적인 문법 요소가 필요한지를 확인한다.

EXAMPLE 01

2016학년도 고2 3월 학평 28번

■ 다음 글의 밑줄 친 부분 중, 어법상 틀린 것은? 7201-113 7201-7113

When I was young, my parents ❶ worshipped medical doctors as if they were exceptional beings ① possessing godlike qualities. But I never dreamed of pursuing a career in medicine until I entered the hospital for a rare disease. I became a medical curiosity, attracting ❷ some of the area's top specialists to look in on me and ② review my case. As a patient, and a teenager ③ eager to return to college, I asked each doctor who examined me, "What caused my disease?" "How will you make me better?" The typical response was nonverbal. They shook their heads and walked out of my room. I ❸ remember ④ thinking to myself, "Well, I could do that." When it became clear to me ⑤ what no doctor could answer my basic questions, I walked out of the hospital against medical advice. Returning to college, I pursued medicine with a great passion.

정답확인

⑤가 포함된 문장에서 형식상의 주어 it과 짝을 이루는 내용상의 주어 that절이 와야 하므로 what을 that으로 바꾸어야 한다.

① as if가 이끄는 절에 술어동사인 were가 있고, exceptional beings가 godlike qualities를 소유하는 능동의 입장이므로 현재분사 possessing은 올바른 표현이다.

② review는 문맥상 look과 병렬을 이루어야 하므로 올바른 표현이다.

③ eager to return to college는 As의 목적어인 a teenager를 수식하는 형용사구로 올바른 표현이다.

④ 과거에 스스로에게 했던 말을 기억하는 것이기 때문에 remember 뒤에는 동명사 형태가 와야 하므로 thinking은 올바른 표현이다.

KEY CLUE

❶ 현재분사

「동사원형+-ing」 형태가 술어동사가 되어야 하는지 아니면 과거분사 형태가 되어야 하는지를 생각해 본다.

❷ to부정사의 병렬과 형용사의 쓰임

접속사 뒤에 오는 동사원형은 병렬되어 있는 술어동사 혹은 to부정사일 수 있다는 것과, 형용사는 부사가 되어야 하는 것이 아닌지를 생각해 본다.

❸ 「remember+-ing」의 용법과 관계대명사 what

remember 뒤에 동명사가 올 경우 '먼저 일어난 일'을 기억한다는 의미임을 명심한다. 그리고 관계대명사 what의 뒤에 오는 절이 완전한 구조인지 혹은 불완전한 구조인지 확인한다.

2 어법 항목이 무엇을 묻고 있는가를 확인하는 연습을 한다.

- 보통 do나 be의 여러 형태에 밑줄이 있을 경우 앞의 동사가 일반동사인지 아니면 be동사인지를 확인한다.
- 부사에 밑줄이 있을 경우는 동사와의 관계 혹은 뒤에 수식하는 형용사가 오는지를 확인하며, 접속사에 밑줄이 있을 경우 뒤에 어구가 오는지 아니면 절이 오는지를 확인한다.
- 동사에 밑줄이 있을 경우에는 그것이 문장의 술어동사인지 아니면 분사구문을 이끄는 형태가 되어야 하는지를 확인한다.

EXAMPLE 02

2015학년도 고2 3월 학평 28번

■ 다음 글의 밑줄 친 부분 중, 어법상 틀린 것은? 7201-114 7201-7114

Some researchers assumed early human beings ate mainly the muscle flesh of animals, as we ① do today. By "meat," they meant the muscle of the animal. Yet focusing on the muscle appears to be a ② relatively recent phenomenon. In every history on the subject, the evidence suggests that early human populations ③ preferred the fat and organ meat of the animal over its muscle meat. Vilhjalmur Stefansson, an arctic explorer, found that the Inuit were careful to save fatty meat and organs for human consumption ④ while giving muscle meat to the dogs. In this way, humans ate as other large, meat-eating mammals eat. Lions and tigers, for instance, first eat the blood, hearts, livers, and brains of the animals they kill, often ⑤ leave the muscle meat for eagles. These organs tend to be much higher in fat.

KEY CLUE

❶ 대동사와 부사의 용법
앞에서 사용된 동사가 일반동사일 경우 대동사로 do가 사용된다는 것을 파악하고, 부사가 수식하는 대상이 존재하는가를 확인해 본다.

❷ 동사와 분사의 쓰임새 확인 및 while의 용법
-ed형이 과거형의 술어동사인지 혹은 과거분사인지 확인해 보고, 접속사 while의 뒤에는 「주어+be동사」가 생략된 절이 올 수 있다는 점을 생각해 본다.

❸ 분사구문의 용법
두 개의 동사가 병렬을 이루려면 접속사를 이용하거나 동사 하나를 분사구문으로 표현해야 한다.

정답확인

⑤가 포함된 문장에서 주어는 Lions and tigers이고 술어동사는 eat이다. 밑줄 친 leave의 주어는 내용으로 보아 앞에 있는 Lions and tigers이므로 and와 같은 접속사가 앞에 오거나 분사구문(leaving ~)으로 고쳐야 한다.

① do는 대동사로서 주절의 술어동사 ate의 현재형 eat를 대신하므로 올바른 표현이다.
② relatively는 형용사인 recent를 수식하는 부사이므로 올바른 표현이다.
③ preferred는 that절 내에서 술어동사 역할을 하므로 올바른 표현이다.
④ while 뒤에 they(=the Inuit) were가 생략된 절이 왔으므로 접속사인 while은 올바른 표현이다.

정답과 해설 71쪽

01

7201-115 7201-7115

다음 글의 밑줄 친 부분 중, 어법상 틀린 것은?

In the late 1960s, the art world was divided into so many ▸minor movements that tracking them all ① is difficult. In one of the most radical of these movements, artists believed that they didn't need to produce any artwork at all (rather like Dada) but simply generate concepts or ideas. In reality, this conceptual art, as it's known, is often a type of performance or "happening" that can be very ② spontaneously and audience-driven. Sometimes it's simply writing on a wall. One early conceptual artist camped out with a coyote for a week in an art gallery ③ to get people thinking about the treatment of Native Americans. Feminist art is linked with conceptual art in ④ that it focuses on the inequalities faced by women and tries to provoke change. The movement has no set style. It might include a painting on canvas or a group of women ⑤ dressed up in gorilla costumes crashing a public event to pass out pamphlets.

*crash (극장 · 파티 따위에) 표 없이[불청객으로] 들어가다, 숨어들다

▸ **minor**

1. 작은, 별로 중요하지 않은
a minor planet (소행성)
a minor fault (사소한 잘못)
a minor injury (경상)

2. (음악) 단조(의), 단음계(의)
the key of C minor (다 단조)

3. (학과 · 분야 따위가) 부전공(의)
a minor subject (부전공 과목)

4. ~을 부전공하다
He will minor in history.
(그는 역사를 부전공으로 공부할 것이다.)

Words & Phrases

- □ track 추적하다
- □ radical 급진적인
- □ generate 산출하다, 낳다
- □ concept 개념
- □ conceptual art 개념 예술
- □ treatment 대우, 취급
- □ inequality 불평등
- □ provoke 촉구하다
- □ dress up 변장을 하다[시키다]

02

7201-116 7201-7116

다음 글의 밑줄 친 부분 중, 어법상 틀린 것은?

Astronomical stars, the ones visible in the sky at night and ① scattered across the universe, produce their own light and heat rather than, as with the planet Earth, relying on other bodies for illumination and warmth. So it is, ② metaphorically, with the stars of motion pictures and team sports. They attract attention by themselves. People will pay to attend movies or games ③ in which they appear *because* they are appearing. When Michael Jordan, the dominant basketball player of the last decade of the twentieth century, ended his second retirement from the sport, the team for which he played, the Washington Wizards, ④ attracting sellout audiences everywhere it played. The previous year, when Jordan was not playing for the Wizards, ⑤ far fewer spectators had attended the team's games. This pattern resumed after he retired again.

▸ **rely on**
~에 의존하다
Don't rely on economists' predictions of what might lie ahead — they often get it wrong.
(앞으로 일어날 수도 있는 일에 대한 경제학자들의 예측에 의존하지 마라. 그들은 흔히 틀린다.)

Words & Phrases

- □ astronomical 천문학의
- □ illumination (불)빛, 조명
- □ attract 끌다, 모으다
- □ decade 10년
- □ previous 전의, 이전의
- □ retire 은퇴하다
- □ visible 눈에 보이는
- □ metaphorically 비유적으로
- □ attention 주목, 관심
- □ retirement 은퇴
- □ spectator 관중, 관객
- □ scatter 흩어지게 하다
- □ motion picture 영화
- □ dominant 가장 뛰어난, 지배적인
- □ sellout 만원, 좌석 매진
- □ resume 재개되다

정답과 해설 72쪽

03

7201-117 7201-7117

다음 글의 밑줄 친 부분 중, 어법상 틀린 것은?

Looking for the poem's subject is natural. Almost all poetry has messages to deliver — lots of them, profound and diverse as stars. But these messages are sometimes hidden, and you have to read attentively to ▸make ① it out. Notice that we specifically avoid saying, "The subject is what a poem's about" — because that implies that ② what a poem says is all there is to a poem. If that ③ were so, why would people go to the trouble of writing poetry? Instead, people go to the trouble because poems sound a certain way, are built in certain shapes, and have certain beauties in sound and meaning, all of ④ which accompanies the meaning and goes beyond it. Not all poems have a single subject. Some poems have many subjects, and some have subjects that aren't clear. Sometimes a poem's subject is simply itself—the words in it and their relationships to one another. The point is ⑤ to be alert for the subject (or subjects) of any poem as you read.

▸ **make out**

1. (일 따위를) ~와 잘해 나가다, (살림 · 생활을) (그럭저럭) 꾸려 나가다
His wife managed to make out on his salary.
(그의 아내는 그의 급료로 그럭저럭 살림을 꾸려 나갔다.)

2. (결과 따위가) ~이 되다(turn out)
How did she make out in the examination?
(그녀의 시험 결과는 어찌 되었어?)

3. 이해하다, 알다, 알아보다[알아듣다]
I could just make out a figure in the darkness.
(나는 어둠 속에서 어떤 형체를 간신히 알아볼 수 있었다.)

4. (문서 등을) 작성하다
He made out a check for $100.
(그가 100달러짜리 수표를 작성했다.)

Words & Phrases

- □ deliver 전달하다
- □ profound 심오한
- □ diverse 다양한
- □ attentively 주의 깊게
- □ specifically 분명히, 명확히, 특히
- □ imply 의미하다, 함축하다
- □ accompany 동반하다
- □ alert 정신을 바짝 차린

04

7201-118 7201-7118

다음 글의 밑줄 친 부분 중, 어법상 틀린 것은?

After serving in the navy at the end of the Civil War, James Walter Thompson went to New York determined ① to carve out a career in the big city. In 1868 he was hired by a tiny advertising agency run by William J. Carlton, at that point still ② involved in the primitive business of placing advertisements in newspapers and magazines. It was the latter that interested Thompson, who noticed that they ran few advertisements while staying longer in the family home than newspapers, thus ③ making them potentially a more effective medium. He began to specialize in magazine advertising, ④ gradually building up an exclusive stable of publications available only to his clients. Ten years after joining the agency, he bought it for a total of US $1,300 (US $500 for the company and US $800 for the furniture) and ⑤ putting his own name above the door.

* stable 동일 회사의 제품군

▸ **specialize in**
~을 전문으로 하다
The candy store specializes in a variety of traditional British sweets.
(그 과자점은 영국의 다양한 전통 사탕을 전문으로 한다.)

Most of the staff specialize in the care of children.
(대부분의 직원들은 아이들을 돌보는 것을 전문으로 한다.)

Words & Phrases

- □ carve out a career 경력을 쌓다
- □ advertising agency 광고대행사
- □ run 운영하다
- □ primitive 원시적인
- □ place (광고를) 싣다, 놓다
- □ notice 알아차리다
- □ potentially 잠재적으로
- □ build up 개발하다, 만들어 내다
- □ exclusive 독점적인
- □ publication 출판물
- □ client 고객

UNIT 18 어법 (2)

1 자주 출제되는 어법 항목을 파악하여 학습한다.

- 글의 전반부를 읽으면서 글의 소재를 찾는다.
- 자주 물어보는 어법 항목, 즉 동사와 준동사(술어동사/태/수 일치/to부정사/동명사/분사 등), 관계사와 접속사, 형용사와 부사, 명사와 대명사 등을 미리 학습하고, 네모 안에서 올바른 표현을 고른다.

EXAMPLE 01

2017학년도 고3 9월 모평 28번

7201-119 7201-7119

■ (A), (B), (C)의 각 네모 안에서 어법에 맞는 표현으로 가장 적절한 것은?

Like life in traditional society, but unlike other team sports, ❶ baseball is not governed by the clock. A football game is comprised of exactly sixty minutes of play, a basketball game forty or forty-eight minutes, but baseball has no set length of time within which the game must be completed. The ❷ pace of the game is therefore leisurely and (A) [unhurried / unhurriedly], like the world before the discipline of measured time, deadlines, schedules, and wages paid by the hour. Baseball belongs to the kind of world (B) [which / in which] people did not say, "I haven't got all day." Baseball games *do* have all day to be played. But that does not mean that they can go on forever. Baseball, like traditional life, proceeds according to the rhythm of nature, specifically the rotation of the Earth. During its first half century, games were not played at night, which meant that baseball games, like the traditional work day, (C) [ending / ended] when the sun set.

	(A)		(B)		(C)
①	unhurried	······	in which	······	ended
②	unhurried	······	which	······	ending
③	unhurriedly	······	which	······	ended
④	unhurriedly	······	which	······	ending
⑤	unhurriedly	······	in which	······	ended

KEY CLUE

❶ **글의 소재 파악**
야구 경기에서의 시간 관념

❷ **어법상 올바른 표현 고르기**
(A) 형용사 / 부사
(B) 관계대명사 / 전치사+관계대명사
(C) 현재분사 / 술어동사

정답확인
(A) 형용사 leisurely와 함께 주어를 보충 설명하는 보어가 와야 하므로, 형용사 unhurried가 맞다.
(B) 뒤에 주어, 동사, 목적어가 모두 갖춰져 있는 절이 왔으므로, in which가 맞다.
(C) meant의 목적어 역할을 하는 that절에서 주어가 baseball games이므로 술어동사 역할을 할 수 있는 ended가 맞다.

2 어법 항목을 묻는 해당 문장의 구조를 파악한다.

- 글의 전반부에서 글의 소재 및 주제를 찾는다.
- 단편적인 어법 지식을 떠올리기보다는 문장 전체의 구조를 파악해서 어법의 적절성을 파악한다. 특히 한 문장의 주어와 동사를 명확히 파악하고, 절과 절을 연결하는 접속사나 관계사의 쓰임을 정확히 알아 둔다.

EXAMPLE 02

2015학년도 고2 11월 학평 28번

7201-120 7201-7120

■ (A), (B), (C)의 각 네모 안에서 어법에 맞는 표현으로 가장 적절한 것은?

❶If we create a routine, we don't have to expend precious energy every day prioritizing everything. We must simply expend a small amount of initial energy to create the routine, and then all that is left to do is follow it. There is a huge body of scientific research to explain ❶the mechanism ❷(A) [which / by which] routine enables difficult things to become easy. One simplified explanation is that as we repeatedly do a certain task the neurons, or nerve cells, (B) [make / making] new connections through communication gateways called 'synapses.' With repetition, the connections strengthen and it becomes easier for the brain to activate them. For example, when you learn a new word it takes several repetitions at various intervals for the word to be mastered. To recall the word later you will need to activate the same synapses until eventually you know the word without consciously thinking about (C) [it / them].

	(A)		(B)		(C)
①	which	……	make	……	them
②	which	……	making	……	them
③	by which	……	make	……	them
④	by which	……	making	……	it
⑤	by which	……	make	……	it

KEY CLUE

❶ 글의 소재 및 주제 파악
- 소재: 정해진 절차를 만드는 것의 이점
- 주제: 정해진 절차를 통해 어려운 일들이 쉬워지는 메커니즘

❷ 어법상 올바른 표현 고르기
(A) 관계대명사 / 전치사+관계대명사
(B) 술어동사 / 현재분사
(C) 대명사의 수

정답확인

(A) 뒤에 주어, 동사, 목적어가 모두 갖춰져 있는 절이 왔으므로, by which가 올바른 표현이다.

(B) 동사 is의 보어 역할을 하는 that절에서 as we repeatedly do a certain task가 부사절, the neurons가 주어, or nerve cells는 주어의 동격 표현이므로 술어동사가 필요한 상황이다. 그러므로 make가 올바른 표현이다. 현재분사 making이 올 경우 주어 the neurons의 술어 역할을 할 동사가 없게 된다.

(C) about 다음에는 문맥상 앞에 나온 the word를 가리키는 대명사가 와야 하므로, it이 올바른 표현이다.

PRACTICE

정답과 해설 75쪽

01

7201-121 7201-7121

(A), (B), (C)의 각 네모 안에서 어법에 맞는 표현으로 가장 적절한 것은?

'Music' is a very small word to encompass something that takes as many forms as there are cultural or subcultural identities. And like all small words, it brings a danger with it. When we speak of 'music', we are easily (A) [leading / led] to believe that there is something that corresponds to that word—something out there, so to speak, just waiting for us to give it a name. But when we speak of music we are really talking about a multiplicity of activities and experiences. (B) [It / There] is only the fact that we call them all 'music' that makes it seem obvious that they belong together. There are cultures which don't have a word for 'music' in the way that English (C) [is / does]—so that music isn't distinguished from what we would call dance or theater.

	(A)		(B)		(C)
①	leading	……	It	……	is
②	leading	……	There	……	does
③	led	……	It	……	is
④	led	……	It	……	does
⑤	led	……	There	……	does

▸ **correspond to**
~에 부합하다, ~와 일치하다
The goods don't correspond to the samples you sent me.
(그 상품은 보내주신 견본과 일치하지 않습니다.)

▸ **so to speak**
말하자면
The dog is, so to speak, a member of the family.
(그 개는, 말하자면 한식구나 마찬가지이다.)

Words & Phrases

- □ encompass 아우르다, 포함하다
- □ subcultural 하위문화의
- □ identity 정체성, 독자성
- □ a multiplicity of 각양각색의
- □ obvious 분명한, 명백한
- □ belong together 함께 묶이다
- □ distinguish 구별하다
- □ theater 연극

02

7201-122 7201-7122

(A), (B), (C)의 각 네모 안에서 어법에 맞는 표현으로 가장 적절한 것은?

Once I interviewed a law student who was interested in working only (A) [which / where] he could use his proficiency in the Mandarin dialect of the Chinese language. It was obvious to both of us that the interview would not result in a job offer for him. But he was (B) [so / very] enthusiastic about training in Chinese and his work in Panmunjom, Korea, that it resulted in one of the longest interviews I've ever had. He was enthusiastic about telling me about his interests, and I was enthusiastic to learn more about him. As a result, even though the goal each of us sought, a job offer, was not achieved, this interview (C) [stands / standing] out as one of the most memorable ones I've ever had, and it was solely because of his enthusiasm. I have recommended him to a couple of corporations that had international departments, and I still ▸keep him in mind years later.

	(A)		(B)		(C)
①	which	……	so	……	stands
②	which	……	very	……	standing
③	where	……	so	……	stands
④	where	……	very	……	stands
⑤	where	……	so	……	standing

▸ **keep ~ in mind**
~을 기억하다[명심하다]
I'd like you to keep all the things in mind.
(나는 당신이 그 모든 것을 기억하기를 바랍니다.)
Please keep what I said in mind.
(제가 말한 것을 명심하세요.)

Words & Phrases

- □ proficiency 실력, 능숙함
- □ Mandarin dialect (표준 중국어인) 북경어
- □ enthusiastic 열정적인
- □ seek(-sought-sought) 추구하다
- □ achieve 이루다, 성취하다
- □ memorable 기억할 만한
- □ solely 오로지
- □ enthusiasm 열정
- □ recommend 추천하다
- □ corporation 회사, 기업

정답과 해설 77쪽

03

7201-123 7201-7123

(A), (B), (C)의 각 네모 안에서 어법에 맞는 표현으로 가장 적절한 것은?

Effective presentations achieve their objectives and usually bring some benefit and learning to all the people involved in them, (A) [either / whether] presenters, audience or tutors. They will also earn good marks if they are assessed. Presentations need to be (B) [interesting / interested] and useful to the learning situation but they can also be enjoyable, even memorable. You may remember more of the content of your peers' presentations than the content delivered by the lecturers. You may also remember the content of your own presentations more than the content of lectures you have attended. This may be because of the anxiety levels (C) [associated / are associated] with presentations and the amount of preparation and rehearsal time needed for the content to be developed.

	(A)		(B)		(C)
①	either	……	interesting	……	associated
②	whether	……	interesting	……	associated
③	either	……	interesting	……	are associated
④	whether	……	interested	……	are associated
⑤	either	……	interested	……	are associated

▶ **성취하고자 하는 '목적 · 목표'를 나타내는 어휘**

1. objective
   You must set realistic aims and objectives for yourself.
   (자신에 대해 현실적인 목표와 목적을 설정해야 한다.)
2. target
   attainment targets in schools
   (학교에서의 성취 목표)
3. goal
   He continued to pursue his goal of becoming an actor.
   (그는 배우가 되려는 자신의 목표를 계속 추구했다.)
4. object
   The object is to educate people about road safety.
   (그 목적은 사람들에게 도로 안전에 대한 교육을 시키는 것이다.)
5. end
   He joined the society for political ends.
   (그는 정치적 목적을 위해 그 단체에 가입했다.)

Words & Phrases

- □ benefit 이점, 혜택
- □ assess 평가하다
- □ attend 참석하다
- □ earn 얻다, 벌다
- □ content 내용
- □ anxiety 불안
- □ mark 점수
- □ lecturer 강사
- □ rehearsal 연습

04

7201-124 7201-7124

(A), (B), (C)의 각 네모 안에서 어법에 맞는 표현으로 가장 적절한 것은?

The ambulance has given life to many dying patients with its quick service. Its story goes back to 1792 when Napoleon's personal physician Baron Dominique Jean Larrey had the brilliant idea (A) [which / that] wounded soldiers should be taken out of the battlefield on a horse carriage. Before then, there was no provision to carry them out and wounded soldiers were usually left to their fate. Dr. Dominique, together with the chief surgeon of the French army, Dr. Pierre-François Percy, (B) [established / establishing] the Ambulance Corps. Each division had 12 such ambulances. This corps was used in the 1796 war between France and Italy. It was a great success. Many countries ▸followed suit and built their own fleet of ambulances. In 1864, the ambulance was (C) [official / officially] accepted in the International Geneva Agreement and it was decided that no one would attack an ambulance during war.

	(A)		(B)		(C)
①	which	……	established	……	official
②	which	……	establishing	……	officially
③	that	……	established	……	officially
④	that	……	establishing	……	officially
⑤	that	……	established	……	official

▸ **follow suit**
따라 하다, 선례를 따르다
She ran to the lake and I followed suit.
(그녀는 호수로 달려갔고 나도 그녀를 따라 했다.)

Other companies are expected to follow suit.
(다른 회사들이 따라 할 것으로 예상된다.)

Words & Phrases

□ patient 환자
□ battlefield 전쟁터
□ fate 운명
□ establish 설립하다
□ fleet 부대, 대(隊)
□ physician 의사
□ horse carriage 마차
□ chief 최고의
□ corps (특수 임무를 띤) 부대
□ agreement 협정
□ wounded 다친
□ provision 대책, 예비, 설비
□ surgeon 군의관, 외과 의사
□ division 사단

UNIT 19 어휘 (1)

1 밑줄 친 어휘가 전체적인 글의 흐름에 맞는지 확인한다.

- 글의 소재나 주제 및 요지를 우선 파악한다.
- 밑줄 친 어휘가 전체적인 글의 내용과 상응하는지 검토한다.

EXAMPLE 01

2015학년도 고2 6월 학평 30번

7201-125 7201-7125

■ 다음 글의 밑줄 친 부분 중, 문맥상 낱말의 쓰임이 적절하지 않은 것은?

❷ Historical evidence points to workers being exploited by employers in the ① absence of appropriate laws. This means that workers are not always compensated for their ② contributions—for their increased productivity—as economic theory would suggest. ❶ Employers will be able to exploit workers if they are not legally ③ controlled. Thus, the minimum wage laws may be the only way to prevent many employees from working at wages that are ④ above the poverty line. This point of view means that minimum wage laws are a source of correcting for existing market failure, ⑤ enhancing the power of markets to create efficient results.

KEY CLUE

❶ 글의 주제 파악

이 글은 노동자를 고용주의 착취로부터 보호하기 위해 최저임금법이 필요하다는 것을 설명하는 내용이다.

❷ 밑줄 친 어휘가 글의 흐름상 적절한지 판단

① 적절한 법이 없으면 노동자는 고용주에게 착취당한다.
② 경제 이론에서처럼 노동자가 자신이 기여한 바에 대해 항상 보상받는 것은 아니다.
③ 법적으로 제약을 받지 않으면 고용주는 노동자를 착취할 수 있을 것이다.
④ 빈곤선 위의 임금을 받고 일하는 것을 막는다는 말은 어색하다.
⑤ 효율적인 결과를 만드는 시장의 힘을 높이면서 기존 시장의 실패를 수정하는 원천이 최저임금법이다.

정답확인 최저임금법은 노동자들이 빈곤선 아래의 임금을 받고 일하는 것을 막는 유일한 방법일지도 모른다는 맥락이 되어야 자연스러우므로, 노동자가 빈곤선 위의 임금을 받고 일하는 것을 막는다는 말은 글의 흐름상 어색하다. 따라서 ④ above(~의 위에)를 below(~의 아래에)로 고쳐서 빈곤선 아래의 임금을 받고 일하는 것을 막는다고 해야 전체적인 글의 내용과 상응한다.

2 밑줄 친 어휘가 있는 문장의 전후 내용을 확인한다.

- 밑줄 친 어휘가 있는 문장의 의미를 정확하게 파악한다.
- 해당 문장의 전후에서 밑줄 친 어휘의 쓰임이 적절한지 판단할 수 있는 근거를 찾는다.

EXAMPLE 02

2014학년도 고2 3월 학평 25번

7201-126 7201-7126

■ 다음 글의 밑줄 친 부분 중, 문맥상 낱말의 쓰임이 적절하지 <u>않은</u> 것은?

❷ It is important to remember that a misunderstanding is never ended by an argument but by a ① <u>sympathetic</u> desire to see the other person's view. As Buddha said, "Hatred is never ended by hatred but by love." ❶ Here is an example: Pat Duffy was selling cars for General Motors. If a buyer made a ② <u>positive</u> remark about the car he was selling, Pat would get upset at the customer. He would talk back to the customer and ③ <u>win</u> lots of arguments, but he didn't sell many cars. Finally, he learned to handle the customers and here is how. If a customer said, "This GM car is no good! I would rather buy a Ford car," Pat, instead of arguing, said, "Ford cars are good, and it is a fine company." This made the customer ④ <u>speechless</u>. There was no room for argument. Now instead of wasting time arguing about Ford cars, Pat got off that subject and ⑤ <u>concentrated</u> on the GM cars he was selling.

KEY CLUE

❶ 글의 주제 파악

서로 간의 오해와 의견 차이를 극복하는 방법이 논쟁이 아니라는 것을 보여 주는 내용이다.

❷ 밑줄 친 어휘가 전후의 문장 내용에 비추어 적절한지 파악

① 오해는 논쟁에 의해 끝나는 것이 아니라 상대방의 관점을 이해하려는 공감의 욕구에 의해 끝난다.
② 자기가 파는 차에 대해 구매자가 긍정적인 말을 한다면 그 고객에게 화가 났다는 말은 흐름상 어색하다.
③ 고객의 말을 되받아쳐서 논쟁은 이겼지만 차를 팔지는 못했다.
④ 고객의 말에 동조해 버리면 고객이 더 이상 할 말을 찾지 못하게 된다.
⑤ 논쟁이 되는 주제를 벗어나 자기가 파는 차에 대한 이야기에 집중했다.

정답확인 자신이 파는 차에 대해 구매자가 긍정적인 말을 하면 그 사람에게 화가 나곤 했다는 말은 글의 흐름상 어색하므로 ② positive(긍정적인)를 negative(부정적인)로 고쳐서 자신이 파는 차에 대해 부정적인 말을 하면 화를 내곤 했다고 해야 글의 흐름이 자연스럽다.

PRACTICE

정답과 해설 **79**쪽

01

7201-127 7201-7127

다음 글의 밑줄 친 부분 중, 문맥상 낱말의 쓰임이 적절하지 않은 것은?

The City of Copenhagen has been restructuring its street network for several decades, removing driving lanes and parking places in a deliberate process to create better conditions for bicycle traffic. Year by year the inhabitants of the city have been ① invited to bike more. The entire city is now served by an ② effective system of bike paths, separated by curbs from sidewalks and driving lanes. City intersections have bicycle crossings painted in blue and, together with special traffic lights for bicycles that turn green six seconds before cars are allowed to move forward, make it considerably ③ safer to cycle around the city. In short, a whole-hearted invitation has been ④ denied to cyclists, and the results are reflected clearly in patterns of use. Bicycle traffic doubled in the period from 1995 to 2005, and in 2008 ▸statistics showed that 37% of personal transport to and from work was by bicycle. The goal is to ⑤ increase this percentage considerably in the years to come.

* curb 연석, 도로 경계석

▸ **statistics**

1. 통계
Statistics show that 50% of new businesses fail in their first year.
(통계에 따르면, 새로운 사업의 50퍼센트가 첫해에 망한다.)

2. 통계학
Statistics is a branch of mathematics.
(통계학은 수학의 한 분야이다.)

Words & Phrases

- □ restructure 재구성하다
- □ street network 가로망
- □ remove 없애다
- □ driving lane 차로, 차선
- □ parking place 주차장
- □ deliberate 계획적인, 의도적인
- □ inhabitant 주민
- □ sidewalk 보도
- □ intersection 교차로
- □ bicycle crossing 자전거 횡단로
- □ considerably 상당히, 많이
- □ whole-hearted 전면적인
- □ invitation 권유
- □ deny (남이 원하는 것을) 주지 않다
- □ reflect 반영하다

02

7201-128 7201-7128

다음 글의 밑줄 친 부분 중, 문맥상 낱말의 쓰임이 적절하지 않은 것은?

As a teacher, you will hear pupils being labelled by other teachers, and there are a lot of labels that are ① employed. If the label is a positive one, then that is fine and should be encouraged. Sadly that is a ② rarity; it is the poorly motivated and poorly self-disciplined pupils who often end up being labelled. Eventually the pupil becomes the label. If you tell a pupil often enough that he is a disruptive influence, he will ③ surrender to the title and become it even more. If you tell a pupil that she is a naughty little girl who constantly makes life ④ difficult for everyone, she will eventually become that even more. These are the very pupils we need to be positively affecting and we will not achieve that by sticking a label on them and ⑤ avoiding that label at every turn.

▸ **end up *doing***
결국 ~하게 되다
The penalty fees are so high that I'd end up losing more.
(위약금이 너무 비싸서 결국 내 손해가 더 커질 것이다.)

▸ **at every turn**
언제나, 어디에서나
At every turn, my father likes to discuss politics.
(아버지는 언제나 정치 토론하기를 좋아하신다.)

Words & Phrases

- □ pupil 학생
- □ label 꼬리표; 꼬리표를 붙이다
- □ employ 사용하다
- □ encourage 장려하다
- □ rarity 드문 일
- □ motivated 의욕이 있는, 동기가 부여된
- □ self-disciplined 자기 훈련이 된
- □ disruptive influence 분위기를 망치는 사람
- □ surrender to ~에 굴복하다
- □ naughty 못된
- □ stick 붙이다

정답과 해설 80쪽

03

7201-129 7201-7129

다음 글의 밑줄 친 부분 중, 문맥상 낱말의 쓰임이 적절하지 않은 것은?

As one of many examples of complexity of motivationally anchored instruction, motivation is ① governed to a large extent by emotion. A person working at a task feels frustrated and stops. Another person working at a task feels joy and continues. But what brings out a response of frustration or joy may differ across cultures, because cultures differ in their ② definitions of novelty, hazard, opportunity, gratification, and so forth. It is also quite ③ possible for another person with a different set of cultural beliefs to feel frustrated at a task and yet continue with further determination. Depending on the cultural groups with which a person identifies, illness, for example, may be understood from the perspective of germs, God, anxiety, chance, or one's moral failure, and a person's emotional response to illness will ④ reject these beliefs. Cultural groups ⑤ vary in their beliefs about the meaning of emotional experiences, expressions, and behaviors.

* anchored 입각한, 뿌리박은

▶ **identify with**
~와 동일시하다[동질감을 갖다]
I didn't enjoy the book because I couldn't identify with any of the main characters.
(나는 주요 등장인물 중 누구와도 동질감을 느낄 수가 없어서 그 책이 재미있지가 않았다.)

Words & Phrases

- □ complexity 복잡성
- □ instruction 지도
- □ govern 지배하다
- □ to a large extent 크게
- □ frustrated 좌절한
- □ bring out ~을 가져오다
- □ definition 정의
- □ novelty 새로움
- □ hazard 위험
- □ gratification 만족
- □ determination 결심
- □ perspective 관점
- □ germ 세균
- □ reject 거부하다
- □ vary 다양하다

04

7201-130 7201-7130

다음 글의 밑줄 친 부분 중, 문맥상 낱말의 쓰임이 적절하지 않은 것은?

Forcing a young child to eat foods she or he does not like, or totally restricting access to favorite foods, can have lifelong ① negative effects on food preferences and health. When attempts to get a child to eat a particular food turn the dinner table into a battleground for ② control, nobody wins. Foods should be offered in an objective, nonthreatening way so that the child has a ③ fair chance to try the food and make a decision about it. Restricting access to, or prohibiting intake of, children's favorite "junk" foods tends to ④ weaken their interest in the foods and consumption of those foods when they get a chance. Such prohibitions have the ⑤ opposite effect of that intended because they make kids want the foods even more.

▶ **have an effect on**
~에 영향을 미치다
The deforestation is sure to have an effect on world weather.
(삼림 벌채는 반드시 세계의 날씨에 영향을 줄 것이다.)

His presence will have a positive effect on us.
(그의 참석은 우리에게 긍정적인 영향을 미칠 것이다.)

Words & Phrases

- □ totally 완전히, 전체적으로
- □ restrict 제한하다
- □ access 접근
- □ lifelong 평생 동안의
- □ effect 영향, 효과
- □ preference 선호
- □ particular 특정한
- □ battleground 싸움터
- □ objective 객관적인
- □ nonthreatening 위협적이지 않은
- □ fair 공정한
- □ prohibit 금지하다
- □ intake 섭취
- □ consumption 섭취
- □ prohibition 금지
- □ intended 의도된

UNIT 20 어휘 (2)

1 글의 전체적인 흐름과 문맥을 파악하고 어떤 단어가 적절한지 판단한다.

- 글의 맥락상 중요한 어휘가 선택지로 제시되므로 주제나 요지 등 전반적인 글의 내용을 우선 파악한다.
- 네모 안에 제시된 단어 중에서 글 전체의 흐름에 가장 자연스러운 것을 선택한다.

EXAMPLE 01

2016학년도 고2 3월 학평 29번

7201-131 7201-7131

■ (A), (B), (C)의 각 네모 안에서 문맥에 맞는 낱말로 가장 적절한 것은?

Do you know one of the best remedies for coping with family tension? Two words: "I'm sorry." It's amazing how hard some people find them to say. ❶They think it implies weakness or defeat. Nothing of the kind. In fact, it is exactly the (A) [same / opposite]. Another good way of relieving tension is a row! The sea is ever so much calmer after a storm. A row has another (B) [advantage / disadvantage]. When tempers are raised, unspoken truths usually come out. They may hurt a bit, especially at the time. ❷Yet, at the end, you know each other a bit better. Lastly, most of the tensions and quarrels between children are (C) [natural / risky]. Even when they seem to be constant, ❸wise parents don't worry too much.

* row 말다툼

	(A)		(B)		(C)
①	same	……	advantage	……	natural
②	opposite	……	advantage	……	natural
③	opposite	……	advantage	……	risky
④	opposite	……	disadvantage	……	risky
⑤	same	……	disadvantage	……	risky

KEY CLUE

❶ (A) 어휘에 대한 단서
그것(I'm sorry.라는 말)이 약함이나 패배를 의미한다고 생각하지만 그렇지 않다는 문장 다음에는 정반대라는 내용이 이어지는 것이 자연스럽다.

❷ (B) 어휘에 대한 단서
결국에는 갈등을 통해 서로를 잘 이해하게 된다는 것은 갈등의 이점에 해당한다.

❸ (C) 어휘에 대한 단서
현명한 부모는 지나치게 걱정하지 않는다는 것으로 보아 아이들 간의 갈등과 싸움은 자연스러운 것이라는 내용이 적절하다.

정답확인

(A) I'm sorry.라는 말이 약함이나 패배를 의미한다고 생각하지만 전혀 그렇지 않다는 문장 다음에 이어지는 내용이므로 opposite(반대(의 것))가 적절하다. (same 같은 것)

(B) 말다툼의 다른 이점에 대한 내용이 이어지므로 advantage(이점)가 적절하다. (disadvantage 단점)

(C) 글의 주제가 갈등과 싸움의 이점에 관한 것이므로 natural(자연스러운)이 적절하다. (risky 위험한)

앞뒤 문맥을 파악하여 적절한 어휘를 추론한다.

- 제시된 단어가 서로 대조를 이루는 경우는 앞뒤 문맥을 살펴서 적절한 단어를 선택한다.
- 선택한 단어들을 넣어 글의 흐름이 자연스러운지 확인한다.

EXAMPLE 02

2015학년도 고2 11월 학평 29번

7201-132 7201-7132

■ (A), (B), (C)의 각 네모 안에서 문맥에 맞는 낱말로 가장 적절한 것은?

Traditionally, most ecologists assumed that community stability—the ability of a community to withstand environmental disturbances—is a consequence of community (A) [complexity / simplicity]. ❶That is, a community with considerable species richness may function better and be more stable than a community with less species richness. According to this view, the greater the species richness, the less critically important any single species should be. ❷With many possible interactions within the community, it is (B) [likely / unlikely] that any single disturbance could affect enough components of the system to make a significant difference in its functioning. Evidence for this hypothesis includes the fact that destructive outbreaks of pests are more (C) [common / uncommon] in ❸cultivated fields, which are low-diversity communities, than in natural communities with greater species richness.

* community 군집, 군락

	(A)		(B)		(C)
①	complexity	……	likely	……	common
②	complexity	……	unlikely	……	common
③	complexity	……	unlikely	……	uncommon
④	simplicity	……	likely	……	common
⑤	simplicity	……	unlikely	……	uncommon

KEY CLUE

❶ (A) 어휘에 대한 단서
That is(즉)로 보아 앞 문장을 다시 설명하는 문장임을 알 수 있다. 종 풍부도가 높은 군집이 종 풍부도가 덜한 군집보다 더 잘 기능하고 더 안정적임 → 군집 복잡성의 이점

❷ (B) 어휘에 대한 단서
군집 내 있을 수 있는 많은 상호작용 → 어떤 단 하나의 교란이 체계의 기능에서 중대한 차이를 가져올 것 같지는 않음

❸ (C) 어휘에 대한 단서
경작지 → 종 풍부도가 높은 자연 군집에서보다 다양성이 낮은 군집의 경우에 파괴적인 해충이 더 흔함

정답확인

(A) 군집 내의 종이 풍부할수록 더 안정적이므로 complexity(복잡성)가 적절하다. (simplicity 단순성)
(B) 군집 내 있을 수 있는 많은 상호 작용으로 인해 어떤 단 하나의 교란이 군집 체계의 기능에 영향을 미칠 가능성이 적으므로 unlikely(있음직하지 않은)가 적절하다. (likely 있음직한)
(C) 군집 다양성이 낮은 경작지에 해충이 파괴적으로 나타나므로 common(흔한)이 적절하다. (uncommon 흔하지 않은)

PRACTICE

정답과 해설 82쪽

01

7201-133 7201-7133

(A), (B), (C)의 각 네모 안에서 문맥에 맞는 낱말로 가장 적절한 것은?

Some people view old age as inevitably depressing. They assume that ▸the older you get, the greater the (A) [deterioration / improvement] in quality of life. Of course it's true that the longer you live, the more opportunity you have of experiencing negative as well as positive events. And certain illnesses, aches, pains, and disabilities do become more likely with increasing age, as do losses of family, friends, and social support. Therefore, some (B) [gratitude / sadness] is to be expected. Nonetheless, depression is absolutely not an inevitable consequence of old age. Most symptoms of depression in the elderly are identical to those in people of all ages. However, the elderly are more likely to focus on the (C) [mental / physical], and talk about their aches and pains rather than their feelings of despair. Furthermore, elderly people commonly express regret and remorse about past events in their lives.

	(A)		(B)		(C)
①	deterioration	……	gratitude	……	mental
②	deterioration	……	sadness	……	physical
③	improvement	……	gratitude	……	mental
④	improvement	……	sadness	……	mental
⑤	improvement	……	sadness	……	physical

▸ **the+비교급 ~, the+비교급 ...**

~하면 할수록 더 …하다

The more, the better.
(많으면 많을수록 더 좋다.)

The more haste, the less speed.
(급할수록 속도를 줄여라. – 급할수록 돌아가라.)

The sooner we leave, the earlier we will arrive.
(빨리 떠나면 떠날수록 더 일찍 도착할 거야.)

The more outrageous a rumor, the faster it travels.
(소문이 터무니없을수록 더 빨리 퍼진다.)

Words & Phrases

- □ inevitably 필연적으로
- □ depressing 우울한, 침울한
- □ assume 당연하다고 생각하다
- □ opportunity 기회
- □ illness 질병
- □ ache 통증
- □ pain 고통
- □ disability 장애
- □ depression 우울증
- □ absolutely 전적으로, 절대적으로
- □ consequence 결과
- □ symptom 증상
- □ identical 동일한
- □ despair 절망
- □ regret 후회
- □ remorse 양심의 가책

02

7201-134 7201-7134

(A), (B), (C)의 각 네모 안에서 문맥에 맞는 낱말로 가장 적절한 것은?

Companion planting is the chance to create a prosperous garden. By (A) [grouping / separating] plants that cooperate instead of compete, you get the plants to do the hard work and thrive. A familiar example of companion planting is the combination of marigolds and tomatoes—the marigolds (B) [invite / repel] pests that love tomatoes. Different combinations of plants can solve many of your potential garden problems. Some plants are good for the nutrition of the soil while others will attract beneficial insects to the garden. Companion planting can be needed as wind protection and to provide shade. The (C) [benefits / disadvantages] are endless!

*companion planting (서로 다른 작물을) 섞어 심기

	(A)		(B)		(C)
①	grouping	……	invite	……	benefits
②	separating	……	invite	……	benefits
③	grouping	……	repel	……	benefits
④	separating	……	invite	……	disadvantages
⑤	grouping	……	repel	……	disadvantages

▸ **instead of**
~ 대신에
Instead of complaining all the time, do something about it.
(내내 불평만 하지 말고, 그것에 대해 무언가를 하세요.)

Words & Phrases

- □ cooperate 협력하다
- □ compete 경쟁하다
- □ thrive 무성하게 자라다, 번성하다
- □ combination 결합, 조합
- □ marigold 금송화
- □ pest 해충
- □ potential 잠재적인
- □ nutrition 영양
- □ soil 토양
- □ attract 끌어모으다
- □ beneficial 유익한

정답과 해설 84쪽

03

7201-135 7201-7135

(A), (B), (C)의 각 네모 안에서 문맥에 맞는 낱말로 가장 적절한 것은?

Many birds winter in warmer climates—many of which happen to be coffee-producing countries—nesting in plantation trees planted to shade the coffee from too much direct sunlight. These same trees (A) [deny / offer] birds seasonal habitat. So bird-friendly coffee benefits coffee flavor and birds. It also means certification that a farm uses no synthetic chemicals. The (B) [cost / benefit] of this certification is ▸yield; a bird-friendly farm yields approximately one-third less per year. Lack of such a label, however, does not automatically mean the coffee is unfriendly to birds or of poorer quality. There are other ways to shade coffee trees besides trees. Mountainsides offer similar shade benefits, and some geographic regions feature natural cloud cover. So although being bird-friendly is generally (C) [favorable / unfavorable], it's not a conclusive quality indicator.

	(A)		(B)		(C)
①	deny	……	cost	……	unfavorable
②	deny	……	benefit	……	unfavorable
③	offer	……	cost	……	favorable
④	offer	……	cost	……	unfavorable
⑤	offer	……	benefit	……	favorable

▸ **yield**

1. 수확[산출]량
   The family maintains a high crop yield by using crop rotation.
   (그 가족은 윤작(輪作)을 사용하여 높은 작물 수확량을 유지한다.)
2. 수확하다, 생산하다
   Since last year, the tree hasn't yielded fruit.
   (작년 이후로 그 나무는 열매를 생산하지 못한다.)
3. 굴복[항복]하다
   He reluctantly yielded to his wife's request.
   (그는 마지못해 아내의 요청에 굴복했다.)

Words & Phrases

- □ climate (기후 상으로 본) 기후대, 지대
- □ nest 둥지를 틀다
- □ shade ~에게 그늘을 제공하다
- □ direct sunlight 직사광선
- □ seasonal 계절적인, 계절에 따라 다른
- □ habitat 서식지
- □ flavor 맛
- □ certification 보증
- □ synthetic chemical 합성 화학물질
- □ approximately 대략
- □ label 상표, 꼬리표
- □ automatically 자동적으로
- □ unfriendly 친화적이지 않은
- □ mountainside 산비탈
- □ geographic region 지리구(지표를 지리적 특색을 기준으로 나눈 구역)
- □ feature ~을 특징으로 하다
- □ cloud cover 운량, 구름의 양
- □ conclusive 결정적인
- □ indicator 지표, 나타내는 것

04

7201-136 7201-7136

(A), (B), (C)의 각 네모 안에서 문맥에 맞는 낱말로 가장 적절한 것은?

If we knew exactly what and how to teach, there would be no need for testing and we would be so (A) [confident / uncertain] of our content and method. Unfortunately, not all teachers know how to teach, and not all students know how to learn. The only fair way to determine who is qualified to teach and which of their students reach an arbitrary level of knowledge is to create a test that everybody takes. Tests must be (B) [individualized / standardized] because not everybody knows how to make them. Were we to leave testing in the hands of individual schools, we would have no way of comparing one school with another, and consequently of knowing which schools to ▸single out as "in need of improvement." After all, if we cannot (C) [tell / hide] who's behind, how can we know who's ahead? Or ▸vice versa?

	(A)		(B)		(C)
①	confident	……	individualized	……	tell
②	uncertain	……	individualized	……	hide
③	uncertain	……	individualized	……	tell
④	confident	……	standardized	……	tell
⑤	confident	……	standardized	……	hide

▸ **single out**
~을 선별하다
It is impossible to single out one player.
(선수를 한 사람만 선별할 수는 없다.)

▸ **vice versa**
반대로, 거꾸로
A husband is a wife's best friend and vice versa.
(남편은 아내의 가장 좋은 친구고, 그 반대도 그렇다.)

Words & Phrases

- □ content 내용
- □ determine 결정하다
- □ compare 비교하다
- □ method 방법
- □ qualified 자격이 있는
- □ consequently 결과적으로
- □ fair 공정한
- □ arbitrary 임의의

정답과 해설 85쪽

01

다음 글의 밑줄 친 부분 중, 어법상 틀린 것은?

7201-137
7201-7137

There is no question whatever ① that the camera can lie. A million publicity photos prove this to be so. Nevertheless, the invention of photography has made it more difficult ② to maintain a sentimental view of the world. A good photographer always manages to cut through even our most cherished illusions, that the poor are happy ③ despite their poverty, for instance, or that suffering is always noble. Thus photography ④ has been revealed to us the cold, terrible horror of war, with the result that although we are still willing to accept war, we now do so with considerably less enthusiasm. The camera catches us in the act of being human. That kind of truth and knowledge, no matter ⑤ how shocking or distasteful, is always valuable, although it is not always valued.

02

(A), (B), (C)의 각 네모 안에서 어법에 맞는 표현으로 가장 적절한 것은?

7201-138
7201-7138

In a study, researchers asked subjects to write about health-conscious behaviors (A) [used / using] either their dominant or non-dominant hands. Next, some of the participants engaged in an activity that was designed to restore their confidence (writing an essay about the most important value in their lives). When then given a choice between a healthy snack (an apple) and an unhealthy snack (a candy bar), participants (B) [which / whose] confidence had been shaken (by not using their dominant hand) but who did not have the opportunity to reaffirm it with the essay were more likely to choose the healthy snack and thereby restore their confidence in their health-consciousness. Thus, it appears that just as consumers select products and brands that bring (C) [them / themselves] closer to their ideal self, products and brands also can move consumers further from their undesired self-concept.

	(A)		(B)		(C)
①	used	……	which	……	them
②	used	……	whose	……	themselves
③	using	……	whose	……	them
④	using	……	whose	……	themselves
⑤	using	……	which	……	them

03

다음 글의 밑줄 친 부분 중, 문맥상 낱말의 쓰임이 적절하지 <u>않은</u> 것은?

7201-139
7201-7139

Although almost all the reading we do in everyday life is actually done ① <u>silently</u>, there is still value in having a child read aloud to an adult sometimes. Listening to a child read enables a parent to determine the range of skills that the child has already ② <u>acquired</u>. For example, it is possible to judge whether the child seems to recognize most basic sight words easily, whether he or she makes use of context, whether phonic knowledge is automatically ③ <u>applied</u> to sound out unfamiliar words, whether the child self-corrects when errors are made, and whether the child reads reasonably fluently and with expression. Sessions of reading aloud are best carried out as an ④ <u>individual</u> reading activity, with child and parent taking it in turns to read. However, the ultimate aim is to help the child become a more independent and confident reader, so the amount of direct help the parent provides should be ⑤ <u>reduced</u> over time.

04

(A), (B), (C)의 각 네모 안에서 문맥에 맞는 낱말로 가장 적절한 것은?

7201-140
7201-7140

In early agricultural societies food production still dominated human activities, and as a result the range of social interactions remained relatively (A) [narrow / broad]. Then the introduction of draft-animal power into agricultural production decreased human power expenditure and increased free personal time. People (B) [lost / gained] the freedom to participate in various activities and social systems became more complex. Over time, water and wind emerged as excellent energy resources. Instead of using draft animals that required energy for feed and care, people used waterwheels and windmills. With this change, humans had more power at their disposal and at a (C) [lower / higher] cost (calculated as human energy input) than in the past. In this way, the amount of surplus energy available to society was greatly increased.

* draft animal 사역용 동물

	(A)		(B)		(C)
①	narrow	……	lost	……	lower
②	narrow	……	gained	……	higher
③	narrow	……	gained	……	lower
④	broad	……	gained	……	higher
⑤	broad	……	lost	……	lower

CHAPTER 06

통합적 이해

빠르게 읽으면서 핵심을 확인하라!

UNIT 21 장문 (1)

 **제시된 문항 유형과 글의 내용을 파악한다.**

- 먼저 제시된 두 문제와 선택지를 읽어 보고 글에서 중점적으로 파악해야 할 부분을 확인한다.
- 글의 주제문, 반복되는 핵심 어구 등에 주목하여 글의 전체적인 내용을 파악한다.

EXAMPLE 01~02

2016년 고2 3월 학평 41~42번

■ 다음 글을 읽고, 물음에 답하시오.

Today's consumers are not just looking for a good product at a fair price. ❶They are looking beyond the product or service to the ethics of the company that supplies it. The shift in focus by consumers is evident in their concerns about the companies they purchase from. For example, there is growing interest in labor practices, environmental policies, and social responsibilities. Also, there is a pressure to get companies to present not just financial results, but also social and environmental results and impact. ❹Companies need to respond to the pressure because customers are voicing their concerns in every way, from boycotting stores to suing companies. Some multinational companies have experienced the ____________ of ethical consumers in recent years, and have been forced to respond quickly to protect their reputations and their existence as companies.

❷This growing emphasis on ethical consumption is a trend that cannot be ignored. It is not going to go away. There are some important changes in the world indicating that ❸ethical consumers will continue to be a growing force in the next few decades. Companies would do well to understand this trend and make efforts to deal with it.

* sue 고소하다, 소송을 제기하다

KEY CLUE

〈글의 제목 추론〉

❶ 소비자들이 제품이나 서비스를 넘어서 그것을 제공하는 기업의 윤리까지 살펴보고 있다. → 핵심어: 기업의 윤리

❷ 윤리적 소비에 대한 이런 커지는 중요성은 무시될 수 없는 추세이다. → 핵심어: 윤리적 소비

❸ 윤리적 소비자가 다음 몇십 년간 계속하여 성장하는 세력이 될 것이다. → 핵심어: 윤리적 소비자/성장하는 세력

〈빈칸 추론〉

❹ 고객들이 모든 방법으로 자신들의 우려를 표현하고 있기 때문에 고객들의 압력에 대응할 필요가 있다. → 소비자의 분노를 겪은 다국적 기업이 그들의 평판과 기업으로서의 존립을 보호하기 위해 재빨리 반응하도록 강요받았다는 내용이 글의 흐름상 자연스럽다.

2 제시된 문항 유형에 맞추어 글을 읽고 문제를 해결한다.

- 제목 추론 문항의 경우 선택한 제목이 전체적인 내용을 포괄하는지 확인한다.
- 빈칸 추론 문항의 경우 선택한 답을 빈칸에 넣어 전체적인 글의 흐름과 전후 문맥에 자연스러운지 확인한다.

01

7201-141 7201-7141

윗글의 제목으로 가장 적절한 것은?

① Growing Concerns on Unemployment Rates
② Importance of Diverse Marketing Strategies
③ Multinational Companies: Burden on Nations
④ Fair Trade vs. Free Trade: Rivaling Concepts
⑤ Ever Increasing Trend of Ethical Consumerism

02

7201-142 7201-7141

윗글의 빈칸에 들어갈 말로 가장 적절한 것은?

① anger ② decrease ③ dishonesty
④ inefficiency ⑤ helplessness

정답확인

01 윤리적 소비에 대한 중요성이 커지고 있는 추세라는 것이 글의 요지이므로 제목으로 가장 적절한 것은 ⑤ '계속 증가하고 있는 윤리적 소비주의 경향'이다.
① 실업률에 대한 커지는 우려
② 다양한 마케팅 전략의 중요성
③ 다국적 기업: 국가에는 부담
④ 공정 무역 대 자유 무역: 경쟁 개념

02 앞에서 소비자들이 모든 방법으로 목소리를 내고 있기 때문에 기업은 사회적 및 환경적 책임을 져야 한다는 압력을 받고 그에 대해 대응해야 한다고 했으므로, 빈칸이 있는 문장은 몇몇 다국적 기업이 윤리적 소비자의 분노를 겪고 기업의 평판과 존립을 보호하기 위해 반응하도록 강요받았다는 내용이 되어야 문맥상 자연스럽다. 따라서 빈칸에 들어갈 말로 가장 적절한 것은 ① '분노'이다.
② 감소 ③ 부정직 ④ 비효율 ⑤ 무기력

PRACTICE

정답과 해설 89쪽

[01~02]

다음 글을 읽고, 물음에 답하시오.

Long before general management was scientifically approached, cultural entrepreneurship was an ____________ practice. Let us look at how a 6th century BC Greek, Thespis, innovated his theatre organization. Artistically he introduced the individual actor. This *Hypocrites* was the beginning of a performance culture, designed to amuse audiences. After this act of innovation, he experimented with masks, to give the members of a theatre group separate identities. So how were the Greek festivals organized? Just like they are now in Edinburgh, Salzburg, Johannesburg, Bombay, Los Angeles and Amsterdam, for example. A general festival manager managed the whole festival and organized the artistic competition with an independent jury. Additionally, there was, of course, an annual sponsor who financed the festival. During the festival, a project organization was set up to manage events and supervise the performances, which were attended by more than 10,000 visitors.

How would it have been possible to manage these activities without being entrepreneurial? Our art history thus provides us with good examples of innovative management of art organizations, innovation being the key word of cultural entrepreneurship. Let us not forget the Renaissance artists such as the Italian all rounder Leonardo da Vinci, the playwright, actor and theatre manager from England, William Shakespeare and the Flemish painter and owner of a well organized art factory, Peter Paul Rubens. They all combined artistic ideas with economic opportunity and showed that cultural entrepreneurship is a natural part of the artistic and cultural world.

* Hypocrites (고대 그리스의 축제에서 합창단과 대화를 하는) 개인 배우

01

7201-143 7201-7142

윗글의 제목으로 가장 적절한 것은?

① Why Does Cultural Entrepreneurship Matter?
② The Future of Innovation Comes from the Past
③ Can Art History Tell Us About Innovative Management?
④ Learn from Ancient Artists, Develop Your Artistic Ideas
⑤ The Art of Innovation: The Key to Unlocking Creative Blocks

02

7201-144 7201-7142

윗글의 빈칸에 들어갈 말로 가장 적절한 것은?

① ignored ② unpopular ③ established
④ independent ⑤ overestimated

▶ **Thespis** 테스피스: 기원전 6세기에 살았던 그리스의 배우로서 박카스 신을 찬양하는 합창단의 가수였다. 당시에 축제를 할 때 상연되는 연극은 주로 합창단이나 무용단의 공연이 전부였고, 극의 줄거리는 성우 역할을 하는 사람의 설명으로 이루어졌으나, 테스피스는 개인 배우를 도입하여 등장인물의 대사를 하며 합창단의 노래에 응답하는 형식의 연극을 만들었다. 이러한 개인 배우를 Hypocrites라고 하는데, '대답하는 사람'이라는 뜻이다. 나아가 그런 배우들은 가면을 쓰고 제각기 다른 등장인물의 역할을 하기도 했다. 이런 형식의 연극을 tragedy라고 한다. tragedy는 '비극'이라고 번역되지만, 그 어원은 고대 그리스어인 tragos(goat song), 혹은 trygos(grape harvest song)라고 추정된다. 고대 그리스에서 염소를 희생으로 바치기 전에 합창 공연을 했거나 포도 수확기에 축제를 했기 때문에 그렇게 추정하는 것 같다.

Words & Phrases

□ approach (문제 등을) 다루다, 접근하다
□ amuse 즐겁게 하다
□ jury 심사위원단, 배심원단
□ supervise 감독하다, 관리하다
□ playwright 극작가
□ practice 관행, 실행, 실천
□ experiment 실험하다
□ annual 일 년에 걸친, 일 년의
□ entrepreneurial 기업의, 기업적인
□ theatre manager 극장 경영자
□ innovate 혁신하다
□ identity 정체성, 신분
□ sponsor 후원자; 자금을 대다
□ all rounder 팔방미인, 다재다능한 사람
□ Flemish 플랑드르 사람(의), 플랑드르 말(의)

정답과 해설 90쪽

[03~04]

다음 글을 읽고, 물음에 답하시오.

The most frequent cliché in apologies is the blanket statement: "I'm sorry for any inconvenience this may have caused you." That comment only makes angry people angrier. "For *any* inconvenience" implies that the speaker hasn't given any thought to how the person might have been inconvenienced. The choice of the word inconvenience implies that whatever happened was "no big deal." "This *may* have caused you" implies that the situation may have caused no problems at all. In other words, you can translate the sentence this way: "I don't know or care how my actions could have inconvenienced you, but if they did, here's a blanket apology."

Instead of vague wording, be specific. Let the person know that you understand either the difficulty of the situation or the hurt caused by your actions or words. "I'm sorry for the delay in responding to your call; I know you were in a hurry for the proper operating instructions." "I'm sorry the shipment didn't arrive until Friday. I know we had promised that you'd have it by Tuesday, and because of our late shipment, your own customer orders have been delayed." "I failed to notify you of the additional charge. You're right, I should have done so. I apologize for that." "You were expecting a complete report today, and without it, you'll be delayed in making the final committee decision. I'm sorry the information is still incomplete." Such statements may or may not accept responsibility, but they do let the other person know that you ▸are aware of and ▸concerned about the ____________.

* cliché 진부한 표현, 상투적인 문구

03

7201-145 7201-7143

윗글의 제목으로 가장 적절한 것은?

① When You Apologize, Be Specific
② Timing Is Important When Apologizing
③ Forgive When You Receive an Apology
④ The Apology Should Be Short and Direct
⑤ Assume Responsibility for What You Did Wrong

▸ **be aware of**
~을 알고 있다
Most people are not aware of the fact that they have two different selves.
(대부분의 사람들은 자신들이 두 가지의 다른 자아를 가지고 있다는 사실을 알지 못하고 있다.)

▸ **be concerned about**
~에 관해 걱정하다
They were concerned about the cleanliness of the glass coffee pot in the hotel room.
(그들은 호텔 방에 있던 유리 커피포트의 청결성에 관해 걱정했다.)

04

7201-146 7201-7143

윗글의 빈칸에 들어갈 말로 가장 적절한 것은?

① purpose
② deadline
③ outcome
④ principle
⑤ intention

Words & Phrases

□ frequent 흔한
□ statement 진술
□ imply 의미하다, 나타내다
□ vague 모호한
□ delay 지연; 지연시키다
□ operating instruction 작동 설명
□ additional charge 추가 요금
□ incomplete 불완전한
□ apology 사과
□ inconvenience 불편함; 불편함을 끼치다
□ big deal 큰일
□ wording 단어 선택, 표현
□ respond to ~에 응답하다
□ shipment 탁송 화물, (화물의) 발송, 수송
□ apologize 사과하다
□ blanket 포괄적인, 전면적인
□ comment 말, 논평
□ translate 번역하다
□ specific 구체적인
□ proper 적절한
□ notify 알리다
□ committee 위원회

UNIT 22 장문 (2)

1 글의 순서를 정하는 요령은 글의 전개 내용을 파악하는 것이 기본이다.

- 주어진 글을 자세히 읽고 앞으로의 상황이 어떻게 전개될지를 추론해 본다.
- 각 단락의 첫 문장을 빠르게 읽고 주어진 글의 마지막 문장의 내용과 자연스럽게 연결될 수 있는 단락을 고른다.
- 대개 각 단락의 마지막 문장에 나오는 어구와 이어질 단락의 첫 문장에 나오는 어구는 내용상으로나 혹은 형태상으로나 관련이 있다는 것에 유의한다.

EXAMPLE 01~03

2016학년도 고2 3월 학평 43~45번

■ 다음 글을 읽고, 물음에 답하시오.

(A) William Miller stayed up after the family had gone to bed, then read until the morning. Candles were expensive, but there were plenty of pine knots, and all (a) he had to do was gather them from the woods. So ❶William formed the habit of burning pine knots in the fireplace for his nightly reading light.

* pine knot 관솔(송진이 엉긴 소나무의 옹이)

(B) ❶William's "secret life" continued for some time, though. Night after night he read as long as he could, then made (b) his way back upstairs, and slept until it was time to do the morning chores. But one night something happened that he hadn't expected. His father awoke and saw a glow downstairs. ❶Thinking the house was on fire, (c) he ❷ ❶came rushing down the stairs to save his home and family from going up in flames.

(C) ❶Instead of a house fire, however, ❸he saw his son William lying peacefully before the fireplace reading a book he'd borrowed from a neighbor. His father grabbed a broomstick and chased his son around the room, yelling, "Young man, if you don't get to bed right now, I'll kick you out of the house!" William went up to bed, at least for this night. (d) He was only trying to get an education that he couldn't get from the teachers in the community.

(D) But ❶his father didn't like the habit and tried to stop it. His father felt that his son's late-night reading would cut into (e) his energy for the next day's work. And the farm required every ounce of work he could get from his son. He insisted that William retire for the night when the rest of the family did. And ❶his father thought the growing boy should sleep soundly through the night.

KEY CLUE

❶ 글의 내용적인 흐름 파악

(A) 관솔을 태운 불빛을 이용해 책을 읽는 William의 습관 → (D) 그 습관을 못마땅하게 생각하며 잠을 충분히 자야 한다고 생각하는 아버지 → (B) 하지만 William은 습관을 유지하는데, 어느 날 William의 불빛을 보고는 불이 났다고 생각하며 밑으로 급히 내려오는 아버지 → (C) 아버지는 그 불빛이 William이 책을 읽고 있는 불빛임을 발견함

❷ 지칭 추론 파악

대명사가 지칭하는 대상은 대개 앞 문장 속에 있기 마련이다. (c) he가 지칭하는 대상은 앞 문장의 주어인 His father를 가리킨다.

❸ 내용 불일치 파악

William의 아버지는 집에 불이 났다고 생각해서 밑으로 내려왔지만 그 불은 William이 책을 읽기 위해 피워 놓은 것임을 알게 된다는 내용이므로 William이 자고 있다가 발각되었다는 진술은 일치하지 않는다.

2 지칭 추론 문항의 해결 원리를 파악하고, 내용 불일치 문항의 선택지는 본문에 제시된 글의 순서대로 나열되어 있음을 인식한다.

- 대명사가 가리키는 것은 대개 대명사가 속한 문장의 앞부분이나 바로 앞 문장 속에 있다.
- 내용 불일치 문항의 선택지를 미리 읽고 독해를 하면 지문에 대한 이해도를 좀 더 높일 수 있다.
- 내용 불일치 문항의 선택지는 본문의 순서대로 제시되며, 내용이 불일치하는 정답 선택지는 본문에 나오는 내용이 반대로 혹은 다르게 진술된다는 것을 기억한다.

01

7201-147 7201-7144

주어진 글 (A)에 이어질 내용을 순서에 맞게 배열한 것으로 가장 적절한 것은?

① (B)−(D)−(C) ② (C)−(B)−(D) ③ (C)−(D)−(B)
④ (D)−(B)−(C) ⑤ (D)−(C)−(B)

02

7201-148 7201-7144

밑줄 친 (a)~(e) 중에서 가리키는 대상이 나머지 넷과 다른 것은?

① (a) ② (b) ③ (c) ④ (d) ⑤ (e)

03

7201-149 7201-7144

윗글의 내용과 일치하지 않는 것은?

① William은 관솔을 태워 그 빛으로 책을 읽었다.
② 아버지는 밤에 일어나서 아래층의 불빛을 보았다.
③ William은 벽난로 앞에서 자다가 아버지에게 발각되었다.
④ 아버지는 빗자루를 들고 William을 쫓아다녔다.
⑤ 아버지는 William이 밤 늦게 책 읽는 것을 싫어했다.

정답확인

01 주어진 글은 William Miller가 독서에 필요한 불빛을 위해 벽난로에 관솔을 태우는 습관을 갖게 되었다는 내용이다. 따라서 뒤에는 William의 아버지가 이러한 습관을 못마땅하게 생각했다는 내용의 (D)가 오고, 어느 날 아버지가 William의 불빛을 불이 난 것으로 오해했다는 내용의 (B)가 이어진 다음, 아버지가 William이 책을 읽고 있는 것을 발견했다는 내용의 (C)가 와야 흐름상 가장 적절하다.
02 (c)는 William의 아버지를 가리키지만 나머지는 William을 가리킨다.
03 William은 벽난로 앞에서 독서 중에 아버지에게 발각된 것이므로 ③은 일치하지 않는다.

PRACTICE

정답과 해설 92쪽

[01~03]

다음 글을 읽고, 물음에 답하시오.

(A)

There is a moving story about Sadhu Sundar Singh, who was once travelling across the Himalayas with a companion. It was winter, and a severe blizzard was raging. As they trudged ahead, they saw a man lying still, by the narrow mountain path. (a) He seemed to be frozen lifeless. The Sadhu stopped to revive him and to offer whatever help he could.

*sadhu 성자

(B)

Resolutely, he began to rub and massage the man's hands and feet, hoping to give some warmth to (b) his cold limbs. His companion was so annoyed that he walked away from there, without even looking back. Ten minutes of vigorous rubbing did nothing for the stranger. Finally, Sadhu Sundar Singh lifted the man on his back and began to trudge painfully through the falling snow.

(C)

The warmth of the exercise made the Sadhu's body temperature rise, and this gradually revived the stranger. The strain of carrying the man also helped the Sadhu to withstand the cold and the two mutually sustained each other. When they had travelled a couple of miles, they saw another body lying by the wayside. It was the Sadhu's companion, who had refused to stop earlier. He was indeed frozen to death. Alone, (c) he had not the warmth to fight the storm.

(D)

But his companion insisted that they should move on. "It's no use wasting your time over him," he argued. "(d) He is past reviving. If you stop to help him, you will be in trouble too. We must move ahead so that we can reach the next village before it is dark." But the Sadhu did not have the heart to leave the dying man to (e) his fate.

01

7201-150 7201-7145

주어진 글 (A)에 이어질 내용을 순서에 맞게 배열한 것으로 가장 적절한 것은?

① (B)-(C)-(D) ② (B)-(D)-(C)
③ (C)-(B)-(D) ④ (C)-(D)-(B)
⑤ (D)-(B)-(C)

02

7201-151 7201-7145

밑줄 친 (a)~(e) 중에서 가리키는 대상이 나머지 넷과 다른 것은?

① (a) ② (b) ③ (c) ④ (d) ⑤ (e)

03

7201-152 7201-7145

윗글의 내용으로 적절하지 않은 것은?

① 성자는 히말라야를 넘다가 쓰러져 있는 사람을 발견했다.
② 성자가 문지르자 의식이 없던 사람이 깨어났다.
③ 성자는 산길에 쓰러져 있던 남자를 등에 업었다.
④ 성자의 동행은 얼어 죽어 있었다.
⑤ 성자의 동행은 죽어 가고 있는 남자를 그냥 두고 가자고 했다.

▶ **strain**

1. (정신적인) 부담, 중압[압박]
You will learn to cope with the stresses and strains of public life.
(여러분은 공적인 삶이 주는 스트레스와 중압[압박]감에 대처하는 법을 배우게 될 겁니다.)

2. (물리적 · 신체적인) 압력, 압박
You should try not to place too much strain on muscles.
(근육에 너무 많은 압박이 주어지지 않게 해야 한다.)

3. 필사적인[과도한] 노력
desperate strain for fame
(명성을 얻으려는 필사적인 노력)

4. (육체 · 근육의) 강한 긴장, 전력 발휘
the strain of lifting a heavy object
(무거운 것을 들어 올리려고 온 힘을 쓰기)

▶ **have the heart to *do***
~할 용기가 있다, 감히 ~하다
She had the heart to do bungee jumping.
(그녀는 번지 점프할 용기가 있었다.)

Words & Phrases

- □ companion 동행
- □ raging 맹렬한, 거칠어지는, 격노한
- □ lifeless 죽은, 기력이 없는
- □ vigorous 강력한
- □ withstand 견디다
- □ insist 주장하다
- □ severe 혹독한
- □ trudge 터벅터벅 걷다
- □ resolutely 결연히, 단호히
- □ gradually 점차로, 서서히
- □ mutually 서로
- □ fate 운명
- □ blizzard 눈보라
- □ still 움직이지 않는, 정지한
- □ limb 사지, 팔다리
- □ revive 살아나게 하다, 소생시키다
- □ sustain 지탱하다, 유지하다

정답과 해설 93쪽

[04~06]

다음 글을 읽고, 물음에 답하시오.

There was a hustle and bustle at the Gordon's house! The bathroom had to be changed, the furniture was being rearranged, ramps had been built, all because Ben was coming home! He had been in hospital for more than a year after a dreadful accident. Now he was a paraplegic and confined to a wheelchair. The whole house had to be adjusted to suit his needs and to make it easier for the family to care for him.

At first Elaine had been very glad that her brother was home again. But as time went on (a) she couldn't help feeling a bit jealous of all the fuss that was made over him. Her parents spent hours doing things for him and there was hardly any time for her. Of course, she felt lousy about being jealous! At least (b) she could climb the stairs and run about and reach for the cookies in the kitchen, and her brother could do none of those things. But when people kept on bringing books and games and candy for Ben, she couldn't help feeling neglected!

One afternoon Aunt Bertha came to visit. She talked to Ben for a while and then she came to sit with Elaine in the garden. (c) She had a big bag with her. "And how are you?" she asked. Elaine dropped her head and said nothing. "I think that you are a very brave girl!" her aunt said. "First you had to look after your dad while your mom was in hospital and now you are doing the chores of two children in this house. I'm sure it's not always easy to see how Ben gets all the attention. But I know you've been unselfish with your brother and family." Elaine was very glad that there was someone who understood what (d) she was feeling. "I brought you something," Aunt Bertha said. She put her hand in the bag and pulled out a little black kitten. Elaine pressed it to her heart. "Thanks so much," (e) she said with tears in her eyes. "Meow!" said her new playmate.

*paraplegic 하반신 마비 환자

04

7201-153 7201-7146

윗글의 세 번째 단락에서 Elaine이 느꼈을 심경으로 가장 적절한 것은?

① sad and depressed
② moved and grateful
③ nervous and jealous
④ impatient and angry
⑤ bored and indifferent

▶ **cannot help *doing* (= cannot help but *do*, cannot but *do*)**
~하지 않을 수 없다

I couldn't help laughing at the expression on Amy's face.
(나는 Amy의 얼굴에 나타난 표정을 보고 웃지 않을 수 없었다.)

He couldn't but smile at Jessica's enthusiasm.
(그는 Jessica의 열정에 미소를 짓지 않을 수가 없었다.)

05

7201-154 7201-7146

밑줄 친 (a)~(e) 중에서 가리키는 대상이 나머지 넷과 다른 것은?

① (a) ② (b) ③ (c) ④ (d) ⑤ (e)

06

7201-155 7201-7146

윗글의 내용과 일치하지 않는 것은?

① Ben은 끔찍한 사고를 겪은 후에 일 년 넘게 병원에 입원해 있었다.
② 처음에 Elaine은 Ben이 집에 돌아온다는 것에 매우 기뻐했다.
③ 사람들은 Ben을 위해서 책, 게임, 사탕을 계속해서 가지고 왔다.
④ Elaine은 안부를 묻는 Bertha 이모에게 잘 지낸다고 답했다.
⑤ Elaine은 Bertha 이모로부터 새끼 고양이 한 마리를 선물로 받았다.

Words & Phrases

- hustle and bustle 야단법석
- rearrange 재배치하다
- ramp 경사로
- dreadful 끔찍한, 무시무시한
- be confined to ~에 갇히다, ~로 제한되다
- adjust 조정하다
- jealous 질투하는
- make a fuss over ~에게 지나칠 정도로 관심을 보이다
- lousy 안 좋은, 엉망인
- run about 마음껏 뛰놀다
- neglected 방치된
- chore 집안일, 허드렛일
- unselfish 관대한, 이기적이 아닌
- kitten 새끼 고양이
- playmate 놀이 친구

정답과 해설 94쪽

[01~02]

다음 글을 읽고, 물음에 답하시오.

Preserving the Amazon rainforest is a top priority for Brazil. The rapid expansion of soybean and cattle farming there during the 1990s and early 2000s ▸led to alarming rates of deforestation. Over the past ten years, however, with government support, activists and farmers have protected more than 33,000 square miles of rain forest—an area equal to more than 14 million soccer fields. Saving these forests has kept 3.5 billion tons of carbon dioxide out of the atmosphere.

Yet even under these land restrictions, Brazil's soybean production has increased. The country is now the world's second largest producer of the crop. How did this happen? Farmers focused on ____________. Using new machinery and early maturing seeds enabled them to squeeze an additional planting into the standard growing season. According to the U.S. Department of Agriculture, Brazil's 2014-15 soybean crop hit a record 104.2 million tons, up 8.6 million tons from the year before, as farmers made better use of their fields. This progress, says the World Bank's Juergen Voegele, is an example of how "producing more food can be in harmony with protecting the environment."

▸ **lead to** ~로 이어지다
A shortage of food can lead to war. (식량 부족은 전쟁으로 이어질 수 있다.)

윗글의 제목으로 가장 적절한 것은?

7201-156
7201-7147

① Food Security: The Problem and Its Solutions
② Major Challenges to Food Production in Brazil
③ Environmental and Social Impacts of Soybeans
④ Steps You Can Take to Save the Amazon Rain Forest
⑤ Growing More Soybeans Without Harming the Planet

02

윗글의 빈칸에 들어갈 말로 가장 적절한 것은?

7201-157
7201-7147

① quality
② efficiency
③ cooperation
④ promotion
⑤ tradition

정답과 해설 95쪽

[03~05]

다음 글을 읽고, 물음에 답하시오.

Matt was attending his meeting of the board of directors of a small nutrition company at which the board was to decide which of several national ▸accounting firms the company would use to audit its financial records. Each firm had sent representatives to make a presentation to the board's auditing committee. The auditing committee narrowed the field to two. The president of the company, William, who participated in all of the meetings, was asked to give (a) his recommendations to the board.

William began by emphasizing that the senior member of the team sent by the first accounting firm, Dick, was extremely well qualified. His firm represented more publicly traded companies in the southwest United States than any other, and had the best connections within the business and financial communities. William described Dick as extremely confident. The impression Dick left was that his firm would be doing William a favor if it agreed to perform the audit, not that (b) he truly cared about the company.

William then told the board that the senior representative of the team from the second accounting firm, John, was younger, and not as confident. But he was friendly and paid close attention as William described his business, and the role (c) he hoped the accounting firm would fulfill. John also was well qualified; but his qualifications and experience, and those of his company, didn't measure up to those of the first accounting firm.

After William's presentation to the board, Matt put the question directly to William, "Who do (d) you recommend, and why?" William responded, "(e) I think we should go with the second firm. John seems like the kind of guy who will think about us when he's shaving." And that's who got the business—John, the guy who impressed William that he would think about William's company when he was shaving. That's who usually gets the business and forges the deepest and longest-lasting personal and business relationships; because he's the one whose ____________ for us makes us feel important.

* audit 회계 감사하다

▸ **accounting firm** a firm of accountants who provide accounting and auditing services for a fee
(수수료를 받고 회계 및 회계 감사 서비스를 제공하는 회계사들의 회사)
The firm was recently named as one of the Best Accounting Firms to work for.
(그 회사는 일할 만한 최고의 회계 법인 중 하나로 최근에 거명되었다.)

03

윗글의 빈칸에 들어갈 말로 가장 적절한 것은?

7201-158
7201-7148

① advice
② concern
③ challenge
④ experience
⑤ background

04

밑줄 친 (a)~(e) 중에서 가리키는 대상이 나머지 넷과 <u>다른</u> 것은?

7201-159
7201-7148

① (a) ② (b) ③ (c) ④ (d) ⑤ (e)

05

윗글의 내용으로 적절하지 <u>않은</u> 것은?

7201-160
7201-7148

① Matt은 회계 감사 업무를 대행할 회계 법인을 결정하는 회의에 참석했다.
② Dick의 회사는 미국 남서부 지역에서 가장 많은 상장 회사의 회계를 대행했다.
③ William은 Dick을 아주 자신만만한 사람으로 묘사했다.
④ John은 Dick보다 나이가 더 많고 Dick만큼 자신만만했다.
⑤ John의 회사는 자격과 경험에서 Dick의 회사에 미치지 못했다.

WORD REVIEW 440

본문의 기출 예제와 신규 문항에 나오는 어휘 중 중요한 20개의 어휘를 선별하여 〈단어·어구–뜻 쓰기〉 문제풀이 형식으로 구성하였습니다. 본문에 나오는 주요 어휘를 철저히 복습함으로써 학습 효과를 최대화할 수 있습니다.

■ 다음 단어나 어구의 뜻을 빈칸에 쓰세요.

UNIT 01

01 mature ______	02 self-esteem ______
03 commercial ______	04 cultivation ______
05 irrigate ______	06 equivalent to ______
07 classify ______	08 rationality ______
09 investigation ______	10 therapist ______
11 experiment ______	12 mediocre ______
13 browse ______	14 drought ______
15 expansion ______	16 antibiotic ______
17 biodiverse ______	18 availability ______
19 resolve ______	20 spouse ______

01 익다 02 자기 존중감 03 상업적인 04 경작 05 관개하다, 물을 대다
06 ~과 맞먹는 07 분류하다 08 합리성 09 연구, 조사 10 치료사
11 실험하다 12 평범한 13 훑어보다, 여기저기 읽다 14 가뭄 15 확대, 확장
16 항생물질, 항생제 17 다양한 생물 종이 있는 18 이용 가능성 19 해결하다 20 배우자

UNIT 02

01 essence ______	02 civilization ______
03 complete ______	04 task ______
05 optimism ______	06 reign ______
07 perspective ______	08 estimate ______
09 reflect ______	10 optimal ______
11 budget ______	12 inadequate ______
13 additional ______	14 collection ______
15 dated ______	16 fictional ______
17 survey ______	18 colleague ______
19 device ______	20 emphasize ______

01 핵심적 특성 02 문명 03 완수하다 04 과업, 일, 과제 05 낙관주의
06 지배하다, 가득하다 07 관점 08 추정하다 09 반영하다 10 최적의
11 예산 12 불충분한, 부적절한 13 추가적인 14 소장품, 수집품 15 구식의, 케케묵은
16 가공의, 허구의 17 조사; 조사하다 18 동료 19 장치 20 강조하다

UNIT 03

01 replacement	______	02 approve	______
03 address	______	04 plague	______
05 obligation	______	06 ensure	______
07 retail	______	08 prior	______
09 selective	______	10 enclose	______
11 station	______	12 peril	______
13 intersection	______	14 pledge	______
15 legal	______	16 renewal	______
17 immediate	______	18 charity	______
19 install	______	20 pavement	______

01 교체 02 승인하다 03 처리하다, 다루다 04 괴롭히다 05 의무
06 반드시 ~하게 하다 07 소매업 08 이전의 09 선택적인 10 동봉하다
11 주둔시키다 12 위험 13 교차로 14 약속하다 15 법적인
16 개선 17 당면한, 즉각적인 18 자선 단체 19 설치하다 20 보도

UNIT 04

01 swollen	______	02 pale	______
03 swirl	______	04 tremble	______
05 notify	______	06 critical	______
07 stroll	______	08 murmur	______
09 thrust	______	10 remains	______
11 embrace	______	12 ruin	______
13 insist	______	14 fade	______
15 shallow	______	16 fragile	______
17 sob	______	18 pound	______
19 chest	______	20 referee	______

01 물이 불어난, 부어오른 02 창백한 03 소용돌이치다 04 떨리다, 떨다 05 알리다, 통지하다
06 위급한, 위기의 07 산책하다 08 속삭이다 09 뻗다, 내밀다 10 잔해, 유적
11 받아들이다, 수용하다 12 못쓰게 하다, 망가뜨리다 13 고집하다, 주장하다 14 점점 희미해지다 15 약한, 얕은
16 가냘픈 17 흐느끼다 18 두근거리다 19 가슴 20 심판

WORD REVIEW 440

■ 다음 단어나 어구의 뜻을 빈칸에 쓰세요.

UNIT 05

01 mysteriously ______________
02 stretch ______________
03 precisely ______________
04 puzzled ______________
05 restore ______________
06 deceptively ______________
07 absorb ______________
08 pursue ______________
09 applicant ______________
10 delude ______________
11 apparently ______________
12 assumption ______________
13 accumulate ______________
14 mansion ______________
15 routinely ______________
16 loan ______________
17 disturb ______________
18 witness ______________
19 renowned ______________
20 discourage ______________

01 신비스럽게 02 펼쳐지다 03 정확하게 04 당혹스러운 05 복구하다
06 현혹될 정도로 07 흡수하다 08 추구하다 09 지원자 10 속이다
11 분명히 12 가정 13 축적하다 14 대저택 15 일상적으로
16 빌려주다 17 방해하다 18 목격하다 19 유명한 20 기를 꺾다

UNIT 06

01 insight ______________
02 theory ______________
03 summit ______________
04 alternative ______________
05 philosophy ______________
06 mild ______________
07 translate ______________
08 indigenous ______________
09 temperature ______________
10 collapse ______________
11 attractive ______________
12 constantly ______________
13 tropical ______________
14 extensive ______________
15 archaeological ______________
16 scatter ______________
17 contemporary ______________
18 exotic ______________
19 respectable ______________
20 on behalf of ______________

01 통찰 02 이론 03 정상 04 대안 05 철학
06 순한, 온화한 07 번역하다 08 토착의 09 기온 10 붕괴하다
11 매력적인 12 끊임없이 13 열대 지방의 14 방대한, 광대한 15 고고학적인
16 산재시키다, 흩뜨려 놓다 17 현대의, 동시대의 18 이국적인 19 신분이 높은, 존경할 만한 20 ~을 위해, ~을 대신하여

UNIT 07

01 sight	______________	02 refund	______________
03 entry	______________	04 beverage	______________
05 departure	______________	06 award	______________
07 adventure	______________	08 ethical	______________
09 instruction	______________	10 include	______________
11 charge	______________	12 registration	______________
13 session	______________	14 issue	______________
15 innovative	______________	16 emphasize	______________
17 fascinating	______________	18 demonstrate	______________
19 proceeds	______________	20 entertaining	______________

---

01 경치	02 환불	03 참가(자)	04 음료	05 출발
06 수여하다	07 모험	08 윤리적인	09 지도	10 포함하다
11 부과하다	12 등록	13 수업 (시간)	14 발급하다	15 혁신적인
16 강조하다	17 매력적인	18 입증하다	19 이익금	20 즐거운, 재미있는

UNIT 08

01 consult	______________	02 revenue	______________
03 earn	______________	04 noticeably	______________
05 surpass	______________	06 leading	______________
07 proportion	______________	08 electrician	______________
09 registered	______________	10 apprenticeship	______________
11 barber	______________	12 plumber	______________
13 carpenter	______________	14 expenditure	______________
15 equipment	______________	16 respectively	______________
17 consumption	______________	18 closely	______________
19 goods	______________	20 undertake	______________

---

01 조언을 구하다	02 수입	03 벌다	04 눈에 띄게	05 능가하다
06 선두의, 선도하는	07 비율	08 전기 기술자	09 등록된	10 견습 (기간)
11 이발사	12 배관공	13 목수	14 지출액	15 장비
16 각각	17 소비	18 바짝	19 상품, 물건	20 수행하다, 손대다

WORD REVIEW 440

■ 다음 단어나 어구의 뜻을 빈칸에 쓰세요.

UNIT 09

01 likable	______	02 morality	______
03 deficient	______	04 instantly	______
05 scale	______	06 tip	______
07 manipulate	______	08 sensory	______
09 property	______	10 current	______
11 notorious	______	12 preference	______
13 undergraduate	______	14 impress	______
15 as to	______	16 document	______
17 confront	______	18 decline	______
19 navigation	______	20 harsh	______

01 호감이 가는	02 도덕	03 부족한	04 즉시	05 저울
06 기울다	07 조작하다	08 감각의	09 속성, 특성	10 현재의
11 악명 높은	12 기호, 선호	13 학부의	14 인상을 남기다	15 ~에 관한
16 문서	17 대면하다	18 감소	19 항해	20 혹독한

UNIT 10

01 initiative	______	02 transmit	______
03 distinguish	______	04 undergo	______
05 friction	______	06 identifiable	______
07 saying	______	08 compliment	______
09 awkward	______	10 intricate	______
11 agent	______	12 convincing	______
13 constructive	______	14 hypothesis	______
15 notion	______	16 uncertainty	______
17 integrity	______	18 acknowledge	______
19 empathy	______	20 visibility	______

01 주도권	02 전달하다	03 특징짓다, 구별하다	04 겪다	05 마찰력
06 인식 가능한	07 속담	08 칭찬	09 어색한, 서투른	10 복잡한
11 행위자	12 설득력 있는	13 건설적인	14 가설	15 개념
16 불확실성	17 성실, 진실성, 완전한 상태	18 인정하다	19 공감	20 가시성

UNIT 11

01 involvement	______	02 conservative	______
03 foretell	______	04 sacrifice	______
05 innovate	______	06 hardship	______
07 devastating	______	08 phenomenon	______
09 abandon	______	10 wage	______
11 retain	______	12 justify	______
13 hesitate	______	14 guarantee	______
15 precede	______	16 overall	______
17 outset	______	18 calculation	______
19 entrepreneur	______	20 immigrant	______

01 참여, 관여 02 보수적인 03 예측하다, 예언하다 04 희생; 희생하다 05 혁신하다
06 난관, 곤란 07 파멸적인 08 현상 09 포기하다 10 임금
11 유지하다, 보유하다 12 정당화하다 13 망설이다 14 보증하다 15 앞서다
16 전체적인, 전반적인 17 시작 18 계산 19 기업가, 사업가 20 이민자

UNIT 12

01 species	______	02 arousal	______
03 evidence	______	04 mutual	______
05 crowd	______	06 utilize	______
07 vividly	______	08 beneficial	______
09 analyze	______	10 contact	______
11 critical	______	12 reside	______
13 independent	______	14 pesticide	______
15 engage in	______	16 exclude	______
17 distracted	______	18 visualize	______
19 promote	______	20 establish	______

01 종 02 자극 03 증거 04 상호의 05 ~을 가득 채우다
06 이용하다 07 생생하게 08 유용한 09 분석하다 10 접촉
11 매우 중요한 12 살다, 거주하다 13 독립적인 14 농약, 살충제 15 ~에 참여하다
16 제외하다 17 주의가 산만해진 18 마음속에 그려 보다 19 증진하다, 장려하다 20 규명하다, 확립하다

WORD REVIEW 440

■ 다음 단어나 어구의 뜻을 빈칸에 쓰세요.

UNIT 13

01 mammal ______________________
02 presence ______________________
03 match ______________________
04 encounter ______________________
05 contributor ______________________
06 spatial ______________________
07 modify ______________________
08 emit ______________________
09 regionally ______________________
10 colonial ______________________
11 destination ______________________
12 territory ______________________
13 frontier ______________________
14 surround ______________________
15 fluent ______________________
16 oral ______________________
17 convey ______________________
18 raw ______________________
19 perpetual ______________________
20 aid ______________________

01 포유류 02 존재 03 필적하다 04 마주치다 05 요인, 원인
06 공간적인 07 변화시키다 08 방출하다 09 지역적으로 10 식민지의
11 목적지 12 영토 13 변경, 국경 14 둘러싸다 15 유창한
16 구두의 17 전달하다 18 날것의 19 끊임없는 20 돕다

UNIT 14

01 profit ______________________
02 aspect ______________________
03 local ______________________
04 primary ______________________
05 share ______________________
06 verbal ______________________
07 obstacle ______________________
08 frequent ______________________
09 linguist ______________________
10 assessment ______________________
11 involve ______________________
12 evaluate ______________________
13 eliminate ______________________
14 conflict ______________________
15 irritate ______________________
16 resentful ______________________
17 novice ______________________
18 expectation ______________________
19 flexible ______________________
20 when it comes to ______________________

01 이익 02 양상 03 지역의 04 주된 05 몫, 주식
06 언어적인 07 방해물 08 빈번한 09 언어학자 10 평가
11 포함하다 12 평가하다 13 제거하다 14 갈등, 다툼, 논쟁 15 짜증나게 하다
16 분개하고 있는 17 초보자 18 예상, 기대 19 융통성 있는, 유연한 20 ~에 관한 한

UNIT 15

01 attach	______	02 purification	______
03 significant	______	04 response	______
05 eclipse	______	06 strive	______
07 ornament	______	08 transformation	______
09 feature	______	10 virtually	______
11 vast	______	12 enroll	______
13 extinct	______	14 potential	______
15 neutral	______	16 ritual	______
17 capability	______	18 observer	______
19 benefit	______	20 interpret	______

01 붙이다, 부착하다 02 정화 03 상당한, 중요한 04 대답, 반응 05 소실, 빛을 잃음
06 노력하다, 애쓰다 07 장신구 08 변화, 변형 09 특징 10 실제로, 실질적으로
11 거대한, 방대한 12 등록하다 13 없어진, 끝난 14 잠재력, 가능성 15 중립적인
16 의식; 의식의 17 능력 18 관찰자 19 혜택, 이득 20 해석하다

UNIT 16

01 spontaneous	______	02 subsequently	______
03 indicate	______	04 trace	______
05 evolve	______	06 status	______
07 nagging	______	08 assign	______
09 tuition	______	10 trigger	______
11 clarity	______	12 nod	______
13 polarization	______	14 define	______
15 rate	______	16 bias	______
17 remarkably	______	18 favorable	______
19 argument	______	20 deliver	______

01 자발적인, 자연 발생적인 02 나중에 03 나타내다 04 추적하다 05 진화하다
06 상태 07 졸라대는, 잔소리하는 08 부여[부과]하다 09 수업료 10 촉발시키다
11 분명함, 명료함 12 끄덕이다 13 양극화 14 규정하다 15 평가하다
16 편견, 선입관 17 현저하게 18 호의적인 19 주장, 논쟁 20 전달하다

WORD REVIEW 440

■ 다음 단어나 어구의 뜻을 빈칸에 쓰세요.

UNIT 17

01 worship	______	02 exceptional	______
03 rare	______	04 passion	______
05 possess	______	06 flesh	______
07 arctic	______	08 fatty	______
09 generate	______	10 inequality	______
11 provoke	______	12 retirement	______
13 metaphorically	______	14 dominant	______
15 profound	______	16 diverse	______
17 alert	______	18 primitive	______
19 exclusive	______	20 publication	______

01 우러러보다, 숭배하다 02 뛰어난, 특별한 03 희귀한 04 열정 05 (자격·능력을) 지니다, 가지다
06 살 07 북극의 08 지방이 많은 09 산출하다, 낳다 10 불평등
11 촉구하다 12 은퇴 13 비유적으로 14 가장 뛰어난, 지배적인 15 심오한
16 다양한 17 정신을 바짝 차린 18 원시적인 19 독점적인 20 출판물

UNIT 18

01 activate	______	02 battlefield	______
03 discipline	______	04 encompass	______
05 provision	______	06 enthusiasm	______
07 fleet	______	08 prioritize	______
09 rotation	______	10 assess	______
11 recall	______	12 be comprised of	______
13 corporation	______	14 obvious	______
15 strengthen	______	16 expend	______
17 rehearsal	______	18 proficiency	______
19 wounded	______	20 memorable	______

01 활성화하다 02 전쟁터 03 규율 04 아우르다, 포함하다 05 대책, 예비, 설비
06 열정 07 부대, 대(隊) 08 우선순위를 정하다 09 자전, 회전 10 평가하다
11 기억해 내다, 회상하다 12 ~로 구성되다 13 회사, 기업 14 분명한, 명백한 15 강해지다
16 쓰다, 소비하다 17 연습 18 실력, 능숙함 19 다친 20 기억할 만한

UNIT 19

01 appropriate	__________	02 exploit	__________
03 absence	__________	04 compensate	__________
05 enhance	__________	06 handle	__________
07 speechless	__________	08 restructure	__________
09 deliberate	__________	10 inhabitant	__________
11 sympathetic	__________	12 label	__________
13 rarity	__________	14 complexity	__________
15 to a large extent	__________	16 novelty	__________
17 hazard	__________	18 germ	__________
19 intake	__________	20 prohibition	__________

01 적절한 02 착취하다 03 없음, 부재 04 보상하다 05 높이다, 향상시키다
06 대하다, 다루다 07 말문이 막히는 08 재구성하다 09 계획적인, 의도적인 10 주민
11 공감의 12 꼬리표; 꼬리표를 붙이다 13 드문 일 14 복잡성 15 크게
16 새로움 17 위험 18 세균 19 섭취 20 금지

UNIT 20

01 remedy	__________	02 disability	__________
03 thrive	__________	04 tension	__________
05 consequence	__________	06 pest	__________
07 relieve	__________	08 symptom	__________
09 potential	__________	10 ecologist	__________
11 despair	__________	12 repel	__________
13 stable	__________	14 remorse	__________
15 habitat	__________	16 depressing	__________
17 deterioration	__________	18 arbitrary	__________
19 assume	__________	20 gratitude	__________

01 처방, 치료 02 장애 03 무성하게 자라다, 번성하다 04 긴장, 갈등 05 결과
06 해충 07 (고통·부담 따위를) 덜다 08 증상 09 잠재적인 10 생태학자
11 절망 12 쫓아버리다, 격퇴하다 13 안정적인 14 양심의 가책 15 서식지
16 우울한, 침울한 17 악화, 저하, 타락 18 임의의, 제멋대로인 19 당연하다고 생각하다 20 감사

WORD REVIEW 440

■ 다음 단어나 어구의 뜻을 빈칸에 쓰세요.

UNIT 21

01 ethics ______________
02 annual ______________
03 sponsor ______________
04 boycott ______________
05 jury ______________
06 all rounder ______________
07 sue ______________
08 supervise ______________
09 playwright ______________
10 reputation ______________
11 cliché ______________
12 concept ______________
13 existence ______________
14 apology ______________
15 identity ______________
16 ignore ______________
17 imply ______________
18 amuse ______________
19 outcome ______________
20 vague ______________

01 윤리
02 일 년에 걸친, 일 년의
03 후원자; 자금을 대다
04 불매 동맹하다
05 심사위원단, 배심원단
06 팔방미인, 다재다능한 사람
07 고소하다
08 감독하다, 관리하다
09 극작가
10 평판, 명성
11 진부한 표현, 상투적인 문구
12 개념
13 존립, 존재, 존속
14 사과
15 정체성, 신분
16 무시하다
17 의미하다, 나타내다
18 즐겁게 하다
19 결과
20 모호한

UNIT 22

01 fireplace ______________
02 chore ______________
03 flame ______________
04 grab ______________
05 chase ______________
06 yell ______________
07 companion ______________
08 severe ______________
09 raging ______________
10 resolutely ______________
11 vigorous ______________
12 blizzard ______________
13 withstand ______________
14 mutually ______________
15 sustain ______________
16 rearrange ______________
17 dreadful ______________
18 adjust ______________
19 still ______________
20 neglected ______________

01 벽난로
02 집안일, 허드렛일
03 불길, 화염
04 움켜잡다
05 쫓아다니다, 뒤쫓다
06 소리 지르다
07 동행
08 혹독한
09 맹렬한, 거칠어지는, 격노한
10 결연히, 단호히
11 강력한
12 눈보라
13 견디다
14 서로
15 지탱하다, 유지하다
16 재배치하다
17 끔찍한, 무시무시한
18 조정하다
19 움직이지 않는, 정지한
20 방치된

EBS

Reading POWER 유형

정답과 해설

절대평가 대비 고교 영어독해 기본서

리딩파워 | 유형편 [완성]

READING POWER

정답과 해설

유형편 완성

CHAPTER 01
대의 파악

UNIT 01 주제 · 제목

EXAMPLE 01 본문 8쪽

정답 ④

소재 | 수산 양식에 의한 식량 생산의 확대

직독직해

L2 As with industrialized agriculture, /
산업화된 농업에서처럼 /
most commercial aquafarming /
대부분의 상업적 수산 양식은 /
relies on high energy and chemical inputs, /
높은 에너지와 화학물질 투입에 의존한다 /
including antibiotics and artificial feeds /
항생물질과 인공 사료를 포함하여 /
made from the wastes of poultry processing.
가금(류) 처리 과정에서 생긴 찌꺼기로 만들어진

L9 Around the tropics, / especially tropical Asia, /
열대 지방에 걸쳐서 / 특히 열대 아시아에 /
the expansion of commercial shrimp farms /
상업적 새우 양식장의 확장이 /
is contributing to the loss /
상실의 한 원인이 되고 있다 /
of highly biodiverse coastal mangrove forests.
매우 다양한 생물 종이 있는 연안의 맹그로브 숲의

해석 | 수산 양식에 의한 식량 생산의 엄청난 확대는 환경과 인간의 건강에 높은 대가를 수반해 왔다. 산업화된 농업에서처럼, 대부분의 상업적 수산 양식은 항생물질과 가금(류) 처리 과정에서 생긴 찌꺼기로 만들어진 인공 사료를 포함하여, 높은 에너지와 화학물질 투입에 의존한다. 그러한 생산 관행은 양식 물고기의 내부에 독소를 농축시키는 경향이 있어서, 소비자들에 대한 잠재적 건강의 위협을 만들어 낸다. 물고기 양식장에서의 배출물은 작은 도시에서 나오는 오물과 맞먹을 수 있는데, 이는 인근의 자연 수중 생태계를 오염시킬 수 있다. 열대 지방, 특히 열대 아시아에 걸쳐서, 상업적 새우 양식장의 확장이 매우 다양한 생물 종이 있는 연안의 맹그로브 숲의 상실의 한 원인이 되고 있다.

구문풀이 | • Such production practices tend to concentrate toxins in farmed fish, [creating a potential health threat to consumers].
[ ]는 분사구문으로 앞의 내용 전체가 의미상의 주어 역할을 하며, which creates ~로 고쳐 쓸 수 있다.

• The discharge from fish farms, [which can be equivalent to the sewage from a small city], can pollute nearby natural aquatic ecosystems.
[ ]는 관계절로 The discharge from fish farms를 부가적으로 설명한다.

Words & Phrases

extraordinary 엄청난, 특별한
expansion 확대, 확장
aquafarming 수산 양식
industrialized 산업화된
agriculture 농업
commercial 상업적인
rely on ~에 의존하다
chemical 화학물질의; 화학물질
input 투입
antibiotic 항생물질, 항생제
artificial 인공적인
poultry 가금(류)
process 가공[처리]하다
practice 관행
concentrate 농축시키다
toxin 독소
potential 잠재적인
threat 위협
consumer 소비자
discharge 배출(물)
equivalent to ~과 맞먹는
pollute 오염시키다
ecosystem 생태계
the tropics 열대 지방
contribute to ~의 한 원인이 되다
biodiverse 다양한 생물 종이 있는

EXAMPLE 02 본문 9쪽

정답 ③

소재 | 컴퓨터 스크린으로 텍스트 읽기

직독직해

L2 Her investigation indicated /
그녀의 연구는 보여 주었다 /
that reading on a computer screen /
컴퓨터 스크린으로 읽는 것이 /
involves various strategies /
다양한 전략들을 포함한다 /
from browsing to simple word detection.
훑어보기부터 간단한 단어 찾기까지

L7 Above all, / a hypertext connection /
무엇보다도 / 하이퍼텍스트 연결은 /
is not one / that you have made yourself, /
것이 아니다 / 여러분 스스로가 만든 /
and it will not necessarily have a place /
그리고 그것은 반드시 자리 잡고 있는 것은 아닐 것이다 /

in your own unique conceptual framework.
여러분 자신의 고유한 개념적 틀 속에

해석 | Oslo 대학교의 Anne Mangen은 종이로 읽는 독자들과 비교해서 컴퓨터 스크린으로 읽는 독자들의 수행 능력을 연구했다. 그녀의 연구는 컴퓨터 스크린으로 읽는 것이 훑어보기부터 간단한 단어 찾기까지 다양한 전략들을 포함한다는 것을 보여 주었다. 똑같은 텍스트를 종이로 읽는 것과는 대조적으로, 그러한 여러 다른 전략들은 함께 독해력을 더 떨어지게 한다. 게다가, 하이퍼텍스트라는 스크린의 부가적인 특징이 있다. 무엇보다도, 하이퍼텍스트 연결은 여러분 스스로가 만든 것이 아니라서, 그것은 여러분 자신의 고유한 개념적 틀 속에 반드시 자리 잡고 있는 것은 아닐 것이다. 그러므로 그것은 여러분 자신에게 맞는 속도로 여러분이 읽고 있는 것을 이해하여 소화하는 데 도움이 되지 않을 수도 있고, 심지어 여러분을 산만하게 만들 수도 있다.

구문풀이 | • Her investigation indicated that [reading on a computer screen] involves various strategies from browsing to simple word detection.
[ ]는 동명사구로 that절 안에서 주어 역할을 한다.
• Above all, a hypertext connection is not **one** [that you have made yourself], and it will **not necessarily** have a place in your own unique conceptual framework.
[ ]는 관계절로 one을 수식하는데, one은 부정대명사로 connection을 대신한다. not necessarily는 부분 부정의 표현으로 '반드시 ~인 것은 아니다'의 뜻이다.

Words & Phrases

performance 수행, 성취 | compared to ~과 비교해서
investigation 연구, 조사 | indicate 보여 주다, 나타내다
involve 포함하다 | various 다양한
strategy 전략 | browse 훑어보다, 여기저기 읽다
detection 찾기, 탐색 | comprehension 이해
in contrast to ~와는 대조적으로 | feature 특징, 특색
unique 고유의, 독특한 | conceptual 개념적
framework 틀, 구조, 구성 | digest 소화하다
appropriate 맞는, 적절한 | distract 산만하게 만들다

PRACTICE 본문 10~13쪽

01 ② 02 ④ 03 ② 04 ⑤

01

소재 | 물 부족 해결을 위한 인도의 농업 혁신

직독직해

L4 Over the past 30 years, though, /
하지만 지난 30년 동안 /
India's farmers have faced challenges /
인도의 농부들은 난관에 직면해 왔다 /
as extreme weather events during the monsoon season / —including droughts— /
우기 동안 발생하는 극단적인 날씨 현상들이 / 가뭄을 포함한 /
have become more frequent.
더 빈번해짐에 따라

해석 | 인도에서 물의 이용 가능성은 특히 쌀의 경작을 위해 중요한 농업적 관심사이다. 그 나라 농토의 44퍼센트만이 관개되기 때문에, 수백만 명의 쌀 재배자들은 매년 오는 우기에 의존해야 한다. 하지만 지난 30년 동안, 인도의 농부들은 우기 동안 발생하는, 가뭄을 포함한 극단적인 날씨 현상들이 더 빈번해짐에 따라 난관에 직면해 왔다. 물 이용 계획은 물이 부족한 지역을 돕기 위해 사용되고 있는 한 방법이다. 2009년, 인도 정부는 교육과 기술적 지원을 통해 보다 효율적인 물 이용을 증진하기 위한 국가 유역 관리 프로그램을 시작했다. 또 다른 혁신으로는, 물을 덜 사용하면서도 더 빠르게 자라는 하이브리드 벼 품종을 개발하는 데 상당한 진전이 이루어졌다. 가뭄에 잘 견디는 새로운 바스마티 벼 품종은 이전의 교배종보다 30일 정도 일찍 익는다. 이미 인도 전역의 농부들이 그 다수확 품종을 칭송하고 있다.

해설 | 인도에서는 벼농사를 지을 때 물 부족을 해결하기 위해 국가 유역 관리 프로그램을 시작했으며, 물을 덜 사용하면서 더 빠르게 자라는 벼 품종을 개발하고 있다는 내용의 글이다. 따라서 글의 주제로 가장 적절한 것은 ② '벼농사를 위한 인도의 물 부족 해결책'이다.
① 농업에 미치는 기후 변화의 잠재적 영향
③ 물 관리 계획을 성공적으로 개발하는 법
④ 인도 농부들의 교육과 자각의 필요성
⑤ 인도에서 하이브리드 쌀의 현 상황과 미래 전망

구문풀이 | • Substantial progress has been made **in developing** hybrid rice varieties [that grow faster while using less water].
「in -ing」 구문이 사용되어 '~함에 있어서, ~할 때'라는 의미를 나타내고 있다. [ ]는 관계절로 hybrid rice varieties를 수식한다.

02

소재 | 갈등 해결의 요소인 세심한 감정

직독직해

L5 An exclusive reliance on cold rationality /
냉담한 합리성에만 오로지 의존하는 것은 /
as a means of understanding the world /
세상을 이해하는 수단으로 /
denies us access /
우리에게 접근하는 것을 허락하지 않는다 /
to important realms of human experience, /
인간의 경험의 중요한 영역에 /
without which / we may be unable to deal with a difference effectively.
그것이 없다면 / 우리는 효과적으로 차이를 다룰 수 없을지 모른다

L8 An ignored and unappreciated husband /
무시당하고 인정받지 못한 남편은 /
may be less in need of an explanation /
설명이 덜 필요할지도 모른다 /
of why he feels that way /
자신이 왜 그렇게 느끼는지에 대한 /
than of a weekend with his wife /
오히려 자신의 아내와 함께 하는 주말보다 /
away from work and children.
일과 아이들로부터 떨어져서

해석 | 상대측의 행복을 위해 양측이 어느 정도 배려하는 것을 포함하여 적절한 감정이 없다면, 사람들이 중요한 갈등을 해결하는 것은 불가능할지도 모른다. 배우자가 무시당하고 인정받지 못한다고 느끼고 있다면, 상냥하게 "당신이 원하는 것은 무엇이든지 해요, 여보."라고 말하는 것은 상황을 더 악화시킬 뿐일지도 모른다. 세상을 이해하는 수단으로서 냉담한 합리성에만 오로지 의존하는 것은, 우리에게 인간의 경험의 중요한 영역에 접근하는 것을 허락하지 않는데, 그것이 없다면 우리는 효과적으로 차이를 다룰 수 없을지 모른다. 감정은 우리가 어떻게 대우를 받고 있으며 우리가 무엇을 필요로 하는가에 대한 단서를 우리에게 준다. 무시당하고 인정받지 못한 남편은, 자신이 왜 그렇게 느끼는지에 대한 설명보다는 오히려 일과 아이들로부터 떨어져서 자신의 아내와 함께 하는 주말이 더 필요할지도 모른다.

해설 | 갈등을 해결하는 데는 세심한 감정이 들어가야 한다는 것을 배우자 관계의 예를 들어 설명하고 있다. 무시당하고 인정받지 못한 배우자를 위해서는 냉담한 합리성으로 '원하는 것은 무엇이든지 하라'고 말하는 것보다는 일과 아이들과 떨어져서 배우자와 주말을 함께 보내는 것, 즉 감정상의 배려가 더 나을 수 있다는 내용이다. 그러므로 글의 제목으로 가장 적절한 것은 ④ '감정상의 세심함이 문제 해결에 효과적이다'이다.

① 미소는 우리를 묶어 주는 것이다
② 사랑: 결코 마르지 않는 우물
③ 지지해 주는 것에는 특별한 어떤 것이 있다
⑤ 조화: 머리와 가슴의 조합

구문풀이 | • [An exclusive reliance on cold rationality as a means of understanding the world] denies us **access to important realms of human experience**, without **which** we may be unable to deal with a difference effectively.
[ ]는 문장의 주어이며, 주어의 핵은 An exclusive reliance이다. which의 선행사는 access to important realms of human experience이다.

• An ignored and unappreciated husband may be **less** in need [of an explanation of why he feels that way] **than** [of a weekend with his wife away from work and children].
두 개의 [ ]는 'A라기보다는 오히려 B'라는 뜻의 「less *A* than *B*」로 연결되어 있다. (= more *B* than *A* / *B* rather than *A*)

03

소재 | 미술 치료

직독직해

L1 Art therapy provides individuals with the opportunity /
미술 치료는 개인에게 기회를 제공한다 /
to focus on their strengths / in a creative manner.
자신의 강점에 집중할 수 있는 / 창의적인 방식으로

L10 When individuals acknowledge /
개인들이 인정할 때 /
that they don't have to be perfect, /
완벽할 필요가 없다는 것을 /
they are better able to accept /
그들은 더 잘 받아들일 수 있다 /
their perceived flaws and "themselves as a whole."
자신들이 인지한 결점과 '전체로서의 자신들'을

해석 | 미술 치료는 개인에게 창의적인 방식으로 자신의 강점에 집중할 수 있는 기회를 제공한다. 그들은 자기의 미술 작품 안에 자기만의 환경과 개인적인 세계를 창조한다. 그림을 그리는 사람은 자기 우주의 주인이며, 흔히 자기만의 주제, 색채, 형태, 소재, 그리고 이미지를 선택한다. 미술 치료사는 개인들에게 스스로를 판단하지 말고 자기들의 작품이 흘러가게 두라고 권한다. 참가자들

은 자기표현이 창의적인 작업의 가장 중요한 측면이 된다는 것을 배운다. 그 미술 작품은 완벽할 필요가 없으며, 각자의 디자인은 독특하다. 우리가 실험하고 실수하는 것이 허용된다는 그 개념은 자기 존중감의 발달에서 중요하다. 개인들이 완벽할 필요가 없다는 것을 인정할 때 그들은 자신들이 인지한 결점과 '전체로서의 자신들'을 더 잘 받아들일 수 있다. 흔히 그들은 약점 대신 강점을 확인하고 그것에 집중할 수 있다.

해설 | 미술 치료를 통해 자기의 선택에 따른 개인적인 세계를 창조하면서 자기표현을 할 기회를 갖고 완벽할 필요 없이 실험해 보고 실수해 보는 기회를 허용함으로써 자기 존중감이 발달될 수 있다는 내용이므로, 글의 주제로는 ② '미술 치료가 자기 존중감에 미치는 긍정적인 영향'이 가장 적절하다.

① 미술 치료사가 저지르는 흔한 실수
③ 상처받은 마음을 치료하는 데 있어서 미술 치료의 한계
④ 아동 상담에 있어서 변화하는 치료사의 역할
⑤ 이기적인 것과 자기 관리를 하는 것 사이의 차이

구문풀이 | • **The concept**, [that we are allowed to experiment and make mistakes], is crucial in the development of self-esteem.
[ ]는 The concept과 동격 관계이다.

04

소재 | 시 창작 프로그램 짜기의 교육적 효과

직독직해

L6 Jenny, a thirteen-year-old girl /
13세 소녀 Jenny는 /
who had previously earned only mediocre grades, /
이전에 평범한 성적만 받았던 /
came in one day and announced, /
어느 날 와서 말했다 /
"Now I know why we have nouns and verbs."
"명사와 동사가 왜 있는지 이제 알겠어요."

L10 But as Jenny struggled to get the program to work, /
그러나 Jenny가 그 프로그램이 작동하게 하려고 애쓸 때 /
she realized / she had to classify words into categories /
그녀는 깨달았다 / 단어를 범주에 따라 분류해야 하고 /
—all the verbs in one bucket, all the nouns in another— /
모든 동사는 한 버킷에, 모든 명사는 다른 버킷에 /
or else the sentences the computer spat out /
그렇게 하지 않으면 컴퓨터가 내놓는 문장은 /
wouldn't make sense.
아무런 의미도 갖지 못할 것이라는 것을

해석 | 어느 교수가 학생들에게 시 창작 프로그램을 짜라고 시켰다. 아이들은 프로그램에 동사, 형용사, 그리고 명사를 입력하고, 컴퓨터는 그것들을, '제정신이 아닌 늑대가 뛰니까 미친 늑대가 싫어한다' 또는 '못생긴 개가 미워하니까 못생긴 남자가 사랑한다' 같은 시구(詩句)로 결합하곤 했다. 그 프로그램이 작동하게 하려고 애쓰는 과정은 학생들에게 언어에 대한 놀라운 통찰력을 주었다. 이전에 평범한 성적만 받았던, 13세 소녀 Jenny는 어느 날 와서, "명사와 동사가 왜 있는지 이제 알겠어요."라고 말했다. 그녀는 여러 해 동안 문법과 품사를 이해하지도 못한 채 그것들을 배웠었다. 그러나 그 프로그램이 작동하게 하려고 애쓸 때 Jenny는 단어를 범주에 따라, 즉 모든 동사는 한 버킷에, 모든 명사는 또 다른 버킷에 분류해야 하고 그렇게 하지 않으면 컴퓨터가 내놓는 문장은 아무런 의미도 갖지 못할 것이라는 것을 깨달았다. 문법이 갑자기 아주 의미 있게 되었다. 이것이 다른 효과도 가져왔는데, Jenny는 언어 수업에서 A학점을 받기 시작했다.

해설 | 시 창작 프로그램이 작동하도록 짜보는 과정에서 학생들이 문법과 품사를 이해하고 언어 수업 성적이 향상되는 효과를 보였다는 내용이므로, 글의 제목으로는 ⑤ '시 창작 프로그램 짜기는 문법 능력을 향상시킨다'가 가장 적절하다.

① 컴퓨터를 이용한 교육? 환상일 따름이다!
② 컴퓨터: 수학에서는 강력하지만 언어에서는 약하다
③ 왜 영문법 배우기는 그토록 어려운가
④ 시 쓰기: 인간만이 할 수 있는 것

구문풀이 | • **The process** of [trying to get the program to work] lent students startling insights into language.
[ ]는 The process와 동격 관계이다.

UNIT 02 요지 · 주장

EXAMPLE 01

본문 14쪽

정답 ④

소재 | 인간다움과 문명의 바탕이 된 인간의 호기심

직독직해

L4 However, / the human species differs /
그러나 / 인류는 다르다 /

from other animals / because we thirst for knowledge /
다른 동물들과는 / 우리가 지식을 갈망하기 때문에 /
that reaches far beyond our personal needs.
개인적인 욕구를 훨씬 넘어서는

L6 We wonder / about our surroundings /
우리는 궁금해 한다 / 우리 주변에 대해서 /
and about what we observe both near and far /
그리고 가까운 곳과 먼 곳에서 관찰하는 것에 대해서 /
and we want to understand it all.
그리고 그것을 모두 이해하고 싶어 한다

L8 This sense of wonder / and desire for understanding /
이러한 궁금증과 / 이해하고 싶은 욕망은 /
not only makes us human, /
우리를 인간답게 할 뿐 아니라 /
but is also one of the foundation stones of civilization.
문명의 초석을 이루는 것 중 하나이다

해석 | 호기심은 생명체의 핵심적 특성이다. 인간을 포함한 동물들은 어디서 먹을 것을 찾아야 하는지, 어떻게 포식자를 피해야 하는지, 어디서 짝을 찾아야 하는지와 같은, 그들에게 유용한 것과 그들의 생존을 위해서 필요한 것을 모르고서는 살아갈 수 없다. 그러나 우리가 개인적인 욕구를 훨씬 넘어서는 지식을 갈망하기 때문에 인류는 다른 동물들과는 다르다. 우리는 주변을 둘러보고 궁금해 한다. 우리는 우리 주변에 대해서 그리고 가까운 곳과 먼 곳에서 관찰하는 것에 대해서 궁금해 하고 그것을 모두 이해하고 싶어 한다. 실로, 우리는 미지의 것을 두려워한다. 이러한 궁금증과 이해하고 싶은 욕망은 우리를 인간답게 할 뿐 아니라 문명의 초석을 이루는 것 중 하나이다.

구문풀이 | • However, the human species differs from other animals because we thirst for knowledge [that reaches far beyond our personal needs].
[ ]는 관계절로서 knowledge를 수식한다.

• [This sense of wonder and desire for understanding] **not only** makes us human, **but** is **also** one of the foundation stones of civilization.
[ ]는 문장의 주어이며 술어동사는 'A뿐만 아니라 B도'라는 뜻을 나타내는 상관어구 「not only *A* but also *B*」에 의해 병렬을 이루고 있는 makes와 is이다.

Words & Phrases

curiosity 호기심 essence 핵심적 특성, 본질
predator 포식자 human species 인류
differ from ~와 다르다 thirst for ~을 갈망하다
surroundings 주변, 환경 observe 관찰하다
unknown 미지의 foundation stone 초석
civilization 문명

EXAMPLE 02

본문 15쪽

정답 ②

소재 | 창의성을 이끌어 내는 상상력의 활용

직독직해

L4 If you can return to the joyful feelings /
기쁜 감정들로 돌아갈 수 있다면 /
that you had through play, / you'll find /
여러분이 놀이를 통해서 가졌던 / 알게 될 것이다 /
that you feel happier about yourself.
스스로에 대해 더 행복하다고 느끼는 것을

L7 There is no end / to how creative you can be /
끝이 없다 / 얼마나 창의적일 수 있는지는 /
when you move into your imagination.
상상 속으로 들어갈 때

L8 It will also keep you focused /
또한 그것(상상력)은 집중할 수 있게 해 줄 것이다 /
on completing the tasks at hand /
당면한 과업을 완수하는 데 /
because imagination makes everyday tasks more interesting.
상상력이 일상적인 과업을 더욱 흥미롭게 만들어서

해석 | 어린 시절을 회상해 보라. 어떻게 놀았는가? 상상력을 사용하는 것이 어떻게 느껴졌는가? 상상력이 풍부하다는 것은 우리에게 행복감을 주고 우리의 삶에 흥분을 더한다. 이제 그런 감정들로 돌아갈 때이다. 여러분이 놀이를 통해서 가졌던 기쁜 감정들로 돌아갈 수 있다면 스스로에 대해 더 행복하다고 느끼는 것을 알게 될 것이다. 책을 쓰거나 뭔가를 발명하기 위해 상상력을 활용할 수 있다. 상상 속으로 들어갈 때 얼마나 창의적일 수 있는지는 끝이 없다. 또한, 상상력은 일상적인 과업을 더욱 흥미롭게 만들어서 당면한 과업을 완수하는 데 집중할 수 있게 해 줄 것이다.

구문풀이 | • Think back to [when you were a kid].
[ ]는 선행사가 생략된 관계부사절로서 to의 목적어 구실을 한다. [ ]는 the time when you were a kid로 이해할 수 있다.

• There is no end to [how creative you can be {when you move into your imagination}].
[ ]는 의문사절로서 to의 목적어 구실을 한다. { }는 [ ] 안에 있는 부사절이다.

Words & Phrases

imagination 상상력, 상상 emotion 감정

joyful 기쁜
creative 창의적인
task 과업, 일, 과제
invent 발명하다
complete 완수하다
at hand 당면한, 가까이 있는

PRACTICE 본문 16~19쪽

01 ④ 02 ⑤ 03 ⑤ 04 ②

01

소재 | 일정 관리에서 염두에 둘 것

직독직해

L1 A major psychological challenge for scheduling /
일정 관리에 대한 주요한 심리적 과제는 /
is to make use of proper skepticism, /
적절한 회의적 태도를 이용하는 것이다 /
without deflating the passion and motivation of the team.
팀의 열정과 동기를 위축시키지 않고

L3 Unlike the creation of a vision document, /
미래상 예측 문서를 만드는 것과는 달리 /
where spirit and optimism about the future must reign, /
미래에 대한 활기와 낙관주의가 지배적이어야 하는 /
a schedule has to come from the opposite perspective.
일정은 그와 정반대의 관점에서 나와야 한다

해석 | 일정 관리에 대한 주요한 심리적 과제는 팀의 열정과 동기를 위축시키지 않고 적절한 회의적 태도를 이용하는 것이다. 미래에 대한 활기와 낙관주의가 지배적이어야 하는 미래상 예측 문서를 만드는 것과는 달리, 일정은 그와 정반대의 관점에서 나와야 한다. 일이 얼마나 긴 시간이 걸릴 것인지 추정하기 위해 기입되는 숫자에는 머피의 법칙("잘못될 수 있는 것은 잘못되게 마련이다")에 대한 가차 없고 솔직한 존중이 필요하다. 일정은 최적의 조건에서 일어날지도 모르거나 일어날 수 있는 것을 반영해서는 안 된다. 그 대신 좋은 일정은 몇 가지 중요한 것이 기대대로 진행되지 않음에도 불구하고 무엇이 일어날 것인지 분명히 언급한다. 일정 관리에 검사 및 품질 보증 팀이 참여하도록 하는 것이 중요한데, 그들이 작업을 설계하는 데 대해 생각했던 대로 회의적이고 비판적인 시선을 던지기 때문이다.

해설 | 일정을 관리할 때는 최적의 조건에서 일이 진행될 것이라고 보지 말고 일이 잘못될 수 있다는 회의적 태도를 가지고 접근해야 한다는 내용이므로, 글의 요지로는 ④가 가장 적절하다.

구문풀이 | • It's important **to have the test/QA team involved** in scheduling because they lend a naturally skeptical and critical eye to engineering work.
It은 형식상의 주어이고 to have ~가 내용상의 주어이다. have의 목적어인 the test/QA team과 목적보어인 involved는 수동의 의미 관계이다.

02

소재 | 예산 확보를 위해 노력해야 하는 아동도서관 사서

직독직해

L3 However, / it is the responsibility of the children's librarian /
하지만 / 아동도서관 사서의 책임이다 /
to inform the administration / early in the budget process /
집행부에게 알리는 것이 / 예산 과정의 초기에 /
of needs for the next year, /
다음 해에 필요한 것에 대해 /
including a justification of why the funds are needed.
그 자금이 왜 필요한지에 대한 타당한 이유를 포함해서

L7 Being specific / about areas of the collection /
구체적으로 말하는 것은 / 소장 도서 영역에 관해 /
which are dated and worn /
구식이며 낡은 /
is more likely to bring results / than a general statement /
결과물을 가져올 가능성이 더 크다 / 일반적인 진술보다 /
that more money is needed.
더 많은 돈이 필요하다는

해석 | 아동도서관 사서들은 예산 과정에 참여하지 못하는 경우가 많다. 규모가 더 작은 여러 도서관에서 그들은 단지 다음 해에 써야 할 액수를 통보만 받을 뿐이다. 하지만 예산 과정의 초기에 그 자금이 왜 필요한지에 대한 타당한 이유를 포함해서 다음 해에 필요한 것에 대해 집행부에게 알리는 것이 아동도서관 사서의 책임이다. 작년의 예산이 불충분했다면, 왜 추가적인 자금이 필요한지를 설명하라. 구식이며 낡은 소장 도서 영역에 관해 구체적으로 말하는 것이, 더 많은 돈이 필요하다는 일반적인 진술보다 결과물을 가져올 가능성이 더 크다. 관리자나 교장이 예산 준비에 이용하도록 자료 예산 요청을 서면으로 하라.

해설 | 아동도서관에 예산이 왜 필요한지를 집행부에 알리는 것이

아동도서관 사서들의 책임임을 주장하며, 그 책임을 이행할 때 취해야 할 적극적인 자세에 대해 설명하고 있으므로, 글쓴이가 주장하는 바로 가장 적절한 것은 ⑤이다.

구문풀이 | • However, it is the responsibility of the children's librarian to **inform** the administration early in the budget process **of** needs for the next year, including a justification of why the funds are needed.
「inform *A* of *B*」는 'A에게 B를 알리다'라는 의미이다. A에 해당하는 것은 the administration이고 B에 해당하는 것은 needs 이하이다.

• Being specific about areas of the collection [which are dated and worn] is more likely to bring results than **a general statement** [that more money is needed].
첫 번째 [ ]는 areas of the collection을 수식하는 관계절이며, 두 번째 [ ]는 a general statement를 구체적으로 설명하는 동격절이다.

03

소재 | 자신을 실제 이상으로 평가하는 성향

직독직해

L5 This set of beliefs /
이러한 일련의 믿음은 /
is known as the 'Lake Wobegon' effect, /
'Lake Wobegon' 효과로 알려져 있다 /
after a fictional community /
가공의 공동체를 본떠 /
in the stories by Garrison Keillor, /
Garrison Keillor가 쓴 소설들 속에 나오는 /
where all the children are above average.
거기에서는 모든 아이들이 평균 이상이다

L9 And / of university professors, / 94 percent thought /
그리고 / 대학교수들 중에서는 / 94퍼센트가 생각했다 /
they were better at their jobs /
자신들이 일을 더 잘한다고 /
than their average colleague.
보통의 동료보다

해석 | 일반적으로 자신에 대한 보통 사람의 믿음은 실제보다 돋보인다. 일반 대중의 대다수는 자신들이 보통 사람보다 더 지적이고 공정하며, 설명을 더 잘하고 덜 편파적이라고 믿는다. 이것은 대학생들과 그들의 교수들과 마찬가지로 일반 대중에게도 적용된다. 이러한 일련의 믿음은 Garrison Keillor가 쓴 소설들 속에 나오는 가공의 공동체를 본떠 'Lake Wobegon' 효과로 알려져 있는데, 거기에서는 모든 아이들이 평균 이상이다. 그리고 또, 미국의 고등학교 졸업반 학생들에 대한 조사는, 70퍼센트가 자신들이 평균 이상의 지도력 자질을 가지고 있으며 겨우 2퍼센트만 자신들이 평균 이하라고 믿는다는 것을 밝혀냈다. 그리고 대학교수들 중에서는 94퍼센트가 자신들이 보통의 동료보다 일을 더 잘한다고 생각했다.

해설 | 보통 사람들은 자신을 실제 이상으로 평가하는 경향이 있음을 몇몇 예와 함께 설명하고 있는 글이다. 그러므로 글의 요지로 가장 적절한 것은 ⑤이다.

구문풀이 | • This is **as** true of the general public **as** it is of university students and their professors.
'…만큼[처럼] ~한'이라는 의미의 「as ~ as …」 구문이 사용되었다. it is 뒤에 true가 있는 것처럼 생각하면 이해하기 쉽다.

• This set of beliefs is known as the 'Lake Wobegon' effect, after a fictional community in the stories by Garrison Keillor, **where** all the children are above average.
관계부사 where가 계속적 용법으로 쓰였는데, 선행사는 a fictional community in the stories by Garrison Keillor이다. where는 and there(= in the fictional community in the stories by Garrison Keillor)로 이해할 수 있다.

04

소재 | 속독에 관한 허위 광고

직독직해

L1 I have seen advertisements /
나는 광고를 본 적이 있다 /
that say they can teach you /
가르쳐 줄 수 있다고 말하는 /
how to read fast / by running your finger down the page.
빨리 읽는 방법을 / 손가락을 페이지에 대고 훑어 내려감으로써

L3 That may be the best way /
그렇게 하는 것은 최선의 방법일지도 모른다 /
to look someone up in the telephone book, /
전화번호부에서 누군가를 찾는 /
but you are not going to learn very much / at that speed.
그러나 많은 것을 배우지 못할 것이다 / 그런 속도로는

해석 | 속독에 관해 많은 말도 안 되는 내용이 쓰여 왔다. 나는 손가락을 페이지에 대고 훑어 내려감으로써 빨리 읽는 방법을 가르쳐 줄 수 있다고 말하는 광고를 본 적이 있다. 그렇게 하는 것은 전화번호부에서 누군가를 찾는 최선의 방법일지는 모르지만, 그런 속도로는 많은 것을 배우지 못할 것이다. 심지어 어떤 사람은 자기들의 방법을 이용해 두세 시간 안에 성경을 읽는 방법을 보여 줄 수 있다고도 말한다. 이 모든 방법들에 대해 잊으라. 속도를 강조하는 사람들 대부분은 책으로부터 무엇을 배웠는지보다는 얼마나 많은 책을 읽었는지를 친구들에게 말하려고 그저 많은 페이지를 넘기고 있는 것이다.

해설 | 손가락으로 훑어 내려가면서 읽음으로써 속독할 수 있다거나 두세 시간 만에 성경을 읽는 방법이 있다거나 하는 광고는 말도 안 되는 내용이라고 했으므로 필자가 주장하는 바로 가장 적절한 것은 ②이다.

구문풀이 | • Most of the people [who emphasize speed] are just turning a lot of pages so they can tell their friends [how many books they have read], **rather than** [what they have learned from them].

첫 번째 [ ]는 the people을 수식하는 관계절이다. 「*A* rather than *B*」는 'B라기보다는 A'라는 의미이고 두 번째와 세 번째 [ ]가 각각 A, B에 해당한다.

UNIT 03 목적

EXAMPLE 01 본문 20쪽

정답 ⑤

소재 | 다목적실의 단독 사용에 대한 협조 요청

직독직해

L4 For the past two weeks, /
지난 2주 동안 /
band practice has been canceled /
밴드 연습이 취소되었습니다 /
because other groups needed to use the room.
다른 그룹들이 다목적실을 사용할 필요가 있어서

L5 Since the band tournament is only one month away, /
밴드 경연 대회가 한 달밖에 남지 않았기에 /
we are asking to be the only group /
우리가 유일한 그룹이 되길 요청합니다 /
to use the multipurpose room /
다목적실을 사용하는 /
after school / for this entire month.
방과 후에 / 이번 달 내내

해석 | 학생회 귀중,

우리는 11학년 밴드부원들입니다. 현재, 우리만의 연습실이 없어 일주일에 두 번을 다목적실에서 연습해야 합니다. 지난 2주 동안, 다른 그룹들이 다목적실을 사용할 필요가 있어서 밴드 연습이 취소되었습니다. 밴드 경연 대회가 한 달밖에 남지 않았기에, 우리가 이번 달 내내 방과 후에 다목적실을 사용하는 유일한 그룹이 되길 요청합니다. Cooper 교장 선생님께서는 우리의 제안에 대해 학생회 전체가 투표를 해야 한다고 말씀하셨습니다. 우리의 상황을 이해하고 우리를 지지하여 투표해 주시기 바랍니다.

11학년 밴드부 드림

구문풀이 | • For the past two weeks, band practice **has been** canceled [because other groups needed to use the room].

2주 전부터 현재까지 계속 진행된 상황을 나타내기 위해서 현재완료(have+p.p.)가 사용되었다. [ ]는 이유를 나타내는 부사절이다.

• Since the band tournament is only one month away, we are asking to be the only group [to use the multipurpose room after school for this entire month].

[ ]는 to부정사구로 the only group을 수식한다.

Words & Phrases

student council 학생회, 학생자치위원회
currently 현재, 지금
practice 연습; 연습하다
multipurpose 다목적의, 용도가 많은
cancel 취소하다
tournament 경연 대회
vote 투표하다
proposal 제안, 신청
in one's favor ~을 지지하여, ~에게 유리하게

EXAMPLE 02 본문 21쪽

정답 ②

소재 | 식품 회사 신입 사원 모집 지원

직독직해

L1 As a recent college graduate, / I am very excited /
최근에 대학을 졸업한 사람으로서 / 저는 매우 기쁩니다 /
to move forward with my career in marketing /
마케팅 분야에서 제 경력을 발전시키고 /

and gain additional experience /
추가적인 경험을 얻을 수 있어서 /
in a food sales environment / specifically.
식품 판매 환경에서 / 구체적으로

L8 If hired / as a member of your Marketing Department, /
만약 고용이 된다면 / 귀사의 마케팅 부서 일원으로 /
my goal would be / to get new clients /
저의 목표는 ~입니다 / 새로운 고객을 창출하는 것 /
and to ensure / that current customers continue to feel excited /
그리고 반드시 ~하게 하는 것 / 현재 고객들이 계속 기뻐하게 /
about their purchases.
자신들의 구매에 대해서

해석 | 최근에 대학을 졸업한 사람으로서, 저는 마케팅 분야에서 제 경력을 발전시키고 식품 판매 환경에서 추가적인 경험을 구체적으로 얻을 수 있게 되어 매우 기쁩니다. 귀사에 대한 놀라운 일들에 대해 들었고, 귀 부서에 합류하고 싶습니다. 저는 이전에 소매업에서 일한 경험이 있지만, 저는 항상 식품 판매 방면으로 옮기고 싶었습니다. 저의 자원봉사 경험은 각계각층의 사람들과 함께 일할 수 있도록 해 주었고, 지역 자선 단체에 대한 귀사의 공헌에 대해 그들이 얼마나 많이 감사해 하고 있는지를 저는 알고 있습니다. 만약 귀사의 마케팅 부서 일원으로 고용이 된다면, 저의 목표는 새로운 고객을 창출하고 현재 고객들이 반드시 자신들의 구매에 대해서 계속 기뻐하게 하는 것입니다.

구문풀이 |
- My volunteer experience has **allowed** me **to work** with people from all walks of life, and I know [how much they appreciate your company's contributions to the local charity].
  동사 allow는 목적보어로 to부정사를 취한다. [ ]는 의문사절로 동사 know의 목적어 역할을 한다.
- [If hired as a member of your Marketing Department], my goal would be [to get new clients] **and** [to ensure that current customers continue to feel excited about their purchases].
  첫 번째 [ ]는 접속사 뒤에 주어와 be동사가 생략된 분사구문으로, If I were hired ~로 고쳐 쓸 수 있다. 두 번째와 세 번째 [ ]는 and에 의해 병렬 구조를 이루어 be의 보어 역할을 한다.

Words & Phrases

graduate 졸업생
move forward with ~을 발전시키다, ~과 함께 전진하다
career 경력 additional 추가적인
environment 환경 specifically 구체적으로
prior 이전의 retail 소매업
direction 방면, 방향 volunteer 자원봉사
people from all walks of life 각계각층의 사람들
appreciate 감사해 하다 contribution to ~에 대한 공헌
charity 자선 단체 hire 고용하다
client 고객 ensure 반드시 ~하게 하다
current 현재의 customer 고객
purchase 구매

PRACTICE 본문 22~25쪽

01 ② **02** ④ **03** ④ **04** ⑤

01

소재 | 보고서 제출 요청

직독직해

L2 Our records show /
저희 기록에 따르면 /
that you have not complied with the legal obligation /
귀하께서는 법적 의무를 따르지 않으셨습니다 /
to file your report for the Survey of Specialized Agriculture.
'농업 특성화에 관한 조사'에 대한 보고서를 제출해야 하는

L8 If you fail to do so, /
귀하가 그렇게 해 주시지 않으면 /
we will not be able to complete the survey tabulations / on schedule.
저희는 조사 도표 작성을 완료할 수 없습니다 / 예정대로

해석 | 선생님께:

저희 기록에 따르면 귀하께서는 '농업 특성화에 관한 조사'에 대한 보고서를 제출해야 하는 법적 의무를 따르지 않으셨습니다. 이 보고서는 법(미국 연방 법전 13편)에 의해 요구되는 것임을 귀하에게 상기시켜 드립니다. 저희는 일찍이 1월에 첫 번째 협조 요청을 (양식을 동봉하여) 귀하에게 우송했습니다. 그 양식의 두 번째 사본은 3월 14일자 제 편지와 함께 귀하에게 보내드렸습니다. 이 양식들 중 하나를 작성하셔서 즉시 저희에게 우송해 주시기 바랍니다. 귀하가 그렇게 해 주시지 않으면 저희는 예정대로 조사 도표 작성을 완료할 수 없습니다. 귀하의 협조에 감사드립니다.

J. Thomas Breen 올림

해설 | 법적 의무에 따라 제출해야 하는 보고서를 아직 제출하지

않았음을 상기시키면서 이미 보내 준 보고서 양식을 작성하여 당장 우송해 줄 것을 요청하는 내용이므로, 글의 목적으로 가장 적절한 것은 ②이다.

구문풀이 | • I must **remind you that** this report is required by law (Title 13, United States Code).
「remind+목적어+that절」은 '~에게 …을 상기시키다'라는 의미이다.

02

소재 | 어머니의 진주 반지

직독직해

L9 After my daughter Tina was born, / we used to say /
제 딸 Tina가 태어난 후 / 저희는 말하곤 했습니다 /
that someday when she married someone /
언젠가 그녀가 누군가와 결혼을 하면 /
it would be hers.
그것은 그녀의 것이 될 것이라고

L12 I am sure / you will understand /
저는 확신합니다 / 당신이 이해해 주실 것이라고 /
that we want / this remembrance of my mother /
저희가 원한다는 것을 / 저희 어머니에 대한 이 추억거리가 /
to remain in the family.
가족에게 남아 있기를

해석 | Monica 씨께,

지난주 저희 어머니의 장례식에서 뵙게 되어 반가웠습니다. 가족과 친구들로 둘러싸여 있으니 위로가 되었습니다. 그날이 끝날 무렵, 당신은 저에게 저희 어머니께서 당신에게 어머니의 진주 반지를 줄 것을 약속하셨다고 말씀하셨습니다. 그날은 제가 당신의 요청을 논의하기에 적절한 시기가 아니었지만 이제는 제 생각을 알려 드리고 싶었습니다. 그 아름다운 반지는 저희 가족에게 특별한 의미를 가지고 있습니다. 저희 아버지께서 제2차 세계대전 중 태평양에 주둔하실 때 그것을 사셨습니다. 저희 어머니께서는 40년이 넘게 그것을 자랑스럽게 끼셨습니다. 제 딸 Tina가 태어난 후, 저희는 언젠가 그녀가 누군가와 결혼을 하면, 그것은 그녀의 것이 될 것이라고 말하곤 했습니다. 저희 어머니는 다르게 말씀하신 적이 없으셨고 어머니의 유언장에 그것을 당신에게 준다는 언급이 없습니다. 저희가 어머니에 대한 이 추억거리가 가족에게 남아 있기를 원한다는 것을 당신이 이해해 주실 것이라고 확신합니다.

Chris Walker 올림

해설 | 필자는 생전에 어머니가 지인에게 주기로 약속한 반지가 가족들에게 굉장히 특별한 의미를 지니고 있고 유언장에 지인에게 준다는 언급이 없다는 점 등을 들어 그것을 주지 못하는 것에 대해 지인의 양해를 구하고 있다. 따라서 글의 목적으로 가장 적절한 것은 ④이다.

구문풀이 | • At the end of the day you told me that my mother **had promised** you her pearl ring.
과거의 한 시점 이전에 일어난 일은 과거완료(had+p.p.)로 나타낸다.

• I am sure you will understand [that we **want** this remembrance of my mother **to remain** in the family].
[ ]는 understand의 목적어 역할을 하는 명사절이며 그 안에 「want+목적어+to부정사」 구문이 쓰여 '~가 …하기를 원하다'라는 의미를 나타내고 있다.

03

소재 | 공사 일정 공지

직독직해

L2 Beginning around mid-April, 2017, /
2017년 4월 중순경부터 /
contractors for the City of Southfield /
Southfield 시의 도급업자들이 /
will perform water main and pavement replacement /
수도 본관과 보도 교체를 시행할 것입니다 /
in your area.
여러분의 지역에

L6 The proposed road improvements are made possible /
제안된 도로 개선 공사는 가능해졌습니다 /
thanks to the City's $99 million Street Improvements Bond /
시의 9,900만 달러의 도로 개선 채권 덕분에 /
which was approved by voters in 2016.
2016년에 유권자들이 승인한

해석 | 주택 소유주 및 주민께:

2017년 4월 중순경부터 Southfield 시의 도급업자들이 여러분의 지역에 수도 본관과 보도 교체를 시행할 것입니다. 그 공사의 일부로 Consumers Energy 사(社)도 선택적인 가스 서비스 개선 공사를 할 예정입니다. 수도 본관 교체와 도로 교체 지역을 보여 주는 지도가 이 편지에 첨부되어 있습니다. 제안된 도로 개선 공사는 2016년에 유권자들이 승인한 시의 9,900만 달러의 도로 개선 채권 덕분에 가능해졌습니다. 수도 본관은 물 기금으로 교체될 것입니다. 공사는 2017년 4월 중에 시작될 예정입니다. 공사의 대부분은 2017년 11월 15일에 완료될 것입니다. 2017년의 식물 성장 시기에 완료되지 않은 잔디 지역에 대한 일부 사소한 복구공사는 2018년 초봄에 완료될 것입니다.

해설 | 주택 소유주와 주민들에게 해당 지역에 시행될 수도 본관 및 보도 교체 공사 등의 일정을 공지하는 내용이므로, 글의 목적으로 가장 적절한 것은 ④이다.

구문풀이 | • Some minor restoration of lawn areas [that is not completed in the 2017 growing season] will be completed in early spring of 2018.
[ ]는 앞에 있는 Some minor restoration of lawn areas를 수식하는 관계절이다.

04

소재 | 학교 주변의 교통안전 문제 해결

직독직해

L3 He has failed, however, to take even the first steps /
하지만 그는 첫 번째 조치조차 취하지 못했습니다 /
toward reducing the dangerous conditions /
위험한 환경을 줄이는 쪽으로의 /
of many of the intersections /
교차로 중 여러 군데의 /
surrounding our children's schools.
우리 아이들의 학교를 둘러싸고 있는

L6 Write Mayor Doe and tell him, /
Doe 시장에게 편지를 써서 그에게 말하십시오 /
in no uncertain terms, /
아주 확실한 말로 /
that it is his responsibility to protect the children /
아이들을 보호하는 것이 그의 책임임을 /
by installing crosswalks and traffic lights /
횡단보도와 교통 신호등을 설치함으로써 /
at dangerous intersections.
위험한 교차로에

해석 | 저는 아주 중요한 문제에 여러분의 관심을 끌어내기 위해 글을 쓰고 있습니다. Doe 시장은 우리 지역 사회를 괴롭혀 온 교통 문제를 처리하기로 약속했습니다. 하지만 그는 우리 아이들의 학교를 둘러싸고 있는 교차로 중 여러 군데의 위험한 환경을 줄이는 쪽으로의 첫 번째 조치조차 취하지 못했습니다. 저는 여러분께서 이러한 당면한 위험에 대한 우려를 표명하는 데 저와 함께 해주시기를 바랍니다. Doe 시장에게 편지를 써서, 아주 확실한 말로, 위험한 교차로에 횡단보도와 교통 신호등을 설치함으로써 아이들을 보호하는 것이 그의 책임임을 그에게 말하십시오. 여러분의 지지는 그가 우리의 거리를 효율적으로 유지하고 우리의 아이들을 안전하게 하겠다는 자신의 약속을 이행하는 데 달려 있음을 그에게 알려 주십시오!

해설 | Doe 시장이 학교 주변의 교통안전 문제를 처리하겠다는 약속을 지키지 않은 것에 대해 약속의 이행을 요구하는 편지를 함께 쓸 것을 호소하고 있는 내용이다. 그러므로 글의 목적으로 가장 적절한 것은 ⑤이다.

구문풀이 | • I am writing to draw your attention to a matter [**of** great **importance**].
[ ]는 전치사구로 a matter를 수식한다. 「of+추상명사」는 형용사와 비슷한 역할을 한다.
ex. a matter of great importance
= a very important matter

• Write Mayor Doe and tell him, in no uncertain terms, [that **it** is his responsibility {to protect the children by installing crosswalks and traffic lights at dangerous intersections}].
[ ]는 동사 tell의 직접목적어 역할을 하는 명사절이다. 명사절 [ ] 안에서 it은 형식상의 주어이고, { }가 내용상의 주어이다.

UNIT 04 심경 · 분위기

EXAMPLE 01

본문 26쪽

정답 ④

소재 | 작은 말을 타고 물이 불은 하천을 건너가는 Joni

직독직해

L3 Her sisters, on their big horses, /
큰 말들을 탄 그녀의 언니들은 /
thought it was exciting /
재미있다고 생각했다 /
to cross the river at the deepest part.
가장 깊은 부분에서 하천을 건너는 것이

L6 As her pony walked / into the middle of the river, /
자신의 조랑말이 걸어 들어갈 때 / 하천의 한가운데로 /
Joni turned pale, / staring at /
Joni는 창백해졌다 / 응시하며 /
the swirling waters rushing around /
소용돌이치는 강물이 세차게 흘러 돌아가는 것을 /

the legs of her pony.
자기 조랑말 다리를

해석 | Joni는 자기 언니들과 승마를 하러 갔다. 그녀의 조랑말은 언니 말들의 절반 크기라서 그녀는 언니들에게 보조를 맞추느라 애를 먹었다. 큰 말들을 탄 언니들은 가장 깊은 부분에서 하천을 건너는 것이 재미있다고 생각했다. 그들은 Joni의 작은 조랑말이 좀 더 깊이 빠지는 것을 결코 알아차리지 못한 것처럼 보였다. 그 주초에 비가 와서 하천은 갈색이고 물이 불어났다. 자신의 조랑말이 하천의 한가운데로 걸어 들어갈 때 Joni는 소용돌이치는 강물이 자기 조랑말 다리를 세차게 흘러 돌아가는 것을 응시하며 창백해졌다. 그녀의 심장은 빨리 뛰기 시작했고 입은 말라 갔다.

구문풀이 | • She **had a hard time keeping** up with them because her pony was half the size of their horses.
「have a hard time -ing」는 '~하느라 애를 먹다'라는 뜻이다.

• As her pony walked into the middle of the river, Joni turned pale, [staring at the swirling waters {rushing around the legs of her pony}].
[ ]는 분사구문으로, 부수적인 동작을 나타내고 있다. { }는 분사구로, the swirling waters를 수식한다.

Words & Phrases

horseback riding 승마, 말타기
keep up with ~와 보조를 맞추다, ~에 뒤지지 않다
pony 조랑말
notice 알아차리다
sink 빠지다, 가라앉다
swollen 물이 불어난, 부어오른
pale 창백한
swirl 소용돌이치다
race (심장이) 아주 빨리 고동치다

EXAMPLE 02

본문 27쪽

정답 ②

소재 | 응급 센터에 걸려온 전화에 대한 대처 상황

직독직해

L1 On my first day / in the Emergency Center, /
첫날 / 응급 센터에서의 /
I was about to drink my coffee /
내가 막 커피를 마시려고 하는데 /
when the first call came.
첫 번째 전화가 왔다

L7 After a few tense moments, /
긴장된 순간이 지난 후 /
she came back on the line /
그 여자가 다시 전화로 돌아와서 /
and shouted, / "Where's the ambulance?"
외쳤다 / "구급차는 어디에 있나요?"라고

해석 | 응급 센터에서의 첫날 내가 막 커피를 마시려고 하는데 첫 번째 전화가 왔다. 나는 재빨리 전화를 집어 들며 "9-1-1입니다."라고 말했다. 내 목소리는 떨리고 있었고 내 심장은 아주 빨리 고동치고 있었다. "내 남편이 숨을 쉬고 있지 않아요!"라고 한 여자가 큰 소리로 외쳤다. 나는 그녀에게 심폐소생술을 시작하라고 지시했다. 가능한 한 침착해지려 애를 쓰고 있었지만, 나는 떨고 있었다. 상황은 절대적으로 위급했다. 그 여자가 심폐소생술을 실시하고 있는 동안 나는 즉시 가까운 병원에 알렸다. 긴장된 순간들이 지난 후 그 여자가 다시 전화로 돌아와서 "구급차는 어디에 있나요?"라고 외쳤다. "구급차는 가능한 한 빨리 그곳으로 가고 있습니다."라고 나는 대답했다.

구문풀이 | • I was trying to be **as steady as I could**, but I was shaking.
「as+형용사+as+주어+can」은 '가능한 한 ~한'이라는 뜻이다.

• I replied, "It's getting there **as quickly as it can**."
「as+부사+as+주어+can」은 '가능한 한 ~하게'라는 뜻이다.

Words & Phrases

emergency center 응급 센터
tremble 떨리다, 떨다
instruct 지시하다
CPR(cardiopulmonary resuscitation) 심폐소생술
steady 침착한, 차분한
critical 위급한, 위기의
notify 알리다, 통지하다
tense 긴장된

PRACTICE

본문 28~31쪽

01 ②	02 ⑤	03 ①	04 ③

01

소재 | 대학 캠퍼스에서의 저녁 산책

직독직해

L1 As often as he could, /
그는 가능한 한 자주 /
after his classes were over /
수업이 끝난 후에 /
and his work at the Footes' was done, /
그리고 Foote 씨 부부 집에서 자기 일을 다한 후에 /
he returned to the university.
그는 대학으로 되돌아갔다

L6 Sometimes he stood in the center of the quadrangle, /
때때로 그는 안뜰 가운데 서서 /
looking at the five huge columns /
다섯 개의 거대한 기둥을 보았다 /
in front of Jesse Hall /
Jesse Hall 앞에 있는 /
that thrust upward into the night out of the cool grass
차가운 잔디밭에서 밤을 향해 위로 뻗은

해석 | 수업이 끝나고 Foote 씨 부부 집에서 자기 일을 다한 후에, 그는 가능한 한 자주 대학으로 되돌아갔다. 저녁에 가끔, 그는 길게 트인 캠퍼스 안뜰에서 함께 산책하면서 부드럽게 속삭이는 연인들 사이를 거닐었다. 비록 그들 중 누구와도 아는 사이가 아니었고 그들에게 말을 걸지도 않았지만, 그는 그들에게 친밀감을 느꼈다. 그는 때때로 안뜰 가운데에 서서 차가운 잔디밭에서 밤을 향해 위로 뻗은 Jesse Hall 앞에 있는 다섯 개의 거대한 기둥을 보았다. 그는 이 기둥들이 여러 해 전에 화재로 무너진 그 대학의 원래 본관의 잔해라는 것을 알고 있었다. 달빛 속에서 회색조의 은빛을 띠며, 헐벗은 채 순수한 그 기둥들은, 신전이 신을 나타내듯, 그에게 그가 받아들인 삶의 방식을 나타내는 것처럼 보였다.

해설 | 저녁에 대학 캠퍼스 안뜰에서 함께 산책하며 속삭이는 연인들 사이에서 혼자 거닐며 화재로 무너진 건물의 기둥만 남아 서 있는 것을 보면서 마치 자기가 받아들인 삶의 방식을 나타내는 것처럼 느끼고 있는 상황을 보여 주고 있으므로, 글의 분위기로는 ② '조용하고 평화로운'이 가장 적절하다.
① 활기차고 흥겨운 ③ 불가사의하고 무서운
④ 위험하고 긴박한 ⑤ 흥분되고 긴장감 있는

구문풀이 | • [Grayish silver in the moonlight, bare and pure], **they** seemed to him to represent the way of life [he had embraced], as a temple represents a god.
첫 번째 [ ]는 주어인 they를 설명하는 말이고, they는 columns를 가리킨다. 두 번째 [ ]는 the way of life를 수식하는 관계절이다.

02

소재 | 무거운 짐을 들고 가는 필자를 도와준 할머니

직독직해

L1 Last summer / I went to get groceries /
지난 여름 / 나는 식료품을 구입하러 갔다가 /
and unconsciously bought much more /
무의식적으로 훨씬 더 많은 식료품을 샀다 /
than I could easily carry.
내가 쉽게 들고 갈 수 있는 것보다

L2 I couldn't afford a taxi, /
나는 택시를 탈 형편이 아니었고 /
so I was shuffling along, /
그래서 발을 끌며 걷다가 /
stopping every few feet /
몇 피트마다 멈춰 섰다 /
because the bags were heavy.
봉투가 무거웠기 때문에

해석 | 지난 여름 나는 식료품을 구입하러 갔다가 무의식적으로 내가 쉽게 들고 갈 수 있는 것보다 훨씬 더 많은 식료품을 샀다. 나는 택시를 탈 형편이 아니었고, 그래서 봉투가 무거워 발을 끌며 걷다가 몇 피트마다 멈춰 섰다. 어느 지점에선가 봉투 중 하나의 밑이 터졌고 식료품 중 일부가 망가졌다. 나는 건질 수 있는 것을 가까스로 건져서 계속 길을 갔다. 아파트까지 약 10분 정도가 남았을 때, 할머니 한 분이 우체통에 편지를 넣으려고 차를 길 한쪽으로 댔다. 그녀는 차로 나를 태워 주겠다고 제안했다. 처음에 나는 그리 먼 거리가 아니어서 정중하게 거절했지만, 그녀는 (태워 주겠다고) 고집했다. 나는 태워 준 대가로 그녀에게 돈을 좀 드렸지만, 그녀는 거절했고, 도움을 줄 수 있어서 기쁠 따름이라고 말했다. 그 할머니는 어려움에 처한 사람들을 기꺼이 도와주려는 사람들이 여전히 존재한다는 것을 내게 보여 주었다.

해설 | 필자는 들고 갈 수 있는 것보다 훨씬 더 많은 식료품을 사서 집까지 힘들게 가는 도중에 봉투 중 하나의 밑이 터져서 식료품 중 일부가 망가지는 상황에 처했다가 어느 할머니의 도움으로 차를 타고 집까지 올 수 있었으므로, 필자의 심경 변화로는 ⑤ '당혹스러운 → 고마워하는'이 가장 적절하다.
① 지루한 → 신이 난 ② 호기심이 강한 → 만족한
③ 안도한 → 불안한 ④ 기쁜 → 실망한

구문풀이 | • Last summer I [went to get groceries] **and** [unconsciously bought **much more** than I could easily carry].
두 개의 [ ]가 and에 의해 병렬 구조를 이루고 있다. much는 비교급 more를 강조하는 표현으로 even, still, far, a lot 등으로도 바꿔 쓸 수 있다.

• The lady showed me [there are still people {willing to help those in need}].
[ ]는 접속사 that이 생략된 명사절로 showed의 직접목적어 역할을 한다. { }는 형용사구로 people을 수식한다.

03

소재 | 할머니의 임종

직독직해

L3 Corey sat beside her, / his jaw set tightly /
Corey는 그녀 옆에 앉아 있었다 / 턱을 경직시킨 채 /
and his tense face made him look /
그리고 그의 긴장한 얼굴이 보이게 만들었다 /
a bit like a statue himself.
그 자신을 약간 조각상처럼

해석 | 커다란 침실의 창문들은 열려 있었고, 점점 희미해지는 주황색 햇빛이 벽을 가로질러 긴 그림자를 드리웠다. Emily의 조각상이 얼어붙은 듯 무력하게 방구석에 서 있었다. Corey는 턱을 경직시킨 채 그녀 옆에 앉아 있었는데 그의 긴장한 얼굴이 그 자신을 약간 조각상처럼 보이게 만들었다. Grue도 구석에 앉아 조용히 할머니를 바라보며 이곳에 있었는데, 어쩌면 내내 울고 있었던 것 같았다. 할머니는 방 가운데에 있는 커다란 침대에 누워 계셨다. 그녀의 흰머리를 지는 해의 황금빛이 비추었다. 그녀의 피부는 창백한 회색이었고 그녀의 호흡은 약했다. 나는 항상 할머니를 거의 무적이라고 생각했었지만, 이제 그녀는 가슴이 아플 정도로 가냘프고 약해 보였다. 할아버지는 침대 옆 의자에 앉아 계셨다. 우리를 보자, 그는 Elayne과 나를 부둥켜안고 오랫동안 놓아주지 않으셨다. 마침내 나는 울기 시작했고 우리 셋은 서로를 꽉 끌어안고 조용히 흐느꼈다.

해설 | 본문은 해가 지는 방 안에서 할머니의 임종을 지켜보는 필자와 할아버지를 포함한 사람들의 슬퍼하는 모습을 묘사하고 있다. 따라서 글의 분위기로 가장 적절한 것은 ① '슬프고 침울한'이다.
② 고요하고 평화스러운 ③ 활기차고 재미있는
④ 위험하고 긴박한 ⑤ 지루하고 단조로운

구문풀이 | • Corey sat beside her, [his jaw set tightly] and his tense face **made him look** a bit like a statue himself.
[ ]는 「의미상의 주어+과거분사구」의 형태로서 부수적인 상황을 나타내는 분사구문이다. made him look은 「사역동사+목적어+동사원형」 구문으로 '~가 …하게 만들다[시키다]'라는 의미를 나타낸다.

04

소재 | 경기 전의 긴장감

직독직해

L7 I tried to take some advice /
나는 어떤 조언에 따라 행동하려고 애썼다 /
Coach Doug had given me once: /
Doug 코치가 언젠가 내게 해 주었던 /
when it comes time to play the game, /
경기를 할 시간이 되면 /
leave all your problems off the court /
너의 모든 문제를 코트 밖에 두고 /
and play ball.
행동을 개시하라는

해석 | 우리는 준비 운동을 하기 위해 플로어로 나갔고, 모두 높이 뛰어 오르고 있었다. Knights 팀은 이미 준비 운동을 하고 있었고 상당히 자신 있어 보였다. 국가를 부르는 동안 나는 토할 것 같은 기분이 들었다. 나는 가슴속에서 심장이 두근거리는 것을 느낄 수 있었다. 이 시점에서 나는 이 경기에 대해 상당히 걱정을 했다. 우리가 그들의 홈 코트에서 그들을 상대할 수 있을까? Tony가 냉정을 유지할 것인가? 나는 경기를 잘할 것인가? 참으로 많은 질문이 떠올랐다. 걱정해야 할 것이 너무나 많았다. 나는 Doug 코치가 언젠가 내게 해 주었던, '경기를 할 시간이 되면, 너의 모든 문제를 코트 밖에 두고 행동을 개시하라'는 어떤 조언에 따라 행동하려고 애썼다. 심판이 호각을 불자 마침내 경기가 시작되었다.

해설 | I felt like I was going to throw up / I could feel my heart pounding in my chest / more than a little worried about this game 등의 표현에서 경기를 앞두고 긴장하고 있는 필자의 심경을 추론할 수 있다. 따라서 정답으로는 ③ '긴장한'이 가장 적절하다.
① 지루한 ② 안도한 ④ 만족한 ⑤ 실망한

구문풀이 | • I could **feel my heart pounding** in my chest.
「지각동사+목적어+목적보어」 구문에서 목적어인 my heart와 목적보어인 pounding은 의미상 능동 관계가 성립한다.
• Finally the game began [**with the whistle blown** by the referee].
[ ]는 「with+명사+과거분사구」로 이루어진 표현으로 주절의 부수적인 상황을 표현한다. the whistle과 과거분사 blown은 수동의 관계를 이룬다.

CHAPTER REVIEW 본문 32~33쪽

01 ③ **02** ③ **03** ② **04** ④

01

소재 | 국제기구가 필요하게 된 이유

직독직해

L3 This interdependence, /
이러한 상호 의존은 /
which is particularly evident in the economic sphere, /
경제 영역에서 특히 분명한데 /
has led to awareness / among policy-makers /
인식으로 이어졌다 / 정책 입안자들 사이에서 /
that international cooperation is essential /
국제 협력이 필수적이라는 /
for achieving national objectives /
국가의 목적을 성취하고 /
and carrying out functions /
기능을 수행하는 데 /
beyond the reach of their national resources.
국가 자원이 미치는 범위를 넘어서는

L6 Thus, / for instance, /
그래서 / 예를 들어 /
space programs are too costly to be borne /
우주 프로그램은 감당하기에는 비용이 너무 많이 든다 /
by almost any single country, /
거의 어떤 하나의 국가가 /
and states are compelled to join forces, /
그리고 국가들은 힘을 합칠 수밖에 없다 /
through international organizations, /
국제기구를 통해 /
in order to conduct such operations.
그러한 작업을 수행하기 위해서

해석 | 국제기구의 출현은 특히 19세기부터 다른 무엇보다도 더 국가 간의 증가하는 상호 의존 때문일 것이다. 이러한 상호 의존은 경제 영역에서 특히 분명한데, 정책 입안자들 사이에서, 국제 협력이 국가의 목적을 성취하고 국가 자원이 미치는 범위를 넘어서는 기능을 수행하는 데 필수적이라는 인식으로 이어졌다. 그래서 예를 들어, 우주 프로그램은 거의 어떤 하나의 국가가 감당하기에는 비용이 너무 많이 들며, 국가들은 그러한 작업을 수행하기 위해서 국제기구를 통해 힘을 합칠 수밖에 없다.

해설 | 국가의 목적을 달성하고 국가 자원이 미치는 범위 밖의 기능을 수행하는 데 국제기구가 필수적이라는 인식을 바탕으로 국제기구가 생기게 되었다는 내용의 글이므로, 글의 주제로 가장 적절한 것은 ③ '국제기구가 필요하게 된 이유'이다.

① 우주 탐험이 경제에 미치는 영향
② 국제기구의 전문화된 영역
④ 세계가 협동하게 하는 데 있어서의 의사소통의 역할
⑤ 국제적 협력을 필요로 하는 과학의 진보

구문풀이 | • This interdependence, which is particularly evident in the economic sphere, has led to **awareness** among policy-makers [that international cooperation is essential for {achieving national objectives} **and** {carrying out functions beyond the reach of their national resources}].
[ ]는 awareness의 내용을 구체적으로 설명하는 동격절이다. [ ] 안에서 두 개의 { }가 and에 의해 병렬을 이루고 있다.

• Thus, for instance, space programs are **too** costly **to** be borne by almost any single country, ~.
「too ~ to ...」 구문은 '…하기에는 너무 ~하다', '너무 ~하여 …할 수 없다'의 의미를 나타낸다.

Words & Phrases

be attributed to ~ 때문이다	interdependence 상호 의존
evident 분명한	sphere 영역
essential 필수적인	achieve 성취하다
objective 목적, 목표	
beyond the reach of ~의 범위를 넘어서는	
resource 자원	bear 감당하다, 낳다
be compelled to *do* ~할 수밖에 없다	
conduct 수행하다	operation 작업, 작전

02

소재 | 스웨덴의 고대어 Elfdalian어

직독직해

L5 The beautiful and complex tongue, /
그 아름답고 복잡한 언어는 /
remained preserved / throughout the centuries /
보존되어 남아 있었다 / 수 세기 동안 /
because of the area's natural isolation.
그 지역의 자연적 고립으로 인해

L6 Like other isolated regions of the world, / however, /
세계의 다른 고립 지역과 마찬가지로 / 하지만 /
the arrival of greater mobility and mass media /
더 큰 이동성과 대중매체의 등장이 /
began to overcome the natural barriers /
자연적 장벽을 극복하기 시작했다 /

that had guarded Älvdalen from change / for centuries.
Älvdalen을 변화로부터 막아냈던 / 수 세기 동안

해석 | 산, 계곡, 그리고 무성한 숲으로 둘러싸인 스웨덴의 오지에 있는 Älvdalen 읍은 고유한 유산을 지키기 위해 필사적으로 노력하고 있다. 20세기 중반에 이르기까지도 약 1,800명의 주민을 가진 그 읍은 바이킹의 언어인 고대 스칸디나비아 어의 가장 가까운 후예라고 여겨지는 Elfdalian이라고 불리는 언어를 사용했다. 그 아름답고 복잡한 언어는 그 지역의 자연적 고립으로 인해 수 세기 동안 보존되어 남아 있었다. 하지만 세계의 다른 고립 지역과 마찬가지로, 더 큰 이동성과 대중매체의 등장이 Älvdalen을 수 세기 동안 변화로부터 막아냈던 자연적 장벽을 극복하기 시작했다. 고대 언어 Elfdalian은 현대 스웨덴어에 자리를 내주기 시작했다. 가장 최근의 추정치를 따르면, 2,500명이 안 되는 사람들이 Elfdalian어를 말하고, 60명이 안 되는 15세 미만 어린이가 Elfdalian어에 유창하다.

해설 | Älvdalen이라는 스웨덴의 오지에서 자연적 장벽으로 인해 수 세기 동안 지켜져 왔던 Elfdalian어가 큰 이동성과 대중매체의 등장으로 인해 그 사용자 수가 줄어들고 있다는 내용이므로, 글의 요지로 가장 적절한 것은 ③이다.

구문풀이 | • Like other isolated regions of the world, however, the arrival of greater mobility and mass media began to overcome the natural barriers [that **had guarded** Älvdalen from change for centuries].
[ ]는 the natural barriers를 수식하는 관계절이고, 그 안에서 과거 이전부터 과거 특정 시점까지 계속된 일을 표현하는 과거완료시제(had+p.p.)가 쓰였다.

Words & Phrases
remote 오지의, 외딴 desperately 필사적으로
attempt to *do* ~하려고 노력하다, 애쓰다
preserve 지키다, 보존하다 unique 고유한, 독특한
heritage 유산 inhabitant 주민, 거주자
descendant 후예, 자손
Old Norse 고대 스칸디나비아 어(스칸디나비아 반도 · 아이슬란드에서 8~14세기에 쓰인 언어)
tongue 언어 isolation 고립
overcome 극복하다 barrier 장벽, 장애
guard *A* from *B* A를 B로부터 막다
give way to ~에 자리를 내주다 estimate 추정치, 견적, 평가

03

소재 | 아픈 아들의 병원 외출 허락 요청

직독직해

L3 In the previous checkup last week, /
지난주에 있었던 이전 검진에서 /
you strictly ordered / that no matter what the situation is, /
선생님께서는 엄격하게 말씀하셨습니다 / 상황이 어떻든지 /
we are not allowed to take him outside the hospital.
저희가 그를 병원 밖으로 데리고 나가는 것이 허용되지 않는다고

L7 I told him /
저는 그에게 말했습니다 /
that you have told us not to take him anywhere /
선생님께서 저희에게 그를 아무 데도 데려가지 말라고 말했다고 /
but he is a tough little kid /
그러나 그는 다루기 힘든 어린아이여서 /
and he won't listen to you.
선생님 말씀을 듣지 않을 것입니다

해석 | Ralph 선생님께,
선생님께서 아시다시피 제 아들 David는 위궤양 환자이고 선생님 관리 아래 치료를 받고 있습니다. 지난주에 있었던 이전 검진에서, 선생님께서는 상황이 어떻든지 저희가 그를 병원 밖으로 데리고 나가는 것이 허용되지 않는다고 엄격하게 말씀하셨습니다. 저는 그것에 대해 말씀드리고자 합니다. 어제 저의 어머니께서 돌아가셨습니다. 그녀는 사랑스러운 분이었고 David는 그녀와 매우 가까웠습니다. 그녀는 호주에 사시고 저희는 장례식을 위해 거기로 가야 하는데, David는 우리와 함께 가겠다고 우기고 있습니다. 저는 선생님께서 그를 아무 데도 데려가지 말라고 말씀하셨다고 그에게 말했지만, 그는 다루기 힘든 어린아이여서 선생님 말씀을 듣지 않을 것입니다. 저희는 이 어려운 때에 그의 고집불통을 다룰 충분한 힘이 전혀 없습니다. 그래서 저는 선생님께서 그가 우리와 함께 사흘간 여행하도록 허락해 주실 수 있는지 알고 싶습니다. 선생님께서 상황을 이해하고 David가 우리와 함께 가는 걸 허용할 수 있는 방법을 생각해 주시기 바랍니다. 선생님의 답변을 기다리겠습니다.
George Kinsley 드림

해설 | 아들 치료 담당의사에게 할머니 장례식에 참석한다고 우기는 아들의 병원 밖 외출을 허락해 달라는 내용의 편지글이므로, 글의 목적으로 가장 적절한 것은 ②이다.

구문풀이 | • In the previous checkup last week, you strictly ordered [that {**no matter what** the situation is}, we are not allowed to take him outside the hospital].
[ ]는 ordered의 목적어로 쓰인 명사절이다. { }는 '~가 무

엇이라 할지라도'라는 의미의 부사절로 no matter what은 whatever로 바꾸어 쓸 수 있다.

- I told him [that you **have told us not to take** him anywhere] but he is a tough little kid and he won't listen to you.
  [ ]는 told의 목적어로 쓰인 명사절이고, 「tell+목적어+not to+동사원형」은 '~에게 …하지 말라고 말하다'라는 의미이다.
- I hope [you will understand the situation and will think of some way {to allow David to go with us}].
  [ ]는 hope의 목적어로 쓰인 명사절이고 { }는 some way를 수식하는 to부정사구이다.

Words & Phrases

stomach 위	ulcer 궤양, 종기
treatment 치료, 취급, 대우	
under one's supervision ~의 관리 아래	
pass away 죽다	funeral 장례식
insist 우기다, 주장하다	potential 힘, 가능성, 잠재력
deal with ~을 다루다, ~을 처리하다	
stubbornness 고집불통, 완강	

04

소재 | 할머니와 보내게 된 우아한 하루

직독직해

L1 My grandpa finished his own breakfast, /
할아버지께서는 자신의 아침 식사를 마치고 /
picked a quick basket of raspberries, /
나무딸기 열매 한 바구니를 재빨리 따서 /
and took off for the lower place /
아래쪽으로 가셨다가 /
to check on the livestock / and then for town.
가축을 확인하려고 / 그리고는 읍내로 (가셨다)

L6 She sat down, / put both hands flat /
그녀는 앉아서 / 두 손을 반듯하게 올려놓았다 /
on the kitchen table, / smiled big, /
식탁 위에 / 환하게 웃으셨다 /
and said, / "Whatever we want."
그리고 말씀하셨다 / "우리가 원하는 것은 뭐든지."

해석 | 할아버지께서는 자신의 아침 식사를 마치고 나무딸기 열매 한 바구니를 재빨리 따서 가축을 확인하려고 아래쪽으로 가셨다가, 읍내로 가셨다. 할아버지께서는 저녁 식사 시간에 맞추어 돌아오겠다고 말씀하셨다. 할머니와 나는 우리 그릇을 싱크대에 놓았고, 그런 다음 나는 여쭈어 보았다. "오늘 아침에는 뭘 해요?" 그것은 농장에서 아침 식사 후에 매일 아침 하는 질문이었다. 일이 먼저였고 아침 식사 직후에 시작되었다. 그러나 오늘은 내가 여쭈어 보았을 때 할머니의 대답은 내가 결코 들어보지 못했던 것이었다. 그녀는 앉아서 두 손을 식탁 위에 반듯하게 올려놓고, 환하게 웃으면서 말씀하셨다. "우리가 원하는 것은 뭐든지." 나는 할머니를 보고 진담이라는 것을 알았다! 그녀는 이미 달걀을 모아 놓았으며 돼지에게 먹이도 주었다고 설명하셨다. "물론 오늘 저녁에 우유를 짜야 해. 하지만 그때까지는," 하고 할머니께서 말씀하셨다. "너와 나는 우아한 하루를 보내자꾸나."

해설 | 농장에서는 아침 식사를 한 후 일을 하는 것이 일과지만, 할머니는 이미 달걀도 모으고 돼지 먹이도 주었다고 하면서 하고 싶은 것은 무엇이든지 할 수 있다고 말하고, 마지막으로 필자와 둘이 우아한 하루를 보내자고 했으므로 'I'의 심경으로 가장 적절한 것은 ④ '기뻐하는'이다.
① 지루한 ② 긴장한 ③ 짜증난 ⑤ 질투하는

구문풀이 |
- My grandpa [finished his own breakfast], [picked a quick basket of raspberries], **and** [took off for the lower place to check on the livestock and then for town].
  세 개의 [ ]는 술어동사구로 주어인 My grandpa를 공유하며 and에 의해 병렬을 이루고 있다.
- But today when I asked, Grandma's response was **one** I'd never heard.
  one은 부정대명사로, a response의 반복을 피하기 위하여 사용되었다.

Words & Phrases

pick a quick basket of ~ 한 바구니를 재빨리 따다	
raspberry 나무딸기	take off 떠나다
check on ~을 확인하다	livestock 가축
bowl 그릇	response 대답, 응답
flat 반듯하게, 평평하게	mean it 진담이다, 진심으로 말하다
hog 돼지	milk 우유를 짜다; 우유
gentle 우아한, 점잖은	

CHAPTER 02
사실적 이해

UNIT 05 지칭 대상 파악

EXAMPLE 01 본문 36쪽

정답 ③

소재 | Jake의 비행하는 꿈의 시작

직독직해

L2 His uncle, / a tall silent pilot, /
그의 삼촌은 / 키가 크고 과묵한 비행기 조종사였는데 /
had bought him a red party balloon /
빨간 파티용 풍선을 그에게 사 주고 /
from a charity stall, / and tied it /
자선 가판대에서 / 그것을 묶어 주었었다 /
to the top button of Jake's shirt.
Jake의 셔츠 맨 위 단추에

L4 It was filled with helium, /
그것은 헬륨으로 채워져 있었다 /
a gas four times lighter than air, /
공기보다 네 배 가벼운 가스 /
though Jake did not understand this / at the time.
Jake는 이것을 이해하지 못했지만 / 그 당시

해석 | Jake 자신의 비행하는 꿈은 어떤 마을 축제에서 시작됐다. 그는 4살이었다. 그의 삼촌은, 키가 크고 과묵한 비행기 조종사였는데, 자선 가판대에서 빨간 파티용 풍선을 그에게 사 주고, 그것을 Jake의 셔츠 맨 위 단추에 묶어 주었었다. 풍선은 자신의 마음을 가진 것처럼 보였다. Jake는 그 당시 이것을 이해하지 못했지만, 그것은 공기보다 네 배 가벼운 가스, 헬륨으로 채워져 있었다. 그것은 그의 단추를 신비스럽게 잡아당겼다. "아마 너는 날게 될 거야." Jake의 삼촌이 말했다. 그는 그들이 축제 전체를 살펴볼 수 있도록 그(삼촌)의 조카를 풀이 무성한 강둑으로 데리고 갔다. Jake 아래에 작은 텐트들과 가판대들이 펼쳐져 있었다. 그의 머리 위로 반짝이고 아름다운 큰 빨간 풍선이 까딱까딱 움직였다. 그것은 계속 하늘 쪽으로 그를 잡아당겼고, 그는 자기 발이 불안정하다고 느끼기 시작했다. 그때 그의 삼촌은 그의 손을 놓았고, Jake의 꿈이 시작되었다.

구문풀이 | • **Below Jake** stretched the little tents and the stalls. **Above him** bobbed the big red balloon, shiny and beautiful.
두 문장 모두 Below Jake, Above him과 같은 부사구가 문두에 오고 주어와 동사가 도치되었다.

Words & Phrases

pilot 비행기 조종사
mysteriously 신비스럽게
bank 강둑
unsteady 불안정한
charity 자선
remark 말하다
stretch 펼쳐지다
let go of ~을 놓다

EXAMPLE 02 본문 37쪽

정답 ⑤

소재 | 집안일을 통해 가라테 배우기

직독직해

L7 When Daniel is finished /
Daniel이 끝마쳤을 때 /
restoring Miyagi's car, fence, and walls, /
Miyagi 씨의 자동차, 울타리, 그리고 벽을 복구하는 것을 /
he explodes / with rage at his "mentor."
그는 폭발한다 / 그의 '멘토'에게 격앙되어

L9 Miyagi physically attacks Daniel, /
Miyagi 씨는 신체적으로 Daniel을 공격하고 /
who without thought or hesitation /
Daniel은 생각이나 망설임 없이 /
defends himself /
자신을 방어한다 /
with the core thrusts and parries of karate.
가라테의 핵심 찌르기와 막기로

해석 | 'The Karate Kid'라는 영화에서, 십 대인 Daniel은 지혜로운 Miyagi 씨에게 가라테를 가르쳐 달라고 부탁한다. 그 노인은 동의하며 Daniel에게 먼저 (양손으로) 정확하게 반대 방향으로 원을 그리는 동작으로 그의 자동차에 왁스칠할 것을 명령한다. 그러고 나서 그는 Daniel에게 정확하게 위아래로 움직이는 동작으로 그의 나무 울타리를 칠하라고 말한다. 마침내, 그는 Daniel에게 벽을 수리하기 위해 망치로 못을 박도록 시킨다. Daniel은 처음에는 당혹스러워하다가, 나중에는 화를 낸다. 그는 스스로를 방어할 수 있도록 무술을 배우기를 원한다. 그 대신에 그는 집안일만 하게 된다. Daniel이 Miyagi 씨의 자동차, 울타리, 그리고 벽을 복구하는 것을 끝마쳤을 때, 그는 그의 '멘토'에게 격앙되어 폭발한다. Miyagi 씨는 신체적으로 Daniel을 공격하고, Daniel은 생각이나 망설임 없이 가라테의 핵심 찌르기와 막기로 자신을 방어한다. Miyagi 씨의 현혹될 정도로 간단한 허드렛일

을 통해, Daniel은 알지 못한 채 가라테의 기본을 흡수했던 것이다.

구문풀이 | • He wants to learn the martial arts **so** he can defend himself.
「so (that) ~」은 '~하도록'이라는 목적의 의미를 나타낸다.

Words & Phrases

wax 왁스칠하다　precisely 정확하게
circular motion 원을 그리는 동작
hammer 망치로 치다　nail 못
puzzled 당혹스러운　martial art 무술
defend 방어하다　household chores 집안일
restore 복구하다　explode 폭발하다
with rage 격분하여　hesitation 망설임, 주저함
core 핵심　deceptively 현혹될 정도로
absorb 흡수하다

PRACTICE　본문 38~41쪽

01 ②　**02** ②　**03** ④　**04** ①

01

소재 | 면접관의 반응을 오해한 한 면접자

직독직해

L3 The next day / the executive search agent /
다음 날 / 헤드헌팅 사 직원이 /
who had set up the interview /
그 면접을 마련했던 /
called for my response, / and I told him /
내 대답을 요청해서 / 나는 그에게 말했다 /
that I wasn't interested / in pursuing the matter further.
나는 관심이 없다고 / 그 문제를 더 진행하는 데

L8 All that applicant did / was to delude himself /
그 지원자가 한 일은 / 자신을 속이는 것이었다 /
and build himself up / for a great letdown.
그리고 자신을 과대 포장한 것뿐이었다 / 큰 실망에 대비하여

해석 | 나는 언젠가 내 고객의(고객 회사의) 일자리에 지원한 어느 남성과 면접을 한 적이 있었다. 아마도 그는 내가 몇 개월 동안 만났던 면접 대상자들 중에서 최악이라고 생각하면서 나는 그 면접장을 떠났다. 다음 날 그 면접을 마련했던 헤드헌팅 사 직원이 내 대답을 요청해서, 나는 그에게 그 문제를 더 진행하는 데 관심이 없다고 말했다. 그는 큰 놀라움을 표명했다. "제가 그 지원자와 얘기했을 때 그는 기뻐했습니다. 그는 자신이 좋은 인상을 주었고 선생님께서 아주 호의적인 인상을 받은 것으로 생각하던데요!" 그 지원자가 한 일은, 자신을 속이고 큰 실망에 대비하여 자신을 과대 포장한 것뿐이었다. 그는 분명히 나와 내 반응에 대해 어떤 아주 잘못된 기본적 가정을 했던 것 같았다. 그리고 그는 자신이 일자리 제의를 받는 것에 아주 근접해 있다고 생각하며 그 면접장을 걸어 나갔던 것이다.

해설 | ②는 헤드헌팅 사 직원을 가리키지만 나머지는 필자가 면접을 했던 남성을 가리킨다.

구문풀이 | • He felt [that he had come across well] **and** [that you had been very favorably impressed]!
두 개의 [ ]는 동사 felt의 목적어로 쓰인 명사절로 and에 의해 병렬을 이루고 있다.
• All [that applicant did] was **to delude** himself **and build** himself up for a great letdown.
[ ]는 관계절로 주어인 All을 수식하고 있다. was의 보어인 to delude와 (to) build가 and에 의해 병렬을 이루고 있다.

02

소재 | 미술 작품을 자식보다 사랑한 석유 기업가

직독직해

L3 Claiming / that 'my children must have privacy' /
주장하면서 / '내 자식들은 사생활이 있어야 하고' /
and 'a home fit for Gulbenkians to live in,' /
'Gulbenkian의 자식들이 살기에 적합한 집이 있어야 한다'는 것을 /
he built a mansion / in Paris /
그는 대저택을 지었다 / 파리에 /
with barricades, watchdogs and a private secret service.
바리케이드, 감시견, 개인 경호 기관을 갖춘

L8 But even this extreme of a collector /
하지만 이 극단적인 수집가조차도 /
who prefers art to people /
사람보다 미술품을 더 좋아하는 /
shows the importance of the social role of collecting, /
수집의 사회적 역할의 중요성을 보여 준다 /
since Gulbenkian simply treated artworks /
그 이유는 Gulbenkian이 정말로 미술품을 대우했기 때문이다 /
as if they were people.
마치 사람인 것처럼

해석 | 석유 기업가 Calouste Gulbenkian은 엄청난 미술 소장품을 축적하고 그 작품들을 '나의 자식들'이라고 불렀다. 대개는 자신의 혈육인 아들과 딸은 모른 체하고, 그는 자신의 미술품을 섬기기 위해 살았다. '내 자식들은 사생활이 있어야 하고' 'Gulbenkian의 자식들이 살기에 적합한 집이 있어야 한다'고 주장하면서, 그는 파리에 바리케이드, 감시견, 개인 경호 기관을 갖춘 대저택을 지었다. 그는 박물관에 자신의 미술품을 빌려 달라는 요청을 통상적으로 거절했고, '내 자식들이 방해를 받아서는 안 되기' 때문에 방문객을 허락하지 않았다. 하지만 사람보다 미술품을 더 좋아하는 이 극단적인 수집가조차도 수집의 사회적 역할의 중요성을 보여 주는데, 그 이유는 Gulbenkian이 정말로 미술품을 마치 사람인 것처럼 대우했기 때문이다. 그리고 Gulbenkian이 1955년 임종 시에 리스본에 박물관을 설립하도록 자신의 소장품을 남겼을 때, 그는 자신이 알았던 사람들에 대해서는 그러지 않았지만, 어쨌든 사람들에 대해 마음을 쓴다는 것을 보여 주었다.

해설 | ②는 Gulbenkian의 혈육인 자녀를 가리키지만, 나머지는 그가 자기 자식보다 더 아꼈던 미술 소장품을 가리킨다.

구문풀이 |
- [Claiming that 'my children must have privacy' and 'a home {fit for Gulbenkians to live in}],' he built a mansion in Paris with barricades, watchdogs and a private secret service.
  [ ]는 분사구문으로 의미상의 주어는 he이다. { }는 a home을 수식하며 「for+의미상 주어+to부정사」 구문이 쓰였다.
- But even this extreme of a collector [who **prefers** art **to** people] shows the importance of the social role of collecting, since Gulbenkian simply treated artworks [**as if** they were people].
  첫 번째 [ ]는 a collector를 수식하는 관계절로 'B보다 A를 선호하다'라는 의미의 「prefer *A* to *B*」 구문이 쓰였다. 두 번째 [ ]는 「as if+가정법 과거형」의 형태로 '마치 ~인 것처럼'이라는 의미를 나타낸다.

03

소재 | 아들이 원하는 것을 자신의 말로 표현하도록 가르치는 아버지

직독직해

L2 His dad picked him up, /
그의 아버지는 그를 들어 올린 다음 /
held his arms pressed against his body /
양팔을 잡아 몸에 붙여 누르고는 /
so he couldn't wiggle around, /
그가 이리저리 꿈틀거릴 수 없도록 /
put his face close to the toddler's, / and said, /
얼굴을 아이에게 가까이 하고 / 말했다 /
"Now tell me what you want. /
"이제 네가 원하는 것을 말하렴 /
Don't whine or hit, just tell me, /
징징거리거나 때리지 말고 그냥 말해라 /
and then I can help you."
그러면 내가 너를 도와줄 수 있단다."

L7 Having witnessed this episode, /
이러한 일을 지켜본 후에 /
Marsha later asked Jack's dad / if he knew /
Marsha는 나중에 Jack의 아빠에게 물었다 / 그가 알고 있었는가를 /
what the youngster had wanted.
어린애가 무엇을 원했는지

해석 | 점심 시간이 되었고, 우리 모임은 아이들과 함께 피크닉을 하고 있었다. 세 살 먹은 Jack은 그의 아버지 앞에서 성질을 부리고 있었다. 그의 아버지는 그를 들어 올린 다음, 그가 이리저리 꿈틀거릴 수 없도록 양팔을 잡아 몸에 붙여 누르고는, 얼굴을 아이에게 가까이 하고 말했다. "이제 네가 원하는 것을 말하렴. 징징거리거나 때리지 말고 그냥 말하면 내가 너를 도와줄 수 있단다." Jack은 그 후 잠시 동안 뿌루퉁해 있더니, 그런 다음 그가 말했다. "배가 아주 고파요, 아빠. 그리고 점심으로 저것들 중 아무것도 먹고 싶지 않아요." 이러한 일을 지켜본 후에 Marsha는 나중에 Jack의 아빠에게 어린애가 무엇을 원했는지 그가 알고 있었는가를 물었다. "물론이지요. 하지만 저는 그 애가 나에게 말하기를 원했습니다. 저는 항상 그에게 '네 말을 사용해라.' 하고 말합니다. 제 아내도 그렇게 하지만, 그녀가 의도하는 것은 '징징거리지 마.'이고 제가 의도하는 것은 '네가 원하는 것을 설명해라.'입니다."라고 그는 말했다.

해설 | ④는 Jack의 아버지를 가리키지만 나머지는 Jack을 가리킨다.

구문풀이 |
- His dad **picked** him up, **held** his arms pressed against his body so he couldn't wiggle around, **put** his face close to the toddler's, **and said**, "Now tell me what you want. Don't whine or hit, just tell me, and then I can help you."
  네 개의 술어동사 picked, held, put, said가 주어 His dad를 공유하며 and에 의해 병렬을 이루고 있다.
- [Having witnessed this episode], Marsha later asked Jack's dad if he knew what the youngster had wanted.
  [ ]는 완료형 분사구문으로서, 주절보다 시간적으로 먼저 일어난 일을 표현하고 있다.

04

소재 | Sherrill Milnes의 일화

직독직해

L1 Renowned baritone Sherrill Milnes / is a good example /
유명한 바리톤 가수인 Sherrill Milnes는 / 훌륭한 사례이다 /
of someone who puts in long, hard hours /
길고도 힘든 시간을 투입한 사람의 /
in an attempt to become better at his chosen profession.
자기가 선택한 일에 더 능숙해지기 위한 시도에

L3 His wife, Nancy Stokes Milan, /
그의 아내인 Nancy Stokes Milan은 /
told the New York Opera Newsletter /
뉴욕 오페라 소식지에 이야기를 했다 /
that when she and her husband had dinner with a famous voice coach, /
그녀와 그녀의 남편이 어느 유명한 발성 코치와 저녁 식사를 함께 할 때 /
they played him a recording Sherrill had made /
그들이 그에게 Sherrill이 녹음한 것을 들려주었다 /
when he was in college.
그가 대학생이었을 때

해석 | 유명한 바리톤 가수인 Sherrill Milnes는, 자기가 선택한 일에 더 능숙해지기 위한 시도에 길고도 힘든 시간을 투입한 사람의 훌륭한 사례이다. 그의 아내인 Nancy Stokes Milan은 뉴욕 오페라 소식지에, 그녀와 그녀의 남편이 어느 유명한 발성 코치와 저녁 식사를 함께 할 때 그들이 그에게 Sherrill이 자기가 대학생이었을 때 녹음한 것을 들려주었다는 이야기를 했다. 그때 그들이 그에게 "이 목소리에 대해 어떻게 생각하세요?"라고 물었다. 그 발성 코치는 애처로운 표정으로 자기의 고개를 흔들었다. "가망이 없어요."라고 그는 말했다. "이 사람을 부추기지 마세요. 그에게 본업을 찾으라고 전하세요." Sherrill이 "아니, 그건 전데요."라고 말했을 때 그 발성 코치는 입이 떡 벌어졌다. "저는 다시는 다른 가수의 기를 꺾지 않겠어요."라고 그가 말했다.

해설 | ①은 Sherrill Milnes를 가리키고 나머지는 발성 코치를 가리킨다.

구문풀이 | • His wife, Nancy Stokes Milan, told the New York Opera Newsletter [that when she and her husband had dinner with a famous voice coach, they played him a recording {Sherrill had made when he was in college}].
[ ]는 told의 직접목적어 역할을 한다. { }는 앞에 있는 a recording을 수식하는 관계절이다.

UNIT 06 세부 내용 파악

EXAMPLE 01

본문 42쪽

정답 ⑤

소재 | 열대 지방의 목재 중 하나인 티크(teak)

직독직해

L6 One problem with harvesting teak is /
티크를 벌목하는 데 하나의 문제는 ~이다 /
that the wood is very dense, /
목재의 밀도가 매우 높아 /
so that when it is first felled /
그래서 처음에 그것이 베어져 /
and has not been dried / it sinks in water.
건조되지 않을 경우 / 물에 가라앉는다

해석 | 티크는 가장 값진 열대 지방의 경재(활엽수에서 얻은 단단한 목재) 중 하나이다. 그것은 인도, 태국, 베트남 원산이다. 그것은 매년 건기를 필요로 하는 낙엽수 종이어서 전형적인 열대 우림에서는 발견되지 않는다. 티크의 목재는 금색이나 붉은색이 도는 갈색으로 특히 매력적이다. 티크는 단단해서 선박 제조와 고급 가구를 위한 귀중한 목재가 된다. 티크를 벌목하는 데 하나의 문제는 목재의 밀도가 매우 높아 처음에 그것을 베어 건조하지 않을 경우 물에 가라앉는다는 것이다. 목재가 먼저 건조되지 않으면 그것은 강에 띄워 보내 숲 밖으로 운반될 수 없다.

구문풀이 | • Teak is strong, [making **it** a valued wood {in shipbuilding} **and** {for high-quality furniture}].
[ ]는 분사구문으로서, 앞선 절의 결과를 나타낸다. it은 teak를 가리키며 두 개의 { }가 and로 연결되어 병렬 관계를 이루고 있다.

Words & Phrases

prized 값진, 높이 평가받는
tropical 열대 지방의
hardwood 경재(활엽수에서 얻은 단단한 목재)
particularly 특히
attractive 매력적인
shipbuilding 선박 제조, 조선
high-quality 고급의
harvest 벌목하다, 수확하다
dense 밀도가 높은
fell (나무를) 베다

EXAMPLE 02 본문 43쪽

정답 ④

소재 | Paul Klee의 생애

직독직해

L9 Paul also kept a notebook /
Paul은 또한 기록을 계속했다 /
of his artistic insights and ideas /
자신의 예술적 통찰과 아이디어에 관한 /
and published a number of books / about art.
그리고 많은 책을 출판했다 / 미술에 관한

해석 | Paul Klee는 1879년 12월 18일에 스위스의 Bern에서 태어났다. 그의 아버지는 음악 선생님이었고 그의 어머니는 가수이자 아마추어 화가였다. 어렸을 때 Paul은 끊임없이 그림을 그렸다. 그가 가장 좋아하는 (그림의) 대상은 고양이였다. 그러고 나서 7세 때 그는 바이올린 연주법을 배웠고, 어른이 되어서도 그것을 계속했다. 사실 그는 한동안 Berlin Municipal Orchestra와 함께 연주하기까지 했었다. 비록 음악이 Paul에게 중요하긴 했지만, 그는 화가가 되었다. 1898년, 그는 Munich Academy에서 공부하며 자신의 화가 경력을 시작했다. 후에, 그는 1921년 1월부터 1931년 4월까지 Bauhaus에서 회화를 가르쳤다. Paul은 또한 자신의 예술적 통찰과 아이디어에 관한 기록을 계속했고 미술에 관한 많은 책을 출판했다. 1940년에 사망에 이르기까지, 그는 일생 동안 만 점이 넘는 소묘와 오천 점에 가까운 회화 등 인상적인 양의 작품을 만들어 냈다.

구문풀이 | • Then at the age of seven, he learned **to play the violin**, [which he continued throughout his adult life].
[ ]는 to play the violin을 추가적으로 설명하는 계속적 용법의 관계절이다.

Words & Phrases

amateur 아마추어, 비(非)전문가
constantly 끊임없이
subject (그림 · 사진 등의) 대상
municipal 자치 도시의, 시립의
career 경력
insight 통찰
a number of 많은, 다수의
impressive 인상적인
nearly 거의

PRACTICE 본문 44~47쪽

01 ⑤ 02 ④ 03 ③ 04 ③

01

소재 | 여성 탐험가 Mary Kingsley

직독직해

L3 After the death of family members /
가족들이 사망한 후에 /
she had been obliged to look after, /
자신이 돌보지 않을 수 없었던 /
Kingsley was free to travel at the age of 30.
Kingsley는 30세에 자유롭게 여행을 했다

L5 In Africa, / she canoed up the Ogooué River /
아프리카에서 / 그녀는 카누를 타고 Ogooué 강을 올라가서 /
and pioneered a route to the summit of Mount Cameroon, /
Cameroon 산 정상으로 가는 노선을 개척했는데 /
which had never been attempted by a European.
그 노선은 유럽인이 한 번도 시도한 적이 없었다

해석 | 신분이 높은 여성은 시중하는 사람이 동행하지 않고는 런던의 거리를 걷지 않았던 때에, Mary Kingsley(1862~1900)는 아프리카 서부의 오지를 혼자 탐험하고 있었다. 자신이 돌보지 않을 수 없었던 가족들이 사망한 후에, Kingsley는 30세에 자유롭게 여행을 했다. 아프리카에서, 그녀는 카누를 타고 Ogooué 강을 올라가 Cameroon 산 정상으로 가는 노선을 개척했는데, 그 노선은 유럽인이 한 번도 시도한 적이 없었다. 그녀는 가봉의 오지에 들어간 최초의 유럽인이 되었으며, 대영 박물관을 위해 민물고기를 방대하게 채집했다. 그녀의 논란이 되는 저서, '서부 아프리카 여행'에서, Mary는 유럽의 제국주의에 대한 반대를 표현했고 토착민의 권리를 옹호했다. 그녀가 여행 내내 썼던 면직 모자는 자주 왕립지리학회에 전시된다.

해설 | 마지막 문장에서 그녀가 여행 내내 썼던 면직 모자가 왕립지리학회에 자주 전시된다고 했으므로 글의 내용과 일치하는 것은 ⑤이다.

구문풀이 | • After the death of family members [she **had been obliged** to look after], Kingsley was free to travel at the age of 30.
[ ]는 family members를 수식하는 관계절로 look after의 목적어에 해당하는 관계사 that이나 who(m)이 앞에 생략되어 있다. [ ]에서는 과거완료 수동(had been+p.p.)이 쓰여 주절의 과거에 일어난 일보다 먼저 일어났던 일을 나타내고 있다.

02

소재 | 자극제 qat

직독직해

L6 Although the market for qat is currently limited /
qat 시장은 현재 한정되어 있지만 /
to East Africa and parts of Arabia, /
동아프리카와 아랍 지역에 /
on a local scale / its cultivation and production is big business, /
지역적 규모에서 / 그것의 재배와 생산은 큰 사업이고 /
and provides employment for hundreds of thousands /
수십만 명에게 일자리를 제공한다 /
in Somalia and elsewhere.
소말리아와 그 외 지역에서

L9 The use of qat / first came to the attention of Europeans /
qat의 사용은 / 처음 유럽인의 관심을 끌었다 /
toward the end of the 17th century, /
17세기 말 즈음에 /
but unlike other exotic stimulants /
그러나 다른 이국적 자극제와는 달리 /
known at the time / (such as tea, coffee, and chocolate), /
그 당시에 알려진 / (차, 커피, 그리고 초콜릿과 같은) /
it never became popular.
그것은 결코 인기를 끌지 못했다

해석 | qat은 남아프리카에서 에티오피아까지 펼쳐지는 아프리카의 아주 넓은 지역에 걸쳐 자라는 상록 관목이다. qat은 차나 커피와 유사한, 순한 자극제로 사용된다. qat은 현대 예멘에서 필수적인 문화의 일부인데, 거기에는 qat 가게가 많다. 이러한 시설에서, 남자들이 커피, 담배, 그리고 qat을 먹는데, 그것들은 예멘 사람들에게 가장 중요한 사회적 토론장 중의 하나다. qat 시장은 현재는 동아프리카와 아랍 지역에 한정되어 있지만, 지역적 규모에서 그것의 재배와 생산은 큰 사업이고, 소말리아와 그 외 지역에서 수십만 명에게 일자리를 제공한다. qat의 사용은 17세기 말 즈음에 처음 유럽인의 관심을 끌었지만, 그것은 (차, 커피, 그리고 초콜릿과 같은) 그 당시에 알려진 다른 이국적 자극제와는 달리 결코 인기를 끌지 못했다. 이것은 부분적으로 잎의 자극 효과가 48시간 이내에 사라지기 시작하기 때문이었을 것이다.

해설 | 17세기 말에 유럽인의 관심을 끌게 되었지만 다른 자극제와는 달리 결코 인기를 끌지 못했다고 했으므로 ④가 글의 내용과 일치하지 않는다.

구문풀이 | • Qat is an evergreen shrub [that grows over a very large area of Africa extending from South Africa to Ethiopia].
[ ]는 an evergreen shrub을 수식하는 관계절이다.

03

소재 | 과테말라에 대한 간단한 소개

직독직해

L1 Guatemala lies in Central America, or Mesoamerica, /
과테말라는 중앙아메리카, 즉 Mesoamerica에 있다 /
between Mexico to the north, /
북쪽으로 멕시코 /
Honduras and El Salvador to the south.
남쪽으로 온두라스와 엘살바도르 사이에 (있다)

L2 It is a mountainous country /
그곳은 산이 많은 국가이다 /
with only small coastal plains /
작은 해안 평야만을 가진 /
along the Pacific Ocean and the Gulf of Mexico.
태평양과 멕시코 만을 따라

해석 | 과테말라는 중앙아메리카, 즉 Mesoamerica에, 북쪽으로 멕시코, 남쪽으로 온두라스와 엘살바도르 사이에 있다. 그곳은 태평양과 멕시코 만을 따라 작은 해안 평야만을 가진, 산이 많은 국가이다. 저지대의 열대 기후와 고지대의 더 서늘한 기온을 가진 과테말라는 바나나를 재배하기에 완벽한 장소이다. 스페인 정복 시대 이전에 과테말라는 마야 문화 지역 안에 있었다. 오늘날 세계에서 가장 유명한 마야의 고고학적 유적 중 일부가 이 나라의 북부에서 발견된다. 서기 9~10세기에 그 문명이 붕괴되었을 때도 그 민족은 사라지지 않았다. 대신에 그들은 전국에 산재되어 마을 안에 남아 있었다. 마야어를 사용하는 사람들은 여전히 그곳에, 주로 고지대에 살고 있으며, 그 인구의 약 40퍼센트에 상당한다. 나머지 인구의 대부분은 메스티조, 즉 유럽인과 토착인의 혼합된 유산을 가진 사람들이다.

해설 | 세계에서 가장 유명한 마야의 고고학 유적 중 일부가 국토의 북쪽에 있다는 진술이 있으므로 ③이 일치하는 내용이다.

구문풀이 | • Instead, they **remained** [in villages] **scattered** across the country.
scattered는 remained의 보어로 사용되었다. in villages가 동사와 보어 사이에 삽입되어 있는 구조이다.

04

소재 | Slavoj Žižek

직독직해

L3 He received a doctor's degree in philosophy /
그는 철학 박사 학위를 받았다 /
from the University of Ljubljana, /
Ljubljana 대학교에서 /
before going to Paris to study psychoanalysis.
정신분석학을 공부하러 파리에 가기 전에

L7 In the late 1970s /
1970년대 후반에 /
he was part of a group of Slovenian intellectuals /
그는 슬로베니아 지식인 집단의 일원이 되었다 /
focused on the work of psychoanalytical philosopher Jacques Lacan, /
정신분석학자 Jacques Lacan의 작업에 초점이 맞춰진 /
and in the 1980s /
그리고 1980년대에는 /
translated Freud, Lacan, and Althusser into Slovene.
Freud, Lacan, 그리고 Althusser의 글을 슬로베니아어로 번역했다

해석 | Slavoj Žižek은 (당시는 공산국가 유고슬로비아의 일부분이었던) 슬로베니아의 Ljubljana에서 1949년에 태어났다. 그의 아버지는 경제 관료였고, 어머니는 국유 기업의 회계사였다. 그는 정신분석학을 공부하러 파리에 가기 전에 Ljubljana 대학교에서 철학 박사 학위를 받았다. 슬로베니아에 돌아와서 Žižek은 대학교에서 일자리를 잡을 수가 없었고, 병역을 이행하는 데 몇 해를 보냈으며, 그다음에는 실업자였다. 1970년대 후반에 그는 정신분석학자 Jacques Lacan의 작업에 초점이 맞춰진 슬로베니아 지식인 집단의 일원이 되었고, 1980년대에는 Freud, Lacan, 그리고 Althusser의 글을 슬로베니아어로 번역했다. 1980년대 후반에 그는 영화 이론에 관한 책을 출간했고, 대안 잡지인 'Mladina'에 글을 썼으며, 유고슬라비아의 민주주의를 계속적으로 요구하는 활동가였다. 슬로베니아가 1990년에 독립을 했을 때, 그는 성공하지 못한 대통령 후보가 되었다.

해설 | Žižek은 슬로베니아로 돌아와서 대학에서 일자리를 잡지 못해 몇 년간 병역을 이행했고 그다음 실업자가 되었다고 했으므로, ③이 글의 내용과 일치하지 않는다.

구문풀이 |
- Back in Slovenia, Žižek [was unable to get a university position], [spent several years in national service], **and** [was then unemployed].
  세 개의 [ ]는 and에 의해 연결되어 병렬 구조를 이루고 있다.
- In the late 1970s he was part of a group of Slovenian intellectuals [focused on the work of psychoanalytical philosopher Jacques Lacan], and ~.
  [ ]는 과거분사구로 a group of Slovenian intellectuals를 수식한다.

UNIT 07 실용문

EXAMPLE 01

본문 48쪽

정답 ④

소재 | 동물원 사육사 체험 활동

직독직해

L2 During Zookeeper Experience, / you will learn /
동물원 사육사 체험을 하는 동안 / 여러분은 알게 될 것입니다 /
what it takes to work / in an animal care career, /
종사하는 데 무엇이 필요한지를 / 동물을 돌보는 직업에 /
participating in the following activities:
다음과 같은 활동에 참여하면서

해석 | **Dudley 동물원에서의 동물원 사육사 체험**

동물원 사육사 체험을 하는 동안, 여러분은 동물을 돌보는 직업에 종사하는 데 무엇이 필요한지를 다음과 같은 활동에 참여하면서 알게 될 것입니다.

- 동물 먹이 준비하기
- 동물의 무게를 재고 돌보는 일 돕기
- 동물 훈련에 참여하기

대상: 9세에서 18세까지의 동물을 사랑하는 사람
시간: 오전 9:30~오전 11:30
– 우리 동물원은 하루에 한 번 동물원 사육사 체험 활동을 운영합니다.
비용: 50달러
– 동물원 입장료가 포함되어 있습니다.
준비물: 물병과 본인 카메라
– 사진을 찍을 수 있는 기회가 제공됩니다.

우리 웹사이트 www.dudleyzoo.com을 방문하여 예약해 주십시오.

구문풀이 | • During Zookeeper Experience, you will learn **what it takes** [**to work** in an animal care career], [participating in the following activities]: ~

「what it takes+to부정사」 구문이 사용되어 '~하는 데 무엇이 필요한지'라는 의미를 나타내고 있다. it은 형식상의 주어이며 첫 번째 [ ]가 내용상의 주어이다. 두 번째 [ ]는 분사구문으로 '~하면서'라는 의미를 나타낸다.

Words & Phrases

zookeeper 동물원 사육사 / career (전문적) 직업
participate in ~에 참여하다 / weigh 무게를 재다
take part in ~에 참여하다 / admission 입장료
include 포함하다 / make a reservation 예약하다

EXAMPLE 02

본문 49쪽

정답 ⑤

소재 | 자전거 버스 투어

직독직해

L7 A bike bus for an hour is $100, /
자전거 버스는 한 시간에 100달러입니다 /
and additional time is charged /
그리고 추가 시간은 요금이 부과됩니다 /
at $10 per 10 minutes / after the first hour.
10분당 10달러의 / 처음 한 시간 이후

해석 | **참으로 즐거운 자전거 버스 투어**

Sycamore 시를 볼 수 있는 환경 친화적 방법인 '참으로 즐거운 자전거 버스 투어'가 여기 있습니다. 최대 11명의 친구들과 함께 페달로 작동되는 모험을 경험하세요!

- **시간**: 오전 9시~오후 5시
- **출발 장소**: Sycamore 시청
- **요금**: 자전거 버스는 한 시간에 100달러이고, 처음 한 시간 이후 추가 시간에는 10분당 10달러의 요금이 부과됩니다.

특징

- 여러분은 Sycamore 시가 제공하는 모든 것을 즐기면서 여러분이 좋아하는 곡에 맞춰 노래하고 춤추며 서로 함께 하는 게임을 할 수 있습니다.

우리 웹사이트 www.syctownbikebus.com을 방문하셔서 더 많은 정보를 얻으세요.

구문풀이 | • You can sing and dance **to** your favorite tunes and play interactive games, [while enjoying all of **what** Sycamore City has to offer].

to는 '~에 맞추어서'라는 의미의 전치사이다. [ ]는 접속사가 명시된 분사구문이다. what은 선행사를 포함하는 관계대명사로 '~하는 것'의 의미를 나타낸다.

Words & Phrases

off the chain 참으로 즐거운 / eco-friendly 환경 친화적인
pedal-powered 페달로 작동되는 / adventure 모험
charge 부과하다 / tune 곡
interactive 서로 함께 하는, 상호 작용하는

PRACTICE

본문 50~53쪽

01 ④ **02** ④ **03** ④ **04** ③

01

소재 | 사냥꾼 안전 증명 강좌

직독직해

L5 Upon successful completion of this course, /
이 강좌를 성공적으로 마치자마자 /
students will receive a Certificate of Completion, /
학생들은 이수 증명서를 받게 될 것인데 /
which is required to purchase a hunting license.
그것은 사냥 면허를 구입하는 데 필요합니다

L15 Students / who are unsafe /
학생들에게는 / 안전 의식이 없거나 /
or fail to demonstrate good sportsmanship /
훌륭한 스포츠맨 정신을 발휘하지 못하는 /
will not be issued the certification, /
증명서가 발급되지 않을 것이며 /
and refunds will not be granted /
환불은 승인되지 않을 것입니다 /
under these circumstances.
이런 상황에서

해석 | **사냥꾼 안전 증명**

이 강좌는 다음 영역에서, 즉 총기류 안전과 취급, 스포츠맨 정신과 윤리, 야생 동물 관리와 보호, 그리고 응급 처치에서 최소한 10시간의 교실 수업, 과제, 그리고 현장 지도로 구성되어 있습니다. 이 강좌를 성공적으로 마치자마자, 학생들은 이수 증명서를 받게 될 것인데, 그것은 사냥 면허를 구입하는 데 필요합니다.

요일: 화요일과 수요일

날짜 (4가지 중에서 선택하세요):

3월 7~8일 / 8월 8~9일 / 9월 12~13일 / 9월 26~27일

시간: 오후 5시부터 오후 10시까지 (강의 전체 출석 필수)
장소: Howe Park의 Conzelmann Community Center
요금: 사전 등록 15달러 (폐강을 막기 위해서 미리 등록해 주십시오.)
등록:
- 온라인: www.fecrepark.com
- 전화: 916-927-3802
- 직접 등록: Howe Park에 있는 구청

환불: 안전 의식이 없거나 훌륭한 스포츠맨 정신을 발휘하지 못하는 학생들에게는 증명서가 발급되지 않을 것이며, 이런 상황에서 환불은 승인되지 않을 것입니다.

질문이 있으면 tderosier@fecrepark.com으로 Teri에게 연락하시거나 916-927-3802로 전화해 주세요.

해설 | 온라인(www.fecrepark.com), 전화(916-927-3802), Howe Park의 구청을 직접 방문해서 등록할 수 있다고 했으므로, ④가 안내문의 내용과 일치한다.
① 강좌는 최소 10시간의 교실 수업, 과제, 현장 지도로 구성되어 있다.
② 주중 화요일과 수요일에 수업이 있다.
③ 사전 등록비가 15달러이다.
⑤ 스포츠맨 정신을 발휘하지 못한 학생에게는 환불이 승인되지 않는다.

구문풀이 | • Upon successful completion of this course, students will receive a Certificate of Completion, [which is required to purchase a hunting license].
[ ]는 관계절로 a Certificate of Completion을 부가적으로 설명한다.
• Students [who are unsafe or fail to demonstrate good sportsmanship] will not be issued the certification, and refunds will not be granted under these circumstances.
[ ]는 관계절로 Students를 수식한다.

02

소재 | Texas 우수 학생 리더십 프로그램

직독직해

L8 The 3-week (June 30–July 21) program / offers courses /
3주(6월 30일~7월 21일) 프로그램은 / 강좌를 제공합니다 /
not usually provided in high school /
고등학교에서는 보통 제공되지 않는 /
that emphasize hands-on activities /
직접 해 보는 활동을 강조하는 /
designed to help students develop their leadership and ethical decision-making skills.
학생들이 리더십과 윤리적인 의사결정 기술을 계발하는 것을 돕도록 기획된

L13 Evening seminars are provided with individuals /
저녁 세미나에는 분들을 초빙합니다 /
who have demonstrated leadership /
리더십을 입증해 온 /
at the state, national, and international levels.
주, 국가, 그리고 국제적인 수준에서

해석 | **Texas 우수 학생 리더십 프로그램**
연락처: Dorothy Sisk 박사
전화: 409-880-5484
이메일: siskda@my.lamar.edu

Texas 우수 학생 리더십 프로그램은 재능 있는 청소년들에게 혁신적인 학습 활동을 제공하는, Beaumont의 Lamar 대학교의 여름 프로그램입니다. 이 프로그램은 11학년 이상의 학생들을 대상으로 합니다.
• 3주(6월 30일~7월 21일) 프로그램은 학생들이 리더십과 윤리적인 의사결정 기술을 계발하는 것을 돕도록 기획된 직접 해 보는 활동을 강조하는, 고등학교에서는 보통 제공되지 않는 강좌를 제공합니다.
• 학생들은 생각하고, 반성하고, 그리고 성공을 경험하는 능력을 기반으로 하는, 인지적으로 어려운 과제에 적극적으로 참여합니다.
• 저녁 세미나에는 주, 국가, 그리고 국제적인 수준에서 리더십을 입증해 온 분들을 초빙합니다.
• 학생들이 이 수업을 주관하고 실업계, 과학계, 그리고 예술계의 유명한 리더들과의 생생한 질의응답 시간에 참여합니다.

해설 | 저녁 세미나는 주, 국가, 그리고 국제적인 수준에서 리더십을 입증해 온 분들을 초빙한다고 했으므로, ④가 안내문의 내용과 일치하지 않는다.

구문풀이 | • The Texas Honors Leadership Program is a summer program at Lamar University in Beaumont [that provides innovative academics for gifted adolescents].
[ ]는 관계절로 a summer program at Lamar University in Beaumont를 수식한다.
• The 3-week (June 30—July 21) program offers courses [not usually provided in high school] [that emphasize hands-on activities {designed to help students develop their leadership and ethical decision-making skills}].
첫 번째 [ ]는 과거분사구, 두 번째 [ ]는 관계절로 둘 다

courses를 수식한다. { }는 과거분사구로 hands-on activities를 수식한다.

03

소재 | Central Park 마차 관광

직독직해

L4 Our friendly tour guides are knowledgeable /
우리의 친절한 여행 가이드들은 지식이 많습니다 /
and prepared to take you / on an entertaining tour /
그리고 여러분을 안내할 준비가 되어 있습니다 / 즐거운 여행으로 /
of all of Central Park's fascinating sights.
Central Park의 모든 매력적인 경치의

해석 | **Central Park 개인 전용 마차 관광**

이것은 Central Park를 볼 수 있는 가장 좋은 방법들 중 하나입니다. Manhattan의 아름답고 푸른 중심부에서 편안히 앉아 마차를 타는 것을 즐기세요. 우리의 친절한 여행 가이드들은 지식이 많으며, Central Park의 모든 매력적인 경치를 관광하는 즐거운 여행으로 여러분을 안내할 준비가 되어 있습니다.

출발 장소 • Central Park

출발 시간 • 오전 11시~오후 8시

요금 • 제시된 요금은 마차 당 요금입니다(최대 승객 4명까지).
- 15~20분 승차: 64달러
- 45~50분 승차: 140달러

추가 안내 • 악천후로 인해 취소된다면, 대체 날짜 혹은 전액 환불을 선택할 수 있습니다.
• 어린이들은 반드시 어른이 동행해야 합니다.

해약 규정 • 출발 예정일 3일에서 6일 전에 취소하면, 50퍼센트의 해약금이 있습니다.
• 출발 예정일 2일 이내에 취소하면, 100퍼센트의 해약금이 있습니다.

해설 | '악천후로 인해 취소되는 경우, 날짜를 다시 잡거나 전액 환불을 받을 수 있다(If canceled due to poor weather, you will be given the option of an alternative date or full refund.).'고 나와 있으므로 ④가 안내문의 내용과 일치한다.
① Central Park를 마차로 관광하는 여행 상품이다.
② 운행 시간은 오전 11시부터 오후 8시까지이다.
③ 마차 1대당 최대 탑승 인원은 4명이다.
⑤ 고객이 출발 3일 전에 취소하면 50%의 해약금을 내야 한다.

구문풀이 | • **If canceled** due to poor weather, you will be given the option **of** [an alternative date] **or** [full refund].
If canceled는 If의 뒤에 it(= the ride) is가 생략된 형태다. it은 주절의 주어와 다르므로 생략하지 않는 것이 원칙이지만, 이 경우는 전후 문맥을 통해 쉽게 알 수 있으므로 생략될 수 있다. 두 개의 [ ]는 or로 연결되어 전치사 of에 이어지는 명사구들이다.

04

소재 | 기금을 모으기 위한 달리기 및 걷기 행사

직독직해

L4 Run the 5K or participate in the Fun Walk /
5킬로미터를 달리거나 즐거운 걷기에 참여하고 /
for a great cause, / have a cold beverage /
훌륭한 목적을 위해 / 차가운 음료를 즐기고 /
and then stay to see /
이어서 구경하세요 /
the only St. Patrick's Parade in Burlington County.
Burlington 카운티에서 유일한 성 Patrick 퍼레이드를

해석 | **Mount Holly의 성 Patrick 퍼레이드 및 5킬로미터 달리기와 즐거운 1마일 가족 걷기**

이익금 전액은 Mount Holly의 레크리에이션 프로그램을 후원하게 됩니다.

훌륭한 목적을 위해 5킬로미터를 달리거나 즐거운 걷기에 참가하고, 차가운 음료를 즐긴 후, 이어서 Burlington 카운티에서 유일한 성 Patrick 퍼레이드를 구경하세요.

• 2017년 3월 4일 토요일
• 경주 시작 오전 11시 (퍼레이드는 오후 1시에 시작)
• 장소: New Jersey 주, Mount Holly, High Street 및 Washington Street
• 2월 27일까지 등록은 35달러이고 2월 27일 이후는 40달러 (올해부터 새롭게 5인까지의 가족이나 팀 참가자는 팀 당 125달러에 등록할 수 있습니다.)

• 행사 세부 사항
– 모든 등록자는 긴 소매 운동 셔츠와 경주 후 Beer Garden에서 무료 음료를 제공받습니다.
– 각 연령대별 3위까지의 완주자에게 상이 수여됩니다.
– 즐거운 걷기에서는 유모차를 가져오셔도 됩니다.

• 등록
– www.mtholly5k.com에서 등록하시거나 등록 양식을 내려받은 후 Attention: 5KRun, P.O. Box 411, Mount Holly, NJ 08060으로 우송하시면 됩니다.
– 경주 당일 등록은 오전 9시 30분에 High Street와 Washington Street에서 시작됩니다.

해설 | 등록자들에게 음료는 경주 이후에 Beer Garden에서 제공된다고 했으므로 안내문의 내용과 일치하지 않는 것은 ③이다.

구문풀이 | • [**Run** the 5K or participate in the Fun Walk for a great cause], [**have** a cold beverage] **and** then [**stay** to see the only St. Patrick's Parade in Burlington County].
세 개의 [ ]가 and로 이어져 병렬 관계를 이루고 있는 명령문이다.

UNIT 08 도표 읽기

EXAMPLE 01 본문 54쪽

정답 ③

소재 | 문제가 생겼을 때 호주의 아이들이 조언을 구한 대상

직독직해

L1 The above graph shows /
위 그래프는 보여 준다 /
who Australian girls and boys aged eleven consulted /
11세 호주 여자아이들과 남자아이들이 누구에게 조언을 구했는지를 /
if they had problems.
문제가 생겼을 경우

L6 The percentage of boys / who consulted teachers /
남자아이들의 비율은 / 선생님에게 조언을 구한 /
was higher / than that of girls /
더 높았다 / 여자아이들의 비율보다 /
who consulted teachers / by 4 percentage points.
선생님에게 조언을 구한 / 4퍼센트포인트

해석 | 호주의 11세 아이들이 문제가 생겼을 때 조언을 구한 대상

위 그래프는 11세 호주 여자아이들과 남자아이들이 문제가 생겼을 경우 누구에게 조언을 구했는지를 보여 준다. 여자아이들과 남자아이들은 문제가 생겼을 경우 어머니에게 가장 많이 조언을 구했다. 남자아이들의 경우, 아버지에게 두 번째로 많이 조언을 구했고, 친구가 그 뒤를 이었다. 선생님에게 조언을 구한 여자아이들의 비율은 아버지에게 조언을 구한 여자아이들의 비율보다 20퍼센트포인트 더 높았다. 선생님에게 조언을 구한 남자아이들의 비율은 선생님에게 조언을 구한 여자아이들의 비율보다 4퍼센트포인트 더 높았다. 자신에게 문제가 생겼을 경우, 친구에게 간 여자아이들이 남자 형제나 여자 형제에게 간 여자아이들보다 더 많았다.

구문풀이 | • The above graph shows [who Australian girls and boys aged eleven consulted {if they had problems}].
[ ]는 의문사가 이끄는 절로 shows의 목적어 역할을 한다.
{ }는 [ ] 안에 있는 조건절이다.
• For boys, fathers were the second most consulted source, [followed by friends].
[ ]는 과거분사로 시작하는 분사구문으로 그 주체는 fathers이며, and they were followed ~로 이해할 수 있다.

Words & Phrases

consult 조언을 구하다 percentage 비율
percentage point 퍼센트포인트(백분율로 나타낸 수치가 이전 수치에 비해 증가하거나 감소한 양)

EXAMPLE 02 본문 55쪽

정답 ④

소재 | 매체별 광고 수입

직독직해

L4 However, / the newspaper ad revenue /
그러나 / 신문 광고 수입은 /
had continuously dropped / since 2005 /
계속 떨어졌고 / 2005년 이래로 /
and ranked the second / from the bottom in 2013, /
두 번째를 차지했다 / 2013년에는 밑에서 /
next to the ad revenue of radio.
라디오 광고 수입 다음으로

L10 Between 2009 and 2013, /
2009년과 2013년 사이에 /
unlike the other four media types, /
다른 네 가지 매체들과 달리 /
the radio ad revenue changed little, /
라디오의 광고 수입은 거의 변함이 없었고 /
remaining around 15 billion dollars.
약 150억 달러를 유지했다

해석 | 매체별 광고 수입

위 그래프는 2005년부터 2013년까지 매체 유형에 따른 광고 수입의 추이를 보여 준다. 2005년과 2007년 사이에, 신문이 벌어들인 광고 수입 총액은 다섯 가지 매체들 중 가장 컸다. 그러나 2005년 이래로 신문 광고 수입은 계속 떨어졌고, 2013년에는 라디오 광고 수입 다음으로 밑에서 두 번째를 차지했다. 2005년 이

래로 인터넷 광고 수입은 눈에 띄게 증가했고, 2013년에는 이전에 광고 수입원의 선두였던 브로드캐스트 TV를 능가했다. 케이블 TV의 광고 수입은 2005년 이래로 꾸준히 증가했고, 2009년에는 라디오 광고 수입의 두 배를 넘어섰다. 다른 네 가지 매체들과 달리, 라디오의 광고 수입은 2009년과 2013년 사이에 거의 변함이 없었고, 약 150억 달러를 유지했다.

구문풀이 | • Between 2005 and 2007, the amount of advertising revenue [earned by newspapers] was the largest among the five media types.

[ ]는 분사구로 the amount of advertising revenue를 수식한다.

• Between 2009 and 2013, unlike the other four media types, the radio ad revenue changed little, [remaining around 15 billion dollars].

[ ]는 동시에 일어나는 상황을 표현하는 분사구문으로서, and (it) remained ~로 이해할 수 있다.

Words & Phrases

revenue 수입	media 매체
amount 총액, 양	earn 벌다
drop 떨어지다	rank (순위를) 차지하다
noticeably 눈에 띄게	surpass 능가하다
previously 이전에	leading 선두의, 선도하는

PRACTICE 본문 56~59쪽

01 ⑤ 02 ④ 03 ⑤ 04 ④

01

소재 | 기술 직업별 교육 수준

직독직해

L2 Electricians had the highest proportion /
전기 기술자는 비율이 가장 높았다 /
of registered apprenticeship certificates / among the given five trades.
등록된 견습 자격증을 가진 / 주어진 다섯 개의 기술 직업 중에서

L4 The highest proportion of certificates was held by hairstylists and barbers, /
가장 높은 자격증의 비율을 가진 것은 미용사와 이발사였는데 /
with their combined proportion of registered apprenticeship certificates and other trade certificates /
그들의 등록된 견습 자격증과 여타 기술 자격증을 합친 비율은 /
reaching 68 percent.
68퍼센트에 달했다

해석 | **기술 직업별 교육 수준** (캐나다, 2006)

위 도표는 2006년 캐나다의 기술 직업에 따른 다양한 교육 수준을 보여 준다. 전기 기술자는 주어진 다섯 개의 기술 직업 중에서 등록된 견습 자격증을 가진 비율이 가장 높았다. 가장 높은 자격증의 비율을 가진 것은 미용사와 이발사였는데, 그들의 등록된 견습 자격증과 여타 기술 자격증을 합친 비율은 68퍼센트에 달했다. 전기 기술자의 등록된 견습 자격증과 여타 기술 자격증을 합친 비율은 배관공의 비율과 같았다. 미용사와 이발사는 고졸 이하의 범주에서 비율이 가장 작았다. 최고 학력으로 전문대나 대학을 졸업한 요리사의 비율은 목수의 비율보다 더 높았다.

해설 | 최고 학력으로 전문대나 대학을 졸업한 요리사의 비율(17%)은 목수의 비율(18%)보다 더 낮았으므로 ⑤는 도표의 내용과 일치하지 않는다.

구문풀이 | • The proportion of cooks with college or university as their highest education level was higher than **that** of carpenters.

that은 앞에 있는 The proportion을 대신한다.

02

소재 | Pennsylvania 주의 여섯 개의 카운티가 사용한 캠핑 요금과 캠핑 장비 비용

직독직해

L2 The Lancaster County population /
Lancaster 카운티 주민들은 /
spent the largest amount of money /
가장 많은 액수의 돈을 사용했다 /
on camping fees and camping equipment.
캠핑 요금과 캠핑 장비에

L4 York County spent the second largest amount /
York 카운티는 두 번째로 가장 많은 액수를 사용했다 /
on camping fees, / followed by Berks County.
캠핑 요금에 / Berks 카운티가 그 뒤를 이었다

해석 | **캠핑 요금과 캠핑 장비에 대한 소비자 지출액 (2014)**

위 그래프는 2014년 Pennsylvania 주의 여섯 개의 카운티에서의 캠핑 요금과 캠핑 장비에 대한 전체 소비자 지출액을 보여 준다. Lancaster 카운티 주민들은 캠핑 요금과 캠핑 장비에 가장 많은 액수의 돈을 사용했다. York 카운티는 캠핑 요금에 두 번째로 가장 많은 액수를 사용했으며, Berks 카운티가 그 뒤를 이었

다. Franklin 카운티는 캠핑 요금과 캠핑 장비 각각에 가장 적은 금액을 사용했다. 여섯 개의 카운티 중에서 두 곳만이 캠핑 장비에 2백만 달러가 넘는 금액을 사용했다. Cumberland는 Dauphin 보다 캠핑 요금에 더 많은 돈을 사용했으나, 캠핑 장비 면에서는 그들이 거의 같은 액수를 사용했다.

해설 | 도표에서 캠핑 장비에 2백만 달러가 넘는 금액을 사용한 카운티는 Berks, Lancaster, York 이렇게 세 곳이므로 두 곳의 카운티만이 2백만 달러 이상을 사용했다고 진술한 ④는 도표의 내용과 일치하지 않는다.

구문풀이 | • The Lancaster County population **spent** the largest amount of money **on** camping fees and camping equipment.

「spend *A* on *B*」는 'B에 A를 쓰다'의 의미를 나타낸다.

• York County spent the second largest amount on camping fees, [followed by the Berks County].

[ ]는 분사구문으로 and it(= York County) was followed ~로 이해될 수 있다.

03

소재 | 세계 석유 생산과 소비

직독직해

L3 The region / that produced the second largest percentage of oil /
지역은 / 두 번째로 가장 많은 비율의 석유를 생산한 /
was North America, / closely followed by Europe and Eurasia.
북아메리카로 / 그 뒤를 유럽과 유라시아가 바짝 뒤따랐다.

L7 The percentage of oil / consumed by the Middle East /
석유의 비율은 / 중동이 소비한 /
was more than twice as large as / that consumed by Africa.
2배가 넘었다 / 아프리카가 소비한 석유의 비율의

해석 | **2015년 세계 석유 생산과 소비**

위 도표는 2015년에 세계의 석유 생산과 소비의 비율을 보여 준다. 중동이 가장 많은 비율의 석유를 생산했던 반면에, 아시아 태평양이 가장 많은 비율의 석유를 소비했다. 두 번째로 가장 많은 비율의 석유를 생산한 지역은 북아메리카로, 그 뒤를 유럽과 유라시아가 바짝 뒤따랐다. 아프리카와 중남미는 똑같은 비율의 석유를 생산했는데, 그것은 10퍼센트 미만이었다. 중동이 소비한 석유의 비율은 아프리카가 소비한 석유의 비율의 2배가 넘었다. 석유 생산과 소비 사이에서 가장 적은 퍼센트포인트 차이는 북아메리카에서 발견되었다.

해설 | 석유 생산과 소비 사이에서 가장 적은 퍼센트포인트 차이는 북아메리카(3.8%)가 아니라, 유럽과 유라시아(0.6%)에서 발견되므로, ⑤가 도표의 내용과 일치하지 않는다.

구문풀이 | • The region [that produced the second largest percentage of oil] was North America, [closely followed by Europe and Eurasia].

첫 번째 [ ]는 관계절로 주어인 The region을 수식하고 술어 동사는 was이다. 두 번째 [ ]는 being이 생략된 분사구문이다.

• The percentage of oil [consumed by the Middle East] was more than **twice as** large **as that** [consumed by Africa].

두 개의 [ ]는 모두 과거분사구로 각각 The percentage of oil과 that을 수식한다. that은 지시대명사로 the percentage of oil을 대신한다. 배수 표현은 「배수+as ~ as ...」의 어순을 취한다.

04

소재 | 영국 성인의 연도별 인터넷 활동 비율

직독직해

L4 The second most common Internet activity in 2016 /
2016년의 두 번째로 가장 흔한 인터넷 활동은 /
was finding information about goods and services, /
상품과 서비스에 관한 정보를 찾는 것이었는데 /
undertaken by more than 70% of adults, /
70퍼센트가 넘는 성인들에 의해 수행되었고 /
the largest percentage-point increase from 2015.
이는 2015년으로부터 가장 큰 퍼센트포인트 증가였다

해석 | **영국의 2007년, 2015년, 2016년별 성인의 인터넷 활동**

위 그래프는 영국의 2007년, 2015년, 2016년의 성인들의 인터넷 활동을 보여 준다. 2016년에 조사된 인터넷 활동들 중에서 성인들에 의해 온라인상에서 완수된 가장 인기 있는 활동은 이메일을 보내거나 받는 것이었다. 2016년의 두 번째로 가장 흔한 인터넷 활동은 상품과 서비스에 관한 정보를 찾는 것이었는데, 70퍼센트가 넘는 성인들에 의해 수행되었고, 이는 2015년으로부터 가장 큰 퍼센트포인트 증가였다. 2007년에 조사된 후 다시 2016년에 조사되었던 모든 인터넷 활동들은 증가를 보였다. 온라인 뉴스, 신문 혹은 잡지를 읽는 것은 가장 큰 퍼센트포인트 증가를 보여 주었는데, 2016년에는 성인들의 60퍼센트였고 이는 2007년에 그렇게 한 비율의 4배였다. 인터넷 뱅킹도 2007년으로부터 큰 증가를 보였는데, 약 30퍼센트포인트 가량 증가했다.

해설 | 인터넷으로 온라인 뉴스, 신문 혹은 잡지를 읽은 2016년의 비율은 60%로 이는 2007년 20%의 3배에 해당하므로 ④가 도표의 내용과 일치하지 않는다.

구문풀이 | • [Reading online news, newspapers or magazines] showed the largest percentage-point increase, [60% of adults in 2016, {**4 times the proportion** doing so in 2007}].
첫 번째 [ ]는 주어로 쓰인 동명사구이고 두 번째 [ ]는 the largest percentage-point increase를 부수적으로 설명하는 어구이다. { }는 60% of adults in 2016을 부수적으로 설명하는데 「~ times+the+명사」 구문이 쓰여 '…의 ~배'라는 의미를 나타낸다. doing so in 2007은 the proportion을 수식하는 현재분사구이다.

CHAPTER REVIEW

본문 60~63쪽

01 ⑤ **02** ④ **03** ③ **04** ③

01

소재 | 화장실에서 볼일을 보는 보브캣

직독직해

L4 He had found this bobcat / in an alfalfa field /
그는 이 보브캣을 발견했다 / 어느 자주개자리의 목초지에서 /
just after it was born, /
태어난 직후에 /
and the animal had been part of the family / ever since.
그리고 그 동물은 가족의 일부가 되었다 / 이후로

해석 | 젊은 공인회계사였을 때, 어느 날 나는 Arizona 주의 Higley 근처에 있는 어느 고객의 농장을 방문했다. 이야기를 나누고 있는 동안, 우리는 무엇인가가 차단문을 긁고 있는 것을 들었는데, 그가 "이것을 보십시오."라고 말했다. 그는 문으로 가서 다소 큰 보브캣 한 마리가 들어올 수 있도록 문을 열었다. 그는 이 보브캣을, 태어난 직후에 어느 자주개자리의 목초지에서 발견했고, 그 동물은 이후로 가족의 일부가 되었다. 그가 문을 열자 그 보브캣은 화장실로 달려가서 변기 위에 뛰어올라 '자기 볼일을 치르기' 위해 그 위에 쪼그려 앉았다. 일을 마치자 그는 바닥에 뛰어내려서 뒷다리로 서서 (앞다리를) 뻗어 변기의 물을 내렸다.

해설 | ⑤는 필자의 고객이 키우는 보브캣을 가리키고, 나머지는 모두 필자의 고객을 가리킨다.

구문풀이 | • While we were talking, we **heard something scratching** on the screen door, and he said, "Watch this."
지각동사 hear는 「hear+목적어+현재분사(-ing)」의 형태로 쓰여 '~가 …하고 있는 것을 듣다'의 의미를 나타낸다.
• When the bobcat had finished, he [leaped down to the floor], [stood on his hind legs], [reached up], **and** [flushed the toilet].
네 개의 [ ]는 and에 의해 연결되어 병렬 구조를 이루고 있다.

Words & Phrases

certified public accountant (CPA) 공인회계사
client 고객
scratch 긁다
screen door 차단문
rather 다소
bobcat (북미산의) 보브캣
toilet 변기
squat 쪼그려 앉다
leap down 뛰어 내리다
hind leg 뒷다리
flush 물을 내리다

02

소재 | Daniel Kahneman

직독직해

L2 His parents were from Lithuania /
그의 부모는 리투아니아 출신이었고 /
and his early years were spent in France, /
그는 유년 시절을 프랑스에서 보냈는데 /
where the family managed to avoid Nazi persecution.
거기에서 가족이 가까스로 나치의 박해를 피했다

L5 After graduating /
졸업 후에 /
he worked as a psychologist in the Israeli army, /
그는 이스라엘 군대에서 심리학자로 일하면서 /
developing tests for evaluating officers.
장교들을 평가하기 위한 테스트를 개발했다

해석 | Daniel Kahneman은 어머니가 이스라엘을 방문하던 중에 Tel Aviv에서 1934년에 태어났다. 그의 부모는 리투아니아 출신이었고 그는 유년 시절을 프랑스에서 보냈는데, 거기에서 가족이 가까스로 나치의 박해를 피했다. 그들은 1948년에 영국령 팔레스타인으로 이사를 했으며, Kahneman은 예루살렘 Hebrew 대학교에 들어갔고, 거기에서 심리학 학위를 받았다. 졸업 후에 그는 이스라엘 군대에서 심리학자로 일하면서 장교들을 평가하기 위한 테스트를 개발했다. 20대 중반에 그는 미국으로 가서 California 대학교 Berkeley에서 심리학 박사 학위 공부를 했고, 1961년에 이스라엘로 돌아와서 강의하는 일을 맡아 몇 년

동안 머물렀다. 이후의 연구와 교직에는 Michigan, Harvard, 그리고 Stanford 대학교가 포함되었다. 그는 현재 Princeton 대학교의 Woodrow Wilson 국제 문제 대학원 심리학과 명예 교수이다.

해설 | 졸업 후에 이스라엘 군대에서 심리학자로 일하면서 장교들을 평가하기 위한 테스트를 개발했다고 했으므로, ④가 글의 내용과 일치하지 않는다.

구문풀이 | • His parents were from Lithuania and his early years were spent in France, [where the family managed to avoid Nazi persecution].
[ ]는 관계절로 France를 부가적으로 설명한다.

• After graduating he worked **as** a psychologist in the Israeli army, [developing tests for evaluating officers].
as는 전치사로 '~로서'라는 뜻이고, [ ]는 분사구문으로 and he developed ~의 의미이다.

Words & Phrases

persecution 박해
British Palestine 영국령 팔레스타인

degree 학위	psychology 심리학
graduate 졸업하다	evaluate 평가하다
officer 장교	do a Ph.D 박사 학위 공부를 하다
take up ~을 맡다	teaching post 교직, 교단
currently 현재	honorary professor 명예 교수

03

소재 | 과학 센터에서의 전시회

직독직해

L2 This is an exhibit at Liberty Science Center /
이것은 Liberty 과학 센터에서의 전시회입니다 /
that is all about increasing your powers /
전적으로 여러분의 힘을 늘리고 /
and joining forces with superheroes.
슈퍼히어로들과 힘을 합치는 것에 관한

L4 Solve a kidnapping mystery with Batman; /
배트맨과 함께 납치 사건을 풀어 보거나 /
tap into heightened mental abilities using biofeedback techniques; /
생체 자기제어 기술을 이용해서 강화된 정신 능력을 이용하거나 /
or wear Wonder Woman's wristbands to ward off a rain of ping pong balls.
혹은 원더우먼의 손목밴드를 차고 빗발치는 탁구공을 막아 보세요

해석 | **슈퍼히어로: 첨단 기술의 모험**

이것은 전적으로 여러분의 힘을 늘리고 슈퍼히어로들과 힘을 합치는 것에 관한 Liberty 과학 센터에서의 전시회입니다.

배트맨과 함께 납치 사건을 풀어 보거나, 생체 자기제어 기술을 이용해서 강화된 정신 능력을 이용하거나, 혹은 원더우먼의 손목밴드를 차고 빗발치는 탁구공을 막아 보세요.

• 5세 이상 입장 가능
• 정상 운영 시간: 6월 24일부터 노동절까지 매일 오전 9시 30분 ~오후 5시 30분.
금요일과 토요일에는 오후 8시 30분까지 개장.
• New Jersey 주 Jersey 시 State 공원
• 일반 입장료: 6달러, 성인 9달러
• 뉴욕 Waterway의 주말 여객선은 여름 동안 Brookfield Place에서 출발합니다. 왕복 티켓은 5달러입니다. 무료 버스가 방문자들을 여객선에서 과학 센터까지 태워 드립니다. 여객선 정보를 얻으시려면 908-463-3719로 전화하세요.

해설 | 개장 기간인 6월 24일부터 노동절까지 금요일과 토요일에만 오후 8시 30분까지 개장한다고 했으므로 ③은 내용과 일치하지 않는다.

구문풀이 | • This is an exhibit at Liberty Science Center [that is all **about** {increasing your powers} and {joining forces with superheroes}].
[ ]는 an exhibit at Liberty Science Center를 수식하는 관계절이다. 두 개의 { }는 about의 목적어 역할을 한다.

Words & Phrases

hightech 첨단 기술의	exhibit 전시회
kidnapping 납치	tap into ~을 이용하다
heightened 강화된, 고양된	
biofeedback technique 생체 자기제어 기술	
wristband 손목밴드	ward off ~을 막다
a rain of 빗발치는	general admission 일반 입장료
ferry 여객선	round-trip 왕복의

shuttle (두 장소 사이로 사람들을 정기적으로) 실어 나르다

04

소재 | 이웃에 대한 신뢰도에 따른 지역에 대해 느끼는 안전함 정도

직독직해

L1 The above graph shows / people's perception of safety /
위 그래프는 보여 준다 / 안전에 대한 사람들의 인식을 /
when walking alone at night in their local area /
자신들이 사는 지역을 밤에 혼자 걸을 때 /

by how much they trust /
그들이 얼마나 많이 신뢰하는지에 따른 /
the people in their neighbourhood /
자신들의 이웃 사람들을 /
in the United Kingdom in 2011 and 2012.
2011년과 2012년에 영국에서

해석 | '이웃 사람들을 신뢰할 수 있는지'에 따른 자신이 사는 지역을 밤에 혼자 걸을 때 안전함을 느끼는 정도 (2011/12)

위 그래프는 2011년과 2012년에 영국에서 이웃 사람들을 얼마나 많이 신뢰하는지에 따른 자신들이 사는 지역을 밤에 혼자 걸을 때의 안전에 대한 사람들의 인식을 보여 준다. 자신들의 지역의 다른 사람들을 신뢰한다고 말한 사람들이 그렇지 않은 사람들보다 날이 저문 후 자신들의 지역을 혼자 걸을 때 매우 혹은 상당히 안전하다고 느낄 가능성이 더 높았다. 자신들의 지역의 다른 사람들을 신뢰한다고 말한 여성 10명 중 약 7명이 해가 진 후에 자신들의 지역을 혼자 걸을 때 매우 혹은 상당히 안전하다고 느꼈다. 자신들의 지역의 다른 사람들을 신뢰하지 않는다고 말한 여성의 20퍼센트가 넘는 비율이 결코 밤에 혼자 외출하지 않았다. 자신들의 지역의 다른 사람들을 신뢰하지 않는다고 말한 약 40퍼센트의 여성과 약 70퍼센트의 남성은 그럼에도 불구하고 자신들의 지역에서 혼자 걷는 것을 매우 혹은 상당히 안전하다고 느꼈다. 밤에 혼자 걷는 것을 안전하다고 인식한 남성의 비율은 신뢰의 모든 수준에서 여성의 비율보다 높았다.

해설 | 도표에 의하면 자신들의 이웃 사람들을 신뢰하지 않고 있는 여성 중 밤에 결코 외출을 하지 않는 비율은 약 15퍼센트 정도이므로 ③이 도표의 내용과 일치하지 않는다.

구문풀이 | • People [reporting trusting others in their local area] were more likely to feel very or fairly safe walking alone after dark in their local area, than those **who did not**.

[ ]는 People을 수식하는 현재분사구이다. who did not은 의미상 who did not report trusting others in their local area의 의미이다.

Words & Phrases

perception 인식
neighbourhood 이웃, 근처
fairly 상당히
local 지역의, 현지의
nevertheless 그럼에도 불구하고

CHAPTER 03
추론적 이해

UNIT 09 빈칸 추론 (1)

EXAMPLE 01

본문 66쪽

정답 ①

소재 | 역할 흉내 내기의 효력

직독직해

L1 You can actually become your own cheerleader /
실제로 자신의 치어리더가 될 수 있다 /
by talking to yourself positively /
스스로에게 긍정적으로 이야기하고 /
and then acting / as if you were already the person /
그런 다음 행동함으로써 / 그 사람이 이미 된 것처럼 /
that you wanted to be.
되고 싶어 했던

L5 Treat everyone you meet /
만나는 모든 사람을 대하라 /
as though you had just won an award /
상을 받은 것처럼 /
for being the very best person in your industry /
업계 최고의 사람에게 주는 /
or as though you had just won the lottery.
또는 복권에 당첨된 것처럼

해석 | 스스로에게 긍정적으로 이야기하고 그런 다음 되고 싶어 했던 그 사람이 이미 된 것처럼 행동함으로써 실제로 자신의 치어리더가 될 수 있다. 긍정적이고, 쾌활하고, 행복하고, 호감이 가는 사람의 역할을 해 보려고 지원하려는 것처럼 행동하라. 이미 그 사람인 것처럼 걷고, 이야기하고, 행동하라. 업계 최고의 사람에게 주는 상을 받았거나 복권에 당첨된 것처럼 만나는 모든 사람을 대하라. 단 몇 분만의 역할 흉내 내기를 하고 나면 자신에 대해 얼마나 더 좋게 느끼는지에 대해 놀랄 것이다.

구문풀이 | • You will be amazed **at** [how much better you feel about yourself after just a few minutes of pretending].

[ ]는 at의 목적어 역할을 한다.

Words & Phrases

actually 실제로
try out for ~을 해 보려고 지원하다

likable 호감이 가는
award 상
industry (특정 분야의) 산업, ~업
lottery 복권
be amazed at ~에 놀라다

EXAMPLE 02 본문 67쪽

정답 ①

소재 | 도덕적 균형 맞추기

직독직해

L1 Research suggests /
연구는 보여 준다 /
that when we view ourselves as morally deficient /
우리가 스스로를 도덕적으로 부족하다고 간주할 때 /
in one part of our lives, / we search for moral actions /
자신의 삶의 한 부분에서 / 우리는 도덕적 행동을 찾는다 /
that will balance out the scale.
저울의 균형을 맞출

L6 One day / you happen to be walking through a hardware store /
어느 날 / 우연히 철물점을 돌아보면서 /
and notice a rack of energy-efficient light bulbs, /
에너지 효율이 좋은 백열전구가 있는 선반을 발견하고 /
and you instantly decide / to buy twenty of them /
즉시 결정한다 / 백열전구 20개를 사기로 /
and change out every bulb in your house.
그리고 집에 있는 모든 전구를 바꾸기로

해석 | 삶은 균형을 맞추는 행위이며, 우리의 도덕의식도 그러하다. 연구에 따르면, 자신의 삶의 한 부분에서 스스로를 도덕적으로 부족하다고 간주할 때, 우리는 저울의 균형을 맞출 도덕적 행동을 찾는다. 아마도 재활용을 해야 한다는 것은 알고 있겠지만 재활용 수거 트럭이 올 시간에 맞춰 유리, 종이, 그리고 플라스틱을 모으기까지는 하지 않을 것이다. 어느 날 우연히 철물점을 돌아보면서 에너지 효율이 좋은 백열전구가 있는 선반을 발견하고, 즉시 백열전구 20개를 사서 집에 있는 모든 전구를 바꾸기로 결정한다. 도덕성 부족(재활용하지 않기)은, 여러분의 관점에서, 도덕적 행위(에너지 효율이 좋은 전구를 설치하기)에 의해 균형이 맞춰진다. 문제는 시소가 다른 방향으로도 기울어질 수 있다는 것이다. 만약 우리가, 도덕적인 관점으로 말해서, 충분히 하고 있다고 믿으면, 그 이상을 할 이유가 거의 없다. 저울은 이미 수평 상태인 것이다.

구문풀이 | • Life is a balancing act, and **so** is our sense of morality.
so는 '~도 또한 (그러하다)'라는 의미이다.

Words & Phrases

morality 도덕
deficient 부족한
scale 저울
get around to *doing* ~하기까지 하다, ~에까지 손이 미치다
happen to *do* 우연히 ~하다
hardware store 철물점
rack 선반
light bulb 전구
instantly 즉시
install 설치하다
seesaw 시소
tip 기울다

PRACTICE 본문 68~71쪽

01 ④ **02** ③ **03** ③ **04** ①

01

소재 | 식품 속에 있는 에너지에 대한 인식

직독직해

L1 Technology has made it possible /
기술은 가능하게 만들었다 /
to manipulate foods' sensory properties /
식품의 감각적 특성을 조작하는 것을 /
to make them sweeter or saltier /
식품을 더 달거나 더 짜게 만들기 위해 /
or richer tasting or more colorful / at will.
혹은 더 풍부한 맛이 나게 하거나 더 다채롭게 (만들기 위해) / 마음대로

L5 The fat content of many processed foods /
많은 가공식품의 지방 함량은 /
is not clearly evident /
분명히 알 수 없다 /
from either the appearance of the food, its feel and taste, /
식품의 외양, 촉감과 맛으로부터 /
or from the packaging and shape of the item.
혹은 상품의 포장과 모양으로부터

해석 | 기술은 식품을 마음대로 더 달거나, 더 짜거나, 혹은 더 풍부한 맛이 나게 하거나 혹은 더 다채롭게 만들기 위해 식품의 감각적 특성을 조작하는 것을 가능하게 만들었다. 그리하여 기술은 식품의 맛과 영양상의 가치를 온전히 분리시켰다. 아울러 현재의 기술은 에너지 인식에 대한 악명 높은 위험을 만들어 낸다. 많은 가공식품의 지방 함량은 식품의 외양, 촉감과 맛 혹은 상품의 포장과 모양으로부터 분명히 알 수 없다. 비슷한 맛이 나는 여러 가지

식품의 에너지 함량은 상당히 다양할 수 있다. 그리고 지방, 설탕 및 소금을 첨가해 맛이 나도록 만들어진 그러한 가공식제품의 집합체는 엄청나다. 이것은 식품에 대한 선호를 따름으로써, 즉 다양한 종류의 맛있는 음식을 먹음으로써는 사람들이 더 이상 영양적으로 적절한 식단을 얻게 될지 확신하지 못한다는 것을 의미한다.

해설 | 빈칸 이후의 내용, 즉 많은 가공식품의 지방 함량을 외양, 느낌, 맛, 포장, 모양을 통해 분명히 알 수 없다는 내용과, 맛은 비슷하지만 다양한 에너지 함량을 가진 식품이 많다는 내용을 통해 식품 속에 들어가 있는 에너지 함량을 제대로 알 수 없다는 것을 설명하는 글이다. 그러므로 빈칸에 가장 적절한 것은 ④ '인식'이다.
① 교환 ② 효율성 ③ 생성 ⑤ 소비

구문풀이 | • Technology has made it possible [to manipulate foods' sensory properties] **to make** them sweeter or saltier or richer tasting or more colorful at will.
[ ]는 내용상의 목적어이다. to make는 '만들기 위해'라는 뜻으로 to부정사의 부사적 용법으로 사용되었다.

• And the array of such processed food products, [made tasty by the addition of fat, sugar, and salt], is vast.
[ ]는 삽입된 분사구문으로서, such processed food products를 부가적으로 설명한다.

02

소재 | 자기 의견 말하기

직독직해

L4 Working at degree level /
학부 수준의 공부는 /
is all about reading, understanding /
모두 읽고, 이해하는 것에 관한 것이다 /
and forming educated opinions /
그리고 교양 있는 의견을 형성하는 것 /
based upon what you have read, /
읽은 것을 바탕으로 /
but it is also, at its best, /
그러나 그것은 또한 최상의 경우 /
about having your own viewpoint.
자신만의 관점을 갖는 것에 관한 것이다

L7 There will be occasions /
경우가 있을 것이다 /
when your tutor will point you in another direction, /
지도 교수가 여러분에게 다른 방향의 길을 알려 줄 /
but if you offer an opinion, /
그러나 여러분이 의견을 제안하면 /
you will be impressing the lecturers, /
교수에게 인상을 남기고 /
stimulating debate /
논쟁을 자극하며 /
and, as importantly, saving yourself a lot of time.
그만큼 중요하게는, 많은 시간을 아끼게 될 것이다

해석 | 정말 의견이 있으면, 개별 지도 시간이든 쓰기 과제에서든, 그것을 말하기를 두려워하지 말라. 전국적으로 매주 학부의 개별 지도 시간은 학생들로 가득한데, 그들 중 다수는 훌륭한 생각을 가지고 있지만 그것을 공개적으로 말하거나 에세이에 그것을 써 넣는 데 주저한다. 학부 수준의 공부는 모두 읽고, 이해하며, 읽은 것을 바탕으로 교양 있는 의견을 형성하는 것에 관한 것이지만, 그것은 또한 최상의 경우 자신만의 관점을 갖는 것에 관한 것이다. 물론 항상 올바르게 이해하지는 못할 것이다. 지도 교수가 여러분에게 다른 방향의 길을 알려 줄 경우도 있겠지만, 여러분이 의견을 제안하면, 교수에게 인상을 남기고, 논쟁을 자극하며, 그만큼 중요하게는, 많은 시간을 아끼게 될 것이다. 개별 지도 시간에 의견을 과감히 말함으로써, 즉각적인 조언, 다음에 어디로 가야 할지에 관한 적절한 안내, 그리고 여러분이 독창적으로 수업에 기여한 것을 기억해 줄 아주 기뻐하는 지도 교수를 얻게 될 것인데, 이런 것들은 항상 좋은 것이다.

해설 | 개별 지도 시간에 자기 의견을 주저함이 없이 말하고 자기가 쓰는 에세이에도 자기 의견을 써넣는 것이 많은 이점이 있다고 설명하는 내용이므로 빈칸에는 ③ '과감히 말함'이 들어가는 것이 가장 적절하다.
① (남의 말을) 그대로 따라함 ② 받아들임
④ 수정함 ⑤ 요청함

구문풀이 | • Undergraduate tutorials all over the country each week are full of students, [many of whom have great ideas], but [who feel hesitant about speaking out or including them in essays].
두 개의 [ ]는 모두 선행사인 students를 설명하는 관계절이다.

03

소재 | 과거의 실패로부터 배우기

직독직해

L1 According to Henry Petroski, /
Henry Petroski에 따르면 /

real knowledge from real failure /
실제의 실패에서 얻은 실제 지식이야말로 /
is the most powerful source of progress / we have, /
가장 강력한 진보의 원천이다 / 우리가 가진
provided we have the courage to carefully examine /
우리가 주의 깊게 검토할 용기만 있다면 /
what happened.
무슨 일이 일어났는지

L3 Perhaps this is why the Boeing Company, /
아마 이런 이유로 Boeing 사(社)가 /
one of the largest airplane design and engineering firms in the world, /
세계에서 가장 큰 비행기 설계 및 제조사 중의 하나인 /
keeps a black book of lessons /
교훈을 담은 요주의 사례 장부를 작성하는 것이다 /
it has learned from design and engineering failures!
설계 및 제조 실패에서 배운

해석 | Henry Petroski에 따르면, 실제의 실패에서 얻은 실제 지식이야말로, 우리가 무슨 일이 일어났는지 주의 깊게 검토할 용기만 있다면, 우리가 가진 가장 강력한 진보의 원천이다. 아마 이런 이유로 세계에서 가장 큰 비행기 설계 및 제조사 중의 하나인 Boeing 사(社)가 설계 및 제조 실패에서 배운 교훈을 담은 요주의 사례 장부를 작성하는 것이다! Boeing 사는 회사가 창립된 이래로 이 문서를 작성해 왔고 현대의 설계사들이 과거의 시도들로부터 배우도록 돕는 데 그것을 이용한다. 이것을 해내면 어떤 조직이든지 성공적인 프로젝트의 가능성을 늘릴 뿐만 아니라, 실패를 부인하고 숨기는 대신 그것을 공개적으로 토론하고 대면할 수 있는 환경을 조성하는 데에도 도움이 된다. 소프트웨어 개발자는 자기만의 요주의 사례 장부를 작성할 필요가 있는 것 같다.

해설 | 과거의 실패에서 배운 교훈을 담은 기록을 작성하여 현대의 설계사들이 그로부터 배우도록 한다는 내용으로 보아 빈칸에는 ③ '과거의 시도들'이 들어가는 것이 가장 적절하다.
① 새로운 도구들 ② 다른 회사들
④ 자신들의 고객들 ⑤ 국제적인 기준들

구문풀이 | • Any organization [that manages to do this] **not only** increases its chances for successful projects, **but also** helps create an environment [that can discuss and confront failure openly, instead of denying and hiding from it].
첫 번째 [ ]는 Any organization을 수식하는 관계절이다. 「not only *A* but also *B*」는 'A뿐만 아니라 B도'라는 의미이다. 두 번째 [ ]는 an environment를 수식하는 관계절이다.

04

소재 | 온난화의 대가

직독직해

L1 It is sometimes said, these days, /
요즘 가끔씩 ~라고들 한다 /
that while "global warming" is a threat /
'지구 온난화'가 위협이 되기는 하지만 /
to most peoples and societies on this planet, /
이 지구상에 있는 대부분의 민족과 사회에 /
there will be winners / as well as losers.
승자도 있을 것이라고 / 패자뿐만 아니라

해석 | 요즘 가끔씩, '지구 온난화'가 이 지구상에 있는 대부분의 민족과 사회에 위협이 되기는 하지만, 패자뿐만 아니라 승자도 있을 것이라고들 한다. 승자에는 따뜻한 날씨가 겨울을 줄이고 여름에 활기를 줄 고위도의 추운 지방에 사는 사람들이 포함될 수도 있을 것이다. 특히 러시아는 지구 온난화로부터 이익을 볼 수도 있겠는데, 북극 얼음이 감소하면 바다 속 비축 에너지를 채굴할 수 있게 될 터이고, 항해할 수 있도록 얼음에 갇힌 항구가 해방될 것이며, 시베리아의 혹독한 환경이 누그러질 것이다. 하지만 러시아의 희망은 2010년 발생한 사건에 의해 훼손되었는데, 그때 타는 듯한 여름의 더위가 지속되는 동안의 산불이 모든 마을들을 파괴하고 50명이 넘는 사람들을 사망케 했으며, 수천 명이 집을 잃게 하고, 수도 Moscow를 유독한 스모그로 뒤덮었다. 기후 변화가, 단기적이든 장기적이든, 가격표 없이 오는 경우는 거의 없다.

해설 | 지구 온난화로 인해 바다 속 에너지와 얼음에 갇힌 항구를 이용할 수 있게 되고, 시베리아의 혹독한 환경이 누그러질 수 있는 반면, 여름 더위로 산불이 나서 엄청난 피해를 입게 된 러시아의 사례를 통해, 기후 변화에는 어떤 식으로든 대가가 따른다는 것을 알 수 있다. 따라서 빈칸에 들어갈 말로 가장 적절한 것은 ① '가격표'이다.
② 약간의 작은 이득 ③ 어떤 사전 통고
④ 온실 효과 ⑤ 인간의 기여

구문풀이 | • The winners might include those [living in high, cold regions {where warmth will shorten winters and brighten summers}].
[ ]는 those를 수식하는 현재분사구이고 { }는 high, cold regions를 수식하는 관계절이다.
• But Russia's hopes were damaged by what happened in 2010, [when forest fires during searing summer heat {**destroyed** whole villages}, {**killed** more than 50 people}, {**left** thousands homeless} and {**enveloped** the capital, Moscow, in a poisonous

smog}].
[ ]는 계속적 용법의 관계절로 네 개의 { }가 동사구이다.

UNIT 10 빈칸 추론 (2)

EXAMPLE 01

본문 72쪽

정답 ⑤

소재 | 과학이 이론을 증명하는 방법

직독직해

L7 Well, that's true, / but only in the sense /
그래, 그 말은 사실이다 / 하지만 의미에서만 그렇다 /
that science never proves /
과학이 결코 증명하지 않는다는 /
that any theory is positively true.
오직 어떤 이론도 확실히 진리라는 것을

L10 So though it hasn't been proved, / overwhelmingly, /
그래서 비록 그것이 증명되지 못했더라도 / 압도적으로 /
evolution is the best theory / that we have /
진화론은 최선의 이론이다 / 우리가 보유한 /
to explain the data / we have.
자료를 설명하기 위해서 / 우리가 가지고 있는

해석 | 과학에서 우리는 어떤 이론이 진리라는 것을 결코 실제로는 증명할 수 없다. 우리가 과학에서 할 수 있는 것은 증거를 사용하여 어떤 가설을 거부하는 것뿐이다. 실험은 어떤 이론이 옳다는 것을 결코 직접적으로 증명하지 않는다. 실험이 할 수 있는 것은 오직 하나의 가능성 있는 이론이 남을 때까지 모든 다른 이론을 거부함으로써 간접적인 지지를 제공할 뿐이다. 예를 들어, 가끔 여러분은 '진화론은 이론일 뿐이다. 즉, 과학은 결코 진화론을 증명한 적이 없다.' 같은 사람들의 말을 듣는다. 그래, 그 말은 사실이지만 오직 과학이 결코 어떤 이론도 확실히 진리라고 증명하지 않는다는 의미에서만 그렇다. 하지만 진화론은 다른 경쟁 이론들이 틀렸다는 것을 증명하는 엄청난 양의 설득력 있는 자료를 모아 왔다. 그래서 비록 진화론이 증명되지 못했더라도, 압도적으로, 진화론은 우리가 가지고 있는 자료를 설명하기 위해서 우리가 보유한 최선의 이론이다.

구문풀이 | • All [we can do in science] is [use evidence to reject a hypothesis].
첫 번째 [ ]는 관계대명사 that이 생략된 관계절로 주어인 All을 수식한다. 두 번째 [ ]는 술어동사 is의 보어 역할을 하는데, 이런 구조에서는 보어 앞에 to를 대체로 생략한다.

• Well, that's true, but only in **the sense** [that science never proves {that any theory is positively true}].
[ ]는 the sense의 구체적인 내용을 설명하는 동격절이고, 그 안의 { }는 명사절로 동사 proves의 목적어 역할을 한다.

• But the theory of evolution has assembled an enormous amount of convincing data [proving that other competing theories are false].
[ ]는 현재분사구로 an enormous amount of convincing data를 수식한다.

Words & Phrases

prove 증명하다 theory 이론
evidence 증거 reject 거부하다
hypothesis 가설 experiment 실험
indirect 간접적인 evolution 진화
in the sense that ~라는 의미에서
assemble 모으다 enormous 엄청난
convincing 설득력 있는 competing 경쟁하는
overwhelmingly 압도적으로 likely 가능성 있는, 그럴듯한

EXAMPLE 02

본문 73쪽

정답 ③

소재 | 재활용의 특징

직독직해

L1 What distinguishes recycling /
재활용을 특징짓는 것은 /
is not its importance, / but rather the ease /
그것의 중요성이 아니라 / 오히려 용이성이다 /
with which individuals can participate, /
개개인들이 참여할 수 있는 /
and the visibility of actions /
그리고 행동의 가시성이다 /
taken to promote the common good.
공익을 증진시키기 위해 행해지는

L7 When a public opinion poll in 1990 asked people /
1990년의 여론 조사가 사람들에게 물었을 때 /
what they had done /
그들이 무엇을 했는지를 /
in connection with environmental problems, /
환경 문제와 관련하여 /
80 to 85% answered / that they or their households /
80~85퍼센트가 답했다 / 자신 혹은 자신의 가정이 /

had participated in various aspects of recycling;
다양한 측면의 재활용에 참여했다고

해석 | 재활용을 특징짓는 것은 그것의 중요성이 아니라, 오히려 개개인들이 참여할 수 있는 용이성과, 공익을 증진시키기 위해 행해지는 행동의 가시성이다. 여러분은 지구 온난화의 위협이나 열대 우림의 파괴에 대해 열의에 찬 관심을 보일지도 모르지만, 이런 문제들에 대해 여러분 자신이나 다른 이들이 인지할 수 있는 즉각적인 영향을 끼치지 못한다. 공기 정화 트럭은 고사하고, 열대우림 보호 트럭이 매주 수거하러 오지는 않는다. 1990년의 여론 조사가 사람들에게 그들이 환경 문제와 관련하여 무엇을 했는지를 물었을 때, 80~85퍼센트가 자신 혹은 자신의 가정이 다양한 측면의 재활용에 참여했다고 답했지만, 응답자의 대부분에 의해서 그 외의 어떤 중대한 조치도 취해지지 않았다. 술에 취한 사람이 가로등 밑에서 자신의 지갑을 찾는 것처럼, 우리는 재활용이 즉각적인 과업이 가장 잘 드러나는 경우이기 때문에 그것에 집중하는 것일지도 모른다.

구문풀이 | • What distinguishes recycling is **not** its importance, **but** rather the ease [with which individuals can participate], and the visibility of actions [taken to promote the common good].
보어 역할을 하는 명사구에 「not *A* but *B*」(A가 아니라 B) 형태의 상관 어구가 쓰였다. 첫 번째 [ ]는 관계절로 the ease를 수식한다. 두 번째 [ ]는 과거분사구로 actions를 수식한다.

• When a public opinion poll in 1990 asked people [what they **had done** in connection with environmental problems], 80 to 85% answered that they or their households **had participated** in various aspects of recycling;
[ ]는 의문사절로 동사 asked의 직접목적어 역할을 한다. had done과 had participated는 모두 대과거로 주절의 시제인 과거(asked, answered)보다 먼저 일어난 사건을 나타내기 위해 쓰였다.

• Like the drunk [looking for his wallet under the lamppost], we may focus on recycling because it is where the immediate tasks are best illuminated.
[ ]는 동명사구로 전치사 Like의 목적어 역할을 하고 있고, the drunk가 동명사구 looking for의 의미상의 주어 역할을 한다.

Words & Phrases

distinguish 특징짓다, 구별하다　recycling 재활용
ease 용이함　visibility 가시성
promote 증진시키다　common good 공익
threat 위협　destruction 파괴
immediate 즉각적인, 당면한　perceptible 인지할 수 있는
let alone ~은 고사하고　opinion poll 여론 조사
in connection with ~와 관련하여
household 가정　various 다양한
aspect 측면　a majority of 다수의
respondent 응답자　lamppost 가로등
be illuminated 드러나다, 조명을 받다

PRACTICE　본문 74~77쪽

01 ③　**02** ①　**03** ③　**04** ②

01

소재 | 공감을 통해 알게 된 것

직독직해

L2 The story opens /
그 소설은 시작한다 /
with the boy sitting on the stairs at home, /
그 소년이 집의 계단에 앉아 있는 장면에서 /
shoes in his hands, / while his father shouts at him /
손에 신발을 들고 / 그의 아버지가 그에게 소리를 지르는 동안 /
for taking so long to come down /
내려오는 데 늦장을 부린다고 /
because they are on their way out to the park.
그들이 공원에 가려고 나서는 길이었기 때문에

L4 What we discover, /
우리가 발견하는 것은 /
by being immersed inside the boy's head, /
그 소년의 머릿속에 몰입함으로써 /
is that he is taking his time /
그가 꾸물대고 있다는 것이다 /
not to annoy his father /
아버지를 짜증나게 하려는 것이 아니라 /
but because he is in the process of conducting an intricate scientific experiment /
그가 복잡한 과학 실험을 하는 중이었기 때문에 /
about how friction operates /
마찰력이 어떻게 작용하는지에 관한 /
to prevent his backside from sliding down the stairs.
자기 엉덩이가 계단을 미끄러지며 내려가는 것을 막기 위해

해석 | Christopher Wakling의 '내가 한 일'은 화자가 여섯 살

소년이다. 그 소설은 그 소년이, 그들이 공원에 가려고 나서는 길이었기 때문에 내려오는 데 늦장을 부린다고 그의 아버지가 그에게 소리를 지르는 동안, 손에 신발을 들고 집의 계단에 앉아 있는 장면에서 시작한다. 그 소년의 머릿속에 몰입함으로써 우리가 발견하는 것은, 그가 아버지를 짜증나게 하려는 것이 아니라, 마찰력이 어떻게 작용하여 자기 엉덩이가 계단을 미끄러지며 내려가는 것을 막는지에 관한 복잡한 과학 실험을 하는 중이었기 때문에 꾸물대고 있다는 것이다. 그것이 나를 웃게 만들었지만, 그것은 또한 네 살짜리 아들에 대한 통찰력을 나에게 주었다. 화나게 만드는 그의 많은 습관들, 이를테면 음료를 한 컵에서 다른 컵으로 따랐다가 다시 원래 컵으로 따르느라 흔히 크게 어질러놓는 것 따위가, 어쩌면 내가 억누르기보다는 권장해야 하는, 그와 비슷한 실험일 수도 있겠다는 것을 나는 갑자기 이해했다. 그 소설은 내가 그의 머릿속에서 무슨 일이 진행 중인지 알아내려는 노력을 충분히 하지 않고 있다는 것을 깨닫도록 도와주었다.

해설 | 아이가 꾸물대며 늦장을 부리거나, 물을 이 컵에서 저 컵으로 따랐다가 다시 원래 컵에 따르느라 어질러 놓는 행동을 할 때 어쩌면 아이는 자기의 머릿속으로 실험을 하고 있는 것일 수 있으므로 어른의 입장에서만 판단하지 말아야겠다는 깨달음을 얻었다는 내용이므로 빈칸에는 ③ '그의 머릿속에서 무슨 일이 진행 중인지 알아내려는'이 들어가는 것이 가장 적절하다.

① 그의 관심을 책으로 이끌려는
② 그에게 자기 생각을 표현하라고 권하려는
④ 그에게 글쓰기를 가르치는 좋은 방법을 채택하려는
⑤ 그에게 적절한 에티켓과 예의범절을 가르치려는

구문풀이 | • I suddenly understood [that many of his infuriating habits—such as pouring his drinks from one glass into another and back again, often making a huge mess—could well be similar experiments {that I should probably encourage rather than quash}].
[ ]는 understood의 목적어 역할을 한다. { }는 experiments를 수식하는 관계절이다.

02

소재 | 지도력에 대한 오해

직독직해

L4 The data clearly challenge the myths /
그 자료는 근거 없는 통념에 분명히 의문을 제기한다 /
that leadership is something reserved /
지도력이 주어지는 것이라는 /
for only a handful of charismatic men and women.
극소수의 카리스마가 있는 남녀에게만

해석 | 개인 최고의 지도력을 발휘한 수천 가지의 경험을 분석한 끝에 얻은 필연적인 결론은, 누구나 할 이야기가 있다는 것이다. 그리고 이 이야기들은 활동, 행위, 과정의 관점에서 다르기보다는 오히려 훨씬 더 유사하다. 그 자료는 지도력이 극소수의 카리스마가 있는 남녀에게만 주어지는 것이라는 근거 없는 통념에 분명히 의문을 제기한다. 다른 사람들을 위대함으로 인도할 수 있는 위대한 사람들은 극소수만 존재한다는 개념은 아주 완전히 틀렸다. 사실, 지도력은 누구나 손에 넣을 수 있는 일련의 인식 가능한 기술과 능력이다. 조직 내에서 비범한 일이 특히 큰 불확실성의 시기에 정기적으로 행해지는 것은, 아주 많은 수의—아주 적은 수가 아니라—지도자가 있기 때문이다.

해설 | 지도력은 극소수의 카리스마 있는 사람만을 위한 것이 아니며, 극소수의 위인들만이 다른 사람들을 위대함으로 이끌 수 있다는 관념은 틀린 것이라고 했으므로, 리더십은 누구나 가질 수 있는 능력이라는 것을 알 수 있다. 따라서 빈칸에 들어갈 말로 가장 적절한 것은 ① '누구나 손에 넣을 수 있는'이다.

② 위대함과 관련이 있는
③ 약간의 운에 의해 주어질 수 있는
④ 사람들에게서 희생을 요구하는
⑤ 큰 조직에서 발견될 수 있는

구문풀이 | • And these stories are **much more** similar in terms of actions, behaviors, and processes **than they** are different.
「more ~ than ...」 구문이 사용되어 '…라기보다는 오히려 더 ~한'이라는 의미를 나타내고 있다. much는 more를 강조하는 부사이며 they는 these stories를 지칭하는 대명사이다.
• **It is** [because there are so many leaders—not so few—] **that** extraordinary things get done on a regular basis in organizations, especially in times of great uncertainty.
「It is ~ that ...」 강조 구문이 사용되어 부사절 [ ]를 강조하고 있다.

03

소재 | 문화적 변화를 주도하는 아이들

직독직해

L3 Peter and Iona Opie, / who devoted a lifetime /
Peter와 Iona Opie는 / 평생을 바친 /
to studying the culture of schoolchildren, /
학교 아이들의 문화를 연구하는 데 /
showed / that rhymes, sayings, and career objectives /
보여 주었다 / 노래, 속담, 그리고 직업 목표는 /

tend to be transmitted more /
더 많이 전달되는 경향이 있다는 것을 /
from child to child / than from parent to child.
아이에게서 아이에게로 / 부모에게서 아이에게로 전달되는 것보다

L9 A young population / is particularly skillful /
젊은 사람들은 / 특히 능숙하다 /
at solving its problems / and seizing the initiative /
그 자신들의 문제를 풀고 / 주도권을 쥐는 일에 /
in an ever-changing world.
계속해서 변화하는 세상에서

해석 | 아이들은 문화적 변화의 가장 위대한 행위자이다. 그들은 여전히 적극적으로 배우고 있는 반면에, 성인들은 새로운 생각에 대해 덜 수용적인 경향이 있다. 학교 아이들의 문화를 연구하는 데 평생을 바친 Peter와 Iona Opie는 노래, 속담, 그리고 직업 목표는 부모에게서 아이에게로 전달되는 것보다 아이에게서 아이에게로 더 많이 전달되는 경향이 있다는 것을 보여 주었다. 아이들의 공동체는 문화적 진화의 기관실로 여겨질 수 있다. 성인은 일단 그 공동체를 떠나면, 어린 시절에 배운 가치를 고수한다. 그러므로 높은 비율의 아이들이 있는 집단은 더 빠른 문화적 변화를 겪을 것이다. 젊은 사람들은 계속해서 변화하는 세상에서 그 자신들의 문제를 풀고 주도권을 쥐는 일에 특히 능숙하다.

해설 | 아이들은 새로운 생각에 수용적이고 변화하는 세상에서 자신들의 문제를 풀고 주도권을 쥐는 일을 능숙하게 해내는 등 문화적 변화를 가장 잘 구현한다고 했으므로, 빈칸에 들어갈 말로는 ③ '더 빠른 문화적 변화를 겪을'이 가장 적절하다.
① 주의력이 지속되는 기간이 더 짧을
② 더 문제가 있는 행위를 보일
④ 또래들과 더 친밀한 관계를 맺을
⑤ 문화적 가치에 대해 더 잘 알지 못할

구문풀이 | • Peter and Iona Opie, [who devoted a lifetime to studying the culture of schoolchildren], showed [that rhymes, sayings, and career objectives tend to be transmitted more from child to child than from parent to child].
첫 번째 [ ]는 관계절로 Peter and Iona Opie를 부가적으로 설명하고, 두 번째 [ ]는 명사절로 showed의 목적어 역할을 한다.

• A young population is particularly skillful **at** [solving its problems] **and** [seizing the initiative in an ever-changing world].
첫 번째와 두 번째 [ ]는 모두 동명사구로 and에 의해 연결되어 병렬 구조를 이루면서 전치사 at의 목적어 역할을 한다.

04

소재 | 자신이 본 가족의 장점을 소리 내어 언급하기

직독직해

L1 Too often / we notice /
너무나 자주 / 우리는 발견한다 /
that a sister, brother, parent, or child /
누이, 오빠, 부모님, 또는 자녀가 /
is particularly good at showing empathy, /
특히 공감을 잘 보여 주거나 /
is exceedingly honest, / is extremely fair, /
대단히 정직하거나 / 몹시 공정하거나 /
or shows a great deal of integrity, /
많은 성실성을 보여 준다는 것을 /
but we don't mention /
하지만 우리는 언급하지 않는다 /
what we are observing / out loud.
우리가 보고 있는 것을 / 소리 내어

L7 However, / when we share / the good that we see, /
하지만 / 우리가 이야기할 때 / 우리가 보는 장점을 /
we let our children or our partner know /
우리는 자녀나 배우자가 알게 한다 /
that we have recognized their strengths.
우리가 그들의 장점을 인정했다는 것을

해석 | 너무나 자주 우리는 누이, 오빠, 부모님, 또는 자녀가 특히 공감을 잘 보여 주거나, 대단히 정직하거나, 몹시 공정하거나, 많은 성실성을 보여 준다는 것을 발견하지만, 우리가 보고 있는 것을 소리 내어 언급하지 않는다. 여러분의 자녀가 서로를 비꼬거나 모욕을 주는 것을 훨씬 더 편하게 생각하는 것 같다는 것을 알아차렸을 수도 있다. 칭찬을 하는 것은 종종 '건설적인 비판'을 하는 것보다 더 어색하게 느껴질 수도 있다. 하지만, 우리가 보는 장점을 이야기할 때 우리는 우리의 자녀나 배우자가 우리가 그들의 장점을 인정했다는 것을 알게 해 준다. 또한, 각자가 가족 단위에 다른 장점을 가져다준다는 것을 인정함으로써, 우리는 서로에게서 배우고 팀으로 일할 수 있다.

해설 | 가족들의 장점을 보면 말로 표현하라는 요지의 글이므로 ② '우리가 보는 장점을 이야기할'이 빈칸에 들어갈 말로 적절하다.
① 그들을 있는 그대로 받아들일
③ 그들이 하고 싶어 하는 일을 존중할
④ 그들에게 자신의 감정을 표현하라고 요청할
⑤ 그들에게 더 많은 칭찬을 하라고 격려할

구문풀이 | • You may have noticed that your children

seem **far** more comfortable with being sarcastic or insulting one another.
far는 비교급과 함께 쓰여 '훨씬 더 ~한'의 의미를 나타내며, even, still, much, a lot 등으로 바꾸어 쓸 수 있다.

• However, when we share the good [that we see], we **let** our children or our partner **know** that we have recognized their strengths.
[ ]는 the good을 수식하는 관계절이다. let은 사역동사이므로 뒤에 「목적어+동사원형」 구문이 쓰였다.

UNIT 11 빈칸 추론 (3)

EXAMPLE 01 본문 78쪽

정답 ④

소재 | 전문가 집단의 최선의 의료 행위에 대한 이견

직독직해

L4 The group of American experts believed /
미국 전문가 집단은 믿었다 /
that for mild elevation of blood pressure /
가벼운 혈압 상승의 경우 /
the benefits exceeded the risks / from treatment.
이득이 위험을 넘어선다 / 치료로 인해

L7 But in Europe, /
하지만 유럽에서는 /
an expert committee with access to the same scientific data /
동일한 과학적 데이터를 접한 전문가 위원회는 /
set different guidelines /
다른 지침을 마련했다 /
that don't advise treatment for mild elevation of blood pressure.
가벼운 혈압 상승의 경우에 치료를 권하지 않는

해석 | 여러 질환에서 누가 치료를 받아야 하는지에 대해 전문의들 사이에서 다른 의견이 있을 수 있다는 것을 환자들이 알고 있어야 한다. 예를 들어, 유럽과 미국의 전문가 위원회는 고혈압을 언제 치료할지에 대해 서로 다른 지침을 마련했다. 미국 전문가 집단은 가벼운 혈압 상승의 경우 치료로 얻는 이득이 위험을 넘어선다고 믿었다. 그들은 가벼운 혈압 상승 증상이 있는 환자들이 약을 복용할 것을 제안하는 지침을 작성했다. 하지만 유럽에서는 동일한 과학적 데이터를 접한 전문가 위원회는 가벼운 혈압 상승의 경우 치료를 권하지 않는 다른 지침을 마련했다. 유럽에서는 동일한 증상이 있는 사람들에게 약을 복용하라고 권하지 않을 것이다. 서로 다른 전문가 집단은 무엇이 '최선의 (의료) 행위'인가에 대해 의견이 상당히 다를 수 있다.

구문풀이 | • But in Europe, an expert committee with access to the same scientific data set different guidelines [that don't advise treatment for mild elevation of blood pressure].
[ ]는 different guidelines를 수식하는 관계절이다.

Words & Phrases

committee 위원회	guideline 지침
mild 가벼운, 온화한	blood pressure 혈압
benefit 이득; 이득을 얻다	exceed 넘다, 능가하다
treatment 치료, 처리, 대우	take medicine 약을 복용하다
access 접근	symptom 증상
encourage 권하다, 장려하다	disagree 의견이 다르다
significantly 상당히, 뚜렷이	moral 도덕적인
specialist 전문의, 전문가	

EXAMPLE 02 본문 79쪽

정답 ④

소재 | 소유권의 병폐

직독직해

L3 Everywhere around us / we see the temptation /
우리 주변 어디서나 / 우리는 유혹을 본다 /
to improve the quality of our lives /
우리의 삶의 질을 향상하려는 /
by buying a larger home, a second car, a new dishwasher, a lawn mower, and so on.
더 큰 집, 두 번째 차, 새 식기 세척기, 잔디 깎는 기계 등을 구매함으로써

L8 And so, / while moving up in life, /
그래서 / 삶의 질이 향상될 때 /
we fall into the fantasy /
우리는 환상에 빠진다 /
that we can always return / to the previous state, /
우리가 언제든지 되돌아갈 수 있다는 / 이전의 상태로 /
but in reality, / it's unlikely.
그러나 실제로는 / 그렇지 않을 것이다

해석 | 소유권이 주는 병폐에는 알려진 약이 없다. Adam Smith가 말했듯이 소유권은 우리 삶에 깊이 엮혀 들어와 있다. 하지만 그것에 대해서 인식하는 것이 도움을 줄 수 있다. 우리 주변 어디서나 더 큰 집, 두 번째 차, 새 식기 세척기, 잔디 깎는 기계 등을 구매함으로써 우리의 삶의 질을 향상하려는 유혹을 보게 된다. 그러나, 일단 우리의 소유를 업그레이드하면 다시 되돌아가는 것은 굉장히 힘들다. 소유권은 우리의 견해를 완전히 바꾸어 버린다. 갑자기, 소유권 이전 상태로 되돌아가는 것은 상실, 즉 우리가 받아들일 수 없는 상실이다. 그래서 삶의 질이 향상될 때, 우리는 언제나 이전의 상태로 되돌아갈 수 있다는 환상에 빠지지만 실제로는 그렇지 않을 것이다. 예를 들어, 더 작은 집으로 수준이 낮아지는 것은 상실로 받아들여져서 심리적으로 괴롭고 그러한 상실을 피하기 위해서 어떠한 희생도 기꺼이 한다.

구문풀이 | • Suddenly, [moving backward to our pre-ownership state] is a loss, **one** [that we cannot accept].

첫 번째 [ ]는 문장의 주어로 쓰인 동명사구이다. 두 번째 [ ]는 one을 수식하는 관계절로 one은 a loss를 대신한다.

Words & Phrases

cure 치료(제)	ills 병폐, 해악
ownership 소유권, 소유자임	weave 엮다, 짜다
temptation 유혹	lawn mower 잔디 깎는 기계
possession 소유	perspective 견해, 관점
psychologically 심리적으로	sacrifice 희생; 희생시키다

PRACTICE 본문 80~83쪽

01 ③ **02** ④ **03** ③ **04** ⑤

01

소재 | 부유한 나라의 불공정 농업 보조금

직독직해

L7 But they cannot compete with farmers /
하지만 그들은 농민들과 경쟁할 수 없다 /
who receive state subsidies /
국가 보조금을 받는 /
to plant, harvest, export, and market their produce.
농산물을 파종하고, 수확하고, 수출하며, 판매하기 위해

해석 | 아프리카에 대한 서구의 참여는 석유와 광물의 구매를 넘어서야 하며, 서구와 비서구를 막론하고 모든 부유한 국가들의 희생이 필요하다. 농업 보조금 문제가 이 범주에서의 상위를 차지한다. 오늘날 대부분의 아프리카인들은 상업농으로 생계를 유지하고 있는데, 그들에게는 자유 시장에서의 어떠한 불공정한 경쟁이라도 파멸적인 결과를 낳는다. 아프리카 농민들의 시간당 임금은 매우 낮기 때문에 자신들이 생산한 차, 면화, 카카오 및 바나나를 매우 낮은 가격에 시장에 내다 팔 수 있다. 하지만 그들은, 농산물을 파종하고, 수확하고, 수출하며, 판매하기 위해 국가 보조금을 받는 농민들과 경쟁할 수 없다. 부유한 나라들이 스스로의 입으로 말하는 자유 무역에 관한 말을 정말로 믿는다면, 이러한 보조금을 점진적으로 중단하고 아프리카 농민들에게 기회를 주는 것은 그들의 손에 달려 있다.

해설 | 부유한 국가들이 자신의 나라 농민들에게 보조금을 주는 불공정한 일을 함으로써 농업으로 생계를 유지하는 아프리카 농민들이 자유 시장에서 그들과 경쟁을 할 수 없다고 했으므로 빈칸에 들어갈 가장 적절한 말은 ③ '자유 시장에서의 어떠한 불공정한 경쟁이라도 파멸적인 결과를 낳는다'이다.

① 한때는 아프리카의 문제였던 것이 이제는 세계의 문제이다
② 아프리카의 사회 불안이 추가적인 발전을 심하게 저해한다
④ 더 부유한 국가의 정책 이상의 것이 개입된다
⑤ 농산물의 세계 시장 가격은 계속해서 변동한다

구문풀이 | • **It is up to** the rich countries [{to gradually stop these subsidies}—if they really believe their own words about free trade—**and** {to give African farmers their chance}].

It은 형식상의 주어이며 [ ]가 내용상의 주어이다. be up to ~는 '~에게 달려 있다'라는 뜻이다. [ ] 안에서 두 개의 { }는 to 부정사구로서 and에 의해 병렬로 연결되어 있다.

02

소재 | 수로 표시된 양을 비교할 수 있는 침팬지

직독직해

L8 In order to solve this problem, /
이 문제를 해결하기 위해 /
the chimpanzees needed to first sum the two piles /
침팬지들은 처음에 두 더미를 합산해야만 했다 /
that appeared on each tray, / and then work out /
각 쟁반에 나타난 / 그런 다음 계산해야만 했다 /
which of the two trays had the larger number of chips.
두 쟁반 중 어느 쟁반에 더 많은 수의 초콜릿 칩이 있는가를

L10 Although chimpanzees hesitated for a moment /
침팬지들은 잠시 망설였지만 /
when the overall number of chips on each tray were

very similar, /
각 쟁반에 있는 초콜릿 칩 전체의 수가 매우 비슷할 때 /
they were generally highly accurate /
그들은 일반적으로 매우 정확했다 /
at choosing the tray / which had the larger number of chips.
쟁반을 선택하는 데 / 더 많은 수의 초콜릿 칩이 있는

해석 | 많은 종은 어느 정도의 정확성을 가지고 수로 표시된 양을 비교할 수 있다. 영장류 동물학자인 Duane Rumbaugh와 그의 동료들은 침팬지들에게 두 쟁반의 초콜릿 칩을 보여 주었는데, 침팬지들은 그 중 오직 한 그릇만 선택할 수 있었다. 각 쟁반에는 두 더미의 초콜릿 칩이 있었다. 예를 들어, 한 쟁반에는 세 개의 초콜릿 칩이 있는 더미와 네 개의 초콜릿 칩이 있는 더미가 있을 수 있던 반면에, 다른 쟁반에는 일곱 개의 초콜릿 칩이 있는 더미와 두 개의 초콜릿 칩이 있는 더미가 있을 수 있었다. 침팬지들은 초콜릿 칩을 좋아하며, 그래서 그들은 어느 쟁반에 더 많은 초콜릿 칩이 있는가를 결정하는 문제에 직면했다. 이 문제를 해결하기 위해 침팬지들은 처음에 각 쟁반에 나타난 두 더미를 합산한 다음 두 쟁반 중 어느 쟁반에 더 많은 수의 초콜릿 칩이 있는가를 계산해야만 했다. 침팬지들은 각 쟁반에 있는 초콜릿 칩 전체의 수가 매우 비슷할 때 잠시 망설였지만, 그들은 더 많은 수의 초콜릿 칩이 있는 쟁반을 선택하는 데 일반적으로 매우 정확했다.

해설 | 영장류 동물학자인 Duane Rumbaugh와 그의 동료들의 연구에 따르면, 각기 양이 다른 초콜릿 칩이 더미로 쌓여 있는 두 쟁반을 보여 주었을 때 침팬지들이 쟁반에 있는 초콜릿 칩의 수를 계산할 수 있었으므로, 빈칸에 들어갈 말로는 ④ '어느 정도의 정확성을 가지고 수로 표시된 양을 비교할'이 가장 적절하다.
① 거의 아무 생각 없이 어떤 반복적인 과제도 수행할
② 자신들의 공동체를 위해 자신들이 가지고 있는 것을 포기할
③ 최대한의 이익을 얻기 위해 다른 동료들과 협력할
⑤ 실제 상황에서 구체적인 것들에 상징적인 의미를 부여할

구문풀이 |
- The primatologist Duane Rumbaugh and his colleagues showed chimpanzees two trays of chocolate chips, [of which they could choose only one].
  [ ]는 관계절로 two trays of chocolate chips를 부가적으로 설명한다.
- In order to solve this problem, the chimpanzees needed **to** [first sum the two piles {that appeared on each tray}], **and** [then work out {which of the two trays had the larger number of chips}].
  첫 번째와 두 번째 [ ]는 and에 의해 연결되어 to에 이어진다. 첫 번째 { }는 관계절로 the two piles를 수식하고, 두 번째 { }는 의문사절로 work out의 목적어 역할을 한다.

03

소재 | 문화 사업가 Gerard Mortier의 잘츠부르크 축제 운영

직독직해

L10 This programme is motivated /
이 프로그램은 유발되었다 /
by the need / for a young audience /
필요성에 의해 / 젊은 관객과 /
and critical discussion about societal phenomena /
사회 현상에 대한 비판적 토론에 대한 /
such as pop music and spirituality.
대중음악과 영성(靈性) 같은

L12 The risky character of his artistic strategy /
그의 예술적 전략의 위험한 특성은 /
is constantly being criticized /
끊임없이 비난을 받고 있다 /
by the Viennese elite and local Salzburg shopkeepers.
비엔나 엘리트 계층과 현지의 잘츠부르크 가게 주인들에게

해석 | 1991년, 플랑드르 지방의 문화 사업가 Gerard Mortier는 주로 보수적인 내용(콘텐츠)과 배경을 가진 오스트리아의 전통적인 '잘츠부르크 축제'의 예술 감독이 되었다. 모차르트는 항상 이 세계적으로 유명한 축제의 가장 중요한 예술가였다. Mortier는 무대 감독이자 연극 제작자인 Peter Sellars, 가수 David Bowie, 영화 제작자인 Peter Greenaway와 같은 현대 예술가들을 끌어들임으로써 축제를 혁신하려고 노력해 오고 있다. Mortier는 자신의 프로그램의 기초를 네 영역에 두고 있다. 1. 모차르트 음악, 2. 20세기 고전 음악, 3. 현대 예술가들에 의한 새로운 음악극 행사, 4. 영화와 대중음악 문화의 혼합. 이 프로그램은 젊은 관객 및 대중음악과 영성(靈性) 같은 사회 현상에 대한 비판적 토론의 필요성에 의해 유발되었다. 그의 예술적 전략의 위험한 특성은 비엔나 엘리트 계층과 현지의 잘츠부르크 가게 주인들에게 끊임없이 비난을 받고 있다. 하지만, Mortier는 본질적으로 전통과 혁신 간의 균형을 유지하는 법을 정확히 알고 있는데, 그것이 이 축제의 연속성을 보장한다.

해설 | 문화 기업가 Gerard Mortier가 보수적 전통을 가진 '잘츠부르크 축제'의 예술 감독이 되어 현대적인 요소를 끌어들여 축제를 혁신하면서도 전통적인 요소를 적절히 배치하여 축제를 성공적으로 운영했다는 내용의 글이므로, 빈칸에 들어갈 말로 가장 적절

한 것은 ③ '전통과 혁신 간의 균형을 유지하는 법'이다.
① 더 많은 젊은이들을 축제에 끌어들이는 법
② 비판을 피하기 위해 자신의 축제 프로그램에서 무엇을 혁신해야 하는지
④ 왜 다양한 분야의 현대적 예술가들과 공동 작업을 해야 하는지
⑤ 왜 그들이 모차르트가 축제의 가장 중요한 예술가가 되는 것을 싫어하는지

구문풀이 | • However, fundamentally Mortier knows exactly [**how to retain** the balance between tradition and innovation], [which guarantees the continuity of this festival].
첫 번째 [ ]는 「의문사+to부정사」 구문으로 '~하는 법'의 의미를 나타낸다. 두 번째 [ ]는 앞선 절의 내용에 대해 부가적으로 설명하는 계속적 용법의 관계절이다.

04

소재 | 최종적인 목표를 향한 굳은 결심의 중요성

직독직해

L1 Think of the people /
사람들에 대해 생각해 보라 /
who left Europe in the nineteenth century /
19세기에 유럽을 떠났던 /
or Asia in the twentieth century /
혹은 20세기에 아시아를 (떠났던) /
to start a new life in the United States.
미국에서 새로운 삶을 시작하기 위해

L2 At the outset of their journeys, /
여행을 시작했을 때 /
few immigrants could have foretold /
거의 어떤 이민자들도 예측했을 리는 없다 /
exactly when and how they would achieve economic success /
정확히 언제 그리고 어떻게 경제적 성공을 이루게 될지 /
in the new world, /
신세계에서 /
yet they set out for the "land of opportunity" / nevertheless.
하지만, 그들은 '기회의 땅'을 향해 출발했다 / 그럼에도 불구하고

해석 | 미국에서 새로운 삶을 시작하기 위해 19세기에 유럽, 혹은 20세기에 아시아를 떠났던 사람들에 대해 생각해 보라. 여행을 시작했을 때 거의 어떤 이민자들도 정확히 언제 그리고 어떻게 신세계에서 경제적 성공을 이루게 될지 예측했을 리는 없지만, 그럼에도 불구하고 그들은 '기회의 땅'을 향해 출발했다. 그뿐만 아니라, 그들 중 많은 사람들은 여정 그 자체 동안의 큰 난관을 기꺼이 받아들였다. 중요한 점은, 개척자가 되겠다는 굳은 결심이 재정적인 이득의 정확한 계산을 앞선다는 것이다. 재무 지표가 '늘기'를 빈둥거리며 기다리는 회사는 미래에 대한 경쟁에서 무방비 상태로 남게 될 것이다. 궁극적인 목적물에 대한 현실적인 시각이 없다면, 회사는 도중에 예기치 않은 위험과 만날 때 경쟁을 포기할 가능성이 너무나 크다.

해설 | 이민자들은 신세계에서 언제 그리고 어떻게 경제적 성공을 성취할지 알 수 없었지만, 여행을 시작하여 여행 도중에 만난 큰 난관을 받아들였다는 내용에 비추어, 빈칸에 가장 적절한 것은 ⑤ '개척자가 되겠다는 굳은 결심이 재정적인 이득의 정확한 계산을 앞선다'이다.
① 장래에 무슨 일이 일어날 것인지 걱정하는 것은 유용하지 않다
② 우리는 목적이 수단을 정당화하지 않도록 노력해야 한다
③ 사는 환경을 바꾸는 것은 새로운 가능성을 발견하는 것으로 이어질 수 있다
④ 삶에서 이익도 없고 불이익도 없는 것은 없다

구문풀이 | • Think of the people [who left Europe in the nineteenth century or Asia in the twentieth century **to start** a new life in the United States].
[ ]는 관계절로 the people을 수식한다. to start는 to부정사의 부사적 용법으로 쓰였다.
• A company [that waits around for the numbers to "add up"] will be left flat-footed in the race to the future.
[ ]는 관계절로 주어인 A company를 수식한다.

UNIT 12 연결어(구)

EXAMPLE 01

본문 84쪽

정답 ②

소재 | 읽기 과제를 수행하는 방법

직독직해

L4 Many students could probably benefit /
많은 학생들이 아마 이익을 얻을 수 있을 것이다 /
if they spent / less time on rote repetition /
만약 그들이 보낸다면 / 기계적인 암기 반복에 시간을 덜 /
and more on actually paying attention to and analyzing /

그리고 실제로 집중하고 분석하는 데 더 많은 시간을 /
the meaning of their reading assignments.
그들의 읽기 과제의 의미에

해석 | 일련의 연구는 여러분이 자료를 얼마나 '자주' 되풀이하여 읽는지가 여러분이 참여하는 (자료) 처리의 '깊이'보다 덜 중요하다는 것을 시사한다. 그러므로, 만약 여러분이 읽는 것을 기억하길 기대한다면, 그것의 의미와 충분히 씨름해야 한다. 많은 학생들이 만약 기계적인 암기 반복에 시간을 덜 보내고 그들의 읽기 과제의 의미에 실제로 집중하고 분석하는 데 더 많은 시간을 보낸다면 아마 이익을 얻을 수 있을 것이다. 특히, 자료를 '개인적으로' 유의미하게 하는 것이 유용하다. 교과서를 읽을 때는, 정보를 여러분 자신의 삶과 경험에 관련시키도록 노력하라. 예를 들어, 만약 심리학 교재에서 자신감의 성격 특성에 대해 읽고 있다면, 특히 자신감이 있는 어떤 사람들을 여러분이 알고 있는지, 그리고 왜 여러분이 그들의 특성을 그런 식으로 묘사하는지에 대해 생각할 수 있다.

구문풀이 | • One line of research suggests [that {how *often* you go over material} is **less** critical **than** {the *depth* of processing that you engage in}].
[ ]는 suggests의 목적어 역할을 하는 명사절이다. [ ] 안에서 「less ~ than ...」(…보다 덜 ~한) 구문을 사용하여 두 개의 { }를 비교하고 있다.
• ... you can think **about** [which people you know {who are particularly confident}] and [why you would characterize them as being that way]
두 개의 [ ]는 모두 명사절이며, about의 목적어이다. { }는 관계절로 which people을 수식한다.

Words & Phrases

one[a] line of 일련의, 한 계통의 / go over ~을 되풀이하여 읽다
critical 중요한 / processing 처리
engage in ~에 참여하다 / wrestle 씨름하다
benefit 이익을 얻다 / analyze 분석하다
assignment 과제 / relate 관련시키다
psychology 심리학 / personality 성격
trait 특성 / confidence 자신감
characterize *A* as *B* A의 특성을 B라고 묘사하다

EXAMPLE 02

본문 85쪽

정답 ①

소재 | 놀이와 스포츠를 명확히 구분하는 것의 어려움

직독직해

L2 After all, / nearly everyone has an idea /
어쨌든 / 거의 모든 사람이 생각을 가지고 있다 /
about what types of activities are regarded /
어떤 유형의 활동이 여겨지는지에 대한 /
as sports / and which are not.
스포츠로 / 그리고 어떤 것이 그렇지 않은지

L6 In fact, / devising a definition /
사실 / 정의를 고안하는 것은 /
that establishes clear and clean parameters /
규정 요소들을 분명하고 깔끔하게 규명하는 /
around what types of activities should be included and excluded /
어떤 유형의 활동이 포함되어야 하고 제외되어야 하는지를 둘러싼 /
is relatively difficult to do.
비교적 하기 어렵다

해석 | 누군가에게 스포츠 이름 세 가지를 말하라고 요청하면, 그 사람은 필시 쉽게 대답할 수 있을 것이다. 어쨌든, 거의 모든 사람이 어떤 유형의 활동이 스포츠로 여겨지고 어떤 것이 그렇지 않은지에 대한 생각을 가지고 있다. 우리 대부분은 스포츠가 무엇인지 안다고 생각한다. 하지만, 스포츠, 여가 활동, 놀이의 사례들 사이에 그어지는 선이 항상 분명한 것은 아니다. 사실, 어떤 유형의 활동이 포함되어야 하고 제외되어야 하는지를 둘러싼 규정 요소들을 분명하고 깔끔하게 규명하는 정의를 고안하는 것은 비교적 하기 어렵다. 오늘날 놀이로 여겨지는 활동이 미래에 스포츠의 지위를 얻을 수도 있다. 예를 들어, 많은 사람이 예전에 자기 뒤뜰에서 배드민턴을 쳤지만 이 활동은 거의 스포츠로 여겨지지 않았다. 하지만 1992년 이래 배드민턴은 올림픽 스포츠가 되었다!

구문풀이 | • In fact, [**devising** a definition {that establishes clear and clean parameters around what types of activities should be included and excluded}] **is** relatively difficult to do.
동명사 devising이 이끄는 [ ]가 주어이며 is가 술어동사이다. { }는 관계절로 a definition을 수식한다.

Words & Phrases

after all 어쨌든, (예상과는 달리) 결국에는
draw 긋다 / leisure 여가 활동, 여가 시간
devise 고안하다 / definition 정의
establish 규명하다, 확립하다 / include 포함하다
exclude 제외하다 / relatively 비교적, 상대적으로
status 지위 / backyard 뒤뜰
since ~이래[이후]

PRACTICE 본문 86~89쪽

01 ⑤ **02** ④ **03** ② **04** ②

01

소재 | 사회 복지사에게 필요한 심리적 연습

직독직해

L10 By mentally taking oneself through that circumstance /
마음속으로 자신이 그 상황을 익히게 하고 /
and imagining what one would do in that situation, /
그 상황에서 사람은 무엇을 할 것인지 상상함으로써 /
the body and mind are more likely to respond favorably, /
몸과 마음이 적절하게 반응할 가능성이 더 높을 것이다 /
rather than to freeze, / if that situation were to ever occur.
얼어붙기보다는 / 그런 상황이 혹시라도 일어난다면

L13 Consequently, / the worker would be more prepared to respond to that unsafe scenario /
결과적으로 / 사회 복지사는 그 위험한 시나리오에 반응할 준비가 더 잘되어 있을 것이다 /
by having practiced the response / during the mental rehearsal.
그 반응을 연습해 온 것으로 인해 / 심리적 연습을 하는 동안

해석 | 심리적 연습은 모든 분야의 전문가들에 의해 이용되는 기술이며, 사회 복지사들이 자기 일을 하는 데에도 역시 유용하다. 심리적 연습이란 실제로 어떤 상황에 처하지 않고 그런 상황에 자신이 처해 있다고 마음속으로 그려 보는 기술이다. E. Scott Geller는 "개인들이 바라던 대로의 행동을 자신이 하는 것을 더 생생하게 상상할수록, 이 기술이 실제 수행에 미치는 유용한 영향은 그만큼 더 커진다."라고 언급한다. 사회 복지사들이 자신이 원하지 않는 상황에 있는 것을 마음속으로 그려 보는 심리적 연습을 이용하는 것은 현명한 일이다. 예를 들어, 사회 복지사는 자신이 화가 난 복지 수혜자와 함께 어떤 집에 갇혀 있는 상황과, 어떻게 그 상황에서 벗어날 것인지를 그려 볼 수도 있을 것이다. 마음속으로 자신이 그 상황을 익히게 하고, 그 상황에서 무엇을 할 것인지 상상함으로써, 그런 상황이 혹시라도 일어난다면, 몸과 마음이 얼어붙기보다는 적절하게 반응할 가능성이 더 높을 것이다. 결과적으로 사회 복지사는 심리적 연습을 하는 동안 그 반응을 연습해 온 것으로 인해 그 위험한 시나리오에 반응할 준비가 더 잘되어 있을 것이다.

해설 | (A) 사회 복지사가 원치 않는 상황에 처해 있는 것을 마음속으로 그려 보는 심리적 연습을 해 볼 필요가 있다는 내용 다음에 화가 난 복지 수혜자와 함께 어떤 집에 갇혀 있는 상황의 사례가 이어지므로 For example(예를 들어)이 적절하다.
(B) 미리 상황을 상상해 봄으로써 실제로 그런 상황이 일어났을 때 적절하게 반응할 가능성이 커진다는 내용 다음에 연습을 했으므로 반응할 준비가 더 잘된 것이라고 정리하는 말이 이어지므로 Consequently(결과적으로)가 적절하다.
① 그러나 – 이와 유사하게
② 그러나 – 결과적으로
③ 달리 말하자면 – 이와 대조적으로
④ 예를 들어 – 이와 대조적으로

구문풀이 | • E. Scott Geller notes that "**the more vividly** individuals can imagine themselves performing desired behaviors, **the greater** the beneficial impact of this technique on actual performance."
「the + 비교급 ~, the + 비교급 ...」은 '~할수록 더욱 더 …하다'라는 의미이다.

02

소재 | 아기의 웃음을 이끌어 내는 다른 방식

직독직해

L2 For example, / American mothers rely /
예를 들어 / 미국 어머니들은 의존한다 /
largely on toys and objects / to elicit smiling from their infants, /
주로 장난감과 물건에 / 자신들의 아기에게서 미소를 이끌어 내기 위해 /
whereas Japanese mothers are likely to engage infants /
반면 일본 어머니들은 아기를 끌어들이는 경향이 있다 /
in social stimulation.
사회적 자극에

해석 | 미소와 웃음의 발달은 문화권을 통틀어 유사하지만, 미소를 이끌어 내기 위해 부모가 사용하는 행동은 정말 다르다. 예를 들어, 미국 어머니들은 아기에게서 미소를 이끌어 내기 위해 주로 장난감과 물건에 의존하는데, 반면 일본 어머니들은 아기를 사회적 자극에 끌어들이는 경향이 있다. 두 문화의 어머니들은 이러한 미소를 이끌어 내는 데 똑같이 유능하지만, 서로 다른 문화에 바탕을 둔 양육 목표 때문에 그것을 다른 방식으로 하는 것이다(장난감 사용 대 촉각 혹은 신체적 접촉 사용). 미국의 어머니들은 자율성과 대상 세계에 대한 독립적인 탐구의 증진을 중시한다. 대조적으로 일본의 어머니들은 상호 의존성을 강화하고 아기를 자신의

연장 부분이 되도록 하는 것을 중시한다. 따라서 그들은 다른 방식으로 아기의 관심을 끈다.

해설 | (A) 아기를 미소 짓게 하기 위해 미국 어머니는 장난감과 물건을, 일본 어머니는 사회적 자극을 사용하는 것은 미소를 이끌어 내기 위한 방식이 문화마다 다르다는 사실의 예이다. 따라서 For example(예를 들어)이 적절하다.
(B) 일본 어머니가 아이와의 상호 의존성 강화를 중시하는 것은 미국 어머니가 아기의 자율성과 독립성을 중시하는 것과 대조되는 내용이다. 따라서 in contrast(대조적으로)가 적절하다.
① 게다가 – 다시 말해서
② 예를 들어 – 그 결과
③ 게다가 – 그 결과
⑤ 그럼에도 불구하고 – 대조적으로

구문풀이 | • Japanese mothers, in contrast, place high value **on** [strengthening mutual dependency] and [making the infant an extension of themselves].
두 개의 [ ]는 전치사 on의 목적어 역할을 하는 동명사구이다.

03

소재 | 시험 불안감

직독직해

L2 Often / students / who score poorly on an exam /
흔히 / 학생들은 / 시험에서 점수를 잘 받지 못하는 /
will nonetheless insist / that they know the material.
그럼에도 불구하고 주장할 것이다 / 그들이 그 내용을 알고 있다고

L9 Many test-anxious students /
시험에 불안감을 느끼는 많은 학생들은 /
waste too much time /
너무 많은 시간을 낭비한다 /
worrying about how they're doing /
자신들이 어떻게 하고 있는지에 관해 걱정하고 /
and wondering whether others are having similar problems.
다른 학생들이 비슷한 문제를 가지고 있는지를 궁금해 하는 데

L11 In addition, / there is evidence /
게다가 / 증거가 있다 /
that test anxiety may deplete / one's capacity for self-control, /
시험 불안감이 고갈시켜서 / 자기 통제의 능력을 /
increasing the likelihood of poor performance.
나쁜 성적을 받을 가능성을 증가시킬 수 있다

해석 | '시험 불안감'이라는 매우 잘 알려진 문제는 감정적인 자극이 어떻게 (시험) 성적에 해를 끼칠 수 있는가를 분명히 보여 준다. 흔히 시험에서 점수를 잘 받지 못하는 학생들은, 그럼에도 불구하고 그 내용을 알고 있다고 주장할 것이다. 그들 중 많은 학생들은 아마도 진실을 말하고 있을 것이다. 연구자들은 시험과 관련된 불안감과 시험 성적 사이에 음의 상관관계가 있다는 것을 알아냈다. 즉, 시험 불안감이 큰 학생들은 시험에서 낮은 점수를 받는 경향이 있다. 시험 불안감은 여러 가지 방식으로 시험을 치르는 일을 방해할 수 있지만, 한 가지 고려해야 할 매우 중요한 사항은 시험에 대한 주의력의 혼란인 것 같다. 시험에 불안감을 느끼는 많은 학생들은 자신들이 어떻게 하고 있는지에 관해 걱정하고 다른 학생들이 비슷한 문제를 가지고 있는지를 궁금하게 여기는 데 너무 많은 시간을 낭비한다. 게다가, 시험 불안감이 자기 통제의 능력을 고갈시켜서 나쁜 성적을 받을 가능성을 증가시킬 수 있다는 증거가 있다. 다른 말로 하면, 일단 주의가 산만해지면, 시험에 불안감을 느끼는 학생들은 스스로를 예정된 방향으로 되돌려 주는 자기 통제를 하지 못할 수도 있다.

해설 | (A) 시험과 관련된 불안감과 시험 성적 사이에 음의 상관관계가 있다는 것을 다음 문장에서 시험 불안감이 큰 학생들은 시험에서 낮은 점수를 받는 경향이 있다는 내용으로 풀어 설명하고 있으므로, 빈칸에는 That is(즉)가 적절하다.
(B) 시험에 불안감을 느끼는 학생들이 시험에 대한 주의력에 혼란이 와서 너무 많은 시간을 낭비한다는 내용 다음에 시험 불안감을 느끼는 학생들이 또한 좋은 성적을 받지 못할 가능성이 크다는 내용이 왔으므로, 빈칸에는 In addition(게다가)이 적절하다.
① 즉 – 그러나 ③ 예를 들면 – 그러나
④ 그럼에도 불구하고 – 게다가 ⑤ 그럼에도 불구하고 – 대신에

구문풀이 | • Many test-anxious students waste too much time [worrying about {how they're doing}] **and** [wondering {whether others are having similar problems}].
두 개의 [ ]는 and에 의해 병렬 구조를 이루고 있다. 첫 번째 { }는 의문사절로 전치사 about의 목적어 역할을 하고, 두 번째 { }는 명사절로 wondering의 목적어 역할을 한다.
• In addition, there is **evidence** [that test anxiety may deplete one's capacity for self-control, {increasing the likelihood of poor performance}].
[ ]는 evidence와 동격 관계를 이루는 that절이고, { }는 분사구문으로 결과 상황을 나타낸다.

04

소재 | 햇빛에서 커피와 코코아를 재배하는 것의 장단점

직독직해

L10 Shade-grown coffee and cocoa generally require /
그늘에서 자란 커피와 코코아는 일반적으로 필요로 한다 /
fewer pesticides /
더 적은 농약을 /
because the birds and insects /
새와 곤충이 ~하기 때문에 /
residing in the forest canopy /
숲의 나무가 지붕처럼 우거진 곳에 사는 /
eat many of the pests.
많은 해충을 잡아먹기

해석 | 몇십 년 전까지, 세계 커피와 코코아의 대부분은 지붕처럼 우거진 큰 숲의 나무 아래의 그늘에서 재배되었다. 하지만 최근에 햇빛이 완전히 드는 곳에서 재배될 수 있는 두 작물의 새로운 품종이 개발되었다. 이러한 경작지에서는 그늘진 농장에서보다 커피나 코코아 나무가 더 빽빽하게 심길 수 있고 더 많은 태양 에너지를 받기 때문에, 햇빛을 받고 자란 작물의 수확량이 더 많다. 하지만 이 새로운 기술에는 희생이 따른다. 햇빛을 받고 자란 나무들은 이러한 경작지에서 흔한 스트레스와 질병으로 더 일찍 죽는다. 게다가, 과학자들은 햇빛이 완전히 드는 농장에서는 조류 종의 수가 절반으로 줄어들 수 있으며 개별적인 새의 수도 90퍼센트 줄어들 수 있다는 것을 발견했다. 숲의 나무가 지붕처럼 우거진 곳에 사는 새와 곤충이 많은 해충을 잡아먹기 때문에, 그늘에서 자란 커피와 코코아는 일반적으로 더 적은 농약을 필요로 한다.

해설 | (A) 과거에 커피와 코코아의 대부분이 숲속의 그늘에서 길러졌던 상황과 최근 햇빛이 완전히 드는 곳에서 재배할 수 있는 품종이 개발된 상황은 서로 대조를 이룬다. 따라서 however(하지만)가 적절하다.
(B) 조류와 곤충들이 해충을 잡아먹어 농약이 적게 드는 그늘진 농장과는 달리 햇볕이 드는 농장에서는 그런 역할을 하는 조류의 종과 수가 줄어든다는 것은, 작물이 더 일찍 죽는다는 것과 더불어 햇빛에서 작물을 키우는 것의 또 다른 단점이다. 따라서 Furthermore(게다가)가 적절하다.
① 예를 들면 – 게다가
③ 결과적으로 – 즉
④ 결과적으로 – 대신에
⑤ 하지만 – 즉

구문풀이 | • Recently, however, new varieties of both crops **have been developed** [that can be grown in full sun].
have been developed는 현재완료형의 수동태이다. [ ]는 주어인 new varieties of both crops를 수식하는 관계절이다.

CHAPTER REVIEW

본문 90~91쪽

01 ① **02** ④ **03** ① **04** ②

01

소재 | 숫자의 힘

직독직해

L4 One of the first formal observations of this /
이것에 대한 최초의 공식적인 발언 중의 하나는 /
came from Sir Francis Galton /
Francis Galton 경으로부터 나왔다 /
while at the 1906 West of England Fat Stock and Poultry Exhibition.
1906년 잉글랜드 서부 식육용 가축 및 가금 박람회에 있는 동안에

L9 'This result is, / I think, /
'이 결과는 / 제 생각에 /
more creditable to the trustworthiness of a democratic judgment /
민주적인 판단(다수결)의 신뢰성에 더 기인하는 것입니다 /
than might have been expected,' /
혹시 기대했을 수도 있었던 것보다' /
wrote Galton / in a letter to *Nature*.
Galton은 썼다 / '네이처'에 보낸 편지에서

해석 | 인간은 우리의 방식을 완벽하게 하는 법을 찾는 데 관심을 가지기 오래 전에 협동해 왔었다. 우리는 항상 함께 사냥하고 (먹을 것을 찾아) 돌아다녔고, 함께 불을 피우고, 함께 마을을 세워 왔다. 숫자에는 힘이 있다. 안전뿐만 아니라 집단적인 지혜도 있다. 이것에 대한 최초의 공식적인 발언 중의 하나는, Francis Galton 경이 1906년 잉글랜드 서부 식육용 가축 및 가금 박람회에 있는 동안에 그로부터 나왔다. 거기는 소의 무게를 추측하는 대회가 있었다. 출전자는 자신이 추측한 것을 제출하기 위해 6펜스를 냈고, 상은 가장 근접한 추측을 한 사람에게 주기로 되어 있었다. 787명의 대회 출전자 중 아무도 소의 무게(1,198파운드)를 정확하게 추측하지는 못했지만, 그들 추측의 평균은 1,197파운드로 상당히 정확했다. '제 생각에 이 결과는 혹시 기대했을 수도 있었던 것보다 민주적인 판단(다수결)의 신뢰성에 더 기인하는 것입니다.'라고 Galton은 '네이처'에 보낸 편지에서 썼다.

해설 | 대회 출전자 중 어느 누구도 소의 무게를 정확히 맞추지 못했지만 출전자 전체 평균은 소의 무게에 상당히 근접했다고 했으므로 집단적 지혜를 설명한 글이라고 추론할 수 있다. 따라서 빈칸에 들어갈 말로 가장 적절한 것은 ① '지혜'이다.
② 정직 ③ 만족 ④ 불안 ⑤ 동정

구문풀이 | • Humans **had been working** together long before we took an interest in finding out [how to perfect our methods].
before가 이끄는 종속절의 시제(과거)보다 먼저 일어난 일이 계속됨을 나타내므로 과거완료진행(had been -ing)이 쓰였다.
[ ]는 finding out의 목적어로 쓰인 「의문사+to부정사」 구문으로 '~하는 방법'의 의미를 나타낸다.

Words & Phrases

perfect 완벽하게 하다
scavenge (먹을 것을) 찾아다니다
collective 집단적, 집합적, 공동적
formal 공식적인
observation 발언, 진술
fat stock 식육용 가축
poultry 가금(家禽: 닭, 오리, 거위 따위)
exhibition 박람회, 전시회
ox 소
entrant 출전자
spot-on 정확한, 딱 맞는
creditable to ~ 때문이라고 할 수 있는, ~에 기인하는
trustworthiness 신뢰성

02

소재 | 뇌졸중 환자가 유지하려고 하는 생활의 연속성

직독직해

L1 Sharon R. Kaufman used an interactionist theory /
Sharon R. Kaufman은 상호 작용의 이론을 사용했다 /
to guide her study of stroke patients /
뇌졸중 환자에 대한 연구를 이끌기 위해서 /
because she thought / the voices of individual old people /
그녀가 생각했기 때문이다 / 개별 노인들의 목소리가 /
were less emphasized or lost /
덜 강조되거나 상실된다고 /
in the conduct of scientific research.
과학 연구를 수행하는 과정에서

해석 | Sharon R. Kaufman은 뇌졸중 환자에 대한 연구를 이끌기 위해서 상호 작용 이론을 사용했는데, 그 이유는 과학 연구를 수행하는 과정에서 개별 노인들의 목소리가 덜 강조되거나 상실된다고 생각했기 때문이다. 그녀는 노인들이 자신들의 삶에 부여한 의미를 탐구하고 싶었다. 그녀는 뇌졸중 환자들이 과거의 생활 패턴과의 급격한 단절을 경험한다는 것을 발견했다. 그녀는 또한 사람들은 그들 생활에서 연속성을 유지하려고 노력한다는 것도 발견했다. 그들은 과거를 해석하고 그것을 현재에 연결한다. Kaufman은 뇌졸중 환자들이 과거에서 미래로 이어지는 연결 고리를 만들기 위해 애쓴다는 결론을 내렸다. 이 과제를 완성했던 사람들은 여전히 신체적으로 장애가 있다고 할지라도 회복했다. 뇌졸중 환자들은 자신들이 병이 든 후에도 전과 똑같은 사람임을 보여 주어야 했던 것이다.

해설 | 뇌졸중 환자에 대한 Sharon R. Kaufman의 연구는 그들이 병으로 인해 과거의 생활 패턴과 급격한 단절을 경험하고 나서 생활에서의 연속성을 유지하려고 노력한다는 것을 보여 주었으므로, 빈칸에 들어갈 말로는 ④ '병이 든 후에도 전과 똑같은 사람임'이 가장 적절하다.
① 과학 연구에 큰 도움이 될 수 있다는 것
② 자신의 가족에 관해 걱정을 표현하고 싶어 한다는 것
③ 과거에 집착하지 않고 미래에 대한 준비가 되어 있다는 것
⑤ 자신의 건강 상태에 관해 다른 사람들과 상호 작용을 한다는 것

구문풀이 | • Sharon R. Kaufman used an interactionist theory to guide her study of stroke patients [because she thought {the voices of individual old people were less emphasized or lost in the conduct of scientific research}].
[ ]는 이유의 부사절이고 { }는 접속사 that이 생략되어 있는 명사절로 thought의 목적어 역할을 한다.
• She found that stroke patients **experience** a sharp break with past life patterns.
that절의 내용은 의학적으로 사실이므로 주절의 과거시제(found)와 상관없이 현재시제(experience)가 쓰였다.

Words & Phrases

interactionist theory 상호 작용 이론
individual 개별적인
emphasize 강조하다
conduct 수행, 경영, 처리
explore 탐구하다
sharp 급격한, 날카로운
break 단절, 휴식
maintain 유지하다
continuity 연속성
interpret 해석하다
link 연결하다; 연결
present 현재; 현재의
determine 결론을 내리다, 확정하다
recover 회복하다
physical 신체의
disability 장애

03

소재 | 협상 전 감정 예측의 중요성

직독직해

L3 Good preparation for a negotiation /
협상에 대한 훌륭한 준비는 /
does not consist of /
이루어져 있는 것이 아니라 /
laying out a single path through the woods /
숲을 관통하는 단 하나의 통로를 설계하는 것으로 /

but of learning the terrain.
그 지형을 아는 것으로 (이루어져 있다)

L7 But even the best negotiators /
그러나 최고의 협상가들조차도 /
all too often fail to expect /
예측하지 못하는 경우가 너무나 많은데 /
what their own emotional reactions /
자신의 감정적 반응이 어떠할지 /
or those of their counterparts might be /
혹은 상대자의 감정적 반응이 어떠할지 /
for issues at the meeting, /
그 회의의 안건에 대해 /
which is one of the most important factors /
이것은 가장 중요한 요인들 중 하나이다 /
to make a negotiation successful.
협상을 성공적으로 만드는

해석 | 협상이 있기 전에 일어날 수 있는 감정을 예측함으로써 일단 그런 감정이 생길 때 그것을 다루는 방식을 개선할 수 있다. 이것은 일어날지도 모르는 다른 문제들에 대해 폭넓게 생각할 필요가 있다는 것을 의미한다. 협상에 대한 훌륭한 준비는 숲을 관통하는 단 하나의 통로를 설계하는 것이 아니라, 그 지형을 아는 것으로 이루어져 있다. 사려 깊은 협상가는 이웃 사람, 사업에 도움을 주는 사람, 혹은 다른 정부의 대표자와의 만남을 준비할 때, 각자가 하게 될 제안과 그것에 대한 논리적 응답을 예상하려고 노력할 것이다. 그러나 최고의 협상가들조차도 그 회의의 안건에 대해 자신의 감정적 반응이나 상대자의 감정적 반응이 어떠할지 예측하지 못하는 경우가 너무나 많은데, 이것은(이러한 예측은) 협상을 성공적으로 만드는 가장 중요한 요인들 중 하나이다.

해설 | 마지막 문장을 보면 훌륭한 협상가라 할지라도 논의 중인 현안에 대한 자신과 상대방의 감정적 반응을 예측하지 못할 때가 허다한데, 이렇게 감정을 예측하는 것이 협상 성공의 가장 중요한 요인 중 하나라고 한다. 따라서 빈칸에 가장 적절한 것은, ① '일어날 수 있는 감정을 예측함'이다.
② 설득하는 일에 노력을 함 ③ 불일치를 당연히 여김
④ 회의의 주요 안건을 예측함 ⑤ 배려한다는 인상을 줌

구문풀이 | • Good preparation for a negotiation does **not** consist [of laying out a single path through the woods] **but** [of learning the terrain].
'A가 아니라 B인'의 의미를 나타내는 「not *A* but *B*」의 구문이 사용되었다. 두 개의 [ ]는 consist를 공유하며 but에 의해 병렬을 이루고 있다.

• But even the best negotiators all too often fail [to expect {what their own emotional reactions or **those** of their counterparts might be for issues at the meeting}], **which** is one of the most important factors to make a negotiation successful.
{ }는 의문사절로 expect의 목적어이며, 그 안의 those는 the emotional reactions를 대신하고 있다. [ ]는 관계대명사 which의 선행사이다.

Words & Phrases

negotiation 협상 come up 발생하다
consist of ~으로 이루어져 있다 lay out ~을 설계하다
thoughtful 사려 깊은
business contact 사업에 도움을 주는 사람
representative 대표자 proposal 제안
logical 논리적인 emotional 감정적인
reaction 반응 counterpart 상대자
factor 요인

04

소재 | TV 시청이 아동의 주의력에 미치는 영향

직독직해

L1 A child / who is used to seeing scenes shift /
아동은 / 장면들이 바뀌는 것을 보는 것에 익숙한 /
on the average of every 4 seconds, /
평균적으로 매 4초마다 /
as they do on television, /
그것들이 텔레비전에서 그러하듯이 /
is sure to be bored in a classroom, /
교실에서 확실히 지루해 한다 /
and as a result, / his eyes bounce around the room, /
그래서 결과적으로 / 그의 눈은 교실의 여기저기로 급히 움직인다 /
in an attempt to reestablish /
회복하기 위한 시도로 /
the level of stimulation / he's grown used to.
자극의 수준을 / 그가 익숙하게 되었던

해석 | 텔레비전에서 그러하듯이, 장면들이 평균적으로 매 4초마다 바뀌는 것을 보는 것에 익숙한 아동은 교실에서 확실히 지루해 한다. 그래서 결과적으로 그의 눈은 그가 익숙하게 되었던 자극의 수준을 회복하기 위한 시도로 교실의 여기저기로 급히 움직인다. 그러면 그의 주의 집중 시간은 극히 짧다. 텔레비전을 보는 것은 우리의 눈이 전체를 유심히 살피기보다는 (한 곳을) 응시하도록 훈련시킨다. 전체를 살펴보는 것은 읽기를 배우는 데 필요한 중요한

기술이다. 눈동자가 고정되고 손이 무릎 위에 축 처진 채 아동은 텔레비전 앞에서 단지 구경꾼이 된다. 텔레비전을 보는 것은 학습이 필요하지 않으며 그냥 그렇게 한다. 혹은 더 중요한 것은, 다른 어떤 일도 하지 않는다는 것이다. 반면에 놀이는 탐구, 활동 및 공상을 포함한다. 독서도 또한 참여를 요구하는데, 그것은 능동적이며 문제를 해결하는 활동이기 때문이다.

해설 | (A) 매 4초마다 바뀌는 장면에 익숙해진 아이들은 교실 내에서 지루함을 느끼고, 자신이 받았던 자극을 회복하고자 눈을 이리저리 돌릴 것이므로 빈칸에는 결과를 나타내는 as a result(결과적으로)가 적절하다.
(B) 텔레비전을 보면서 다른 아무것도 하지 않게 되는 반면 놀이는 탐구, 활동, 공상을 하게 되므로 빈칸에는 대조를 나타내는 on the other hand(반면에)가 적절하다.
① 예를 들면 – 반면에
③ 그러나 – 즉
④ 결과적으로 – 게다가
⑤ 예를 들면 – 게다가

구문풀이 | • **With** [pupils fixed], [hands limp in his lap], a child is simply a spectator in front of the television.
부수적인 상황을 나타내는 with의 뒤에 목적어와 목적어의 상태를 설명하는 부분이 두 개의 [ ]로 병렬을 이루고 있다. 첫 번째 [ ]에는 과거분사 fixed, 두 번째 [ ]에는 형용사 limp가 각각 목적어인 pupils와 hands의 상태를 설명한다.

Words & Phrases

scene 장면
bounce 급히 움직이다, 뛰어다니다
attempt 시도; 시도하다
reestablish 회복하다
stimulation 자극
attention span 주의 집중 시간
stare 응시하다
scan 전체를 유심히 살피다
pupil 눈동자, 학생
limp 축 처진
lap 무릎
spectator 구경꾼
more to the point 더욱 중요한 것은
exploration 탐구
involvement 참여

CHAPTER 04
간접 글쓰기

UNIT 13 무관한 문장 찾기

EXAMPLE 01 본문 94쪽

정답 ④

소재 | 소리를 내는 데 있어서 포유류와 조류의 차이

직독직해

L3 Many mammals produce different sounds for different objects, /
많은 포유류가 각기 다른 대상에 대해 각기 다른 소리를 내지만 /
but few can match / the range of meaningful sounds /
하지만 필적할 수 있는 포유류는 거의 없다 / 유의미한 소리의 범위에 /
that birds may give voice to.
조류가 낼 수 있는

L9 Yet many birds are famed for their songs /
하지만 많은 조류는 노래로 유명하다 /
and some of the most glorious songsters /
그리고 가장 멋진 명금 중의 일부는 /
are the ones we encounter most often.
우리가 가장 흔하게 마주치는 것들이다

해석 | 포유류와 조류 둘 다 시끄러운 생물이다. 그들은 보통 소리로 자신들의 존재가 느껴지도록 만들고 소통을 하지만, 조류가 그것에 훨씬 더 능숙하다. 많은 포유류가 각기 다른 대상에 대해 각기 다른 소리를 내지만, 조류가 낼 수 있는 유의미한 소리의 범위에 필적할 수 있는 포유류는 거의 없다. 인간을 제외하고는 포유류는 대체로 듣기 좋은 소리를 내지 못하며, 그렇게 하려고 한다는 증거도 거의 없다. 일부 포유류가 큰 소리로 울부짖기는 하지만, 인간과 아마도 고래를 제외하고는 노래하는 포유류는 거의 없다. (일부 포유류는 사는 장소, 돌아다니는 방식, 먹는 것에 있어서 서로 다르다.) 하지만 많은 조류는 노래로 유명하며, 가장 멋진 명금 중의 일부는 우리가 가장 흔하게 마주치는 것들이다.

구문풀이 | • They commonly **make their presence felt**, and communicate, by sound, but birds are far better at it.
make의 목적어인 their presence와 목적보어가 수동의 의미 관계이므로 과거분사인 felt를 썼다.

Words & Phrases

mammal 포유류
presence 존재
object 대상
match 필적하다
range 범위
apart from ~을 제외하고는
melodious 듣기 좋은
intend 의도하다
famed 유명한
glorious 멋진
songster 명금(고운 소리로 우는 새)
encounter 마주치다

EXAMPLE 02 본문 95쪽

정답 ③

소재 | 관광업이 기후 변화에 미치는 영향

직독직해

L6 Local climate changes may also be caused /
국지적인 기후 변화들은 또한 유발될 수 있다 /
when air pollutants are emitted / by the structures' incinerators, /
대기 오염 물질이 방출될 때 / 구조물들의 소각로에 의해 /
by stationary and mobile engines, / and during land-clearing activities.
고정식 및 이동식 발동기에 의해 / 그리고 토지 개간 활동을 하는 동안에

L12 They work together with more global scale forces /
그 활동들은 더욱 세계적인 규모의 요인들과 함께 작용한다 /
such as those related to emissions from aircraft /
항공기에서 나오는 배기가스에 관련된 요인들과 같은 /
carrying tourists to and from their destinations.
관광객들을 목적지로 왕복시키는

해석 | 관광업은 기후 시스템 변화의 많은 요인들 중 하나이다. 다른 인간 활동의 경우처럼, 관광업이 기후 변화를 일으키는 다양한 방식과 공간적 규모가 있다. 예를 들어, 숲을 휴양지 건물과 다른 구조물들로 대체하는 것과 같은 토지 피복과 토지 사용의 변화들은 국지적인 기후를 변화시킬 수 있다. 국지적인 기후 변화들은 또한, 구조물들의 소각로에 의해, 고정식 및 이동식 발동기에 의해, 그리고 토지 개간 활동을 하는 동안에 대기 오염 물질이 방출될 때 일어날 수 있다. (관광업과 관광객들은 공식적 부문과 비공식적 부문 둘 다에서 일자리와 사업 기회를 창출할 수 있다.) 점차, 시간과 공간에 걸쳐, 지역적으로 집중된 이러한 인간의 활동조차도 지역적으로 그리고 전 세계적으로 기후를 변화시키는 것으로 알려져 있다. 그 활동들은 관광객들을 목적지로 왕복시키는 항공기에서 나오는 배기가스에 관련된 요인들과 같은 더욱 세계적인 규모의 요인들과 함께 작용한다.

구문풀이 | • **As** with other human activities, there are many ways and spatial scales [at which tourism contributes to climate change].
As는 '~처럼'이라는 의미이다. [ ]는 many ways and spatial scales를 수식하는 관계절이다.

Words & Phrases

contributor 요인, 원인
spatial 공간적인
scale 규모
land cover 토지 피복
replace *A* with *B* A를 B로 대체하다
structure 구조물
modify 변화시키다
pollutant 오염 물질
emit 방출하다
stationary 고정식의
land-clearing 토지 개간
generate 발생시키다, 만들어 내다
formal 공식적인
informal 비공식적인
sector 부문
gradually 점차
regionally 지역적으로
emission 배기가스
aircraft 항공기
destination 목적지

PRACTICE 본문 96~99쪽

01 ④ **02** ④ **03** ⑤ **04** ③

01

소재 | 유럽의 아프리카 식민지 확장

직독직해

L3 These European imperialists needed colonies /
이러한 유럽 제국주의자들은 식민지를 필요로 했다 /
for trade / and raw materials for their new factories built during the Industrial Revolution.
무역과 / 산업 혁명 중에 세워진 새 공장을 위한 원료를 위해

L10 Africa, / with its untouched mineral and agricultural resources, /
아프리카는 / 손대지 않은 광물과 농업 자원을 가진 /
presented a valuable source of materials, /
재료의 귀중한 원천을 제공하였고 /
offered opportunities for new markets, /
새로운 시장에 대한 기회를 제공하였으며 /
and provided new frontiers for adventurous colonists.
모험적인 식민주의자들에게 새로운 미개척지를 제공했다.

해석 | 19세기 후반에, 유럽은 아프리카로 시선을 돌렸다. 아프리카에서의 식민지 확장은 19세기 유럽 제국주의 정책의 한 가지 예(중국이 또 다른 예)였다. 이러한 유럽 제국주의자들은, 무역 및 산업 혁명 중에 세워진 새 공장을 위한 원료를 위해 식민지를 필요로 했다. 그들은 또한 제조된 물건을 팔 수 있는 새로운 시장이 필요했다. 그들의 혼잡한 인구에게는 흘러 들어갈 수 있는 새로운 영토가 필요했다. (다른 한편으로, 일부 유럽인들은 아프리카를 돕고 싶어서 그들에게 문자 언어, 신기술, 무역, 그리고 서양 학문 등 많은 선물을 가져갔다.) 손대지 않은 광물과 농업 자원을 가진 아프리카는 재료의 귀중한 원천을 제공하였고, 새로운 시장에 대한 기회를 제공하였으며, 모험적인 식민주의자들에게 새로운 미개척지를 제공했다.

해설 | 유럽이 아프리카에서 식민지를 확장한 이유를 설명하고 있는 글이므로 일부 유럽인들이 아프리카 사람들에게 도움을 주었다는 내용의 문장 ④는 글의 흐름과 관계가 없다.

구문풀이 | • They also needed new markets [in which to sell their manufactured goods].

[ ]는 new markets를 수식하는 「관계사+to부정사」 구문으로 관계절 in which they could sell their manufactured goods로 표현할 수 있다.

• Their crowded populations needed new territory [to overflow into].

[ ]는 new territory를 수식하는 to부정사구로 new territory는 전치사 into의 목적어에 해당한다.

02

소재 | 평생 음악과 함께 하는 아프리카 사회의 아이들

직독직해

L2 Their musical training is a lifelong process /
그들의 음악 훈련은 평생의 과정이다 /
that begins at birth / with cradle songs /
태어날 때 시작해서 / 요람에서 듣는 노래로 /
and prepares them / for participation in all aspects of adult life.
그들을 준비시키는 / 성인의 삶의 모든 측면에 참여하도록

L5 At festivals and other social events, /
축제와 다른 사교적인 행사에서 /
their relatives dance / with them on their backs /
그들의 친척은 춤을 춘다 / 그들을 등에 업고서 /
until they are old enough /
그들이 충분히 나이를 먹을 때까지 /
to join the activities for themselves.
혼자서 활동에 참여할 수 있을 만큼

L7 Rhythmical facility is built / into their everyday lives, /
리듬과 관련된 재능이 형성된다 / 일상적인 삶 속에 /
so that, / for example, / the children experience /
그래서 / 예를 들어 / 아이들은 경험한다 /
the sounding of three beats against two beats /
2박자 대비 3박자의 소리내기를 /
and are thereby aided /
그리고 그렇게 함으로써 도움을 받는다 /
in the development of a "two-dimensional attitude to rhythm."
'리듬에 대한 이차원적인 태도'를 계발하는 데

해석 | 전통적인 아프리카 사회의 아이들은 기악, 노래, 그리고 춤에 끊임없이 둘러싸인다. 그들의 음악 훈련은 태어날 때 요람에서 듣는 노래로 시작해서 성인의 삶의 모든 측면에 참여하도록 그들을 준비시키는 평생의 과정이다. 그들은 친척의 등에 업혀서 일과 관련된 노래를 경험한다. 축제와 다른 사교적인 행사에서 그들의 친척은 그들이 혼자서 활동에 참여할 수 있을 만큼 충분히 나이를 먹을 때까지 등에 그들을 업고서 춤을 춘다. 리듬과 관련된 재능이 일상적인 삶 속에 형성되고, 그래서 예를 들어, 아이들은 2박자 대비 3박자의 소리내기를 경험하고, 그렇게 함으로써 '리듬에 대한 이차원적인 태도'를 계발하는 데 도움을 받는다. (악기 연주하는 방법을 배우는 아이들은 실제로 외국어에 유창해질 가능성이 더 높다.) 적절한 정도의 팔 제어 능력이 생기는 즉시, 아이들은 리듬에 맞추어 두드리기 시작하도록 권장되며, 서너 살이 되면 자신의 악기를 만들기 시작한다.

해설 | 전통적인 아프리카 사회의 아이들은 태어날 때부터 죽을 때까지 평생 음악과 함께 한다는 내용의 글이므로, 악기 연주를 하는 아이들이 외국어를 잘할 가능성이 더 높다는 내용의 ④는 글의 흐름과 관계가 없다.

구문풀이 | • ~ until they **are old enough to join** the activities for themselves.

「be동사+형용사+enough+to부정사」는 '~하기에 충분히 …하다'의 뜻으로 해석한다.

• Rhythmical facility is built into their everyday lives, [so that, for example, the children {experience the sounding of three beats against two beats} **and** {are thereby aided in the development of a "two-dimensional attitude to rhythm}]."

[ ]는 결과의 부사절로 '그래서 ~하다'의 뜻으로 해석한다. 두 개의 { }는 and에 의해 연결되어 주어인 children에 이어진다.

03

소재 | 발표 시 청중에게 전문적인 세부 정보 제공 방법

직독직해

L4 So / if you want to convey /
그래서 / 만약 전달하고 싶으면 /
raw data or lots of detailed information, /
가공 전 데이터나 많은 세세한 정보를 /
consider / pushing that material out of your presentation /
고려해 보라 / 그 자료를 발표에서 빼서 /
and into a handout / or a document you can email out to your audience.
(배포용) 인쇄물이나 / 청중에게 이메일로 보낼 수 있는 문서에 넣는 것을

L10 If you want / your audience to hear what you say, /
여러분이 원하면 / 청중이 여러분이 하는 말을 듣고 /
take it in / and respond in the way you want them to, /
그것을 받아들이고 / 여러분이 그들에게 원하는 방식으로 반응하기를 /
make them feel / that you care about them and their needs.
그들에게 느끼게 하라 / 여러분이 그들과 그들의 요구에 마음을 쓴다는 것을

해석 | 발표 자료를 만들고 있을 때, 정말로 얼마나 전문적일 필요가 있을지 항상 자신에게 물어보라. 전문적인 사실을 전달할 때 구두 발표는 서면 보고서만큼 효과적이거나 효율적이지 않을 것이다. 그래서 만약 가공 전 데이터나 많은 세세한 정보를 전달하고 싶으면, 그 자료를 발표에서 빼서, 배포용 인쇄물이나 청중에게 이메일로 보낼 수 있는 문서에 넣는 것을 고려해 보라. 그렇지 않으면, 중요한 세부 내용에 관심이 있는 사람들과 나중에 개인적으로 만나겠다고 말하라. 중요한 결론이나 주요한 메시지를 끌어내기 위해 프레젠테이션을 이용하고, 청중에게 추가적인 세부 내용은 다른 곳에서 찾도록 권하라. (청중이 여러분이 하는 말을 듣고 그 말을 받아들이고 여러분이 그들에게 원하는 방식대로 반응하기를 원하면, 여러분이 그들과 그들의 요구에 마음을 쓴다는 것을 그들이 느끼게 하라.)

해설 | 발표 시 청중에게 전문적인 세부 정보를 제공하는 방법에 대한 내용이므로, 청중의 반응을 얻기 위한 방법에 관한 ⑤는 글의 흐름과 무관하다.

구문풀이 |
- An oral presentation is not going to be **as** effective or efficient **as** a written report in conveying technical facts.
'~만큼 …한'이라는 의미의 「as+형용사+as ~」 구문이 쓰였다.
- Alternatively, offer to meet personally afterwards with [**those who** are interested in the important details].
[ ]는 with의 목적어이고, those who ~는 '~하는 사람들'이라는 의미이다.
- If you want your audience to hear [what you say], take it in and respond in the way [you want them **to**], make them feel that you care about them and their needs.
첫 번째 [ ]는 hear의 목적어로 쓰인 what이 이끄는 명사절이다. 두 번째 [ ]는 the way를 수식하는 관계절로 앞에 that이나 in which를 넣어 표현할 수도 있다. 여기에서 to는 대부정사로 to respond의 의미이다.

04

소재 | 이메일이 주는 스트레스

직독직해

L1 Perhaps / the most widespread stress /
아마도 / 가장 널리 퍼져 있는 스트레스는 /
from technology / that most people experience /
기술로부터 오는 / 대부분의 사람들이 경험하는 /
is the perpetual distraction of email /
이메일로 인한 끊임없는 주의 집중 방해일 것이다 /
and the replacement of face-to-face conversation /
그리고 대면 대화의 대체일 것이다 /
with digital communications.
디지털 통신에 의한

L10 According to a Harris Interactive poll, /
Harris Interactive 사의 여론 조사에 따르면 /
respondents said / that more than 50 emails per day /
응답자들은 말했다 / 하루에 50건이 넘는 이메일이 /
caused stress, /
스트레스를 일으킨다고 /
many using the phrase "email stress" /
많은 사람들은 '이메일 스트레스'라는 어구를 사용하여 /
to explain their frustrations.
좌절감을 표현했다

해석 | 아마도 대부분의 사람들이 경험하는, 기술로부터 오는 가장 널리 퍼져 있는 스트레스는 이메일로 인한 끊임없는 주의 집중 방해와 디지털 통신에 의한 대면 대화의 대체일 것이다. '뉴욕

타임즈'에 실린 2010년의 연재 기사 중 하나에서, 기술 분야 취재 기자 Matt Richtel은 사람들이 시간당 평균 37번까지 이메일을 확인한다고 언급했다. 더욱이 일부 사람들은 이메일에 바로 답장을 보내고자 하는 충동을 느끼며, 그렇게 하지 않으면 죄책감을 느낀다. (들어오는 이메일은 여러분과 여러분의 일에 미치는 중요도에 따라 여과될 수 있다.) 얼마나 많은 이메일이 우리를 미칠 정도로 밀어붙여 탈진의 경계를 넘어서게 할 수 있을까? Harris Interactive 사의 여론 조사에 따르면, 응답자들은 하루에 50건이 넘는 이메일이 스트레스를 일으킨다고 말했는데, 많은 사람들은 '이메일 스트레스'라는 어구를 사용하여 좌절감을 표현했다.

해설 | 지나치게 많이 오는 이메일이 스트레스를 유발시킨다는 것을 설명하는 글이므로, 중요도에 따라 이메일을 여과할 수 있다는 내용의 ③은 글의 흐름과 무관하다.

구문풀이 |
- Furthermore, some people feel an urge to respond to emails immediately and feel guilty if they **don't**.
  don't 뒤에는 respond to emails immediately가 생략된 것으로 이해할 수 있다.
- According to a Harris Interactive poll, respondents said that more than 50 emails per day caused stress, [many using the phrase "email stress" to explain their frustrations].
  [ ]는 독립 분사구문으로서, 의미상의 주어는 many이다. and many used ~로 이해할 수 있다.

UNIT 14 문장 삽입

EXAMPLE 01 본문 100쪽

정답 ⑤

소재 | 은어의 다양성

직독직해

L3 You will have your local slang /
지역 은어가 있을 것이다 /
that you use in your school or in your town, /
여러분이 학교나 마을에서 사용하는 /
and there's no way /
그리고 방법이 없다 /
I would ever know about it /
내가 그것에 대해 알아낼 /
unless you told me /
여러분이 나에게 말해 주지 않으면 /
what it was.
그것이 무엇인지를

해석 | 언어학자들에게 있어서 은어를 파악하는 것은 실제로 상당히 어려운 일이다. 학교나 마을에서 사용하는 지역 은어가 있을 것이고, 그것이 무엇인지를 나에게 말해 주지 않으면 그것에 대해 알아낼 방법이 없다. 사실상, 여러분이 사는 지역에는 몇 가지 다른 종류의 은어가 아마 있을 것이다. 초등학교에서 아이들이 사용하는 은어는 중등학교에서 사용되는 것과 다를 가능성이 있다. 만약 마을에 여러 학교가 있다면, 각각의 학교에서 들리는 은어의 종류가 흔히 다르다. 그리고 심지어 한 학교 내에서 서로 다르게 사용되는 어휘들도 있을 수 있다. <u>나는 이전에 고등학교 졸업반 학생의 한 집단과 일했는데, 그 학생들은 자신의 학교에서 사용되는 은어를 주의 깊게 들었다.</u> 그들은 1학년 학생들이 사용하는 은어가 자신들의 것과 매우 다르다는 것을 발견했다.

구문풀이 |
- The slang [that kids use in primary school] **is likely to** be different from **what** is used in secondary school.
  [ ]는 The slang을 수식하는 관계절이다. 「be동사+likely+to부정사」는 '~할 가능성이 있다'라는 뜻이고, what은 선행사를 포함하는 관계대명사로 '~하는 것'으로 해석된다.

Words & Phrases

senior school (영국의) 고등학교	linguist 언어학자
local 지역의, 현지의	unless ~하지 않으면
primary school 초등학교	secondary school 중등학교

EXAMPLE 02 본문 101쪽

정답 ⑤

소재 | 역진행 수업 방식의 특징

직독직해

L1 By contrast, /
그에 반해서 /
the Flipped Learning model shifts instruction /
역진행 수업 방식은 가르치는 것을 변화시킨다 /
to a learner-centered approach, /
학습자 중심적인 접근으로 /
where in-class time is spent /
거기서 수업 시간은 사용된다 /
exploring topics in greater depth.
더 심층적으로 주제를 탐구하는 데

L11 As a result, / students are actively involved /
결과적으로 / 학생들은 적극적으로 관여한다 /
in knowledge construction /
지식의 구성에 /
as they participate in and evaluate /
참여하고 평가하면서 /
their learning / in a personally meaningful manner.
자신의 학습을 / 개인적으로 의미 있는 방법으로

해석 | 역진행 수업 방식은 다양한 학습 양식을 허용한다. 교육자들은 흔히 학습 공간을 모둠 활동이나 개별 학습을 지원하도록 물리적으로 재배치한다. 그들은 배우는 시간과 장소를 학생들이 선택하는 융통성 있는 공간을 창출한다. 뿐만 아니라, 역진행 수업을 실시하는 교육자들은 학생들의 학습 일정표에 대한 예상과 학생들의 학습 평가에 있어서 융통성이 있다. 전통적인 교사 중심 모형에서는 교사가 정보의 주된 원천이다. 그에 반해서, 역진행 수업 방식은 가르치는 것을 학습자 중심적인 접근으로 변화시키며, 거기서 수업 시간은 더 심층적으로 주제를 탐구하는 데 사용된다. 결과적으로, 학생들은 개인적으로 의미 있는 방법으로 학습에 참여하고 자신의 학습을 평가하면서 적극적으로 지식의 구성에 관여한다.

구문풀이 | • Furthermore, educators [who flip their classes] are **flexible** [in their expectations of student timelines for learning] **and** [in their assessments of student learning].
첫 번째 [ ]는 educators를 수식하는 관계절이다. 두 번째와 세 번째 [ ]는 and에 의해 연결되어 flexible에 이어진다.

Words & Phrases

instruction 가르치기, 교수
mode 양식, 방법, 방식
independent 개별의, 독립적인
expectation 예상, 기대
primary 주된
evaluate 평가하다
allow for ~을 허용하다
rearrange 재배치하다
flexible 융통성 있는, 유연한
assessment 평가
construction 구성, 건설

PRACTICE 본문 102~105쪽

01 ④ **02** ④ **03** ③ **04** ⑤

01

소재 | 생태 관광에서 인기 있는 동물

직독직해

L3 Ecotourists, / when it comes to animals, /
생태 관광객들은 / 동물에 관한 한 /
prefer the ‘good’ and the funny, /
‘좋은’ 동물과 재미있는 동물을 좋아하고 /
are in awe of the big, / fascinated by the bad, /
큰 동물을 경외하고 / 나쁜 동물에 매혹되지만 /
but are not interested in the ugly or the dull.
못생긴 동물과 재미없는 동물에는 관심이 없다

L10 No one goes tuna watching; /
아무도 참치 관찰 여행을 가지 않으며 /
we just want our supermarkets to ensure /
우리는 슈퍼마켓이 반드시 해 주기를 원할 따름이다 /
that when fishermen go hunting tuna, /
어부가 참치를 잡으러 나갈 때 /
no ‘nice’ dolphins get caught in their nets!
‘좋은’ 돌고래가 그들의 그물에 걸리지 않도록

해석 | 동물에 관한 한, 생태 관광객들은 ‘좋은’ 동물과 재미있는 동물을 좋아하고, 큰 동물을 경외하고, 나쁜 동물에 매혹되지만, 못생긴 동물과 재미없는 동물에는 관심이 없다. 돌고래와 원숭이와 같은 생명체는 아마 지능 면에서 우리와 가장 가까운 생명체여서 좋은 동물로 여겨진다. 우리는 또한 돌고래의 경우에는 미학적으로 매력적이고 원숭이의 경우에는 재미있다고 생각하는 한편, 코끼리는 그 크기로 우리에게 인상적이다. 우리는 뱀과 사자와 같은 생명체는 나쁘고 사악한 살인자로 여기지만 그들은 여전히 매력적이다. 그러나 지루하거나 못생겼다고 여겨지는 야생 동물을 보러 여행을 하는 데 정말 관심이 있는 사람은 아무도 없다. 아무도 참치 관찰 여행을 가지 않으며, 우리는 슈퍼마켓이, 어부가 참치를 잡으러 나갈 때 ‘좋은’ 돌고래가 반드시 그들의 그물에 걸리지 않도록 해 주기를 원할 따름이다! 생태 관광객이 많은 돈을 써 가며 난쟁이땃쥐, 개미핥기, 또는 영양을 보러 가고 싶어 하지는 않을 것 같다.

해설 | ④ 앞까지는 ‘좋은’ 동물, 재미있는 동물, 경외하는 동물, 나쁘지만 매력이 있는 동물이어서 사람들이 그들을 보는 데 관심과 흥미가 있다는 내용인데, ④ 다음에는 참치 관찰 여행은 아무도 가지 않는 것처럼 재미없는 동물에 대해 언급하는 내용이어서 내용 전환이 일어난다. 따라서 연결사인 However가 있고 지루하거나 못생긴 동물에 대한 언급하는 주어진 문장은 ④에 들어가는 것이 가장 적절하다.

구문풀이 | • We also find them aesthetically **attractive** in the case of dolphins and **funny** in the case of monkeys, **while** elephants impress us with their size.

attractive, funny는 둘 다 문장에서 목적보어에 해당하는 형용사이다. while은 '한편, 반면에'라는 의미의 접속사이다.

02

소재 | 개의 복종 훈련

직독직해

L3 These behaviors / may be as simple as sitting /
이러한 행동은 / 앉는 것처럼 간단할 수도 있다 /
at the owner's side /
주인의 옆에 /
or as complex as retrieving a selected object /
혹은 선택된 물건을 가져오는 것처럼 복잡할 (수도 있다) /
after dealing with / a series of obstacles or barriers.
처리한 후에 / 일련의 방해물 혹은 장애물을

L8 Some handlers / have so expertly trained their animals /
일부 조련사들은 / 동물을 아주 전문적으로 훈련시켰기 때문에 /
that the dog responds / to the slightest non-verbal signal, /
그 개는 반응한다 / 가장 사소한 비언어적 신호에 /
a roll of the eye / or the slight flex of a finger.
한 차례의 눈동자 굴림에 / 혹은 손가락을 살짝 구부림에

L11 These signals may be imperceptible /
이러한 신호들은 감지되지 않을 수도 있다 /
to the human audience, /
보고 있는 사람들에게 /
but are easily picked up / by the trained dog /
그러나 쉽게 알아차릴 수 있다 / 훈련된 개는 /
whose full attention is focused on his owner.
온전한 주의가 주인에게 집중되어 있는

해석 | 복종 훈련은 조련사가 주는 신호에 따라 개가 특정한 행동을 하도록 가르치는 것을 포함한다. 이러한 행동은 주인의 옆에 앉는 것처럼 간단하거나, 일련의 방해물 혹은 장애물을 처리한 후에 선택된 물건을 가져오는 것처럼 복잡할 수도 있다. 신호는 언어적이거나, 비언어적이거나, 혹은 그 둘의 조합일 수도 있다. 초보적인 복종 지시는, 개가 언어적 명령과 그에 동반되는 수신호에 응답하도록 가르치는 것을 포함한다. 나중에, 개가 배워감에 따라 음성 언어는 제거될 수 있다. 일부 조련사들은 동물을 아주 전문적으로 훈련시켰기 때문에, 그 개는 가장 사소한 비언어적 신호, 한 차례의 눈동자 굴림, 혹은 손가락을 살짝 구부림에 반응한다. 이러한 신호들은 보고 있는 사람들에게 감지될 수 없겠지만, 온전한 주의가 주인에게 집중되어 있는 훈련된 개는 쉽게 알아차릴 수 있다.

해설 | 주어진 문장은 음성 언어가 제거될 수 있다는 내용이므로, 이 문장의 앞에는 언어적 명령과 이에 수반되는 수신호에 대한 내용이 나오는 것이 적절하다. 그러므로 주어진 문장이 들어가기에 가장 적절한 곳은 ④이다.

구문풀이 |
- These behaviors may be [**as** simple **as** sitting at the owner's side] **or** [**as** complex **as** retrieving a selected object after dealing with a series of obstacles or barriers].
「as ~ as ...」 구문이 or에 의해 병렬을 이루고 있다.
- Some handlers have **so** expertly trained their animals **that** the dog responds to the slightest non-verbal signal, a roll of the eye or the slight flex of a finger.
'매우 ~해서 …하다'라는 의미의 「so ~ that ...」 구문이 사용되었다.

03

소재 | 집단 작업의 문제점

직독직해

L4 Group members may have /
집단 구성원들은 가질 수 있다 /
a different work ethic / or standards for the quality of their work, /
다른 업무 윤리나 / 자신들의 일의 질에 대한 다른 기준을 /
and this will probably result in different levels of commitment /
그리고 이로 인해 책임감의 다양한 수준이 초래될 수도 있다 /
to the group work.
집단 업무에 대한

L12 By taking on more than her fair share /
공평한 몫보다 더 많이 일을 맡음으로써 /
the overeager member may eventually come to feel resentful /
지나치게 열성적인 구성원은 결국은 분노를 느끼게 될 수도 있다 /
with her increased workload, /
증가된 업무량으로 인해 /
even if she volunteered for extra tasks.
자신이 추가 업무를 자원했더라도

해석 | 집단 작업에서 가장 흔한 문제점 중의 하나는 모든 사람이 다 똑같은 양의 노력을 그 일에 들이지 않는다는 것이다. 집단 구성원들은 다른 업무 윤리나 자신들의 일의 질에 대한 다른 기준을

가지고 있을 수도 있고, 이로 인해 집단 업무에 대한 책임감의 다양한 수준이 초래될 수도 있다. 과제에 대한 다른 수준의 책임감은 부분적으로는 개인적 업무량에 의해 영향을 받는 반면에, 개인적 태도와 같은 연구해야 할 더 광범위한 요인들도 있다. 그러나 그 동일한 문제의 또 다른 측면은, 한 구성원이 나머지 구성원들보다 더 많은 일을 하기로 마음먹는 데 있다. 지나치게 열성적인 구성원은 다른 구성원들을 짜증나게 할 수도 있는데, 그들은 그러면 자신들의 과제에 대한 책임을 줄이고 그 지나치게 열성적인 구성원으로 하여금 대부분의 일을 하도록 내버려둔다. 공평한 몫보다 더 많이 일을 맡음으로써, 지나치게 열성적인 구성원은 자신이 추가 업무를 자원했더라도 결국은 증가된 업무량으로 인해 분노를 느끼게 될 것이다. 이것은 집단 역학을 변화시켜서, 아마도 집단 내에서 갈등을 야기할 것이다.

해설 | 주어진 문장에서 언급된 한 구성원이 다른 구성원들보다 더 많은 일을 하기로 해서 생긴 문제점의 예가 ③ 이후에서부터 제시되고 있으므로 주어진 문장이 들어가기에 가장 적절한 곳은 ③이다.

구문풀이 | • An overeager member can be irritating to the other members [who then reduce their commitment to the work {leaving the overeager member to get on with most of the work}].

[ ]는 the other members를 수식하는 관계절이다. { }는 분사구문으로 의미상 주어는 the other members이다.

04

소재 | 뉴욕의 증권 거래소가 탄생한 배경

직독직해

L4 Whenever a business wants to grow, /
사업체는 성장을 원할 때마다 /
it has to find investors, / who are people /
투자자를 찾아야 하는데 / 사람들인 /
that are willing to give the business the money /
돈을 그 사업체에게 기꺼이 내려는 /
that it needs.
그 사업체가 필요로 하는

L11 Eventually, / the brokers for these large companies /
마침내 / 이러한 큰 회사들을 위해 일하는 주식 중개인들은 /
moved their business into a building, /
자신의 사업을 건물 안으로 옮겼으며 /
and the New York Stock Exchange on Wall Street was born.
그리고 월 가의 뉴욕 증권 거래소가 탄생하였다

해석 | 사업체는 성장을 원할 때마다 투자자를 찾아야 하는데, 그들은 그 사업체가 필요로 하는 돈을 그 사업체에게 기꺼이 내려는 사람들이다. 그 대가로 투자자들은 (이익금이 있으면) 사업체의 이익금의 일부를 얻는다. 그렇게 진행되는 도중 어느 시점에서, 누군가 회사를 '몫', 즉 '주식'으로 나눈다는 멋진 생각을 했다. 각각의 주식은 흔히 이익금의 특정한 비율을 나타낼 것이다. ('주식 중개인'이라고 불리는) 사람들이 뉴욕 시의 중심가에 모여서 이러한 주식을 관심이 있는 투자자들에게 팔곤 했다. 회사가 잘하여 많은 이익금을 벌면, 주식은 많은 돈의 가치를 가지곤 했는데, 그 이유는 그 주식이 흔히 그 투자자들에게 매년 많은 돈을 지불해 줄 터이기 때문이었다. 마침내 이러한 큰 회사들을 위해 일하는 주식 중개인들은 자신의 사업을 건물 안으로 옮겼으며, 월 가의 뉴욕 증권 거래소가 탄생하였다.

해설 | 주어진 문장은 회사가 잘되어 많은 이익금을 벌면, 주식은 많은 돈의 가치가 있게 되고, 투자자들은 매년 이익금의 일부를 받게 된다는 내용이다. ⑤ 앞의 문장에서는 중개인들이 관심이 있는 투자자들(interested investors)에게 주식을 판다는 내용이 나오는데, 주어진 문장의 the investors는 바로 '관심이 있는 투자자들(interested investors)'을 가리킨다. 또한, ⑤ 뒤의 these large companies는 주어진 문장의 the company와 같은 부류의 회사를 가리킨다. 따라서 주어진 문장이 들어가기에 가장 적절한 곳은 ⑤이다.

구문풀이 | • Whenever a business wants to grow, it has to find investors, [who are people that are willing to give the business the money that it needs].

[ ]는 계속적 용법의 관계절로, investors를 추가적으로 설명한다.

• Men (called "brokers") would **gather** in downtown New York City **and sell** these shares to interested investors.

gather와 sell이 would를 공유하며 and에 의해 병렬을 이루고 있다. 여기서 would는 과거의 습관적인 동작을 나타내므로, '~하곤 했다, 흔히 ~했다' 등으로 해석할 수 있다.

UNIT 15 글의 순서 배열

EXAMPLE 01

본문 106쪽

정답 ②

소재 | 공식 질문자

직독직해

L9 Just to break the ice, / I asked in a lighthearted way, /
그냥 서먹서먹한 분위기를 깨려고 / 나는 쾌활하게 물었다 /
"Did you feel honored /
"영광스럽게 느꼈니 /
to be named one of the first 'official questioners' of the semester?"
이번 학기 첫 번째 '공식 질문자' 중 한 명으로 지명되어서?"

해석 | 매일, 수업 시간마다 나는 무작위로 '공식 질문자'의 칭호를 부여받는 두 명의 학생을 정한다. 이 학생들에게는 그 수업 시간 동안 최소한 하나의 질문을 해야 하는 책임이 부여된다. (B) 나의 학생 중 한 명인 Carrie는 그 날의 공식 질문자가 된 후 사무실로 나를 찾아왔다. 나는 그냥 서먹서먹한 분위기를 깨려고 쾌활하게 "이번 학기 첫 번째 '공식 질문자' 중 한 명으로 지명되어 영광이었니?"라고 물었다. (A) 그녀는 진지한 어조로, 수업이 시작될 때 내가 자기를 (공식 질문자로) 지명했을 때 매우 긴장했다고 말했다. 하지만 그 후 그 수업 동안에 그녀는 다른 강의에서 느꼈던 것과는 아주 다른 느낌이 들었다. (C) 그 강의는 다른 강의들과 비슷했지만, 그녀는 이번에 더욱 높은 의식 수준을 가져야 했고, 강의와 토론의 내용을 더 잘 알게 되었다고 말했다. 또한 결과적으로 자기가 그 수업으로부터 더 많은 것을 얻게 되었다고 인정했다.

구문풀이 | • But then, during that class, she felt differently from [how she'd felt during other lectures].
[ ]는 from의 목적어로 쓰인 의문사 how가 이끄는 명사절이다. 의문사가 이끄는 명사절은 「의문사+주어+동사」의 어순으로 쓰인다.

Words & Phrases

randomly 무작위로, 임의로 / assign (임무를) 부여하다
serious 진지한 / extremely 매우
appoint 지명하다 / lecture 강의
break the ice 서먹서먹한[딱딱한] 분위기를 깨다
lighthearted 쾌활한, 명랑한 / honored 영광인, 명예로운
consciousness 의식 / be aware of ~을 알다
content 내용 / admit 인정하다

EXAMPLE 02

본문 107쪽

정답 ②

소재 | 물품 구입에 포함되는 비용

직독직해

L3 When you buy that tomato at a supermarket, / however, /
여러분이 슈퍼마켓에서 그 토마토를 살 때에는 / 하지만 /
there are a number of costs / that result in you paying much more /
여러 비용이 있다 / 여러분이 훨씬 더 많이 지불하게끔 하는 /
than you would pay the farmer.
농부에게 지불하는 것보다

L6 It might cost the farmer very little / to grow a tomato, /
농부가 비용이 매우 적게 들 것이다 / 토마토 한 개를 재배하는 데 /
so the farmer might be able to sell you a tomato / for much less /
그래서 그 농부는 여러분에게 토마토를 팔 수 있을 것이다 / 훨씬 더 저렴하게 /
than it would cost in the supermarket /
슈퍼마켓에서 드는 비용보다 /
and still make a nice profit.
그리고 여전히 괜찮은 수익을 올릴 수 있을 것이다

해석 | 여러분이 어떤 물품을 구입할 때, 여러분은 그 물품뿐만 아니라 그 물품이 당신에게 도달하기까지 드는 비용도 지불한다. (B) 여러분이 한 농장을 방문하여 토마토 하나를 산다고 가정해 보자. 농부가 토마토 한 개를 재배하는 데 비용이 매우 적게 들 것이고, 그래서 그 농부는 아마도 슈퍼마켓에서 (토마토 하나에) 드는 비용보다 훨씬 더 저렴하게 토마토를 팔면서도 괜찮은 수익을 올릴 수 있을 것이다. (A) 하지만 여러분이 그 토마토를 슈퍼마켓에서 살 때에는 (농장을 방문했을 때) 그 농부에게 지불하는 것보다 훨씬 더 많은 돈을 여러분이 지불하게끔 하는 여러 비용이 존재한다. (C) 그 토마토는 그 상점으로 운송되어야 하고, 그 상점은 임대료와 전기세, 직원의 임금을 지불해야 하며, 주간지 광고란에 토마토를 광고한다.

구문풀이 | • **It** might cost the farmer very little **to grow a tomato**, so the farmer might be able to [sell you a tomato for much less than it would cost in the supermarket] **and** [still make a nice profit].
It은 형식상 주어, to부정사구 to grow a tomato가 내용상 주어이다. 첫 번째 [ ]와 두 번째 [ ]는 병렬 구조를 이루어 might be able to에 연결된다.

Words & Phrases

purchase 구입하다 / profit 수익, 이익
transport 운송하다 / rent 임대료
wage 임금 / advertise 광고하다

PRACTICE 본문 108~111쪽

01 ⑤ **02** ② **03** ④ **04** ③

01

소재 | 충성을 바칠 의무를 말해 주는 시계

직독직해

L1 A soldier in one of the Prussian regiments /
어느 프러시아 군 연대의 한 병사에게는 /
had a watch chain /
시곗줄이 있었다 /
of which he was very proud.
그가 매우 자랑스러워하는

L4 Frederick was so pleased with this response /
Frederick은 이 대답에 매우 흡족해서 /
that he handed his own watch over to the man, /
자기 자신의 시계를 그 병사에게 주었다 /
saying, / "Take this /
말하면서 / "이 시계를 받게 /
so you may be able to tell the hour also."
자네가 시간도 알 수 있도록."

해석 | 어느 프러시아 군 연대의 한 병사에게는 매우 자랑스러운 시곗줄이 있었다. 시계를 살 형편이 되지 않았기 때문에, 그는 시곗줄의 매여 있지 않은 끝에 총알 하나를 매달아서 차고 다니곤 했다. (C) 하루는 Frederick 대왕이 이런 신기한 장신구를 보고는, 그 병사와 재미있는 시간을 보내려고 결심하고서 다이아몬드가 박힌 자기 시계를 꺼냈다. (B) "내 시계를 보니 다섯 시로군." 하고 그가 말했다. "자네 시계로는 몇 시인가?" 그 병사가 대답했다. "제 시계는 저에게 시간을 말해 주지는 않습니다만, 폐하를 위해 죽어야 하는 것이 제 의무라고 매 순간 저에게 말해 줍니다." (A) Frederick은 이 대답에 매우 흡족해서 자기 자신의 시계를 그 병사에게 주며 말했다. "자네가 시간도 알 수 있도록 이 시계를 받게."

해설 | 프러시아 군 연대의 한 병사에게 시곗줄의 매여 있지 않은 끝에 총알 하나를 매단 시계가 있었다는 주어진 글 다음에는 Frederick 대왕이 그 시계를 보고는 다이아몬드가 박힌 자기 시계를 꺼내 보였다는 내용의 (C)가 와야 한다. 그다음에는 몇 시인지를 묻는 대왕의 질문에 병사가 자기 시계는 시간이 아니라 폐하를 위해 죽어야 하는 의무를 말해 준다고 대답하는 내용의 (B)가 오고, 마지막으로 병사의 이 대답에 흡족해진 대왕이 병사에게 자기 시계를 주었다는 내용의 (A)가 오는 것이 문맥상 가장 자연스러운 글의 순서이다.

구문풀이 | • Because he could not afford a watch, he used to wear a bullet [attached to the chain's free end].
[ ]는 과거분사구로 a bullet을 수식한다.

• Frederick was **so** pleased with this response **that** he handed his own watch over to the man, [saying, "Take this so you may be able to tell the hour also]."
「so ~ that ...」은 '매우 ~해서 …하다'의 뜻으로 해석한다. [ ]는 분사구문으로 he의 부수적 동작을 나타낸다.

• One day Frederick the Great [noticed this curious ornament] **and**, [{deciding to have some fun with the man}, took out his own diamond-studded watch].
두 개의 [ ]가 and에 의해 병렬 구조를 이루고 있다. { }는 분사구문으로 Frederick the Great의 부수적 동작을 나타낸다.

02

소재 | 공중 목욕

직독직해

L3 While there are places /
장소들이 있는 반면에 /
where it remains an important part of social life – /
그것이 중요한 사회생활의 일부로 남아 있는 /
in Japan, Sweden and Turkey, / for example – /
일본, 스웨덴 그리고 터키에서 / 예를 들어 /
for those living in major cities, /
큰 도시에 사는 사람들의 경우에 /
particularly in the Anglosphere, /
특히 관습법과 시민권의 원칙을 옹호하는 영어권 국가에서 /
the practice is virtually extinct.
그 관습은 실질적으로 없어졌다

L8 For the Greeks, / the baths were associated /
그리스 인들에게는 / 공중목욕탕이 연관되었다 /
with self-expression, song, dance and sport, /
자기표현, 노래, 춤 그리고 스포츠와 /
while in Rome / they served as community centres, /
반면에 로마에서는 / 그것은 지역 공동체 센터로 역할을 했다 /
places to eat, exercise, read and debate politics.
먹고, 운동하고, 책을 읽고 정치를 토론하는 장소인

해석 | 인류 역사의 대부분의 기간에, 세계의 대부분의 지역에서, 목욕은 집단적 행위였다. (B) 고대 아시아에서, 그 관습은 영혼과 육체의 정화와 관련된 의학적 혜택이 있는 것으로 믿어지는 종

교적 의식이었다. 그리스 인들에게는, 공중목욕탕이 자기표현, 노래, 춤 그리고 스포츠와 연관된 반면, 로마에서는 먹고, 운동하고, 책을 읽고 정치를 토론하는 장소인 지역 공동체 센터로 역할을 했다. (A) 그러나 공중 목욕은 현대 사회에서는 드물다. 예를 들어 일본, 스웨덴 그리고 터키에서와 같이 그것이 중요한 사회생활의 일부로 남아 있는 곳도 있는 반면에, 큰 도시, 특히 관습법과 시민권의 원칙을 옹호하는 영어권 국가에서 사는 사람들의 경우에 그 관습은 실질적으로 없어졌다. (C) 공중 목욕의 소실은 작은 제의적(祭儀的) 사회에서 느슨한 관계망의 사적인 개인들이 사는 거대한 도회적 대도시로 변해가는 더 넓은 전 세계적인 변화의 한 가지 증상이다.

해설 | 목욕이 역사적으로 오랫동안 세계 전역에서 행해진 집단적 행위라는 주어진 문장 뒤에 고대 여러 국가들에서 행해진 목욕에 대해 설명하는 (B)가 이어지고, 이와는 반대로 현대 사회에서는 공중 목욕을 찾아보기 힘들다는 (A)가 와야 한다. 마지막으로 (C)에서는 그러한 공중 목욕 소실의 의미에 대한 설명이 오는 것이 가장 자연스러운 글의 순서이다.

구문풀이 | • While there are places [where it remains an important part of social life—in Japan, Sweden and Turkey, for example]—for those [living in major cities, particularly in the Anglosphere], the practice is virtually extinct.

첫 번째 [ ]는 places를 수식하는 관계절로 관계사 where는 in which로 바꾸어 표현할 수 있다. 두 번째 [ ]는 those를 수식하는 분사구로 who live ~의 관계절로 바꾸어 표현할 수 있다.

03

소재 | 기호학

직독직해

L4 Yet / another sign is gestural: /
그러나 / 또 다른 기호는 몸짓으로 표현된다 /
if you were playing charades /
여러분이 몸짓 놀이를 하고 있다면 /
and stood straight / with your legs together /
똑바로 서 있다면 / 두 다리를 함께 모으고 /
and your arms spread out / in a V-shape over your head, /
두 팔을 펼치고 / 머리 위로 V자 형태로 /
your team might guess /
여러분 팀은 추측할 수도 있다 /
that you were representing a tree.
여러분이 나무를 표현하고 있다고

L8 So / signs take the form /
그러므로 / 기호는 형태를 띤다 /
of words, images, sounds, gestures, objects, even ideas— /
말, 이미지, 소리, 몸짓, 물체, 심지어 생각의 /
the thought “tree” / generated in your head /
'나무'라는 생각은 / 머릿속에 생기는 /
by looking out of the window / is also a sign.
창밖을 봄으로써 / 역시 기호이다

해석 | 기호학은 기호의 이론이다. 간단히 말해서, 기호란 다른 어떤 것을 나타내는 것이다. 예를 들어 보자. 창밖을 보고 나무 한 그루를 찾으라. (C) 여러분이 보고 있는 그것에 해당하는 온갖 종류의 기호가 있다. 그것들 중 하나가 tree라는 단어, 즉, 페이지 위에 t-r-e-e라고 적힌 네 글자이다. 다른 기호는 말로 하는 'tree'이다. 또 다른 기호는 나무의 그림이다. (A) 작은 플라스틱 장난감 나무 역시 '나무'의 기호이다. 그러나 또 다른 기호는 몸짓으로 표현된다. 여러분이 몸짓 놀이를 하고 있는데 두 다리를 함께 모으고 두 팔을 머리 위로 V자 형태로 펼치고 똑바로 서 있다면, 여러분 팀은 여러분이 나무를 표현하고 있다고 추측할 수도 있을 것이다. (B) 그러므로 기호는 말, 이미지, 소리, 몸짓, 물체, 심지어 생각의 형태를 띠는데, 창밖을 봄으로써 머릿속에 생기는 '나무'라는 생각 역시 기호이다. 그러나 거의 어떤 것이든 기호가 될 수 있는 잠재력을 가지고 있지만, 그것이 기호로 해석될 경우에만 기호로서의 구실을 할 수 있을 따름이다.

해설 | 기호학은 기호의 이론이라고 정의하고 그에 대한 예로 나무 한 그루를 찾으라고 하는 주어진 글 다음에는 나무에 해당하는 기호 중에서 글자로서의 단어, 말로 하는 단어, 그리고 나무의 그림을 언급하는 (C)가 와야 한다. 그다음에는 또 다른 나무의 기호로 장난감 나무, 몸짓을 언급하는 (A)가 온 다음, 마지막으로 머릿속으로 나무를 생각하는 그 생각 역시 기호이며, 어떤 것이든 기호가 될 수 있지만 기호로 해석될 경우에만 기호로서의 구실을 하게 된다는 내용을 담고 있는 (B)가 마지막에 오는 것이 문맥상 가장 자연스러운 글의 순서이다.

구문풀이 | • ~ if you were playing charades and stood straight [with your legs together and your arms spread out in a V-shape over your head], your team might guess that you were representing a tree.

[ ]는 with와 의미상 주어(your legs, your arms)를 수반하는 분사구문으로 부수적인 상황을 나타낸다.

• So signs take the form of words, images, sounds, gestures, objects, even ideas—the thought “tree” [generated in your head by looking out of the

window] is also a sign.
[ ]는 과거분사구로 주어인 the thought "tree"를 수식하고 동사는 is이다.

04

소재 | 비현실적 목표 추구의 문제점

직독직해

L4 And, because of disappointment, /
그리고 실망감 때문에 /
he might be hesitant in the future /
그는 장래에 주저할지 모른다 /
to strive for other goals /
다른 목표를 위해 노력하는 것을 /
that are truly within his grasp.
진정 자신의 손이 미치는 곳에 있는

L13 Think of someone enrolling /
등록하고 있는 사람을 생각해 보라 /
in a program of study /
학습 프로그램에 /
that to neutral observers /
중립적인 관찰자가 보기에 /
is beyond his capability.
그의 능력을 넘어서는

해석 | 사람들은 흔히, 자신들이 실제로 결국 성취하게 되는 것보다 더 많은 것을 성취할 수 있고 발생되는 어떠한 비용도 예상한 대로일 것이라고 생각한다. (B) 실제로는, 우리들 중 많은 사람들이 과업 목표에 미치지 못한다. 그리고 예산 초과는 대규모 공공사업의 흔한 특징이다. 예를 들어 시드니 오페라 하우스는 1963년에 7백만 달러의 비용으로 완공되기로 되어 있었다. 대신에, 그것은 10년 후 1억 2백만 달러의 비용으로 마무리되었다. 그런 현실성의 부족은 대가를 치르게 된다. (C) 자신의 목표를 충족시키지 못하는 것은 실망감, 자존감의 상실, 줄어든 사회적 평가 등으로 이어질 수 있다. 또한 비현실적인 목표를 추구하면서 시간과 돈이 낭비될 수 있다. 중립적인 관찰자가 보기에 그의 능력을 넘어서는 학습 프로그램에 등록하고 있는 사람을 생각해 보라. (A) 그가 실패한다면, 상당한 양의 시간과 돈이 낭비될 것이다. 그리고 실망감 때문에 그는 장래에 진정 자신의 손이 미치는 곳에 있는 다른 목표를 위해 노력하는 것을 주저할지 모른다.

해설 | 주어진 문장에서 언급된 사람들의 착각과는 달리 실제로는 많은 이들이 목표에 미치지 못하고 있음을 설명하고 있는 (B)가 제일 먼저 나와야 한다. (B)의 마지막에 언급된 현실성이 결여된 목표의 대가를 구체적으로 설명하고 있는 (C)가 그 다음에 이어져야 하며 (C)의 마지막에 나오는 자신의 능력을 넘어서는 목표에 도전하는 사람이 실패한 경우 일어날 일을 예측하고 있는 (A)가 마지막에 오는 것이 가장 자연스러운 글의 순서이다.

구문풀이 | • People often **think** [that they can accomplish more than they actually **end up accomplishing**], and [that any costs incurred will be as expected].
두 개의 [ ]는 think의 목적어 역할을 하는 명사절이다. 첫 번째 [ ] 안의 「end up -ing」는 '결국 ~하게 되다'라는 의미이다.

• **Should he fail**, a significant amount of time and money will have been wasted.
Should he fail은 If he should fail에서 접속사 If가 생략되고 주어와 should를 도치하여 나타낸 조건절이다. should는 이론적으로는 가능하지만 현실적으로는 가능성이 희박한 미래의 일을 가정하는 조건절에 쓰인다.

UNIT 16 문단 요약

EXAMPLE 01

본문 112쪽

정답 ②

소재 | 아이들이 마케팅에서 영향력이 있는 이유

직독직해

L2 The younger they are / when they start using a brand or product, /
사람들이 어리면 어릴수록 / 상표나 상품을 사용하기 시작하는 시기가 /
the more likely they are to keep using it / for years to come.
그들이 그것을 계속 사용할 가능성이 더 높아진다 / 미래에 (다가올 시대에)

해석 | 오늘날 마케팅과 광고투성이의 세상에서, 사람들은 상표로부터 벗어날 수 없다. 사람들이 상표나 상품을 사용하기 시작하는 시기가 어리면 어릴수록, 그들은 미래에 그것을 계속 사용할 가능성이 더 높아진다. 그러나 그러한 점이 회사들이 그들의 마케팅과 광고를 어린 소비자들에게 향하게 하는 유일한 이유는 아니다. Texas A&M 대학의 James U. McNeal 교수가 다음과 같이 말했듯이, "즉흥적인 음식 구매의 75퍼센트는 부모에게 조르는 아이 때문일 수 있다. 그리고 엄마들 중 두 명당 한 명이 단순히 아이가 원하기 때문에 먹을 것을 살 것이다. 아이에게 있는 욕구를 촉발시키는 것이 가족 전체의 욕구를 촉발시키는 것이다."

다시 말해서, 아이들은 가정에서의 소비에 대한 영향력을 지니며, 조부모에 대해 영향력을 지니며, 아이를 돌봐 주는 사람에 대해서도 영향력을 지닌다. 바로 이것이 회사들이 아이들의 마음을 조종하기 위하여 책략을 사용하는 이유이다.

→ 어린이들은 그들의 부모의 구매를 통제하는 능력 때문에 원래 그리고 자발적으로 마케팅에 있어서 영향력이 있을 수 있다.

구문풀이 | • But that's not the only reason [companies are aiming their marketing and advertising at younger consumers].

[ ]는 the only reason을 수식하는 관계절로 앞에 관계사 that이나 why를 쓸 수 있다.

Words & Phrases

advertising-soaked 광고투성이의

spontaneous 즉흥적인 nagging 졸라대는, 잔소리하는

trigger 촉발시키다 household 가정, 가구(家口)

manipulate 조종하다

EXAMPLE 02

본문 113쪽

정답 ①

소재 | 군중의 지혜의 부정적 측면

직독직해

L4 If people guess the weight of a cow /
만약 사람들이 소의 몸무게를 예측해서 /
and put it on a slip of paper, /
그것을 종잇조각에 쓴다거나 /
or estimate the likelihood of a revolution in Pakistan /
파키스탄에서 혁명이 일어날 가능성을 예측하여 /
and enter it into a website, /
그것을 웹사이트에 입력한다면 /
the average of their views is highly accurate.
그들 견해의 평균은 매우 정확하다

L7 But, surprisingly, / if those people talk about these questions / in a group, /
그러나 놀랍게도 / 그 사람들이 이러한 문제들에 관해 얘기한다면 / 집단으로 /
the answers that they come to / are increasingly incorrect.
그들이 이끌어 내는 답은 / 점점 더 부정확해진다

해석 | 여러분은 한 명이 넘는 사람들이 결정할 때면 언제나 집단적 지혜에 의지할 것으로 생각할 것이다. 분명히, 다수가 개인보다는 더 잘할 수 있다. 불행하게도, 그게 항상 사실인 것은 아니다. 대중의 지혜는 모든 판단이 독립적이라는 사실에 부분적으로 의존한다. 만약 사람들이 소의 몸무게를 예측해서 종잇조각에 쓴다거나 파키스탄에서 혁명이 일어날 가능성을 예측하여 그것을 웹사이트에 입력한다면 그들 견해의 평균은 매우 정확하다. 그러나 놀랍게도, 그 사람들이 집단으로 이러한 문제들에 관해 얘기한다면 그들이 이끌어 내는 답은 점점 더 부정확해진다. 더 구체적으로 연구원들은 집단 극단화의 효과를 발견했다. 개인으로서 가지는 어떤 편견이든지 간에 그들이 집단으로 어떤 일들을 토론할 때, 그 편견은 배가된다. 만약 개인들이 위험을 감수하는 방향으로 약간 기운다면 집단은 그것을 향해 돌진해 버린다.

→ 사람들이 의존적으로 함께 일할 때, 군중의 지혜는 종종 집단의 우매함으로 바뀐다.

구문풀이 | • But, surprisingly, if those people talk about these questions in a group, the answers [that they come to] are increasingly incorrect.

[ ]는 the answers를 수식하는 관계절로 that은 전치사 to의 목적어에 해당한다.

• [Whatever bias people may have as individuals] gets multiplied when they discuss things as a group.

[ ]는 whatever가 이끄는 명사절로 문장의 주어로 쓰였다. whatever가 이끄는 명사절은 '…한 어떤[모든] ~(것)'의 의미로 「any ~ that .../anything that ...」으로 표현할 수 있다.

Words & Phrases

make a decision 결정하다 draw on ~에 의지하다

collective 집단적인, 공동의 judgment 판단

independent 독립적인 weight 무게

estimate 추정하다 likelihood 가능성

revolution 혁명 average 평균

accurate 정확한 incorrect 정확하지 않은

specifically 명확하게, 구체적으로 bias 편견

PRACTICE

본문 114~117쪽

01 ⑤	02 ②	03 ④	04 ①

01

소재 | 분명한 의사 전달의 결과

직독직해

L8 Surprisingly, / rather than helping relationships among different races /
놀랍게도 / 서로 다른 인종 사이의 관계를 돕기보다는 /
by promoting clear understanding, / the end results

of using Babel Fish /
분명한 이해를 증진시킴으로써 / Babel Fish를 사용하는 것의 최종적인 결과는 /
were some of the bloodiest wars / known to the universe.
가장 유혈이 낭자한 몇 차례의 전쟁이었다 / 우주에 알려진

L11 Once people clearly understood one another /
일단 사람들이 서로를 분명하게 이해하고 /
and assigned similar meanings to words, /
말에 비슷한 의미를 부여하자 /
this clarity sharply defined their differences / and led to war.
이 분명함은 그들의 차이점을 분명하게 규정하여 / 전쟁을 일으켰다

해석 | 1970년대 후반에 Douglas Adams는 나중에 영화로 제작된 공상 과학 소설 '은하수를 여행하는 히치하이커를 위한 안내서'를 썼다. 그 작품에서 그는 우주여행자가 직면하는 한 가지 문제를 밝히고 있다. 즉, 사용되고 있는 아주 다양한 언어들 때문에 서로가 분명하게 소통하지 못한다는 것이다. 하지만 Babel Fish라고 불리게 되는 작은 생명체가 진화했는데, 그것은 귀에 넣었을 때 한 사람이 말하고 있는 것을 듣는 사람의 언어로 자동으로 분명하게 통역해 주게 되었다. 놀랍게도, 분명한 이해를 증진시킴으로써 서로 다른 인종 사이의 관계를 돕기보다는, Babel Fish를 사용하는 것의 최종적인 결과는 우주에 알려진 가장 유혈이 낭자한 몇 차례의 전쟁이었다. 일단 사람들이 서로를 분명하게 이해하고 말에 비슷한 의미를 부여하자, 이 분명함은 그들의 차이점을 선명하게 규정하여 전쟁을 일으켰다.

→ '은하수를 여행하는 히치하이커를 위한 안내서'는 Babel Fish를 사용함으로 인한 언어 장벽의 제거가 갈등을 유발하는 데 일조했음을 보여 준다.

해설 | Babel Fish를 사용하여 서로 다른 인종 간에 분명한 의사소통이 이루어졌을 때 오히려 서로 간의 차이점이 분명해지면서 몇 차례 끔찍한 전쟁이 일어났다는 내용이므로, 요약문의 (A)에는 removal(제거), (B)에는 contribute to(유발하는)가 가장 적절하다.

① 구축 – 대처하는 ② 구축 – 유발하는
③ 제거 – 대처하는 ④ 제거 – 반대하는

구문풀이 | • Yet a little creature [that came to be called Babel Fish] evolved [that, **when placed** in the ear, would automatically and clearly translate {what a person was saying} into the listener's own language].
두 개의 [ ]는 a little creature를 수식하는 관계절이다. when placed는 when (it was) placed에서 it was가 생략된 것이다. { }는 translate의 목적어 역할을 한다.

02

소재 | 어조의 역할

직독직해

L6 The first student would likely deliver/
첫 번째 학생은 아마도 말할 것이다 /
the sentence "I got a 'B' on the math test" /
"나 수학 시험에서 'B'를 받았어"라는 문장을 /
with some surprise and happiness in her voice.
목소리에 상당한 놀라움과 행복감을 담아서

해석 | 두 학생이 자신의 수학 시험 성적을 살펴보고 있는 것을 상상해 보라. 한 학생은 열심히 노력하나 'C'보다 더 높은 성적을 받는 경우가 거의 없다. 다른 학생은 학교에서 수학이 1등이어서 항상 'A'를 받는다. 하지만 이 특정 시험에서 두 학생은 모두 'B'를 받는다. 아마도 이 학생들은 자신들의 성적에 대해 이야기를 할 때 같은 단어를 사용할지 모르지만 어조가 현저하게 다를 수 있다. 첫 번째 학생은 아마도 "나 수학 시험에서 'B'를 받았어."라는 문장을 목소리에 상당한 놀라움과 행복감을 담아서 말할 것이다. 그녀의 목소리는 흥분되어 있고 희망에 차 있을 것이다. 두 번째 학생의 어조는 그녀가 행복하지 않다는 것을 나타내고 실망이나 걱정을 암시할 것이다. 두 학생은 모두 같은 단어를 사용했으나 같은 것을 의미하지 않았다. 서로 다른 어조가 학생들의 기분의 차이를 나타낸다.

→ 사람들은 같은 문장을 사용할 수 있지만 그들의 감정 상태를 드러내는 목소리의 어조 때문에 다른 의미를 전달할 수 있다.

해설 | 예를 들어 '수학 시험에서 B를 받았다'라는 똑같은 말이 감정을 드러내는 어조에 따라 말하는 이의 즐거움과 희망을 의미할 수도, 실망과 걱정을 의미할 수도 있다는 내용의 글이다. 따라서 요약문의 (A)에는 meanings(의미), (B)에는 displaying(드러내는)이 가장 적절하다.

① 의미 – 숨기는 ③ 요구 사항 – 왜곡하는
④ 요구 사항 – 숨기는 ⑤ 동작 – 드러내는

구문풀이 | • **Imagine two students examining** their grades on a math test.
「imagine+목적어+-ing」 구문이 사용되어 '(목적어)가 ~하는 것을 상상하다'라는 의미를 나타내고 있다.

03

소재 | 신체 동작이 설득에 미치는 영향

직독직해

L2 The students were told /
학생들은 말을 들었다 /
that the researchers wanted to test /
연구자들이 시험해 보고 싶어 한다는 /
how well the headphones worked /
헤드폰이 얼마나 잘 작동하는지를 /
while they were in motion.
그들이 움직이고 있는 동안에

L4 Following the songs, /
노래에 이어서 /
the researchers played an argument /
연구자들은 주장을 틀어 주었다 /
about how the university's tuition should be raised /
어째서 대학교의 수업료가 인상되어야 하는지에 관한 /
from $587 per semester to $750 per semester.
학기당 587달러에서 학기당 750달러로

L10 After "testing the headsets," /
'헤드셋을 시험한' 후에 /
the students were asked to fill out a questionnaire /
학생들은 설문지도 작성하라는 요청을 받았다 /
about not only the headsets, /
헤드셋에 관한 것뿐만 아니라 /
but also the university's tuition.
대학교의 수업료에 관한

해석 | 어느 연구에서, '최첨단의 헤드폰에 대한 시장 연구'를 하기 위해 많은 수의 학생 집단을 참여하게 했다. 학생들은 그들이 움직이고 있는 동안에 헤드폰이 얼마나 잘 작동하는지를 연구자들이 시험해 보고 싶어 한다는 말을 들었다. 노래에 이어서, 연구자들은 어째서 대학교의 수업료가 학기당 587달러에서 학기당 750달러로 인상되어야 하는지에 관한 주장을 틀어 주었다. 한 집단의 학생들은 음악과 말을 듣는 동안 내내 머리를 위아래로 움직이라는 말을 들었다. 또 다른 집단은 머리를 양옆으로 움직이라는 말을 들었다. 마지막 집단은 아무런 움직임도 하지 말라는 말을 들었다. '헤드셋을 시험한' 후에, 학생들은 헤드셋에 관한 것뿐만 아니라 대학교의 수업료에 관한 설문지도 작성하라는 요청을 받았다. 머리를 위아래로 끄덕인('예'라는 동작) 학생들은 전부 수업료의 급격한 인상을 호의적으로 평가했다. 머리를 양옆으로 흔든('아니요'라는 동작) 학생들은 전부 수업료가 인하되기를 바랐다. 머리를 움직이지 않은 학생들은 실제로 어느 한 쪽이나 다른 쪽으로 설득된 것 같지 않았다.
→ 위 연구에 따르면, 학생들이 하도록 요청받은 신체 동작의 유형은 그들이 어떤 주장이 얼마나 설득력 있는가를 알게 되는 데 영향을 끼쳤다.

해설 | 연구에서 머리를 위아래로 끄덕인 학생들이 수업료 인상을 호의적으로 평가한 반면, 머리를 양옆으로 흔든 학생들은 수업료 인하를 원했고, 머리를 움직이지 않은 학생들은 어느 쪽으로도 설득된 것 같지 않았다는 결론을 얻었으므로, 학생들이 취한 동작이 어떤 주장이 설득력 있느냐를 판단하는 데 영향을 끼쳤다는 것을 알 수 있다. 따라서 요약문의 (A)에는 physical movement(신체 동작), (B)에는 convincing(설득력 있는)이 가장 적절하다.
① 사회적 교류 – 생산적인 ② 사회적 교류 – 설득력 있는
③ 신체 동작 – 독창적인 ⑤ 지적 추론 – 독창적인

구문풀이 |
• The students were told that the researchers wanted to test [how well the headphones worked while they were in motion].
[ ]는 의문사절로 test의 목적어 역할을 한다.
• After "testing the headsets," the students were asked to fill out a questionnaire about **not only** the headsets, **but also** the university's tuition.
상관 접속어구 「not only *A* but also *B*」(A뿐만 아니라 B도 역시)가 쓰였다.
• Those [shaking their heads side to side (no motion)] overall wanted the tuition to be lowered.
[ ]는 현재분사구로 Those를 수식한다.

04

소재 | 완전한 자아상을 유지하려는 욕구

직독직해

L7 Two days later, / a fellow researcher called each woman, /
이틀 후 / 동료 연구원이 여성들 각각에게 전화를 걸어 /
asking her to list every food item in her kitchen /
그들의 부엌에 있는 모든 식품의 목록을 작성해 달라고 부탁했다 /
to help a food cooperative.
식품 협동조합을 돕기 위해

L12 Steele explains this effect /
Steele은 이 효과를 설명한다 /
in terms of the women's motive /
여성들의 동기의 관점에서 /
to restore their self-concepts /
자신들의 자아 개념을 복구하려는 /
as cooperative people.
협조적인 사람이라는

해석 | 사람들은 자기 완전성의 이미지를 유지하려는 욕구를 가지고 있다. 이에 대한 초기의 입증 연구에서, Steele(1975)은, 여성들이 지역 사회의 일원으로서, 지역 공동체의 사업에 협조적이거나, 비협조적이거나, 혹은 안전 운전에 관심이 없다는 것은 누구나 알고 있는 일이라고 말함으로써 그들의 자아상에 위협을 가했다. (네 번째 통제 집단은 그들의 자아상과 관련된 어떤 정보도 받지 않았다.) 이틀 후, 동료 연구원이 여성들 각각에게 전화를 걸어 식품 협동조합을 돕기 위해 그들의 부엌에 있는 모든 식품의 목록을 작성해 달라고 부탁했다. 이틀 전 자신들이 비협조적이라거나 부주의한 운전자라고 들었던 여성들은 나머지 집단의 여성들보다 그 연구원을 거의 두 배 더 많이 도와주었다. Steele은, 협조적인 사람이라는 자신들의 자아 개념을 복구하려는 여성들의 동기의 관점에서 이 효과를 설명한다.

→ 위 연구에 의하면, 사람들의 자아상에 대한 위협은 그들 자아의 완전성을 재건하려는 욕구를 유발한다.

해설 | 자신에 대해 부정적인 정보를 들은 여성들이 그렇지 않은 여성들보다 식품 협동조합을 돕는 일에 더 적극적이었던 연구 결과를 통해, 사람들은 자아상을 위협받으면 자아의 완전성을 회복하고자 하는 욕구를 갖게 된다는 것을 알 수 있다. 따라서 요약문의 (A)에는 induce(유발하다), (B)에는 reestablish(재건하다)가 가장 적절하다.

② 유발하다 - 과소평가하다　③ 억제하다 - 유지하다
④ 억제하다 - 재건하다　⑤ 강화하다 - 과소평가하다

구문풀이 |
• In an early demonstration of this, Steele (1975) threatened women's self-images **by telling** them [that, as members of their community, **it** was common knowledge {that they **either** were cooperative with community projects, uncooperative with community projects, **or** not concerned about driving safely}].
by telling은 「by -ing」 구문으로 '~함으로써'라는 의미를 나타낸다. [ ]는 telling의 목적어 역할을 하는 명사절이며 [ ] 안에서 it은 형식상의 주어, { }가 내용상의 주어이다. 「either *A* or *B*」는 'A 또는 B'라는 뜻인데, 여기서는 「either *A*, *B*, or *C*」의 형태로 쓰였으므로 'A, B, 또는 C'라는 뜻이다.
• Women [who **had been told** they were uncooperative people or careless drivers two days earlier] helped the researcher almost **twice as much as** women in the other groups.
[ ]는 Women을 수식하는 관계절이고, [ ] 안의 had been told는 과거완료형의 수동태로 had heard의 의미이다. twice as much as는 「배수사+as+원급+as ~」 구문으로 '~보다 두 배 더 많이'라는 뜻이다.

CHAPTER REVIEW

본문 118~119쪽

01 ④　**02** ⑤　**03** ③　**04** ②

01

소재 | 캐나다의 노동절

직독직해

L4 Moving the holiday, /
그 공휴일을 옮기는 것은 /
in addition to breaking with tradition, /
전통과 단절하는 일일 뿐만 아니라 /
could have been viewed /
보일 수도 있었을 것이다 /
as aligning the Canadian labour movements /
캐나다 노동 운동을 맞추는 것으로 /
with internationalist sympathies.
국제주의적인 공감에 맞게

해석 | 캐나다에서 노동절은 1880년대 이후로 9월 첫째 월요일에 기념되어 오고 있다. 캐나다 정부가 세계의 대다수 국가에 의해 기념되는 날짜인 5월 1일을 노동절로 채택하도록 권유받았음에도 불구하고, 9월의 그 날짜는 변함없이 유지되고 있다. 그 공휴일을 옮기는 것은, 전통과 단절하는 일일 뿐만 아니라, 캐나다 노동 운동을 국제주의적인 공감에 맞게 맞추는 것으로 보일 수도 있었을 것이다. 현재의 9월 날짜를 유지하는 또 다른 주요한 이유는 미국이 자국의 노동절을 같은 날에 기념한다는 것이다. (그날은 원래 노동 단체의 노력에 감사를 표하기 위한 거리 행진으로 가득 채워질 예정이었다.) 그 공휴일을 동일한 날로 맞추는 것은 국경선 양쪽에서 주요 영업 활동을 하는 기업들의 있을 수 있는 불편함을 줄여 준다.

해설 | 캐나다가 세계의 대다수 국가와 달리 5월 1일이 아닌 9월 첫 번째 월요일에 노동절을 기념하는 이유에 대한 글이므로, '원래는 노동절에 많은 거리 행진이 있을 예정이었다'는 내용의 ④가 글의 흐름과 관계 없는 문장이다.

구문풀이 |
• The September date has remained unchanged, even though the government was encouraged to adopt **May 1** as Labour Day, [the date {celebrated by the majority of the world}].
[ ]는 May 1와 의미상 동격 관계에 있다. { }는 the date를 수식하는 과거분사구이다.
• **It** was originally intended [that the day would **be filled with** a street parade to appreciate the work of labour organizations].

It은 형식상의 주어이며 [ ]가 내용상의 주어이다. be filled with는 '~로 채워지다'라는 뜻이다.

Words & Phrases

Labour Day 노동절 ((美) Labor Day)
celebrate 기념하다 adopt 채택하다
internationalist 국제주의적인 sympathy 공감
originally 원래
It is intended that ~할 것으로 예정되다
appreciate 감사하다 organization 단체
synchronize ~의 시간을 일치시키다, 동시에 진행하다
inconvenience 불편 operation 영업, 조업
border 국경(선)

02

소재 | 동물 연구

직독직해

L3 Sidney Holt has given one such example /
Sidney Holt는 그런 한 가지 사례를 제공했다 /
in which the results of benign research involving wolves /
늑대와 관련된 호의적 연구의 결과가 /
are now being used against them.
지금 그들에게 불리하게 이용되고 있는

해석 | 우리가 고래에 대해 더 많이 알게 될수록 그들을 그만큼 더 잘 보호할 수 있을 것이다. 이 주장은 의심할 여지없이 장점이 있다. (C) 지금껏 이루어진 과학적 연구가 없다면, 오늘날 우리는 고래의 권리에 찬성하는 입장에 있지 않을 것이다. 그리고 추가적인 호의적 연구가 고래의 이익에 영향을 미칠 것이라는 점을 확신할 수 있다면, 누가 그것에 반대할 수 있겠는가? (B) 그러나 역사는 회의적 태도를 지닐 만한 이유를 제공한다. 말하기는 언짢지만, 과학은 동물에게 유리하기보다는 불리하게 이용된 적이 더 많다. (A) Sidney Holt는 늑대와 관련된 호의적 연구의 결과가 지금 그들에게 불리하게 이용되고 있는 그런 한 가지 사례를 제공했다. 이런 일이 고래에게도 해당되지 않을 것이라는 확신을 누가 가질 수 있을까?

해설 | 고래에 대해 더 많이 알게 되면 고래를 더 잘 보호할 수 있을 거라는 주어진 문장 다음에, 고래에 대한 과학적 연구가 고래에게 이로울 것이라는 (C)가 이어지고, 그러나 역사적으로 동물에 대한 과학적 연구가 동물에게 불리하게 이용된 경우가 더 많았다는 (B)가 그 다음에 이어지고 마지막으로 그런 사례로 늑대에 대한 연구의 결과가 늑대에게 불리하게 이용되었다는 (A)가 이어지는 것이 자연스러운 글의 순서이다.

구문풀이 | • **Sad though it is to say**, science has been more often used against animals than for them.
Sad though it is to say는 Though it is sad to say와 같은 의미이다.
• We would not be in a position today to argue for the rights of whales **were it not for** the scientific research that has been done.
were it not for는 if it were not for(~가 없다면)와 같은 의미이다.

Words & Phrases

whale 고래 protect 보호하다
argument 주장 undoubtedly 의심할 여지없이
merit 장점 skepticism 회의적 태도, 의심
additional 추가적인 affect 영향을 미치다
oppose 반대하다

03

소재 | 조직의 구성원임과 동시에 고객으로서의 인간

직독직해

L3 More of our waking hours are spent /
깨어 있는 시간 중 더 많은 시간을 보낸다 /
in organizations with our colleagues /
조직에서 우리 동료들과 함께 /
than at home with family and friends.
집에서 가족과 친구와 함께 보내기보다는

L6 For example, / we see glimpses of organizations /
예를 들어 / 우리는 여러 조직을 얼핏 본다 /
as we stand in line / at the grocery store /
우리가 줄을 서 있을 때 / 식료품 가게에서 /
waiting for a clerk to conduct a price check, /
점원이 물건 값을 확인해 줄 것을 기다리면서 /
visit the doctor's office / expecting to see the doctor /
병원에 갔다 / 진찰받기를 기대하면서 /
but spending more time with a nurse, /
그러나 간호사와 더 많은 시간을 보내면서 /
and negotiate with a salesperson /
그리고 판매원과 협상을 한다 /
when purchasing a new car.
새 자동차를 구입하면서

해석 | 우리들 중 대부분은 조직의 구성원으로서 적어도 매일 24시간의 1/3을 쓴다. 깨어 있는 시간 중 더 많은 시간을 집에서 가

족과 친구와 함께 보내기보다는 조직에서 우리 동료들과 함께 보낸다. 특히 미국에서는, 정체성의 상당 부분이 우리가 획득하는 조직의 구성원 자격과 관련되어 있다. 우리는 또한 조직의 고객이자 손님이기도 하다. 예를 들어, 점원이 물건 값을 확인해 줄 것을 기다리면서 식료품 가게에서 줄을 서 있을 때, 진찰받기를 기대하면서 병원에 갔지만 간호사와 더 많은 시간을 보낼 때, 그리고 새 자동차를 구입하면서 판매원과 협상을 할 때, 우리는 여러 조직을 얼핏 본다. 존립이 가능한 경제를 만들고 정치 체제를 구축할 때 조직은 우리 사회의 중심이 된다. 그 결과, 우리의 조직과의 접촉은 거의 끊임이 없다.

해설 | 주어진 문장은 우리가 조직의 고객이자 손님이기도 하다는 내용으로, 주어진 문장이 없을 때 ③ 뒤의 For example로 시작되는 문장이 그 앞의 문장과 단절되므로, 주어진 문장은 ③에 들어가는 것이 가장 적절하다.

구문풀이 | • For example, we see glimpses of organizations [as we {stand in line at the grocery store waiting for a clerk to conduct a price check}, {visit the doctor's office expecting to see the doctor but spending more time with a nurse}, **and** {negotiate with a salesperson when purchasing a new car}].
[ ]는 시간의 부사절이며, 그 안의 세 개의 { }가 and에 의해 연결되어 병렬 구조를 이루고 있다.

Words & Phrases

membership 구성원의 자격 claim 획득하다(= gain, win)
glimpse 얼핏[힐끗] 봄 grocery store 식료품점
clerk 점원 negotiate 협상하다
purchase 구입하다 central 중심이 되는, 핵심적인
contact 접촉 nearly 거의
constant 끊임없는

04

소재 | 경험이 없는 사람들의 가능성

직독직해

L4 Instead, / find the serial incompetents /
그러는 대신 / 상습적인 무능력자들을 찾으라 /
—the folks / who are quick enough to master a task /
즉, 사람들을 / 업무에 충분히 빠르게 숙달하고 /
and restless enough to try something new.
새로운 것을 시도할 만큼 아주 활동적인

L6 It's not very surprising / that so many new companies /
놀랄 만한 일이 아니다 / 아주 많은 새로운 회사들이 /
that are creating wealth today /
오늘날 부를 창출하고 있는 /
are run and staffed by very young people.
아주 젊은 사람들에 의해 운영되고 충원되는 (것은)

해석 | 다음번에 이력서를 검토할 때 완벽한 자격을 갖춘 지원자들을 모두 한번 무시해 보라. Southwest 항공사가 하는 일을 해 보라. 즉, 다른 항공사에서 일한 경험이 있는 사람들이 거기서 배운 것을 잊을 수 있을 것이라고 확신하지 않는다면, 그들을 고용하지 말라. '능력'은 너무도 많은 경우에 '나쁜 태도'의 또 다른 말이다. 그러는 대신, 상습적인 무능력자들, 즉 업무에 충분히 빠르게 숙달하고 새로운 것을 시도할 만큼 아주 활동적인 사람들을 찾으라. 오늘날 부를 창출하고 있는 아주 많은 새로운 회사들이 아주 젊은 사람들에 의해 운영되고 충원되는 것은 매우 놀랄 만한 일이 아니다. 이러한 사람들은 일한 경력이 거의 없기 때문에, 능력자가 되는 데 희생된 적이 없다. 그들은 배운 나쁜 습관을 잊을 필요가 없는 것이다.
→ 경험이 없지만 미지의 분야에 적응할 준비를 갖춘 사람들을 고용하면 여러분의 회사에 더 좋을지도 모른다.

해설 | 경험이 있는 사람들은 그렇지 않은 사람들에 비해 자신들의 경험을 잊기가 쉽지 않으므로 새로운 것을 시도하고 업무를 빠르게 숙달할 수 있는 경험이 없는 사람을 고용하는 것이 회사에 도움이 될 수도 있음을 설명하는 글이다. 그러므로 요약문의 (A)에는 inexperienced(경험이 없는), (B)에는 unknown(미지의)이 가장 적절하다.
① 경험이 없는 – 관습적인 ③ 편견이 없는 – 대립하는
④ 편견이 없는 – 관습적인 ⑤ 무례한 – 미지의

구문풀이 | • Instead, find the serial incompetents—the folks who are quick [enough to master a task] and restless [enough to try something new].
두 개의 [ ]는 각각 quick과 restless를 수식한다. 「~ enough +to부정사」는 '…할 만큼 충분히[아주] ~한'이라는 뜻이다.
• **It**'s not very surprising [that so many new companies {that are creating wealth today} are run and staffed by very young people].
It은 형식상의 주어이고, [ ]는 내용상의 주어이다. { }는 so many new companies를 수식한다.

Words & Phrases

review 검토하다 ignore 무시하다
qualified 자격이 있는 unlearn (고의적으로) 잊다
competence 능력 attitude 태도
serial 상습적인 incompetent 무능력자
folk 사람들 master 숙달하다
restless 활동적인 run 운영하다
staff (직원으로) 충원하다, 채용하다 fall prey to ~에 희생되다

CHAPTER 05
어법·어휘

UNIT 17 어법 (1)

EXAMPLE 01 본문 122쪽

정답 ⑤

소재 | 의학에서의 직업을 추구하게 된 동기

직독직해

L1 When I was young, /
내가 어릴 때 /
my parents worshipped medical doctors /
부모님은 의사들을 우러러보았다 /
as if they were exceptional beings /
그들이 마치 뛰어난 존재인 것처럼 /
possessing godlike qualities.
신과 같은 재능을 지닌

L10 When it became clear to me /
내게 분명해졌을 때 /
that no doctor could answer my basic questions, /
어떤 의사도 나의 기본적인 질문에 대답할 수 없다는 것이 /
I walked out of the hospital / against medical advice.
나는 병원을 나갔다 / 의학적 조언을 따르지 않고

해석 | 내가 어릴 때 부모님은 의사들이 마치 신과 같은 재능을 지닌 뛰어난 존재인 것처럼 우러러보았다. 그러나 나는 희귀병으로 병원에 입원하고 나서야 의학에서의 직업을 추구할 것을 꿈꾸게 되었다. 나는 의학적 호기심의 대상이 되어 그 분야 최고의 몇몇 전문의들이 나를 방문하여 사례를 관찰하도록 그들의 호기심을 끌었다. 환자로서, 그리고 대학으로 돌아가기를 간절히 바라는 십 대로서, 나는 나를 진찰하는 모든 의사에게 물었다. "무엇이 제 병의 원인인가요?" "어떻게 저를 낫게 해주실 건가요?" 전형적인 반응은 비언어적인 것이었다. 그들은 머리를 가로저으며 내 방을 나갔다. 나는 "음, 내가 그 일을 할 수 있을 거야."라고 속으로 생각했던 것이 기억난다. 어떤 의사도 나의 기본적인 질문에 대답할 수 없다는 것이 내게 분명해졌을 때, 나는 의학적 조언을 따르지 않고 병원을 나갔다. 대학에 돌아온 후에 나는 매우 열정적으로 의학을 추구하게 되었다.

구문풀이 | • I became a medical curiosity, [attracting some of the area's top specialists to look in on me and review my case].
[ ]는 연속적인 상황을 표현하는 분사구문으로서, and attracted ~로 이해할 수 있다.

• [Returning to college], I pursued medicine with a great passion.
[ ]는 시간적으로 이어지는 동작 중에서 앞선 동작을 표현하는 분사구문으로, 이 문장은 I returned to college and pursued medicine with a great passion.의 의미이다.

Words & Phrases

worship 우러러보다, 숭배하다
exceptional 뛰어난, 특별한
possess (자격 · 능력을) 지니다, 가지다
godlike 신과 같은
quality 재능, 속성, 특질
pursue 추구하다
medicine 의학
rare 희귀한
specialist 전문가
look in on ~을 방문하다
review 관찰하다, 정밀 검사하다
eager 간절히 바라는
typical 전형적인
nonverbal 비언어적인, 말을 쓰지 않는
passion 열정

EXAMPLE 02 본문 123쪽

정답 ⑤

소재 | 동물의 비계와 내장을 선호했던 초기 인류

직독직해

L4 In every history / on the subject, /
모든 역사에서 / 이 주제에 관한 /
the evidence suggests / that early human populations /
증거는 시사한다 / 초기 인류가 /
preferred the fat and organ meat of the animal /
동물의 비계와 내장육을 더 선호했다는 것을 /
over its muscle meat.
기름기 없는 고기보다는

L6 Vilhjalmur Stefansson, an arctic explorer, / found /
북극 탐험가 Vilhjalmur Stefansson은 / 알아냈다 /
that the Inuit were careful to save /
이누이트족이 주의 깊게 보관한다는 사실을 /
fatty meat and organs / for human consumption /
지방이 많은 고기와 내장을 / 인간의 섭취를 위해 /
while giving muscle meat to the dogs.
반면 기름기 없는 고기는 개에게 주며

해석 | 몇몇 연구가들은 초기 인류가 오늘날 우리들이 하는 것처럼 주로 동물의 기름기 없는 살코기를 먹었을 것으로 추정했다. 그들

에게 '고기'는 동물의 기름기 없는 고기를 의미했다. 하지만 기름기 없는 고기에 주목하는 것은 비교적 최근의 현상으로 보인다. 이 주제에 관한 모든 역사에서, 초기 인류가 기름기 없는 고기보다는 동물의 비계와 내장육을 더 선호했다는 것을 시사하는 증거가 있다. 북극 탐험가 Vilhjalmur Stefansson은 이누이트족이 지방이 많은 고기와 내장은 인간의 섭취를 위해 주의 깊게 보관하는 반면 기름기 없는 고기는 개에게 준다는 사실을 알아냈다. 이런 식으로, 인간은 다른 큰 육식 포유동물이 먹는 것처럼 먹었다. 예를 들어, 사자나 호랑이는 그들이 죽인 동물의 피, 심장, 간, 그리고 뇌를 먼저 먹고, 흔히 기름기 없는 고기는 독수리를 위해 남긴다. 이런 내장은 지방이 훨씬 더 많은 경향이 있다.

구문풀이 | • Yet [focusing on the muscle] appears to be a relatively recent phenomenon.
[ ]는 문장의 주어로서, 주어의 핵은 동명사인 focusing이다.
• In this way, humans ate **as** other large, meat-eating mammals eat.
as는 접속사로 '~처럼'의 의미를 나타낸다.

Words & Phrases

assume 추정하다, 추측하다	mainly 주로
muscle 기름기 없는 고기, 근육	flesh 살
relatively 비교적, 상대적으로	recent 최근의
phenomenon 현상	evidence 증거
prefer 선호하다	fat 비계, 지방
organ 내장, 장기, 기관	arctic 북극의
explorer 탐험가	fatty 지방이 많은
consumption 섭취, 소비	heart 심장
liver 간	tend to *do* ~하는 경향이 있다

PRACTICE

본문 124~127쪽

01 ② **02** ④ **03** ① **04** ⑤

01

소재 | 개념 예술

직독직해

L2 In one of the most radical of these movements, /
이러한 운동들 중 가장 급진적인 것 중의 하나에서 /
artists believed / that they didn't need to produce any artwork at all / (rather like Dada) /
예술가들은 믿었다 / 자신들은 어떤 예술 작품도 전혀 만들 필요가 없고 / (다다이즘과 상당히 유사함) /
but simply generate concepts or ideas.
단지 개념이나 아이디어를 창출하기만 해야 한다고

L9 Feminist art is linked with conceptual art /
페미니스트 예술은 개념 예술과 연관되어 있다 /
in that / it focuses / on the inequalities faced by women /
~라는 점에서 / 그것은 초점을 둔다 / 여성들이 직면한 불평등에 /
and tries to provoke change.
변화를 촉구하려고 노력한다

해석 | 1960년대 후반에, 미술계는 너무 많은 작은 운동들로 갈라져서 그것들을 모두 추적하는 것은 어렵다. 이러한 운동들 중 가장 급진적인 것 중의 하나에서, 예술가들은 어떤 예술 작품도 전혀 만들 필요가 없고(다다이즘과 상당히 유사함), 단지 개념이나 아이디어를 창출하기만 해야 한다고 믿었다. 실제로, 알려진 대로 이러한 개념 예술은 흔히, 매우 자발적이고 관객이 주도할 수 있는 유형의 공연 또는 '즉흥극'이다. 때로는 그것은 단순히 벽에 쓰는 것이다. 한 초기 개념 예술가는 사람들로 하여금 미국 원주민들의 대우에 대해 생각하게 하려고, 미술관에서 일주일간 코요테와 함께 야외 캠핑을 했다. 페미니스트 예술은 여성들이 직면한 불평등에 초점을 두고 변화를 촉구하려고 노력한다는 점에서 개념 예술과 연관되어 있다. 그 운동은 어떠한 정해진 스타일도 없다. 그것은 캔버스 위의 그림이나 팸플릿을 나누어 주기 위해 공공 행사에 불청객으로 들어가는 고릴라 의상으로 변장한 한 무리의 여자들을 포함할 수도 있다.

해설 | ② can be 다음에 보어가 필요한 구문이므로 부사 spontaneously는 형용사 spontaneous로 고쳐야 한다.
① 동명사구 tracking them all이 주어이므로 동사 is는 올바르다.
③ '~하기 위하여'라는 의미로 to부정사가 쓰였으므로 올바르다.
④ '~라는 점에서'라는 의미의 절을 이끌 때 in that ~으로 표현하므로 that은 올바르다.
⑤ a group of women을 수식하고 입고 있는 상태를 나타내므로 과거분사 dressed는 올바르다.

구문풀이 | • In the late 1960s, the art world was divided into **so** many minor movements **that** tracking them all is difficult.
'너무 ~해서 …하다'는 의미의 「so ~ that ...」 구문이 쓰였다.
• In reality, this conceptual art, as it's known, is often a type of performance or "happening" [that can be very spontaneous and audience-driven].
[ ]는 a type of performance or "happening"을 수식하는 관계절이다.
• Feminist art is linked with conceptual art [in that it focuses on the inequalities {faced by women} and

tries to provoke change].
[ ]는 '~라는 점에서'라는 의미의 부사절이고 { }는 the inequalities를 수식하는 분사구이다.

• It might include a painting on canvas or a group of women [dressed up in gorilla costumes] [crashing a public event {to pass out pamphlets}].
두 개의 [ ]는 a group of women을 수식하는 분사구이고, { }는 목적을 나타내는 to부정사구이다.

02

소재 | 천문학의 별과 영화 · 스포츠 스타의 유사한 특징

직독직해

L1 Astronomical stars, / the ones visible in the sky at night /
천문학의 별 / 즉 밤하늘에서 볼 수 있는 별은 /
and scattered across the universe, /
그리고 우주 전체에 흩어져 있는 /
produce their own light and heat /
그 자신의 빛과 열을 발산한다 /
rather than, / as with the planet Earth, /
보다는 / 행성인 지구의 경우처럼 /
relying on other bodies for illumination and warmth.
불빛과 따뜻함을 다른 천체에 의존하기

L7 When Michael Jordan, / the dominant basketball player /
Michael Jordan이 ~했을 때 / 가장 뛰어난 농구 선수였던 /
of the last decade of the twentieth century, /
20세기의 마지막 10년간 /
ended his second retirement from the sport, /
그 스포츠에서 두 번째 은퇴를 끝내고 복귀했다 /
the team for which he played, / the Washington Wizards, /
그가 뛰었던 팀인 / Washington Wizards는 /
attracted sellout audiences / everywhere it played.
만원 관중을 모았다 / 경기하는 곳마다

L10 The previous year, /
전해에는 /
when Jordan was not playing for the Wizards, /
Jordan이 Wizards에서 뛰지 않고 있었던 /
far fewer spectators / had attended the team's games.
훨씬 더 적은 수의 관중들이 / 그 팀의 경기를 보러 갔었다

해석 | 천문학의 별, 즉 밤하늘에서 볼 수 있고 우주 전체에 흩어져 있는 별은 행성인 지구의 경우처럼 불빛과 따뜻함을 다른 천체에 의존하기보다는, 그 자신의 빛과 열을 발산한다. 비유적으로 영화와 팀 스포츠 스타의 경우에도 정말 그러하다. 그들은 스스로 주목을 끈다. 사람들은, 그들이 등장하고 있기 '때문에,' 그들이 등장하는 영화나 경기를 보려고 돈을 낼 것이다. 20세기의 마지막 10년간 가장 뛰어난 농구 선수였던 Michael Jordan이 그 스포츠에서 두 번째 은퇴를 끝내고 복귀했을 때, 그가 뛰었던 팀인 Washington Wizards는 경기하는 곳마다 만원 관중을 모았다. Jordan이 Wizards에서 뛰지 않고 있었던 전해에는 훨씬 더 적은 수의 관중들이 그 팀의 경기를 보러 갔었다. 이런 양상은 그가 다시 은퇴한 후에 재개되었다.

해설 | ④ 주절의 주어는 the team이고 for which he played가 관계절로 the team을 수식하고 있으며 the Washington Wizards는 the team과 동격이다. 술어동사가 필요하므로 현재분사 attracting은 시제를 갖춘 형태인 attracted로 고쳐야 한다.
① 형용사구(visible in the sky at night)와 과거분사구(scattered across the universe)가 the ones를 수식하고 있으므로, scattered는 올바른 표현이다.
② 부사 metaphorically는 문장 전체를 수식하는 역할을 한다.
③ in which 다음에 주어와 동사(they appear)가 있고 movies or games를 수식하고 있으므로, in which는 올바른 표현이다. in which they appear를 they appear in the movies or games로 바꾸어 생각하면 이해하기 쉽다.
⑤ far는 비교급 fewer를 강조하는 부사로서, 올바른 표현이다.

구문풀이 | • Astronomical stars, **the ones** [visible in the sky at night and scattered across the universe], produce their own light and heat rather than, as with the planet Earth, relying on other bodies for illumination and warmth.
ones는 부정대명사 one의 복수형으로 명사 stars를 대신한다. [ ]가 the ones를 수식한다. 주어는 Astronomical stars이고 produce가 술어동사이다.

• The previous year, [when Jordan was not playing for the Wizards], far fewer spectators had attended the team's games.
[ ]는 관계절로 The previous year를 부가적으로 설명한다.

03

소재 | 시의 주제

직독직해

L4 Notice / that we specifically avoid saying, /
주목하라 / 우리는 말하는 것을 분명하게 피한다는 것을 /

"The subject is what a poem's about" — /
"주제는 시가 다루는 대상이다" /
because that implies / that what a poem says / is all / there is to a poem.
그것이 의미하기 때문이다 / 시가 말하는 것이 / 모든 것이다 / 시에 존재하는

L7 Instead, / people go to the trouble /
대신에 / 사람들이 수고를 한다 /
because / poems sound a certain way, /
왜냐하면 / 시가 특정한 방식으로 들리고 /
are built in certain shapes, / and have certain beauties in sound and meaning, /
특정한 형태로 구축되고 / 소리와 의미에서 특정한 아름다움을 지니고 있는데 /
all of which accompanies the meaning / and goes beyond it.
그 모든 것은 의미를 동반하며 / 그것을 초월하기 때문이다

해석 | 시의 주제를 찾는 것은 자연스럽다. 거의 모든 시는 전달하려는 메시지를 — 별처럼 심오하고 다양한 많은 메시지를 가지고 있다. 그러나 이러한 메시지들은 때로는 숨겨져 있어서, 그것들을 파악하기 위해서는 주의 깊게 읽어야 한다. 우리가 "주제는 시가 다루는 대상이다"라고 말하는 것을 분명하게 피한다는 것을 주목해야 하는데, 그 이유는 그렇게 말하면 시가 말하는 것이 시에 존재하고 있는 모든 것이라는 의미이기 때문이다. 만약 그것이 그렇다면, 왜 사람들이 시를 쓰는 수고를 하겠는가? 대신에, 사람들이 (시를 쓰는) 수고를 하는 이유는 시가 특정한 방식으로 들리고, 특정한 형태로 구축되고, 소리와 의미에서 특정한 아름다움을 지니고 있으며, 그 모든 것이 의미를 동반하면서 그것을 초월하기 때문이다. 모든 시가 한 가지 주제만을 가진 것은 아니다. 어떤 시들은 여러 가지의 주제를 가지고 있고, 어떤 시들은 분명하지 않은 주제를 가지고 있다. 때로는 시의 주제가 단순히 시 자체, 즉 시 안에 있는 말과 그 말과 다른 말과의 관계인 경우도 있다. 요점은 시를 읽을 때 어떤 시든지 그 주제(혹은 주제들)에 대해 정신을 바싹 차리는 것이다.

해설 | ① these messages를 가리키므로 it이 아니라 them으로 써야 한다.
② 선행사를 포함하는 관계사 what은 어법상 맞다. what a poem says가 that절에서 주어 역할을 하고 있으며 동사는 is이다.
③ 「if+주어+동사의 과거형, 주어+조동사의 과거형+동사원형」의 가정법 과거시제를 써서 현재 사실에 반대되는 내용을 가정하고 있으며, 가정법에서는 주어가 단수라도 동사 were를 흔히 쓰므로 어법상 맞다.
④ 앞선 절의 내용에 대해 부가적인 정보를 설명하는 관계절로 앞에 언급된 내용을 가리키는 관계사 which는 올바르다.
⑤ 보어로 쓰인 to부정사로 어법상 올바르다.

구문풀이 | • **Not all** poems have a single subject.
all은 부정어와 같이 쓰여 부분 부정을 나타낸다.
• Some poems have many subjects, and some have subjects [that aren't clear].
[ ]는 subjects를 수식하는 관계절이다.

04

소재 | James Walter Thompson의 이력

직독직해

L3 In 1868 / he was hired /
1868년에 / 그는 고용되었다 /
by a tiny advertising agency / run by William J. Carlton, /
어느 작은 광고대행사에 / William J. Carlton에 의해 운영되는 /
at that point / still involved in the primitive business /
그때 / 여전히 원시적인 일에 관계하고 있던 /
of placing advertisements / in newspapers and magazines.
광고를 싣는 / 신문과 잡지에

L5 It was the latter / that interested Thompson, /
후자(잡지)였다 / Thompson의 흥미를 끌었던 것은 /
who noticed / that they ran few advertisements /
(그는) 알아차렸다 / 그것들(잡지들)은 광고를 거의 싣지 않으며 /
while staying longer in the family home than newspapers, /
신문보다 집 안에 더 오래 머물러 있는데도 /
thus / making them potentially a more effective medium.
그리하여 / (그것이) 그것들(잡지들)을 잠재적으로 더 효과적인 매체로 만든다는 것을

해석 | 남북 전쟁의 말기에 해군에서 복무한 후, James Walter Thompson은 큰 도시에서 경력을 쌓기로 결심한 채로 뉴욕으로 갔다. 1868년에 그는 William J. Carlton이 운영하는 어느 작은 광고대행사에 고용되었는데, 그곳은 그때 여전히 신문과 잡지에 광고를 싣는 원시적인 일에 관계하고 있었다. Thompson의 흥미를 끌었던 것은 후자(잡지)였는데, 그는 잡지가 신문보다 집 안에 더 오래 머물러 있는데도, 잡지에 광고를 거의 싣지 않는다는 것과 그리하여 그것이 잡지를 잠재적으로 더 효과적인 매체로 만든다는 것을 알아차렸다. 그는 잡지 광고를 전문으로 하기 시작하

여, 자신의 고객들만 이용할 수 있는 독점적인 출판물 제품군을 점차로 개발해 나갔다. 그 회사에 입사한 지 십 년 후에, 그는 총액 미화 1,300달러(회사 매입 금액 미화 500달러, 가구 매입 금액 미화 800달러)에 그 대행 회사를 인수하여 자신의 이름을 문에 걸었다.

해설 | ⑤ 주어인 he를 공유하며 bought와 병렬을 이루어야 하므로 putting을 put으로 바꾸어야 한다.
① to carve는 분사구문을 이끄는 determined에 이어지는 to부정사이다. (be determined to *do* ~하기로 결심하다)
② involved는 a tiny advertising agency run by William J. Carlton을 부가적으로 설명하는 과거분사로서 올바른 표현이다.
③ making ~은 결과적인 상황을 표현하는 분사구문으로서 올바른 표현이다. 이 분사구문의 의미상의 주어는 앞선 that절 전체의 내용이므로, thus making ~을 절로 표현한다면, which thus made them ~이 된다.
④ building은 분사구문을 이루는 현재분사이지만 여전히 동사의 성격을 가지고 있으므로, 그것을 수식하는 부사 gradually는 올바른 표현이다.

구문풀이 | • **It was** the latter **that** interested Thompson, who noticed that they ran few advertisements **while staying** longer in the family home than newspapers, thus making them potentially a more effective medium.
「It was ~ that ...」 강조 구문으로 the latter가 강조된 문장이다. while과 staying 사이에는 「주어+be동사」를 보충할 수 있다. (= while they were staying ~)
• He began to specialize in magazine advertising, [gradually building up an exclusive stable of publications available only to his clients].
[ ]는 분사구문으로 and gradually built up ~의 의미이다.

UNIT 18 어법 (2)

EXAMPLE 01

본문 128쪽

정답 ①

소재 | 야구 경기에서의 시간 관념

직독직해

L2 A football game / is comprised of exactly sixty minutes of play, /
미식축구 경기는 / 정확히 60분 경기로 구성되고 /
a basketball game forty or forty-eight minutes, /
농구 경기는 40분이나 48분으로 구성된다 /
but baseball has no set length of time /
그러나 야구는 정해진 시간의 길이가 없다 /
within which the game must be completed.
그 안에 경기가 끝나야 하는

L11 During its first half century, /
그것(야구)의 첫 반세기 동안 /
games were not played at night, /
경기가 밤에는 이루어지지 않았는데 /
which meant / that baseball games, /
그것은 의미했다 / 야구 경기가 /
like the traditional work day, / ended /
전통적인 근무일처럼 / 끝났다 /
when the sun set.
해가 질 때

해석 | 전통 사회의 삶과 마찬가지로, 그러나 다른 팀 스포츠와는 달리, 야구는 시계에 의해 좌우되지 않는다. 미식축구 경기는 정확히 60분 경기로 구성되고, 농구 경기는 40분이나 48분으로 구성되지만, 야구는 경기가 끝나야 하는 정해진 시간의 길이가 없다. 따라서 정확히 잰 시간, 마감 시간, 일정, 그리고 시간 단위로 지급되는 임금 같은 규율이 있기 이전의 세상과 마찬가지로 경기의 속도가 여유롭고 느긋하다. 야구는 사람들이 "저는 시간이 많지 않아요."라고 말하지 않았던 그런 종류의 세상에 속해 있다. 야구 경기는 '정말로' 온종일 경기가 이루어진다. 그러나 그것이 그 경기가 영원히 계속될 수 있다는 것을 의미하는 것은 아니다. 야구는 전통적인 삶과 마찬가지로 자연의 리듬, 구체적으로 말해 지구의 자전에 따라 진행된다. 그것(야구)의 첫 반세기 동안 경기가 밤에는 이루어지지 않았는데, 그것은 야구 경기가 전통적인 근무일처럼 해가 질 때 끝난다는 것을 의미했다.

구문풀이 | • A football game is comprised of exactly sixty minutes of play, a basketball game forty or forty-eight minutes, but baseball has no set length of time [within which the game must be completed].
a basketball game 뒤에는 앞에 나온 표현이 중복되기 때문에 is comprised of가 생략되어 있고, 마찬가지로 minutes 다음에는 of play가 생략되어 있다. [ ]는 관계절로 set length of time을 수식한다.
• During its first half century, games were not played at night, [which meant that baseball games, **like** the traditional work day, ended when the sun set].
[ ]는 관계절로 which는 앞의 내용 전체를 가리킨다. like는 '~처럼'이라는 뜻의 전치사로 뒤에 명사(구)를 쓴다.

Words & Phrases

govern 좌우하다, 지배하다	be comprised of ~로 구성되다
leisurely 여유로운	unhurried 느긋한, 서두르지 않는
discipline 규율	measured 정확히 잰
belong to ~에 속하다	proceed 진행되다
specifically 구체적으로	rotation 자전, 회전

EXAMPLE 02 본문 129쪽

정답 ⑤

소재 | 정해진 절차를 만드는 것의 이점

직독직해

L2 We must simply expend / a small amount of initial energy /
우리는 그저 쓰면 된다 / 적은 양의 초기 에너지만 /
to create the routine, /
정해진 절차를 만들어 내기 위해 /
and then all that is left to do /
그러고 나서 해야 할 남은 일이라고는 /
is follow it.
그것을 따르는 것뿐이다

L5 One simplified explanation is /
단순화된 한 가지 설명은 ~이다 /
that as we repeatedly do a certain task /
우리가 반복적으로 어떤 과제를 수행할 때 /
the neurons, or nerve cells, / make new connections /
뉴런, 즉 신경 세포가 / 새로운 연결을 만들어 낸다 /
through communication gateways called 'synapses.'
'시냅스'라고 부르는 전달 관문을 통해

해석 | 우리가 정해진 절차를 만들어 두면, 모든 일에 우선순위를 정하는 데 매일 소중한 에너지를 쓸 필요가 없다. 우리는 정해진 절차를 만들어 내기 위해 그저 적은 양의 초기 에너지만 쓰면 되고, 그러고 나서 해야 할 남은 일이라고는 그것을 따르는 것뿐이다. 그것(메커니즘)에 의해서 정해진 절차가 어려운 일을 쉽게 만들 수 있는 메커니즘을 설명하는 방대한 양의 과학적 연구가 있다. 단순화된 한 가지 설명은 우리가 반복적으로 어떤 과제를 수행할 때 뉴런, 즉 신경 세포가 '시냅스'라고 부르는 전달 관문을 통해 새로운 연결을 만들어 낸다는 것이다. 반복을 통해, 그 연결이 강해지고 뇌가 그 연결을 활성화시키는 것이 더 쉬워진다. 예를 들어, 여러분이 새로운 단어 하나를 배울 때 그 단어가 숙달되기 위해서는 다양한 간격으로 여러 번 반복하는 것이 필요하다. 나중에 그 단어를 기억해 내기 위해서 여러분은 그 단어에 대해 의식적으로 생각하지 않고도 결국 그 단어를 알 때까지 똑같은 시냅스를 활성화시킬 필요가 있을 것이다.

구문풀이 |
- We must simply expend a small amount of initial energy [to create the routine], and then all [that is left to do] is **follow** it.
  첫 번째 [ ]는 to부정사구로 목적의 뜻을 나타내고, 두 번째 [ ]는 관계절로 all을 수식한다. follow는 is의 보어인데, to follow로 바꾸어 표현할 수도 있다.
- For example, when you learn a new word **it** takes several repetitions at various intervals [**for the word** to be mastered].
  it은 형식상의 주어이고, [ ]가 내용상의 주어이다. for the word는 to be mastered의 의미상의 주어 역할을 한다.

Words & Phrases

routine 정해진 절차	expend 쓰다, 소비하다
prioritize 우선순위를 정하다	initial 초기의, 처음의
a huge body of 방대한 양의	mechanism 메커니즘, 구조
simplified 단순화된	explanation 설명
repeatedly 반복적으로	nerve cell 신경 세포
synapse 시냅스(신경 세포의 연접부)	
connection 연결	repetition 반복
strengthen 강해지다	activate 활성화하다
interval 간격	recall 기억해 내다, 회상하다
eventually 결국	consciously 의식적으로

PRACTICE 본문 130~133쪽

01 ④ 02 ③ 03 ② 04 ③

01

소재 | '음악'이라는 단어

직독직해

L3 When we speak of 'music', /
우리가 '음악'에 대해 말할 때 /
we are easily led to believe / that there is something /
우리는 쉽게 믿게 된다 / 어떤 것이 존재한다고 /
that corresponds to that word / —something out there, /
그 단어에 부합하는 / 즉 저기 바깥에 있는 어떤 것이 /
so to speak, / just waiting for us to give it a name.
말하자면 / 우리가 자신에게 이름을 붙여 주기를 그저 기다리는

해석 | '음악'은 문화적, 혹은 하위문화적 정체성이 존재하는 것만

큼 많은 형태를 취하는 어떤 것을 아우르는 아주 작은 단어이다. 그리고 모든 작은 단어들과 마찬가지로, 그것은 위험을 수반한다. '음악'에 대해 말할 때, 우리는 그 단어에 부합하는 어떤 것, 말하자면 저기 바깥에서 우리가 이름을 붙여 주기를 그저 기다리고 있는 어떤 것이 존재한다고 쉽게 믿게 된다. 하지만 음악에 대해 말할 때, 우리는 실제로 각양각색의 활동과 경험에 대해 이야기하고 있는 것이다. 그것들이 함께 묶여 있는 것이 분명해 보이도록 만드는 것은, 단지 우리가 그것들 모두를 '음악'이라고 부른다는 그 사실이다. 영어가 가지는 방식처럼 '음악'에 대한 단어를 가지고 있지 않아서, 우리라면 춤이나 연극이라고 부를 것과 음악이 구별되지 않는 문화들이 있다.

해설 | (A) 문맥상 우리(We)가 믿도록(to believe) 유도되는 것이므로 과거분사 led가 와서 앞의 be동사 are와 함께 수동태를 이뤄야 한다.
(B) 뒤에 오는 두 번째 that과 함께 only the fact that we call them all 'music'을 강조하는 「It is ~ that ...」 강조 구문을 이뤄야 하므로 It이 쓰여야 한다.
(C) 앞에 나온 have a word for 'music'을 대신하는 어구가 쓰여야 하므로, 대동사 does가 쓰여야 한다.

구문풀이 | • 'Music' is a very small word **to encompass** something [that takes **as many** forms **as** there are cultural or subcultural identities].
to encompass ~는 a very small word를 수식하는 형용사적 용법의 to부정사이다. [ ]는 관계절로 something을 수식하는데, 그 안의 「as many ~ as ...」는 '…만큼 많은 ~'라는 뜻이다.

• It is only the fact [that we call them all 'music'] that [**makes it seem** obvious {that they belong together}].
첫 번째 [ ]는 the fact와 동격 관계에 있는 명사절이다. 두 번째 [ ]는 「사역동사+목적어+동사원형」 구문으로, 여기서 it은 형식상의 목적어이고 { }가 내용상의 목적어이다.

02

소재 | 어느 젊은이와의 인상적인 면접

직독직해

L1 Once I interviewed a law student /
나는 언젠가 한 법학도를 면접한 적이 있었다 /
who was interested in working /
일하는 데 관심이 있는 /
only where he could use his proficiency /
자신의 실력을 사용할 수 있는 곳에서만 /
in the Mandarin dialect of the Chinese language.
중국어의 북경 표준어에 대한

L4 But he was so enthusiastic /
하지만 그는 아주 열정적이었으므로 /
about training in Chinese / and his work in Panmunjom, Korea, /
중국어 훈련에 대하여 / 그리고 한국의 판문점에서 일한 경험(에 대하여) /
that it resulted in / one of the longest interviews /
결국 그것은 끝났다 / 가장 긴 면접 중의 하나로 /
I've ever had.
내가 했던

L8 As a result, /
결과적으로 /
even though the goal each of us sought, a job offer, /
비록 우리 각자가 추구했던 목표인 일자리 제안은 /
was not achieved, / this interview stands out /
이루어지지 않았지만 / 이 면접은 두드러진다 /
as one of the most memorable ones / I've ever had, /
가장 기억할 만한 것들 중 하나로 / 내가 했던 /
and it was solely because of his enthusiasm.
그리고 그것은 오로지 그의 열정 때문이었다

해석 | 나는 언젠가 중국어의 북경 표준어에 대한 자신의 실력을 사용할 수 있는 곳에서만 일하는 데 관심이 있는 한 법학도를 면접한 적이 있었다. 그 면접이 그에 대한 일자리 제안의 결과로 이어지지 않으리라는 것은 우리 둘에게 분명했다. 하지만 그는 중국어 훈련과 한국의 판문점에서 일한 경험에 대하여 아주 열정적이었으므로, 그것은 결국 내가 했던 가장 긴 면접 중의 하나로 끝났다. 그는 자신의 관심사에 대해 나에게 말하는 데 열정적이었으며, 나는 그에 대해 더 많은 것을 아는 데 열정적이었다. 결과적으로 비록 우리 각자가 추구했던 목표인 일자리 제안은 이루어지지 않았지만, 이 면접은 내가 했던 가장 기억할 만한 것들 중 하나로 두드러지며, 그것은 오로지 그의 열정 때문이었다. 나는 그에게 국제부가 있는 두어 회사를 추천해 주었으며, 여러 해가 지난 후에도 여전히 그를 기억하고 있다.

해설 | (A) 글의 흐름에 비추어 '~하는 곳에서'라는 의미를 표현해야 하므로, 선행사가 생략된 관계부사 where가 올바른 표현이다.
(B) 「so ~ that ...」 구문의 앞부분을 이루어야 하므로 so가 올바른 표현이다.
(C) 앞선 this interview에서 주절이 시작되는데, this interview가 주어이다. 따라서 이에 맞는 술어동사의 형태인 stands가 올바른 표현이다.

구문풀이 | • Once I interviewed a law student who was interested in working only [where he could use his proficiency in the Mandarin dialect of the Chinese language].

[ ]는 선행사가 생략되고, 관계부사만 쓰인 절이다. where의 선행사가 일반적인 장소(place)를 나타낼 때는 종종 생략된다. 이 문장의 where는 at the place where ~로 이해할 수 있다.

• As a result, even though the goal [each of us sought], a job offer, was not achieved, this interview stands out as one of the most memorable **ones** [I've ever had], ~.

첫 번째 [ ]는 the goal을 수식하는 관계절이며, 두 번째 [ ]는 the most memorable ones를 수식하는 관계절이다. ones는 interviews 대신에 쓰였다.

03

소재 | 효과적인 발표

직독직해

L1 Effective presentations achieve their objectives /
효과적인 발표는 자체의 목표를 달성하고 /
and usually bring some benefit and learning /
보통은 어떤 이점과 지식을 가져다준다 /
to all the people involved in them, /
그것과 관련된 모든 사람들에게 /
whether presenters, audience or tutors.
발표자든, 듣는 사람이든, 혹은 지도 교수이든지 간에

L9 This may be because of the anxiety levels / associated with presentations /
이것은 불안의 수준 때문일 수 있고 / 발표와 관련된 /
and the amount of preparation and rehearsal time /
준비와 연습 시간의 양 때문일 수 있다 /
needed for the content to be developed.
내용을 발전시키는 데 필요한

해석 | 효과적인 발표는 자체의 목표를 달성하고, 보통은 발표자든, 듣는 사람이든, 혹은 지도 교수이든지 간에, 그것과 관련된 모든 사람들에게 어떤 이점과 지식을 가져다준다. 또한 평가가 이루어진다면 좋은 점수를 받게 될 것이다. 발표는 학습 상황에 흥미롭고 유용해야 하지만, 또한 즐길 수 있고, 심지어 기억할 만한 것이 될 수도 있다. 여러분은 강사에 의해 전달되는 내용보다 급우가 발표하는 내용의 더 많은 부분을 기억할지도 모른다. 또한 여러분이 참석했던 강의의 내용보다 자신이 발표한 내용을 더 많이 기억할지도 모른다. 이것은 발표와 관련된 불안의 수준과, 내용을 발전시키는 데 필요한 준비와 연습 시간의 양 때문일 수도 있다.

해설 | (A) '~이든지 아니든지 간에'의 의미를 나타내는 접속사 whether가 어법상 올바르다. 접속사 whether 뒤에 they are가 생략되어 있는 구조이다.

(B) Presentations가 흥미로워야 하므로 '능동'의 의미를 나타내는 현재분사 interesting이 어법상 올바르다.

(C) because of의 목적어인 the anxiety levels를 수식해야 하므로 과거분사 associated가 어법상 올바르다.

구문풀이 | • You may also remember the content of your own presentations more than the content of lectures [you have attended].

[ ]는 lectures를 수식하는 관계절로, you 앞에 have attended의 목적어에 해당하는 관계사 that이나 which가 생략되었다.

04

소재 | 구급차의 기원

직독직해

L5 Before then, / there was no provision /
그 이전에는 / 어떤 대책도 없었다 /
to carry them out /
그들을 데리고 (전쟁터에서) 나갈 /
and wounded soldiers were usually left to their fate.
그래서 부상당한 군인들은 보통 운명에 맡겨졌다

L11 In 1864, / the ambulance was officially accepted /
1864년에 / 구급차는 공식적으로 인정되었다 /
in the International Geneva Agreement /
국제 제네바 협정에서 /
and it was decided /
그리고 결정되었다 /
that no one would attack an ambulance /
누구도 구급차를 공격하지 않도록 /
during war.
전쟁 중에

해석 | 구급차는 빠른 서비스로 죽어 가는 많은 환자들에게 생명을 주었다. 그것의 이야기는, 나폴레옹의 개인 주치의 Baron Dominique Jean Larrey가, 부상당한 군인들은 마차에 태워 전쟁터에서 데리고 나가야 한다는 멋진 생각을 해낸 1792년으로 거슬러 올라간다. 그 이전에는 그들을 데리고 (전쟁터에서) 나갈 어떤 대책도 없었으므로 부상당한 군인들은 보통 운명에 맡겨졌다. Dominique 박사는 프랑스 군의 최고 군의관 Pierre-François Percy 박사와 함께 구급차 부대를 설립했다. 각 사단은 그러한 구급차를 12대씩 가지고 있었다. 이 부대는 프랑스와 이탈리아 사

이의 1796년 전쟁에서 사용되었다. 그것은 대단한 성공이었다. 많은 나라들이 이를 따라 해서 자체의 구급차 부대를 만들었다. 1864년에 구급차는 국제 제네바 협정에서 공식적으로 인정되었으며, 전쟁 중에 누구도 구급차를 공격하지 않도록 결정되었다.

해설 | (A) 뒤에 나오는 절은 문장 요소 중 어떤 것도 빠지지 않은 완전한 절이다. 따라서 앞선 명사구 the brilliant idea와 동격인 절을 이끄는 접속사 that이 올바른 표현이다.
(B) 문장의 주어는 Dr. Dominique이며, 이에 상응하는 술어동사가 필요하므로 established가 올바른 표현이다.
(C) 수동태 was accepted를 수식하므로 부사 officially가 올바른 표현이다.

구문풀이 | • Dr. Dominique, together with **the chief surgeon of the French army**, **Dr. Pierre-François Percy**, established the Ambulance Corps.
the chief surgeon of the French army와 Dr. Pierre-François Percy는 동격이다.
• In 1864, the ambulance was officially accepted in the International Geneva Agreement and **it** was decided [that no one would attack an ambulance during war].
it은 형식상의 주어이며 [ ]가 내용상의 주어이다.

UNIT 19 어휘 (1)

EXAMPLE 01 본문 134쪽

정답 ④

소재 | 최저임금법의 필요성

직독직해

L2 This means / that workers are not always compensated for their contributions /
이것은 의미한다 / 노동자들은 그들이 기여한 부분에 대해 항상 보상받지는 못한다는 것을 /
—for their increased productivity— /
그들의 증가된 생산성에 대해 /
as economic theory would suggest.
경제 이론이 말하고자 하는 대로

L5 Thus, / the minimum wage laws may be the only way /
따라서 최저임금법은 어쩌면 유일한 방법일지도 모른다 /
to prevent many employees from working /
많은 노동자들이 노동하는 것을 막는 /
at wages that are below the poverty line.
빈곤선 아래의 임금을 받고

해석 | 역사적인 증거는 적절한 법이 존재하지 않을 때 노동자들이 고용주들에게 착취당한다는 것을 시사한다. 이것이 의미하는 것은, 노동자들은 그들이 기여한 부분에 대해, 즉 경제 이론이 말하고자 하는 대로, 그들의 증가된 생산성에 대해, 항상 보상받지는 못한다는 것이다. 만약 고용주들이 법적으로 제약을 받지 않는다면 노동자들을 착취할 수 있을 것이다. 따라서 최저임금법은 어쩌면 많은 노동자들이 빈곤선 위(→ 아래)의 임금을 받고 노동하는 것을 막는 유일한 방법일지도 모른다. 이러한 관점이 의미하는 것은, 최저임금법은 기존 시장의 실패를 바로잡는 원천으로서, 효율적인 결과를 창출하도록 시장의 힘을 높인다는 것이다.

구문풀이 | • Historical evidence points to **workers being exploited** by employers in the absence of appropriate laws.
workers는 being exploited의 의미상의 주어이다.

Words & Phrases

evidence 증거
exploit 착취하다
absence 없음, 부재
appropriate 적절한
compensate 보상하다
contribution 기여, 공헌
productivity 생산성
economic theory 경제 이론
minimum wage law 최저임금법
poverty line 빈곤선
correct 수정하다
market failure 시장의 실패
enhance 높이다, 향상시키다

EXAMPLE 02 본문 135쪽

정답 ②

소재 | 논쟁을 피하는 방법

직독직해

L5 If a buyer made a negative remark /
한 구매자가 부정적인 말을 하면 /
about the car he was selling, /
그가 판매하고 있는 차에 대해 /
Pat would get upset at the customer.
Pat은 그 고객에게 화가 나곤 했다

L12 Now instead of wasting time /
이제 시간을 낭비하는 대신에 /
arguing about Ford cars, /
포드 자동차에 대해 논쟁하며 /
Pat got off that subject /
Pat은 그 주제에서 벗어나 /

and concentrated on the GM cars /
GM 자동차에 집중했다 /
he was selling.
그가 판매하고 있던

해석 | 오해는 결코 논쟁에 의해서가 아니라, 상대방의 견해를 알고자 하는 공감의 욕구에 의해 끝난다는 것을 기억하는 것이 중요하다. 부처가 말했듯이 "증오는 결코 증오에 의해서가 아니라, 사랑에 의해 끝난다." 하나의 예로, Pat Duffy는 General Motors를 위해 자동차를 판매하고 있었다. 자신이 판매하고 있는 차에 대해 한 구매자가 긍정적인(→ 부정적인) 말을 하면, Pat은 그 고객에게 화가 나곤 했다. 그는 그 고객의 말을 되받아치고 많은 논쟁에서 이기곤 했지만, 차를 많이 팔지는 못했다. 마침내 그는 그 고객들을 대하는 법을 배웠는데, 여기 그 방법이 있다. 고객이 "이 GM 자동차는 좋지 않아요! 저는 차라리 포드 자동차를 사겠어요."라고 말하면, Pat은 논쟁하는 대신에 "포드 자동차는 좋고, 그것은 훌륭한 회사입니다."라고 말했다. 이것은 그 고객이 말문이 막히게 만들었다. 논쟁의 여지가 전혀 없었다. 이제 포드 자동차에 대해 논쟁하며 시간을 낭비하는 대신에 Pat은 그 주제에서 벗어나 자신이 판매하고 있던 GM 자동차에 집중했다.

구문풀이 | • **It** is important [to remember that a misunderstanding is **never** ended by an argument **but** by a sympathetic desire to see the other person's view].
It은 형식상의 주어이고 [ ]가 내용상의 주어이다. 「never *A* but *B*」는 'A가 아니라 B'라는 의미이다.

Words & Phrases

misunderstanding 오해 / argument 논쟁
sympathetic 공감의 / hatred 증오
remark 말, 언급 / upset 화가 난
handle 대하다, 다루다 / speechless 말문이 막히는
room 여지
get off (특정 주제에 대한 이야기를) 그만하다, 그만하게 하다
concentrate on ~에 집중하다

PRACTICE

본문 136~139쪽

01 ④	02 ⑤	03 ④	04 ④

01

소재 | 코펜하겐 시의 자전거 이용 증진 정책

직독직해

L1 The City of Copenhagen has been restructuring its street network /
코펜하겐 시는 그 도시의 가로망을 재구성해 왔다 /
for several decades, /
수십 년간 /
removing driving lanes and parking places /
차로와 주차장을 없애면서 /
in a deliberate process /
계획적인 과정에서 /
to create better conditions for bicycle traffic.
자전거 통행에 더 나은 조건을 만들기 위한

L11 Bicycle traffic doubled /
자전거 통행이 두 배로 늘었다 /
in the period from 1995 to 2005, /
1995년부터 2005년까지의 기간에 /
and in 2008 statistics showed /
그리고 2008년에 통계가 보여 주었다 /
that 37% of personal transport to and from work was by bicycle.
출퇴근하는 개인 이동 수단의 37퍼센트가 자전거에 의한 것이었음을

해석 | 코펜하겐 시는 자전거 통행에 더 나은 조건을 만들기 위한 계획적인 과정에서, 수십 년간 차로와 주차장을 없애면서 그 도시의 가로망을 재구성해 왔다. 해가 갈수록 그 도시의 주민들은 자전거를 더 많이 타도록 권유받았다. 도시 전체에는 이제 연석에 의해 보도와 차로로부터 분리된 자전거 도로의 효과적인 체계가 구비되어 있다. 도시 교차로는 파란색으로 칠해진 자전거 횡단로가 있으며, 자동차의 전진이 허용되기 6초 전에 파란불로 바뀌는 자전거용 특별 신호등과 함께, 자전거를 타고 도시를 돌아다니는 것을 상당히 더 안전하게 만든다. 간단히 말하면, 자전거를 타는 사람에게 전면적인 권유가 주어지지 않았고(→ 주어졌고), 그 결과가 이용 양상에 분명하게 반영되어 있다. 1995년부터 2005년까지의 기간에 자전거 통행이 두 배로 늘었고 2008년에 출퇴근하는 개인 이동 수단의 37퍼센트가 자전거에 의한 것이었음을 통계가 보여 주었다. 목표는 앞으로 몇 년 동안 이 비율을 상당히 크게 늘리는 것이다.

해설 | 코펜하겐 시가 주민들의 자전거 이용을 늘리고 더 안전하게 만들기 위해 여러 가지 방안을 시행했다는 것이 글의 내용이고, 자전거를 타는 사람에게 전면적인 권유가 주어졌다고 해야 글의 흐름과 상응하므로 ④ denied(주어지지 않았고)를 given, extended(주어졌고)와 같은 어휘로 고쳐야 한다.

구문풀이 | • City intersections have bicycle crossings

painted in blue and, together with special traffic lights for bicycles [that turn green six seconds before cars are allowed to move forward], make **it** considerably safer [to cycle around the city].
첫 번째 [ ]는 special traffic lights for bicycles를 수식하는 관계절이다. it은 형식상의 목적어이고 두 번째 [ ]가 내용상의 목적어이다.

02

소재 | 부정적인 꼬리표의 문제점

직독직해

L9 These are the very pupils /
이들은 바로 그 학생들이다 /
we need to be positively affecting /
우리가 긍정적으로 영향을 미쳐야 하는 /
and we will not achieve that /
그리고 우리는 그것을 달성하지 못할 것이다 /
by sticking a label on them /
그들에게 꼬리표를 붙임으로써는 /
and reaffirming that label at every turn.
그리고 언제나 그 꼬리표를 재확인함으로써는

해석 | 교사로서, 여러분은 학생들이 다른 교사들에 의해 꼬리표가 붙여지는 것을 듣게 될 것인데, 사용되는 꼬리표는 많다. 만약 그 꼬리표가 긍정적인 것이라면, 그것은 괜찮으며 장려되어야 한다. 유감스럽게도 그것은 드문 일이다. 많은 경우 결국 꼬리표가 붙여지는 사람은 의욕이 부족하고 자기 훈련이 부족한 학생들이다. 결국 그 학생은 그 꼬리표가 된다. 만약 어떤 학생에게 그가 분위기를 망치는 사람이라고 아주 자주 말하면, 그는 그 호칭에 굴복하여 훨씬 더 심하게 그런 사람이 될 것이다. 만약 어떤 학생에게 그녀가 끊임없이 모든 사람들의 생활을 힘들게 하는 못된 여자아이라고 말하면, 그녀는 결국 훨씬 더 심하게 그런 사람이 될 것이다. 이 아이들은 우리가 긍정적으로 영향을 미쳐야 하는 바로 그 학생들인데, 그들에게 꼬리표를 붙이고 언제나 그 꼬리표를 피함(→ 재확인함)으로써는 그것을 달성하지 못할 것이다.

해설 | 교사들은 의욕이나 자기 훈련이 부족한 학생들에게 긍정적인 영향을 주어야 하는데, 그들에게 부정적인 꼬리표를 붙이고 기회가 날 때마다 그 꼬리표를 재차 사용해서는 그것을 달성할 수 없다는 흐름이 되어야 한다. 따라서 ⑤ avoiding(피함)을 reaffirming(재확인함)으로 바꿔 써야 한다.

구문풀이 | • Sadly that is a rarity; **it is** the poorly motivated and poorly self-disciplined pupils **who** often end up being labelled.
「it is ~ who ...」 강조 구문이 사용되어 the poorly motivated and poorly self-disciplined pupils를 강조하고 있다.

03

소재 | 감정적 반응에서의 문화 차이

직독직해

L4 But what brings out a response of frustration or joy /
하지만 무엇이 좌절감이나 기쁨이라는 반응을 가져오는지는 /
may differ across cultures, /
문화에 따라 다를 수 있는데 /
because cultures differ in their definitions /
그 이유는 문화들은 정의가 다르기 때문이다 /
of novelty, hazard, opportunity, gratification, and so forth.
새로움, 위험, 기회, 만족, 기타 등등에 대한

L9 Depending on the cultural groups / with which a person identifies, /
문화적 집단에 따라 / 사람이 동일시하는 /
illness, for example, may be understood /
예를 들어 질병은 이해될 수도 있다 /
from the perspective of germs, God, anxiety, chance, or one's moral failure, /
세균, 신, 불안, 기회, 또는 도덕적 실패의 관점에서 /
and a person's emotional response to illness will reflect these beliefs.
그리고 질병에 대한 사람의 정서적 반응은 이런 믿음을 반영할 것이다

해석 | 동기 유발에 입각한 지도의 복잡성에 관한 많은 사례 중 하나로서, 동기는 감정의 지배를 크게 받는다. 어떤 과제에 대한 일을 하는 어떤 사람은 좌절감을 느끼고는 중단해 버린다. 어떤 과제에 대한 일을 하는 다른 사람은 기쁨을 느끼며 계속한다. 하지만 무엇이 좌절감이나 기쁨이라는 반응을 가져오는지는 문화에 따라 다를 수 있는데, 그 이유는 새로움, 위험, 기회, 만족, 기타 등등에 대한 정의가 문화마다 다르기 때문이다. 일련의 다른 문화적 믿음을 가진 다른 사람이, 어떤 과제에 대해 좌절감을 느끼면서도 더 굳은 결심으로 계속하는 것도 분명히 가능하다. 사람이 동일시하는 문화적 집단에 따라, 예를 들어 질병은 세균, 신, 불안, 기회, 또는 도덕적 실패의 관점에서 이해될 수도 있고, 질병에 대한 사람의 정서적 반응은 이런 믿음을 거부할(→ 반영할) 것이다. 문화 집단은 정서적 경험, 표현, 그리고 행동의 의미에 대한 믿음이 다양하다.

해설 | 좌절감을 느끼면 일을 중단하는 문화도 있지만 좌절감을 느끼면 더 굳은 결심으로 일을 계속하는 문화도 있고, 질병에 대한 정서적 반응 역시 이와 마찬가지로 문화적 믿음을 반영하여 달라진다는 내용이므로 ④ reject(거부하다)를 reflect(반영하다)로 고쳐야 한다.

구문풀이 | • **It** is also quite possible [{for another person with a different set of cultural beliefs} to feel frustrated at a task and yet continue with further determination].
It은 형식상의 주어이고 [ ]가 내용상의 주어이다. { }는 to feel 이하의 의미상의 주어이다.

04

소재 | 아동의 음식 선택을 지도하는 방법

직독직해

L3 When attempts to get a child to eat a particular food /
아동에게 특정한 음식을 먹게 하려는 시도가 ~할 때 /
turn the dinner table / into a battleground for control, /
저녁 식탁을 바꾸다 / 지배권을 얻기 위한 싸움터로 /
nobody wins.
승자는 없다

L7 Restricting access to, / or prohibiting intake of, /
접근을 제한하거나 / 섭취를 금지하는 것은 /
children's favorite "junk" foods /
아동이 가장 좋아하는 '정크' 푸드에 대한 /
tends to strengthen / their interest in the foods /
강화시키는 경향이 있다 / 그 음식에 대한 그들의 흥미를 /
and consumption of those foods /
그리고 그러한 음식의 섭취를 /
when they get a chance.
기회가 있을 때

해석 | 아동에게 자기가 좋아하지 않는 음식을 먹도록 강요하거나, 가장 좋아하는 음식에 대한 접근을 완전히 제한하는 것은, 평생 동안 음식에 대한 선호와 건강에 대해 부정적인 영향을 줄 수 있다. 아동에게 특정한 음식을 먹게 하려는 시도가 저녁 식탁을 지배권을 얻기 위한 싸움터로 바꿀 때, 승자는 없다. 아동이 음식을 먹어 보고 그것에 대한 결정을 내릴 수 있는 공정한 기회를 가지도록, 음식은 객관적이면서 위협적이지 않은 방식으로 제공되어야 한다. 아동이 가장 좋아하는 '정크' 푸드에 대한 접근을 제한하거나 섭취를 금지하는 것은, 그 음식에 대한 그들의 흥미와 기회가 있을 때 그러한 음식의 섭취를 약화시키는(→ 강화시키는) 경향이 있다. 그러한 금지는 아동으로 하여금 그 음식을 훨씬 더 많이 원하도록 만들므로, 의도된 것과 정반대의 효과를 갖는다.

해설 | 아동에게 정크 푸드를 제한하거나 섭취를 금지하면 그들이 그 음식을 훨씬 더 많이 원하도록 만드는 것이라는 맥락이므로 ④ weaken(약화시키다)은 strengthen(강화시키다)으로 바꾸어야 한다.

구문풀이 | • [Restricting access to, or prohibiting intake of, {children's favorite "junk" foods}] **tends** to strengthen their interest in the foods and consumption of those foods when they get a chance.
주어는 [ ]이고 술어동사는 tends이다. { }는 Restricting access to와 prohibiting intake of 둘 모두의 공통 목적어이다.

• Such prohibitions have the opposite effect of **that intended** because **they** make kids want the foods even more.
that은 the effect의 반복을 피하기 위하여 사용되었으므로, that intended는 the effect intended의 뜻이다. they는 Such prohibitions를 가리킨다.

UNIT 20 어휘 (2)

EXAMPLE 01

본문 140쪽

정답 ②

소재 | 가족 간의 갈등에 대처하는 방법

직독직해

L1 Do you know / one of the best remedies /
여러분은 아는가 / 가장 좋은 처방 중 하나를 /
for coping with family tension?
가족 간의 갈등에 대처하는 데?

L9 Lastly, / most of the tensions and quarrels between children / are natural.
마지막으로 / 아이들 간의 갈등과 싸움의 대부분은 / 자연스러운 것이다

해석 | 가족 간의 갈등에 대처하는 데 가장 좋은 처방 중 하나를 아는가? 'I'm sorry.'라는 두 단어이다. 몇몇 사람들이 그 말을 하는 것을 얼마나 어려워하는지는 놀랍다. 그들은 그것이 약함이나 패배를 의미한다고 생각한다. 전혀 그렇지 않다. 사실, 정확하게 반대이다. 갈등을 덜어 주는 또 다른 좋은 방법은 말다툼이다! 바다

는 폭풍 후에 훨씬 더 잔잔해진다. 말다툼은 또 다른 이점을 갖고 있다. 화가 날 때, 입 밖에 내지 않은 진실이 일반적으로 나오게 된다. 그것들은 특히 그 순간에 약간 감정을 상하게 할 수도 있다. 그러나 끝에 가서는 서로를 조금 더 잘 알게 된다. 마지막으로 아이들 간의 갈등과 싸움의 대부분은 자연스러운 것이다. 그것들이 지속적인 것처럼 보일 때조차, 현명한 부모는 지나치게 걱정하지 않는다.

구문풀이 | • **It**'s amazing [how hard some people find them to say].
It은 형식상의 주어이고 [ ]가 내용상의 주어이다.

Words & Phrases

remedy 처방	cope with ~에 대처하다
tension 갈등, 긴장 상태	amazing 놀라운
imply 의미하다, 암시하다	weakness 약함
defeat 패배	relieve (고통 · 부담 따위를) 덜다
calm 잔잔한	temper 화, 짜증
unspoken 입 밖에 내지 않은	constant 지속적인, 계속되는

EXAMPLE 02

본문 141쪽

정답 ②

소재 | 군집 복잡성에 기인한 군집 안정성

직독직해

L3 That is, / a community with considerable species richness /
즉 / 종 풍부도가 높은 군집이 /
may function better / and be more stable /
더 잘 기능할 수 있고 / 더 안정적일 수 있다 /
than a community with less species richness.
종 풍부도가 덜한 군집보다

L7 With many possible interactions within the community, /
군집 내 있을 수 있는 많은 상호 작용으로 /
it is unlikely /
~일 것 같지는 않다 /
that any single disturbance could affect enough components of the system /
어떤 단 하나의 교란이 체계의 많은 구성 요소에 영향을 미칠 수 있다 /
to make a significant difference / in its functioning.
중대한 차이를 가져오는 / 그 체계의 기능에서

해석 | 전통적으로 대부분의 생태학자는 한 군집이 환경 교란에 견디는 능력인 군집 안정성이 군집 복잡성의 결과라고 추정했다. 즉, 종 풍부도가 높은 군집이 종 풍부도가 덜한 군집보다 더 잘 기능하고 더 안정적일 수 있다. 이 관점에 의하면, 종의 풍부도가 높을수록 어떤 하나의 종은 덜 결정적으로 중요하게 될 것이다. 군집 내 있을 수 있는 많은 상호 작용으로, 어떤 단 하나의 교란이 체계의 많은 구성 요소에 영향을 미쳐 그 체계의 기능에서 중대한 차이를 가져올 수 있을 것 같지는 않다. 이 가설의 증거는 파괴적인 해충의 발생이 종 풍부도가 높은 자연 군집에서보다 다양성이 낮은 군집인 경작지에서 더 흔하다는 사실을 포함한다.

구문풀이 | • According to this view, **the greater** the species richness, **the less** critically important any single species should be.
'~하면 할수록 더[덜] …하다'라는 의미의 「the + 비교급 ~, the + 비교급 ...」 구문으로 the species richness 뒤에 is가 생략되어 있다.
• Evidence for this hypothesis includes **the fact** [that destructive outbreaks of pests are more common in cultivated fields, {which are low-diversity communities}, than in natural communities with greater species richness].
[ ]는 the fact와 동격을 이루는 접속사 that이 이끄는 절이다.
{ }는 cultivated fields에 대해 부가적인 정보를 제공하는 관계절이다.

Words & Phrases

ecologist 생태학자	assume 추정하다
stability 안정성	withstand 견디다
disturbance 교란	consequence 결과
considerable 상당한, 꽤 많은	species 종(種)
richness 풍부도	critically 결정적으로
affect 영향을 끼치다	component 구성 요소
significant 중대한	hypothesis 가설
destructive 파괴적인	outbreak 발생
pest 해충	cultivated field 경작지

PRACTICE

본문 142~145쪽

01 ②	**02** ③	**03** ③	**04** ④

01

소재 | 노년기의 우울증

직독직해

L5 And certain illnesses, aches, pains, and disabilities /
그리고 특정한 질병, 통증, 고통, 그리고 장애가 /
do become more likely / with increasing age, /
있을 가능성은 실제로 더 많아진다 / 늘어나는 나이와 함께 /
as do losses of family, friends, and social support.
가족, 친구, 그리고 사회적 지원의 상실이 그렇듯이

L10 However, / the elderly are more likely /
그러나 / 노인들은 경향이 더 많다 /
to focus on the physical, / and talk about their aches and pains /
신체적인 것에 집중하고 / 통증과 고통에 대해 이야기하는 /
rather than their feelings of despair.
자신들의 절망적인 감정보다는

해석 | 어떤 사람들은 노년기가 필연적으로 우울하다고 본다. 그들은 나이가 들수록 삶의 질의 저하는 그만큼 더 커진다고 생각한다. 물론 더 오래 살수록 긍정적인 사건뿐만 아니라 부정적인 사건을 경험할 기회가 그만큼 더 많다는 것은 사실이다. 그리고 늘어나는 나이와 함께, 특정한 질병, 통증, 고통, 그리고 장애가 있을 가능성은 실제로 더 많아지고, 가족, 친구, 그리고 사회적 지원의 상실도 그렇다. 그래서 어느 정도의 슬픔은 당연히 예상된다. 그럼에도 불구하고, 우울증은 전적으로 노년의 불가피한 결과는 아니다. 노인들의 대부분의 우울증의 증상은 모든 연령의 사람들의 증상과 동일하다. 그러나 노인들은 신체적인 것에 더 많이 집중하고, 자신들의 절망적인 감정보다는 통증과 고통에 대해 더 많이 이야기하는 경향이 있다. 게다가, 노인들은 흔히 자신들의 삶에서 지나간 사건들에 대해 후회와 양심의 가책을 표현한다.

해설 | (A) 노년기가 필연적으로 우울하다는 내용이 앞에 제시되어 있으므로, 삶의 질이 떨어질 것이라는 말이 이어지는 것이 자연스럽다. 따라서 deterioration(저하)이 적절하다. (improvement 개선)

(B) 앞에서 나이가 들어감에 따라 질병, 장애 등이 있을 가능성이 커지고 상실감도 커진다고 했으므로, sadness(슬픔)가 적절하다. (gratitude 감사)

(C) 이어지는 내용에서 노인들이 절망적인 감정보다는 통증과 고통에 대해 더 많이 이야기하는 경향이 있다고 했으므로, physical(신체적인)이 적절하다. (mental 정신적인)

구문풀이 | • Of course **it**'s true [that **the longer** you live, **the more opportunity** you have of experiencing negative **as well as** positive events.]
it은 형식상의 주어이고 [ ]가 내용상의 주어이다. [ ]에서는 '~하면 할수록 더 …하다'라는 의미의 「the+비교급 ~, the+비교급 ...」 구문이 쓰였다. 「*A* as well as *B*」는 'B뿐만 아니라 A도'라는 뜻으로 쓰인다.

• And certain illnesses, aches, pains, and disabilities **do** become more likely with increasing age, **as do** losses of family, friends, and social support.
앞에 나온 do는 become을 강조하고, as 뒤의 do는 앞에 나온 become more likely with increasing age를 대신하여 쓴 대동사이다. as가 이끄는 절에서 '~가 그렇듯이'를 나타낼 때 「as+대동사 do+주어」 도치 구문을 쓰는 경우가 흔하다.

02

소재 | 섞어 심기의 이점

직독직해

L7 Some plants are good / for the nutrition of the soil /
어떤 식물들은 유용하다 / 토양의 영양에 /
while others will attract /
한편 다른 식물들은 끌어모을 것이다 /
beneficial insects / to the garden.
유익한 곤충들을 / 정원으로

해석 | 섞어 심기는 잘 자라는 정원을 만들 수 있는 기회이다. 경쟁 대신 협력을 하는 식물들을 배합함으로써, 식물들이 열심히 자라서 무성해지게 한다. 섞어 심기의 친숙한 사례는 금송화와 토마토의 결합인데, 금송화는 토마토를 아주 좋아하는 해충을 쫓아 버린다. 식물의 서로 다른 조합은 정원의 잠재적인 많은 문제들을 해결할 수 있다. 어떤 식물들은 토양의 영양에 유용하며, 한편 다른 식물들은 유익한 곤충들을 정원으로 끌어모을 것이다. 섞어 심기는 바람을 막고 그늘을 제공하기 위해 필요할 수도 있다. 이점은 끝이 없다!

해설 | (A) companion planting(섞어 심기)은 서로 다른 식물들을 다양하게 배합하여 심어 서로의 협력으로 정원을 무성하게 하므로, grouping(배합함, 조화시킴)이 적절하다. (separating 분리함)

(B) 금송화와 토마토를 같이 심는 것은 금송화가 토마토에 해를 끼치는 해충을 쫓아 주기 때문일 것이다. 따라서 repel(쫓아 버리다)이 적절하다. (invite 유인[유혹]하다)

(C) 해충 퇴치, 토양의 양분 제공, 방풍, 그늘 제공 등은 서로 다른 식물을 함께 심는 것의 이점들이다. 따라서 benefits(이점)가 적절하다. (disadvantages 불이익)

구문풀이 | • **By grouping** plants [that cooperate instead of compete], you [**get the plants to do** the hard work and **thrive**].
「by -ing」 구문이 사용되어 '~함으로써'라는 의미를 나타내고 있다. 첫 번째 [ ]는 plants를 수식하는 관계절이다. 두 번째 [ ] 안에는 「get+목적어+to부정사」 구문이 사용되어 '~가 …하게 하다'라는 의미를 나타내고 있다. do와 thrive는 to부정사를 이루는 동사원형들이다.

03

소재 | 조류 친화적인 커피

직독직해

L1 Many birds winter / in warmer climates /
많은 새들은 겨울을 보낸다 / 더 따뜻한 기후대에서 /
—many of which happen to be coffee-producing countries— /
그 중 많은 곳이 공교롭게도 커피 생산 국가이다 /
nesting in plantation trees / planted to shade the coffee /
농장의 나무들에 둥지를 틀면서 / 커피나무에 그늘을 만들어 주기 위해 심은 /
from too much direct sunlight.
지나치게 많은 직사광선으로부터

L7 Lack of such a label, / however, /
그런 상표가 없다는 것이 / 그러나 /
does not automatically mean /
자동적으로 의미하는 것은 아니다 /
the coffee is unfriendly to birds /
커피가 새에게 친화적이지 않다 /
or of poorer quality.
또는 품질이 더 나쁘다는 것을

해석 | 많은 새들은 더 따뜻한 기후대에서 겨울을 보내는데 그 중 많은 곳이 공교롭게도 커피 생산 국가이며, 지나치게 많은 직사광선으로부터 커피나무에 그늘을 만들어 주기 위해 심은 농장의 나무들에 둥지를 튼다. 바로 이 나무들이 새들에게 계절적 서식지를 제공한다. 그래서 조류 친화적인 커피는 커피 맛과 새에게 유익하다. 그것은 또한 농장이 어떤 합성 화학물질도 사용하지 않는다는 보증을 의미한다. 이러한 보증이 치러야 하는 대가는 수확량으로서, 조류 친화적인 농장은 1년에 대략 3분의 1을 덜 수확한다. 그러나 그런 상표가 없다는 것이 그 커피가 새에게 친화적이지 않다거나 품질이 더 나쁘다는 것을 자동적으로 의미하는 것은 아니다. 나무 외에도 커피나무에 그늘을 만들어 주는 다른 방법들이 있다. 산비탈은 비슷하게 그늘의 이점을 제공하고, 일부 지리구는 자연적인 운량이 특징이다. 그러므로 조류 친화성은 보통 유리하지만, 결정적인 품질 지표는 아니다.

해설 | (A) 많은 새들이 커피나무에 그늘을 만들어 주려고 심은 농장의 나무들에 둥지를 튼다고 했으므로, offer(제공하다)가 적절하다. (deny 거부하다)
(B) 새들이 나무들에 둥지를 틀고 농장은 합성 화학물질을 사용하지 않는다는 것을 보증받지만, 그 때문에 수확이 3분의 1 덜 된다고 했으므로, cost(대가)가 적절하다. (benefit 이득)
(C) 조류 친화적인 커피가 맛도 좋고 새에게도 유익하다고 했으므로, favorable(유리한)이 적절하다. (unfavorable 불리한, 비우호적인)

구문풀이 | • Many birds winter in warmer climates—[many of which happen to be coffee-producing countries]—[nesting in plantation trees {planted to shade the coffee from too much direct sunlight}].
첫 번째 [ ]는 관계절로 warmer climates를 부가적으로 설명한다. 두 번째 [ ]는 동시상황을 나타내는 분사구문이고 { }는 과거분사구로 plantation trees를 수식한다.
• Lack of such a label, however, does not automatically mean [the coffee is {unfriendly to birds} **or** {of poorer quality}].
[ ]는 접속사 that이 생략된 명사절로 mean의 목적어 역할을 한다. 두 개의 { }는 or에 의해 연결되어 동사 is의 보어 역할을 한다.

04

소재 | 표준화 시험의 필요성

직독직해

L4 The only fair way to determine /
결정하는 유일하게 공정한 방법은 /
who is qualified to teach /
누가 가르칠 자격이 있는지 /
and which of their students reach /
그리고 그들이 가르치는 학생들 중에 누가 도달해 있는지를 /
an arbitrary level of knowledge /
임의의 지식 수준에 /
is to create a test / that everybody takes.
평가 도구를 만드는 것이다 / 모두가 치르는

해석 | 만약 무엇을 어떻게 가르쳐야 하는지를 정확히 알고 있다면, 평가를 할 필요가 없을 것이고, 가르치는 내용과 방법에 대해 매우 자신이 있을 것이다. 유감스럽게도, 모든 교사가 가르치는 법을 알고 있는 것은 아니며, 모든 학생이 학습하는 법을 알고 있는 것은 아니다. 누가 가르칠 자격이 있는지, 그리고 그들이 가르치는 학생들 중에 누가 임의의 지식 수준에 도달해 있는지를 결정하는 유일하게 공정한 방법은 모두가 치르는 평가 도구를 만드는

것이다. 모두가 평가 도구를 만드는 법을 알고 있는 것은 아니기 때문에, 평가 도구는 반드시 표준화되어야 한다. 만약 혹시라도 평가를 개별 학교에 맡긴다면, 한 학교를 다른 학교와 비교할 방법이 없을 것이고, 결과적으로 어느 학교를 '개선이 필요함'이라고 선별해야 하는지를 알 수 있는 방법이 없을 것이다. 결국, 누가 뒤처져 있는지 알 수 없다면, 누가 앞서 있는지를 어떻게 알 수 있겠는가? 그 반대의 경우도 그렇지 않겠는가?

해설 | (A) 교사가 무엇을 어떻게 가르칠 것인가를 정확히 알고 있으면 자신들이 가르치는 내용과 방법에 대해 매우 자신이 있을 것이다. 따라서 confident(자신이 있는)가 적절하다. (uncertain 확신하지 못하는)

(B) 모든 학교의 학생이 시험을 치르게 해야 하는데 모든 학교의 교사가 평가 도구를 만드는 법을 알고 있는 것은 아니라고 했으므로 표준화된 시험을 제작해야 한다는 흐름이 되어야 한다. 따라서 standardized(표준화된)가 적절하다. (individualized 개별화된)

(C) 표준화 시험을 통해 개선이 필요한 뒤처져 있는 학교와 앞서 있는 학교를 알 수 있다는 내용이 되어야 하므로 tell(알다)이 적절하다. (hide 숨기다)

구문풀이 | • [**Were we to leave** testing in the hands of individual schools], we would have **no way** [of comparing one school with another], and consequently [of knowing which schools to single out as "in need of improvement."]

첫 번째 [ ]는 If we were to leave ~에서 접속사 If가 생략되고, 주어와 were를 도치한 형태이다. If절에 쓰이는 「were+to부정사」는 가능성이 적은 미래의 일을 가정하는 표현으로서, '혹시라도 ~한다면'이라는 뜻이다. 두 번째와 세 번째 [ ]는 no way에 연결되는 전치사구들이다.

CHAPTER REVIEW

본문 146~147쪽

01 ④ **02** ③ **03** ④ **04** ③

01

소재 | 현실을 드러내는 사진술

직독직해

L5 Thus photography has revealed to us /
따라서 사진술은 우리에게 폭로해 왔다 /
the cold, terrible horror of war, / with the result /
전쟁의 차갑고 끔찍한 공포를 / 그 결과 /
that although we are still willing to accept war, /
우리는 여전히 전쟁을 수용할 용의가 있기는 하지만 /
we now do so / with considerably less enthusiasm.
우리는 이제 그렇게 한다 / 상당히 덜 열정적으로

L8 That kind of truth and knowledge, /
그런 종류의 진실과 지식은 /
no matter how shocking or distasteful, /
아무리 충격적이거나 불쾌하다 할지라도 /
is always valuable, / although it is not always valued.
언제나 소중하다 / 그것이 항상 존중되지는 않지만

해석 | 카메라가 거짓말을 할 수 있다는 것은 전혀 의문의 여지가 없다. 무수한 홍보 사진들이 그렇다는 것을 입증한다. 그럼에도 불구하고, 사진술의 발명은 감상적인 세계관을 유지하는 것을 더 어렵게 만들었다. 훌륭한 사진사는 항상, 예컨대 가난한 사람들은 가난에도 불구하고 행복하다든지, 혹은 고통은 항상 숭고하다는, 우리가 가장 소중히 여기는 환상까지도 곧잘 꿰뚫어 본다. 따라서 사진술은 우리에게 전쟁의 차갑고 끔찍한 공포를 폭로해 왔으며, 그 결과 우리는 여전히 전쟁을 수용할 용의가 있기는 하지만 이제 상당히 덜 열정적으로 그렇게 한다. 카메라는 인간으로 살아가는 현장에서 우리를 포착한다. 아무리 충격적이거나 불쾌하다 할지라도 그런 종류의 진실과 지식은, 항상 존중되지는 않지만, 언제나 소중하다.

해설 | ④ 뒤에 목적어인 the cold, terrible horror of war가 이어지고 있으므로 수동태가 아닌 능동태 has revealed가 와야 한다.
① question과 동격 관계에 있는 명사절을 이끄는 접속사이다.
② 내용상의 목적어로 쓰인 to부정사이다. 앞의 it은 형식상의 목적어이며 more difficult가 목적보어가 된다.
③ '~에도 불구하고'라는 의미의 전치사로서, their poverty가 목적어이다.
⑤ 양보를 나타내는 no matter how(아무리 ~라 할지라도) 구문의 일부로 no matter how는 however로 바꿔 쓸 수 있다.

구문풀이 | • A good photographer always manages to cut through even **our most cherished illusions**, [that the poor are happy despite their poverty], for instance, or [that suffering is always noble].

두 개의 [ ]는 의미상 our most cherished illusions와 동격 관계를 이루는 명사절이다.

Words & Phrases

whatever 전혀	publicity 홍보, 광고
photography 사진술	maintain 유지하다
sentimental 감상적인	manage to *do* 곧잘 ~하다
cut through ~을 꿰뚫어 보다, 간파하다	
cherish 소중히 여기다	illusion 환상

noble 숭고한
enthusiasm 열정
in the act of ~의 현장에서
distasteful 불쾌한

02

소재 | 제품과 상표 선택이 소비자들에게 끼치는 영향

직독직해

L4 When then given a choice /
그러고 나서 선택권이 주어졌을 때 /
between a healthy snack (an apple) and an unhealthy snack (a candy bar), /
건강에 좋은 간식(사과)과 건강에 좋지 않은 간식(초코바) 사이의 /
participants / whose confidence had been shaken /
참가자들은 / 그들의 자신감이 흔들렸던 /
(by not using their dominant hand) /
(주로 쓰는 손을 사용하지 않아서) /
but who did not have the opportunity to reaffirm it with the essay /
하지만 글로 자신감을 재확인할 기회를 가지지 못한 /
were more likely to choose the healthy snack /
건강에 좋은 간식을 선택할 가능성이 더 높았다 /
and thereby restore their confidence in their health-consciousness.
그리고 그것에 의하여 건강에 관한 의식에서 자신감을 회복할

L9 Thus, / it appears /
따라서 / 보인다 /
that just as consumers select products and brands /
소비자가 제품과 상표를 선택하는 것과 마찬가지로 /
that bring them closer to their ideal self, /
그들을 자신들의 이상적인 자아에 더 가까이 데려다주는 /
products and brands also can move consumers further /
제품과 상표 역시 소비자들을 더 멀리 이동시킬 수 있는 것으로 /
from their undesired self-concept.
그들이 바라지 않는 자아 개념으로부터

해석 | 어느 연구에서, 연구자들이 실험 대상자들에게 주로 쓰는 손이나 주로 쓰지 않는 손을 사용해서 건강을 의식하는 행동에 관해 글을 쓰라고 요청했다. 그 다음, 참가자들 중 일부는 자신감을 되찾기 위해 고안된 활동(그들의 삶에서 가장 중요한 가치에 관한 글을 쓰기)에 참여했다. 그러고 나서 건강에 좋은 간식(사과)과 건강에 좋지 않은 간식(초코바) 사이의 선택권이 주어졌을 때, (주로 쓰는 손을 사용하지 않아서) 자신감이 흔들렸지만 글로 자신감을 재확인할 기회를 가지지 못한 참가자들은 건강에 좋은 간식을 선택하고, 그것에 의하여 건강에 관한 의식에서 자신감을 회복할 가능성이 더 높았다. 따라서 소비자가 그들을 자신들의 이상적인 자아에 더 가까이 데려다주는 제품과 상표를 선택하는 것과 마찬가지로, 제품과 상표 역시 소비자들을 그들이 바라지 않는 자아 개념으로부터 더 멀리 이동시킬 수 있는 것으로 보인다.

해설 | (A) 문장에 주어와 동사(researchers asked)가 있는 상황이라 다시 동사(used)가 단독으로 올 수 없다. 그러므로 분사구문을 만드는 현재분사 using이 어법상 올바른 표현이다.
(B) 주절의 주어의 핵은 participants이고 술어동사는 were이다. 그러므로 그 사이에는 관계절로 이어져야 하는데, 문맥상 participants와 confidence가 소유격으로 이어져야 하므로, whose가 어법상 올바른 표현이다.
(C) 동사 bring의 행위를 하는 주체는 products and brands이고 consumers가 동사 bring의 행위를 당하는 목적어 역할을 하므로, 재귀대명사 themselves가 아닌 대명사 them이 어법상 올바른 표현이다.

구문풀이 |
- [When then given a choice between a healthy snack (an apple) and an unhealthy snack (a candy bar)], participants [whose confidence had been shaken (by not using their dominant hand)] but [who did not have the opportunity to reaffirm it with the essay] were more likely to [choose the healthy snack] **and** [thereby restore their confidence in their health-consciousness].
  첫 번째 [ ]는 접속사가 남아 있는 분사구문으로 When they(= participants) were then given ~으로 고쳐 쓸 수 있다. 두 번째와 세 번째 [ ]는 각각 소유격 관계절과 주격 관계절로 주절의 주어인 participants를 수식하고 술어동사는 were이다. 네 번째와 다섯 번째 [ ]는 and에 의해 연결되어 to에 이어진다.
- Thus, it appears that **just as** consumers select products and brands [that bring them closer to their ideal self], products and brands **also** can move consumers further from their undesired self-concept.
  「just as ~ , – also ...」는 '~인 것과 마찬가지로 –도 역시 …하다'의 뜻으로 해석한다. [ ]는 관계절로 products and brands를 수식한다.

Words & Phrases

researcher 연구자
subject 실험 대상자, 피실험자
behavior 행동, 행위
either *A* or *B* A와 B 둘 중 하나
dominant 주로 쓰는, 지배적인
participant 참가자
engage in ~에 참여하다
restore 회복하다
confidence 자신감
snack 간식
candy bar 초코바
reaffirm 재확인하다

thereby 그것에 의하여
ideal 이상적인
self-concept 자아 개념
consumer 소비자
undesired 바라지 않는

03

소재 | 소리 내어 읽게 하는 교육의 가치

직독직해

L4 For example, / it is possible / to judge /
예를 들어 / 가능하다 / 판단하는 것이 /
whether the child seems to recognize most basic sight words easily, /
자녀가 대부분의 기본적인 시각 어휘를 쉽게 식별하는 것 같은지 /
whether he or she makes use of context, /
문맥을 이용하는지 /
whether phonic knowledge is automatically applied /
발음 지식이 자동적으로 적용되는지 /
to sound out unfamiliar words, /
낯선 단어를 소리 내어 말하는 데 /
whether the child self-corrects / when errors are made, /
자녀가 스스로 교정하는지 / 오류를 범할 때 /
and whether the child reads /
그리고 자녀가 읽는지 /
reasonably fluently and with expression.
꽤 유창하고 표현력 있게

L10 However, / the ultimate aim is /
그러나 / 궁극적 목표는 ~이다 /
to help the child become a more independent and confident reader, /
자녀가 더 독립적이고 자신감 있는 독자가 되도록 돕는 것 /
so / the amount of direct help / the parent provides /
그래서 / 직접적 도움의 양은 / 부모가 제공하는 /
should be reduced / over time.
줄어들어야 할 것이다 / 시간이 지남에 따라

해석 | 우리가 일상생활에서 하는 거의 모든 읽기는 실제로는 조용히 이루어지지만, 자녀로 하여금 때때로 어른을 상대로 소리 내어 읽게 하는 것은 여전히 가치가 있다. 자녀가 읽는 것을 듣는 것은 부모로 하여금 자녀가 이미 습득한 능력의 범위를 측정할 수 있게 한다. 예를 들어, 자녀가 대부분의 기본적인 시각 어휘를 쉽게 식별하는 것 같은지, 문맥을 이용하는지, 낯선 단어를 소리 내어 말하는 데 발음 지식이 자동적으로 적용되는지, 오류를 범할 때 스스로 교정하는지, 그리고 꽤 유창하고 표현력 있게 읽는지를 판단하는 것이 가능하다. 소리 내어 읽는 시간은 자녀와 부모가 교대로 읽는 개별적(→ 공유된) 읽기 활동으로 가장 잘 이루어진다. 그러나 궁극적 목표는 자녀가 더 독립적이고 자신감 있는 독자가 되도록 돕는 것이므로, 부모가 제공하는 직접적 도움의 양은 시간이 지남에 따라 줄어들어야 할 것이다.

해설 | 소리 내어 읽게 하는 교육의 가치에 관한 글로, 그것은 자녀와 부모가 교대로 읽을 때 가장 잘 이루어진다는 흐름으로 보아 ④ individual(개별적)은 shared(공유된)의 의미가 되어야 자연스럽다.

구문풀이 | • Although almost all the reading we do in everyday life is actually done silently, there is still value in [**having a child read** aloud to an adult sometimes].
[ ]는 전치사 in의 목적어로 쓰인 동명사구이고 have가 사역동사이므로 having 뒤에 「목적어+동사원형」의 구조가 쓰였다.

Words & Phrases

determine 측정하다, 결정하다
judge 판단하다
recognize 식별하다, 알아보다
sight word 시각 어휘(보는 즉시 의미 파악이 가능하여 의도적으로 뜻을 이해하려고 하지 않아도 되는 단어)
make use of ~을 이용하다
context 문맥, 맥락
phonic 음성의
unfamiliar 낯선, 친숙하지 않은
reasonably 꽤, 상당히
fluently 유창하게
session (수업) 시간, 기간
carry out 수행하다
take it in turns to *do* 교대로 ~하다
ultimate 궁극적인

04

소재 | 새로운 에너지원의 등장으로 얻은 인간의 자유

직독직해

L2 Then / the introduction of draft-animal power /
그런 다음 / 사역용 동물의 힘의 도입은 /
into agricultural production /
농업 생산에 /
decreased human power expenditure /
인력의 소비를 감소시켰다 /
and increased free personal time.
그리고 자유로운 개인의 시간을 증가시켰다

L6 Instead of using draft animals /
사역용 동물을 사용하는 대신 /
that required energy / for feed and care, /

에너지를 필요로 하는 / 사료 공급과 관리를 위한 /
people used waterwheels and windmills.
사람들은 수차와 풍차를 사용했다

L8 With this change, / humans had more power at their disposal /
이러한 변화와 함께 / 사람들은 더 많은 동력을 마음대로 사용했다 /
and at a lower cost /
그리고 더 낮은 비용으로 /
(calculated as human energy input) / than in the past.
(인간의 에너지 투입량으로 계산할 때) / 과거보다

해석 | 초기 농업 사회에서는 식량 생산이 여전히 인간의 활동을 지배했으며, 결과적으로 사회적 교류의 범위는 비교적 좁은 상태를 유지하고 있었다. 그런 다음 사역용 동물의 힘이 농업 생산에 도입됨으로써 인력의 소비가 감소되었고, 자유로운 개인의 시간이 늘었다. 사람들은 다양한 활동에 참여할 자유를 얻었으며 사회 시스템은 더 복잡해졌다. 시간이 흐르면서 물과 바람이 훌륭한 에너지원으로 등장하였다. 사료 공급과 관리를 위해 에너지가 필요한 사역용 동물을 사용하는 대신, 사람들은 수차와 풍차를 사용했다. 이러한 변화와 함께 사람들은 과거보다 (인간의 에너지 투입량으로 계산할 때) 더 많은 동력을 마음대로, 그리고 더 낮은 비용으로 사용했다. 이렇게 사회가 이용할 수 있는 잉여 에너지의 양이 크게 증가되었다.

해설 | (A) 식량 생산이 인간 활동을 지배하고 있었을 때는 서로 간의 교류가 적었을 것이므로 narrow(좁은)가 올바른 표현이다. (broad 넓은)

(B) 사역용 동물의 힘을 도입한 뒤로는 다양한 활동에 참여할 자유가 생겼을 것이므로 gained(얻었다)가 올바른 표현이다. (lost 잃었다)

(C) 사역용 동물의 힘을 사용하다가 물과 바람의 힘을 사용하게 되어 비용이 감소하였으므로, lower(더 낮은)가 올바른 표현이다. (higher 더 높은)

구문풀이 |
- Then **the introduction** of draft-animal power into agricultural production **decreased** human power expenditure **and increased** free personal time.
주어부의 핵은 the introduction이며, 술어동사는 and에 의해 병렬을 이루고 있는 decreased와 increased이다.
- With this change, humans had more power [at their disposal] **and** [at a lower cost (calculated as human energy input) than in the past].
두 개의 [ ]는 전치사구로 and에 의해 병렬을 이루고 있으며, 동사 had를 수식한다.

Words & Phrases

agricultural 농업의	dominate 지배하다
range 범위	interaction 교류, 상호 작용
relatively 비교적	introduction 도입, 소개
decrease 감소시키다, 줄이다	expenditure 소비, 지출
participate in ~에 참여하다	complex 복잡한
over time 시간이 흐르면서	emerge 등장하다, 나타나다
resource 자원	feed 사료 (공급), 먹이
waterwheel 수차	windmill 풍차
have at one's disposal 마음대로 사용하다	
calculate 계산하다	input 투입(량)
amount 양	surplus 잉여의

CHAPTER 06
통합적 이해

UNIT 21 장문 (1)

EXAMPLE [01~02] 본문 150~151쪽

정답 01 ⑤ 02 ①

소재 | 윤리적 소비주의

직독직해

L6 Also, / there is a pressure /
또한 / 압력이 있다 /
to get companies to present /
기업이 제시하도록 하는 /
not just financial results, /
재무 성과만이 아니라 /
but also social and environmental results and impact.
사회적 그리고 환경적 결과와 영향을

L8 Companies need to respond to the pressure /
기업은 그 압력에 대응할 필요가 있는데 /
because customers are voicing their concerns / in every way, /
고객들이 자신들의 우려를 표현하고 있기 때문이다 / 모든 방법으로 /
from boycotting stores / to suing companies.
상점에 대한 불매 동맹을 하는 것에서부터 / 기업에 대한 고소에 이르기까지

L15 There are some important changes / in the world /
몇몇 중요한 변화가 있다 / 세계적으로 /
indicating / that ethical consumers will continue to be a growing force /
알려 주는 / 윤리적 소비자가 계속하여 성장하는 세력이 될 것이라는 것을 /
in the next few decades.
다음 몇십 년간

해석 | 오늘날의 소비자들은 적정한 가격의 괜찮은 제품을 찾고 있는 것만이 아니다. 그들은 제품이나 서비스를 넘어서 그것을 제공하는 기업의 윤리까지 살펴보고 있다. 소비자들에 의한 주안점의 전환은 그들이 물건을 구매하는 기업에 대한 관심에서 분명히 드러난다. 예를 들면, 노동 관행, 환경 정책, 그리고 사회적 책임에 대한 관심이 커져 가고 있다. 또한, 재무 성과만이 아니라 사회적 그리고 환경적 결과와 영향을 기업이 제시하도록 하는 압력이 있다. 기업은 그 압력에 대응할 필요가 있는데, 고객들이 상점에 대한 불매 동맹을 하는 것에서부터 기업에 대한 고소에 이르기까지 모든 방법으로 자신들의 우려를 표현하고 있기 때문이다. 몇몇 다국적 기업은 최근 몇 년간 윤리적 소비자의 분노를 겪었으며, 자신들의 평판과 기업으로서의 존립을 보호하기 위해 재빨리 반응하도록 강요받아 왔다.

이러한 점점 커져 가는 윤리적 소비에 대한 강조는 무시될 수 없는 추세이다. 그것은 사라지지 않을 것이다. 윤리적 소비자가 다음 몇십 년간 계속하여 성장하는 세력이 될 것이라는 것을 알려 주는 몇몇 중요한 세계적인 변화가 있다. 기업들은 이 추세를 이해하고 대처하려 노력하는 것이 현명할 것이다.

구문풀이 |
- They are looking beyond the product or service to the ethics of the company [that supplies it].
  [ ]는 the company를 수식하는 관계절이다.
- Also, there is a pressure [to **get** companies **to present** {**not just** financial results, **but also** social and environmental results and impact}].
  [ ]는 a pressure를 수식하는 to부정사구이다. get은 「get+목적어+to부정사」 형태로 쓰여 '~가 …하게 하다'의 의미를 나타낸다. { }는 'A뿐만 아니라 B도'라는 의미의 「not just[only] *A* but also *B*」 구문이다.

Words & Phrases

consumer 소비자	ethic 윤리
evident 분명한	concern 관심, 걱정
labor practice 노동 관행	policy 정책
responsibility 책임	financial result 재무 성과
voice 목소리를 내다	boycott 불매 동맹하다
multinational 다국적의	reputation 평판, 명성
existence 존립, 존재, 존속	emphasis 강조, 중요성
trend 추세	ignore 무시하다
indicate 알려 주다, 가리키다	
do well to *do* ~하는 것이 현명하다	
make efforts 노력하다	unemployment 실업
diverse 다양한	burden 부담, 짐
consumerism 소비주의	

PRACTICE 본문 152~155쪽

01 ③ 02 ③ 03 ① 04 ③

[01~02]

소재 | 예술 역사가 보여 주는 문화계의 기업적 활동

직독직해

L10 During the festival, / a project organization was set up /
축제 기간 동안 / 프로젝트 조직이 구성되어 /
to manage events and supervise the performances, /
행사를 운영하고 공연을 감독했다 /
which were attended / by more than 10,000 visitors.
거기에는 참석했다 / 만 명이 넘는 방문객이

L13 Our art history thus provides us with good examples /
그래서 우리의 예술 역사는 우리에게 좋은 예들을 제공한다 /
of innovative management of art organizations, /
예술 단체의 혁신적 경영의 /
innovation being the key word of cultural entrepreneurship.
혁신이 문화적 기업가 정신의 핵심어이기 때문이다

해석 | 경영 관리가 과학적으로 다루어지기 오래전부터, 문화계의 기업적 활동은 확실히 자리를 잡은 관행이었다. 기원전 6세기 그리스인 Thespis가 자신의 극단 조직을 어떻게 혁신했는지 살펴보자. 예술 면에서 그는 개인 배우를 도입했다. 이 'Hypocrites(개인 배우)'는 관객을 즐겁게 하려고 만들어진 공연 문화의 시작이었다. 이러한 혁신적인 행위를 한 후, 그는 극단 단원들에게 개별적인 독자성을 주기 위해 가면을 가지고 실험했다. 그렇다면 그리스의 축제들은 어떻게 조직되었을까? 그것들은 예를 들면, 현재 에든버러, 잘츠부르크, 요하네스버그, 봄베이, 로스앤젤레스 및 암스테르담에서와 똑같다. 총괄 축제 관리자가 전체 축제를 관리하고, 독립된 심사위원단을 가진 예술 경연 대회를 조직했다. 아울러, 축제에 자금을 제공하는 연간 후원자가 물론 있었다. 축제 기간 동안, 프로젝트 조직이 구성되어 행사를 운영하고 공연을 감독했는데, 거기에는 만 명이 넘는 방문객이 참석했다.

기업적이지 않으면 이러한 활동들을 운영하는 것이 어떻게 가능했을 것인가? 그래서 우리의 예술 역사는 우리에게 예술 단체의 혁신적 경영의 좋은 예들을 제공하는데, 그것은 혁신이 문화적 기업 정신의 핵심어이기 때문이다. 이탈리아의 팔방미인 Leonardo da Vinci, 영국의 극작가이자 배우이며 극장 경영자인 William Shakespeare, 그리고 플랑드르의 화가이자 체계가 잘 잡힌 예술 공장 소유주인 Peter Paul Rubens와 같은 르네상스 예술가들을 잊지 말자. 그들은 모두 예술적 생각을 경제적 기회와 연결했고 문화적 기업 활동이 예술 및 문화계의 자연스러운 일부임을 보여 주었다.

해설 | 01 예술 문화계의 혁신적 경영 활동이 고대부터 이루어진 오래된 관행이라는 것을 설명하는 글이므로, 제목으로 가장 적절한 것은 ③ '예술 역사가 우리에게 혁신적 경영에 대해 말해 줄 수 있는가?'이다.
① 왜 문화계의 기업적 활동이 중요한가?
② 혁신의 미래는 과거로부터 온다
④ 고대 예술가들로부터 배워서, 예술적 아이디어를 발전시켜라
⑤ 혁신의 예술: 창조성의 벽을 여는 열쇠

02 이어지는 내용에서 예술 문화계의 혁신적 경영 활동은 기원전 6세기에 그리스에서도 이루어졌고 르네상스 예술가들에게서도 찾아볼 수 있다고 했으므로 문화계의 기업적 활동은 경영 관리가 과학적으로 다루어지기 오래전부터 이루어졌다고 추론할 수 있다. 따라서 빈칸에 들어갈 말로 가장 적절한 것은 ③ '확실히 자리를 잡은'이다.
① 무시된 ② 인기가 없는 ④ 독립적인 ⑤ 과대평가된

구문풀이 | • How **would it have been** possible [**to manage** these activities] **without** being entrepreneurial?
it이 형식상의 주어, to부정사구가 내용상의 주어이며, 과거 사실에 대한 반대 상황을 가정하는 가정법 과거완료(would have p.p.)가 쓰였다. 이 문장에서 without ~은 '~이 아니었다면'이라는 의미이므로, without being entrepreneurial은 if it(= the project organization) had not been entrepreneurial과 비슷한 뜻이다.

[03~04]

소재 | 사과 방법

직독직해

L3 "For *any* inconvenience" implies /
'어떤' 불편함에 대해서도'라는 말은 의미한다 /
that the speaker hasn't given any thought /
말하는 사람이 아무런 생각도 하지 않았다는 것을 /
to how the person might have been inconvenienced.
그 사람이 어떻게 불편을 겪었을 것인가에 대하여

L4 The choice of the word inconvenience implies /
불편함이라는 단어의 선택은 의미한다 /
that whatever happened / was "no big deal."
무슨 일이 일어나든 그것은 / '큰 일이 아니라는' 것을

L9 Let the person know / that you understand /
그 사람으로 하여금 알게 하라 / 여러분이 이해하고 있다는 것을 /
either the difficulty of the situation or the hurt /
상황의 어려움이나 상처 둘 중 하나를 /
caused by your actions or words.
여러분의 행동이나 말에 의해 생긴

해석 | 사과에서 가장 흔하게 쓰이는 진부한 표현은 "이 일이 귀하에게 일으켰을지도 모를 어떤 불편함에 대해서도 죄송한 마음입니

다."라는 포괄적인 진술이다. 그 말은 화난 사람을 더 화나게 만들 뿐이다. "'어떤' 불편함에 대해서도'라는 말은 그 사람이 어떻게 불편을 겪었을 것인가에 대하여 말하는 사람이 아무런 생각도 하지 않았다는 것을 의미한다. 불편함이라는 단어의 선택은 무슨 일이 일어나든 그것은 '큰 일이 아니라는' 것을 의미한다. '이 일이 귀하에게 일으켰을지도 '모를"이라는 말은 그 상황이 어떤 문제도 일으키지 않았을 수도 있다는 것을 의미한다. 바꾸어 말하면, 그 문장은 이렇게 번역될 수 있다. "제 행동이 어떤 식으로 귀하에게 불편함을 일으킬 수도 있었는지 저는 모르거나 관심 없지만, 만약 그랬다면(제 행동이 당신에게 불편함을 일으켰다면) 여기 포괄적인 사과를 받으세요."

모호한 단어 선택 대신에, 구체적으로 말하라. 그 사람으로 하여금 상황의 어려움이나 여러분의 행동이나 말에 의해 생긴 상처 둘 중 하나를 여러분이 이해하고 있다는 것을 알게 하라. "귀하께서 하신 전화에 대한 응답을 지연시켜서 죄송합니다. 적절한 작동 설명이 급하셨다는 것을 알고 있습니다." "탁송 화물이 금요일까지 도착하지 못해서 죄송합니다. 귀하가 그것을 화요일까지 받게 되시리라고 저희가 약속해 드렸는데, 저희의 늦은 발송 때문에 귀하의 고객 주문이 지연되었다는 것을 알고 있습니다." "귀하께 추가 요금을 알려 드리지 못했습니다. 귀하가 맞습니다, 제가 그렇게 했어야만 했습니다. 그 점에 대해 사과드립니다." "오늘 완전한 보고를 기대하고 계셨는데, 그것이 없이는 최종 위원회 결정을 내리는 일이 지연될 것입니다. 정보가 여전히 불완전해서 죄송합니다." 그와 같은 진술은 책임을 지거나 지지 않을 수도 있지만, 상대방에게 여러분이 결과를 알고 있고 그에 관해 걱정을 하고 있다는 것을 정말로 알게 해준다.

해설 | 03 다른 사람에게 사과를 할 때는 포괄적이기보다는 구체적으로 말하라는 내용의 글이므로, 글의 제목으로는 ① '사과를 할 때는 구체적으로 하라'가 가장 적절하다.
② 사과할 때는 타이밍이 중요하다
③ 사과를 받으면 용서하라
④ 사과는 짧고 직접적이어야 한다
⑤ 잘못한 일에 대해서는 책임을 져라

04 빈칸 앞에 있는 문장들에 나온 예시는 모두 자신들의 실수로 상대방에게 어떤 불편한 결과를 가져왔는지를 구체적으로 기술하고 있으므로, 빈칸에 들어갈 말로는 ③ '결과'가 가장 적절하다.
① 목적 ② 마감 시한 ④ 원칙 ⑤ 의도

구문풀이 |
- The choice of the word inconvenience implies that [whatever happened] was "no big deal."
  [ ]는 복합관계절로 anything that happened로 고쳐 쓸 수 있다.
- "I don't know or care [how my actions could have inconvenienced you], but if they **did**, here's a blanket apology."
  [ ]는 의문사절로 know or care의 목적어 역할을 한다. did는 대동사로 inconvenienced you를 대신한다.
- Let the person know that you understand **either** the difficulty of the situation **or** the hurt [caused by your actions or words].
  상관 접속어구 「either *A* or *B*」는 'A나 B 둘 중 하나'의 의미이다. [ ]는 과거분사구로 the hurt를 수식한다.

UNIT 22 장문 (2)

EXAMPLE [01~03]

본문 156~157쪽

정답 **01** ④ **02** ③ **03** ③

소재 | William Miller의 독서 욕구

직독직해

L3 So / William formed the habit / of burning pine knots /
그래서 / William은 습관을 갖게 되었다 / 관솔을 태우는 /
in the fireplace / for his nightly reading light.
벽난로에 / 밤에 책을 읽는 데 필요한 불빛을 위해

L6 Night after night / he read / as long as he could, /
밤마다 / 그는 책을 읽었다 / 할 수 있는 한 오랫동안 /
then made his way back upstairs, / and slept /
그런 다음 위층으로 다시 올라가 / 잠을 잤다 /
until it was time / to do the morning chores.
~ 시간이 될 때까지 / 아침에 하는 집안일을 할

L12 Instead of a house fire, / however, /
집에 난 불 대신 / 그러나 /
he saw his son William lying peacefully /
그는 자기 아들 William이 태평하게 누워 있는 것을 보았다 /
before the fireplace / reading a book /
벽난로 앞에 / 책을 읽으며 /
he'd borrowed from a neighbor.
그가 이웃으로부터 빌린

L19 His father felt / that his son's late-night reading /
그의 아버지는 생각했다 / 아들의 늦은 밤 독서가 /
would cut into his energy / for the next day's work.
그의 힘을 줄일 것이라고 / 그 다음 날의 일에 필요한

해석 | (A) William Miller는 가족이 잠자리에 든 후 잠자지 않고 아침까지 책을 읽었다. 양초가 비쌌지만 관솔이 많이 있어서

그는 숲에서 관솔을 모으기만 하면 되었다. 그래서 William은 밤에 책을 읽는 데 필요한 불빛을 위해 벽난로에 관솔을 태우는 습관을 갖게 되었다.

(D) 하지만 그의 아버지는 그 습관을 좋아하지 않았고 그 습관을 그만두게 하려 애썼다. 그의 아버지는 아들의 늦은 밤 독서가 그 다음 날의 일에 필요한 그의 힘을 줄일 것이라 생각했다. 그리고 농장은 자기 아들로부터 그가 얻어 낼 수 있는 혼신의 노력이 필요했다. 그는 나머지 가족들이 잠자리에 들 때 William도 잠자리에 들 것을 강하게 주장했다. 그리고 그의 아버지는 성장 중인 소년은 밤새 푹 자야 한다고 생각했다.

(B) 하지만 William의 '비밀 생활'은 한동안 지속되었다. 밤마다 할 수 있는 한 오랫동안 책을 읽은 후 그는 다시 위층으로 올라가 아침에 하는 집안일을 할 시간이 될 때까지 잠을 잤다. 그렇지만 어느 날 밤 그가 예상치 못했던 일이 생겼다. 그의 아버지가 잠에서 깨어 아래층의 불빛을 보게 되었던 것이다. 집에 불이 난 것으로 생각하여 자신의 집과 가족을 불길에 휩싸이는 것으로부터 구하려고 그(아버지)는 계단을 급히 달려 내려왔다.

(C) 그러나 그는 집에 난 불 대신 자기 아들 William이 벽난로 앞에 태평하게 누워 이웃으로부터 빌린 책을 읽고 있는 모습을 보았다. 그의 아버지는 빗자루를 움켜잡고는 방에서 아들을 쫓아다니며 "이 녀석, 지금 당장 잠자리에 들지 않으면 집에서 내쫓을 거야!"라고 소리 질렀다. William은 적어도 이날 밤만은 자러 갔다. 그는 그저 그 마을에 있는 선생님들로부터 받을 수 없었던 교육을 받으려 애쓰고 있었을 뿐이었다.

구문풀이 |
- Candles were expensive, but there were plenty of pine knots, and **all** [he had to do] was **gather** them from the woods.
  [ ]는 관계절로 all을 수식한다. 이 문장처럼 주어를 수식하는 관계절에 do가 있는 경우, be동사의 보어 자리에는 do의 의미를 밝히는 동사가 보어로 쓰이는데, 이때 보어 자리의 동사는 원형이나 to부정사의 형태가 된다.
- Night after night he **read** as long as he could, then **made** his way back upstairs, **and slept** until it was time to do the morning chores.
  문장의 주어인 he를 공유하는 술어동사 read, made, slept가 and에 의해 병렬을 이루고 있다.
- Instead of a house fire, however, he **saw his son William lying** peacefully before the fireplace reading a book he'd borrowed from a neighbor.
  「지각동사+목적어+현재분사」 형식이 사용되었다.
- He **insisted** that William **retire** for the night when the rest of the family did.
  주절에 '주장, 제안, 요구, 명령, 충고' 등의 의미를 가진 동사가 있으면, 이어지는 명사절의 술어동사는 「(should+)동사원형」의 형태로 쓴다.

Words & Phrases

gather 모으다
nightly 밤의, 밤에 활동하는
glow 불빛
grab 움켜잡다
chase 쫓아다니다, 뒤쫓다
community 마을, 지역 사회
require 필요로 하다, 요구하다
every ounce of work 혼신의 노력
insist 주장하다
sleep soundly 푹 자다
fireplace 벽난로
chore 집안일, 허드렛일
flame 불길, 화염
broomstick 빗자루
yell 소리 지르다
cut into ~을 줄이다
retire for the night 잠자리에 들다

PRACTICE

본문 158~161쪽

01 ⑤ **02** ③ **03** ② **04** ② **05** ③ **06** ④

[01~03]

소재 | 눈 속에 쓰러져 있는 사람을 구한 성자의 이야기

직독직해

L5 Resolutely, / he began to rub and massage the man's hands and feet, /
결연하게 / 그는 그 남자의 손과 발을 문지르고 마사지하기 시작했다 /
hoping to give some warmth /
온기를 좀 불어넣어 줄 수 있기를 바라면서 /
to his cold limbs.
그의 차가운 사지에

L11 The strain of carrying the man /
그 남자를 업고 가는 힘든 일이 /
also helped the Sadhu to withstand the cold /
또한 그 성자가 추위를 견디는 것을 도왔다 /
and the two mutually sustained each other.
그리고 그 두 사람은 상호 간에 서로를 지탱했다

L18 We must move ahead /
우리는 앞으로 나아가야 하네 /
so that we can reach the next village /
다음 마을에 도착하려면 /
before it is dark.
어두워지기 전에

해석 | (A) 성자 Sundar Singh에 관한 감동적인 이야기가 있는

데, 그가 한번은 동행과 함께 히말라야를 넘어 여행을 하고 있었다. 겨울이었고, 혹독한 눈보라가 휘몰아치고 있었다. 그들은 터벅터벅 앞으로 걸어가다가, 한 남자가 좁은 산길 옆에 꼼짝도 하지 않고 누워 있는 것을 보았다. 그는 얼어 죽은 것 같이 보였다. 그 성자는 그를 살리고 자신이 할 수 있는 어떠한 도움이라도 주기 위해 멈춰 섰다.

(D) 하지만 그의 동행은 그들이 계속 가야 한다고 우겼다. "그에게 자네의 시간을 낭비하는 것은 소용없는 일이네."라고 그는 주장했다. "그는 살릴 수 없네. 그를 돕기 위해 멈추면, 자네도 곤경에 처하게 될 것이네. 어두워지기 전에 다음 마을에 도착하려면 우리는 앞으로 나아가야 하네." 그러나 그 성자는 죽어 가는 남자를 그의 운명에 맡길 용기가 없었다.

(B) 결연하게, 그는 그 남자의 차가운 사지에 온기를 좀 불어넣어 줄 수 있기를 바라면서 손과 발을 문지르고 마사지하기 시작했다. 그의 동행은 너무나 화가 나서 심지어 뒤도 돌아보지도 않고 그곳을 떠나가 버렸다. 10분 동안 세게 문질러도 그 낯선 이에게 아무런 효과도 없었다. 마침내, 성자 Sundar Singh은 그 남자를 등에 들쳐 업고 내리는 눈 사이로 힘들게 터벅터벅 걷기 시작했다.

(C) 그 운동의 온기가 그 성자의 체온을 오르게 했고, 이것이 점차로 그 낯선 이를 살아나게 했다. 그 남자를 업고 가는 힘든 일이 또한 그 성자가 추위를 견디는 것을 도왔고, 그 두 사람은 상호 간에 서로를 지탱했다. 그들이 두어 마일을 걸어간 후, 그들은 또 다른 사람이 길가에 누워 있는 것을 보았다. 그것은 그 성자의 동행이었는데, 그는 앞서서 멈추기를 거부했었다. 그는 정말로 얼어 죽어 있었다. 혼자였으므로, 그는 폭풍과 싸울 온기가 없었던 것이다.

해설 | 01 혹독한 눈보라가 치는 겨울 날씨에 히말라야를 동행과 함께 힘들게 가고 있던 성자가 눈길에 쓰러져 있는 사람을 발견하고 도와주자고 멈추어 섰다는 (A)에 이어, 동행이 어두워지기 전에 빨리 가자고 했지만 성자는 그 사람을 두고 차마 떠날 수 없었다는 내용의 (D)가 이어진다. 그 후 성자는 그 사람에게 온기를 불어넣어 주려고 애썼지만 차도가 없어 결국 업고 가게 되었다는 내용의 (B)가 이어지고, 두 사람의 체온으로 결국 두 사람은 살아남게 되었고 길을 가다 혼자 떠나 버렸던 성자의 동행이 얼어 죽어 있는 것을 보게 되었다는 내용 (C)가 마지막으로 이어진다. 따라서 정답은 ⑤이다.

02 (c)는 성자의 동행, 나머지는 모두 성자가 도와준 남자를 가리키므로 정답은 ③이다.

03 성자가 문질러도 의식이 돌아오지 않았다고 했으므로 글의 내용으로 적절하지 않은 것은 ②이다.

구문풀이 |
- The Sadhu stopped [to revive him and to offer {whatever help he could}].
  [ ]는 목적을 나타내는 두 개의 to부정사구가 병렬 구조를 이루고 있다. { }는 복합관계 형용사 whatever가 명사를 수식하는 형태이며, any help that he could와 비슷한 의미이다.
- His companion was **so** annoyed **that** he walked away from there, without even looking back.
  '너무 ~해서 …하다'의 의미인 「so+형용사+that+주어+동사」 구문이 쓰였다.
- But his companion **insisted** that they **should move** on.
  insist와 같이 '주장, 제안, 명령' 등을 나타내는 동사는 뒤에 「that+주어+(should+)동사원형」이 온다.
- We must move ahead **so that** we **can** reach the next village before it is dark.
  「so that+주어+can+동사원형」은 '~가 …할 수 있도록'이라는 의미를 나타낸다.

[04~06]

소재 | 남동생이 가족의 모든 관심을 받는 상황에서의 Elaine의 섭섭함

직독직해

L1 The bathroom had to be changed, /
화장실은 개조되어야 했고 /
the furniture was being rearranged, /
가구는 재배치되고 있었으며 /
ramps had been built, /
경사로는 만들어져 있었는데 /
all because Ben was coming home!
그 모든 것은 Ben이 집으로 올 터이기 때문이었다!

L4 The whole house had to be adjusted /
집 전체가 조정되어야 했다 /
to suit his needs / and to make it easier /
그의 필요 사항을 충족시키다 / 그리고 더 용이하게 하기 위해서 /
for the family to care for him.
가족이 그를 돌보는 것을

L17 Elaine was very glad / that there was someone /
Elaine은 매우 기뻤다 / 누군가가 있다는 것에 /
who understood / what she was feeling.
이해하는 / 자신이 느끼고 있는 것을

해석 | Gordon의 집에 야단법석이 일어났다! 화장실은 개조되어야 했고, 가구는 재배치되고 있었으며, 경사로는 만들어져 있었는데, 그 모든 것은 Ben이 집으로 올 터이기 때문이었다! 그는 끔찍한 사고를 겪은 후 1년 넘게 병원에 입원해 있었다. 이제 그는 하반신 마비 환자였고 휠체어 신세를 져야만 했다. 그의 필요 사항

을 충족시키고 가족이 그를 돌보는 것을 더 용이하게 하기 위해서 집 전체가 조정되어야 했다.

처음에 Elaine은 자기 남동생이 집에 다시 온다는 것에 매우 기뻐했다. 그러나 시간이 지나면서 그녀는 그에게 보이는 지나칠 정도의 모든 관심에 대해서 약간 질투심이 나는 것은 어쩔 수 없었다. 그녀의 부모는 그를 위한 일을 하는 데 몇 시간을 보냈고 그녀를 위한 시간은 거의 없었다. 물론 그녀는 질투심을 느끼는 것에 관해 기분이 안 좋았다! 최소한 그녀는 계단을 오르고, 마음껏 뛰놀고, 부엌에서 쿠키를 집으려고 손을 뻗을 수 있었는데, 그녀의 남동생은 이런 일 중 어느 것도 할 수 없었다. 그러나 사람들이 Ben을 위해서 계속해서 책, 게임, 사탕을 가지고 왔을 때, 그녀는 방치된 느낌을 가질 수밖에 없었다!

어느 날 오후에 Bertha 이모가 집을 방문했다. 그녀는 잠시 Ben에게 이야기를 하고 나서, Elaine과 함께 정원에 앉게 되었다. 그녀는 큰 가방을 하나 가지고 있었다. "그런데 넌 어떻게 지내니?" 그녀가 물었다. Elaine은 머리를 떨구고 아무 말도 하지 않았다. "난 네가 정말 용감한 아이라고 생각해!"라고 그녀의 이모가 말했다. "먼저 너는 엄마가 병원에 있는 동안 아빠를 돌봐야만 했고, 이제는 이 집에 있는 두 아이의 집안일을 하고 있구나. 어떤 방식으로 Ben이 모든 관심을 받고 있는지를 보는 것이 항상 쉬운 일은 아닌 걸 나는 확실히 안단다. 하지만 네가 네 남동생과 가족에게 관대했다는 것을 알고 있단다." Elaine은 자신이 느끼고 있는 것을 이해하는 누군가가 있다는 것에 매우 기뻤다. "네게 줄 것을 가지고 왔다." Bertha 이모가 말했다. 그녀는 자신의 손을 가방에 넣어서 작은 검정색 새끼 고양이 한 마리를 꺼냈다. Elaine은 고양이를 꽉 끌어안았다. "정말 고맙습니다." 그녀는 눈에 눈물을 글썽이며 말했다. "야옹!" 그녀의 새 놀이 친구가 말했다.

해설 | **04** Bertha 이모는 병원에서 집으로 돌아온 하반신 마비 환자인 남동생 Ben에게 온 가족이 모든 관심을 보이고 있는 상황에서 방치된 느낌을 받은 Elaine의 마음을 헤아리고 위로가 되는 말과 선물을 주었으므로, 세 번째 단락에 나타난 Elaine의 심경으로는 ② '감동하고 고마움을 느끼는'이 가장 적절하다.

① 슬프고 우울한 ③ 불안하고 질투하는
④ 조급하고 화가 난 ⑤ 지루하고 무관심한

05 (c)는 어느 날 오후 Elaine과 정원에 앉아 Elaine의 마음을 헤아리고 위로의 말을 해 준 Bertha 이모를 가리키고, 나머지는 모두 Elaine을 가리킨다.

06 Elaine은 어떻게 지내냐는 Bertha 이모의 질문에 머리를 떨구고 아무 말도 하지 않았으므로, ④가 글의 내용과 일치하지 않는다.

구문풀이 | • The whole house had to be adjusted [to suit his needs] and [to make **it** easier {for the family to care for him}].
두 개의 [ ]는 모두 to부정사구로 목적의 뜻을 가진다. 두 번째 [ ]에서 it은 형식상의 목적어이고 { }가 내용상의 목적어이며, for the family가 to care for의 의미상의 주어 역할을 한다.

• I'm sure **it**'s not always easy [to see how Ben gets all the attention].
it은 형식상의 주어이고 [ ]가 내용상의 주어이다.

CHAPTER REVIEW

본문 162~165쪽

01 ⑤ **02** ② **03** ② **04** ② **05** ④

[01~02]

소재 | 브라질의 콩 생산

직독직해

L10 According to the U.S. Department of Agriculture, /
미국 농무부에 의하면 /
Brazil's 2014–15 soybean crop /
브라질의 2014~2015년의 콩 수확량은 /
hit a record 104.2 million tons, /
기록적인 1억 420만 톤에 달했다 /
up 8.6 million tons from the year before, /
전년도보다 860만 톤 증가한 /
as farmers made better use of their fields.
농부들이 자신들의 경작지를 더 잘 활용했기 때문에

L12 This progress, / says the World Bank's Juergen Voegele, /
이러한 진전은 / 세계은행의 Juergen Voegele은 말하기를 /
is an example of / how "producing more food /
보여 주는 하나의 사례이다 / 어떻게 '식량의 증산이 /
can be in harmony with / protecting the environment."
조화를 이룰 수 있는지 / 환경을 보호하는 것과'

해석 | 아마존의 열대 우림을 보존하는 것은 브라질의 최우선 사항이다. 1990년대와 2000년대 초반에, 그곳에서의 콩 재배와 소 사육의 급속한 확대는 놀라운 속도의 삼림 벌채로 이어졌다. 하지만 지난 10년 동안, 정부의 지원을 받아, 활동가들과 농부들은 1,400만 개가 넘는 축구장과 같은 면적인 33,000 제곱 마일이 넘는 열대 우림을 보호해 왔다. 이 숲을 지킴으로써 35억 톤의 이산화탄소가 대기 안으로 들어오지 못했다.

하지만 이러한 토지 제한 하에서도, 브라질의 콩 생산은 증가했다. 그 나라는 현재 세계에서 두 번째로 큰 그 작물의 생산국이다. 어떻게 이런 일이 일어났을까? 농부들은 효율성에 초점을 맞추었다. 새로운 기계와 조생종의 씨앗을 사용하여 그들은 표준적인 재배 시즌 사이에 추가적인 파종을 끼워 넣을 수 있었다. 미국 농무부에 의하면, 브라질의 2014~2015년의 콩 수확량은, 농부들이 자신들의 경작지를 더 잘 활용했기 때문에, 전년도보다 860만 톤 증가한, 기록적인 1억 420만 톤에 달했다. 이러한 진전은, 세계은행의 Juergen Voegele은 말하기를, 어떻게 '식량의 증산이 환경 보호와 조화를 이룰 수 있는지'를 보여 주는 하나의 사례이다.

해설 | 01 열대 우림을 보존하면서도 콩 수확량을 크게 늘린 브라질 농민들의 사례는 식량 증산과 환경 보호가 조화를 이룰 수 있다는 것을 보여 준다는 내용의 글이다. 따라서 글의 제목으로 가장 적절한 것은 ⑤ '지구에 해를 끼치지 않고 더 많은 콩 재배하기'이다.
① 식량 안전 보장: 문제와 그 해결책들
② 브라질 식량 생산의 주요 난제들
③ 콩의 환경적, 사회적 영향
④ 아마존의 열대 우림을 구하기 위해 취할 수 있는 조치들

02 새로운 기계를 도입하고, 조생종의 씨앗을 사용하여 추가적인 파종을 하는 등 농부들이 자신의 경작지를 더 잘 활용해서 산출량이 늘었다는 것에서, 농부들이 경작지의 효율을 높이는 것에 집중했음을 알 수 있다. 따라서 빈칸에 들어갈 말로 가장 알맞은 것은 ② '효율성'이다.
① 품질 ③ 협력 ④ 홍보 ⑤ 전통

구문풀이 | • Over the past ten years, however, with government support, activists and farmers have protected [more than 33,000 square miles of rain forest]—[an area {**equal to** more than 14 million soccer fields}].
두 개의 [ ]는 의미상 동격 관계를 이룬다. { }는 an area를 수식하며 equal to는 '~와 같은'이라는 뜻이다.

• [Using new machinery and early maturing seeds] **enabled them to squeeze** an additional planting into the standard growing season.
[ ]는 주어로 쓰인 동명사구이다. 「enable+목적어+to부정사」는 '~가 …할 수 있게 하다'라는 의미이다.

Words & Phrases

preserve 보존하다	priority 우선 사항
expansion 확대	soybean 콩
cattle 소	alarming 놀라운
deforestation 삼림 벌채	carbon dioxide 이산화탄소
restriction 제한	machinery 기계류
mature 익다, 성숙하다	squeeze 끼워 넣다, 집어넣다
in harmony with ~와 조화하여	

[03~05]

소재 | 업무 관계에서 중요한 것

직독직해

L1 Matt was attending his meeting of the board of directors /
Matt은 이사회 회의에 참석하고 있었다 /
of a small nutrition company /
어느 작은 영양 식품 회사의 /
at which the board was to decide /
그 회의에서 이사회는 결정할 예정이었다 /
which of several national accounting firms /
전국적인 여러 회계 법인들 중 어느 것을 /
the company would use /
그 회사가 이용할지를 /
to audit its financial records.
그 회사의 재무 기록을 회계 감사하기 위해

L22 That's who usually gets the business /
그런 사람은 흔히 사업을 따내는 사람이다 /
and forges the deepest and longest-lasting personal and business relationships; /
그리고 가장 깊고 가장 오래 지속되는 개인적, 업무적 관계를 형성하는 /
because he's the one / whose concern for us /
왜냐하면 그는 그런 사람이기 때문이다 / 우리에 대한 그의 관심이 /
makes us feel important.
우리가 중요한 사람이라고 느끼게 만드는

해석 | Matt은 어느 작은 영양 식품 회사의 이사회 회의에 참석하고 있었는데, 그 회의에서 이사회는 그 회사의 재무 기록을 회계 감사하기 위해 그 회사가 전국적인 여러 회계 법인들 중 어느 것을 이용할지를 결정할 예정이었다. 각 법인은 이사회의 회계 감사 위원회에서 발표를 할 대표들을 보냈었다. 회계 감사 위원회는 범위를 두 회사로 줄였다. 그 모든 회의에 참석한, 회사의 사장인 William은 그가 추천할 내용을 이사회에 제시해 달라는 요청을 받았다.

William은 첫 번째 회계 법인이 보낸 팀의 수석 요원인 Dick이 자격을 아주 잘 갖추고 있다는 것을 강조하면서 시작했다. 그의 회사는 미국의 남서부 지역에서 다른 어느 법인보다도 더 많은 주식 공개 회사들을 대행하고 있었고, 그 업계와 금융계 안에 가장 좋은 인맥들을 갖고 있었다. William은 Dick을 아주 자신만만한 사람으로 묘사했다. Dick이 남긴 인상은, 그가 진심으로 그 회사에 신경을 쓰고 있다는 것이 아니라, 그의 회사가 회계 감사 업무에 응하면 William에게 잘해 줄 것이라는 것이었다.

다음으로 William은 이사회에 두 번째 회계 법인에서 온 팀의

수석대표인 John은 더 어리고 그만큼 자신감이 있지는 않다고 말했다. 하지만 그는 친절했으며, William이 자기 사업과 자신이 그 회계 법인이 해주기를 희망하는 역할을 설명할 때 세심한 주의를 기울였다. John도 역시 자격을 잘 갖추었지만 그의 자격과 경험, 그리고 그의 회사의 자격과 경험은 첫 번째 회계 법인의 그것에 필적하지 못했다.

이사회에 한 William의 발표 후에 Matt은 직접적으로 William에게 질문했다. "당신은 누구를 추천하시며, 왜 그렇습니까?" William이 대답했다. "저는 두 번째 회사와 계약해야 한다고 생각합니다. John은 면도할 때도 우리에 대해 생각할 그런 부류의 사람으로 보입니다." 그리고 그가 바로 그 사업을 따낸 사람이었다. John은 면도할 때에도 William의 회사에 대해 생각할 것 같은 인상을 William에게 준 사람이었다. 그런 사람은 흔히 사업을 따내고 가장 깊고 가장 오래 지속되는 개인적, 업무적 관계를 형성하는 사람이다. 왜냐하면 그런 사람은 우리에 대한 그의 관심이 우리가 중요한 사람이라고 느끼게 만드는 사람이기 때문이다.

해설 | **03** 최종 후보로 오른 두 회계 법인 중에서 업무적 관계를 맺으면 면도를 할 때도 우리를 생각해 줄 것 같은 관심을 보여 주는 사람의 회사와 계약을 하는 것이 낫다고 말하고 있으므로 빈칸에는 ② '관심'이 들어가는 것이 가장 적절하다.
① 충고 ③ 도전 ④ 경험 ⑤ 성장 환경, 경력
04 (b)는 첫 번째 회계 법인이 보낸 팀의 수석 요원인 Dick을 가리키고, 나머지는 William을 가리킨다.
05 두 번째 회계 법인에서 온 팀의 수석대표인 John은 Dick보다 더 어리고 Dick만큼 자신감이 있지는 않다고 말했으므로 ④는 글의 내용으로 적절하지 않다.

구문풀이 | • But he was friendly and paid close attention **as** William described his business, and the role [he hoped the accounting firm would fulfill].
as는 '~할 때'라는 의미의 접속사이다. [ ]는 the role을 수식하는 관계절이다.

Words & Phrases

attend 참석하다　board of directors 이사회
nutrition company 영양 식품 회사
accounting firm 회계 법인[회사]　financial record 재무 기록
representative 대표
auditing committee 회계 감사 위원회
narrow 줄이다　field 범위
recommendation 추천, 권고　emphasize 강조하다
senior member 수석 요원　well qualified 자격을 잘 갖춘
represent 대행하다
publicly traded company 상장 회사, 주식 공개 회사
connection 인맥　financial community 금융계
impression 인상
do ~ a favor ~에게 호의를 베풀다
qualification 자격　measure up to ~에 필적하다
shave 면도하다　forge 형성하다

EBS

Reading POWER 유형

정답과 해설